김정은의
핵과 정치

Kim Jong Un's
Nuclear weapons and Politics

남성욱 지음

박영사

지난 3년 동안 매달 원고지 1만 자를 꼬박꼬박 집필하였다. 매달 10일은 세상 없어도 원고를 월간중앙에 보냈다. 마감 독촉이 오기 전에 먼저 글을 보낸다는 자신과의 약속을 지켰다. 여러 잡지와 기관의 청탁 원고와 일간지 고정 칼럼 등으로 한 달이 정신없이 지나갔지만, 원고 분량이 1만 자에 이르는 원고는 항상 단편소설을 넘어서는 수준이었다. 지루함과 단조로움을 못 견디는 독자들을 시작부터 끝까지 한눈팔지 않게 인도하는 것은 오로지 필자의 몫이었다. 2017년부터 4년간 연재했던 원고들은 체계적인 분류와 가필을 거쳐 2021년 12월에 『김정은의 핵과 경제』로 출판되었다. 가독성이 높은 원고라 독자들로부터 흥미와 재미를 느낄 수 있었다는 반응을 접했고 2022년부터 2024년 상반기까지 연재했던 원고와 평소 정리해 놓은 원고를 『김정은의 핵과 정치』라는 제목으로 출간하게 되었다.

본 서는 필자의 직접적인 경험과 사실을 토대로 작성되었다. 국가안전기획부 근무, 미국 유학, 국가정보원, 고려대 교수, 국가안보전략연구원장, 민주평화통일자문회의 사무처장 그리고 고려대 통일융합연구원장 등을 거치면서 다양한 정보 현장, 남북관계 및 국제관계의 현장 체험을 토대로 집필하였다. 가능한 한 직접 득문하고 현장에 참여하지 않은 내용은 불확실성과 부정확성 때문에 제외하고자 노력하였다.

2024년 들어 김정은 북한 국무위원장은 남북한 2국가론을 내세우며 광기(狂氣)를 보이고 있다. 미국 전문가들은 2024년이 1950년만큼 위험하고 김정은의 핵 전쟁 가능성도 배제하지 않고 있다고 경고하였다. 국민들은 혹시 전쟁이 나는 것이 아니냐고 필자에게 묻곤 한다. 고체연료에 의한 극초음속 중거리미사일(IRBM) 발사 등 군사적 도발과 함께 제1적대국 선언, 남한 영토 점령, 평정, 수복 등의 헌법 명기 등을 거론했다. 특히 김정은 위원장은 통일, 화해, 동족, 삼천리금수강산, 자주, 평화통일 및 민족대단결 등 과거 평양에서 '우리민족끼리'를 강조할 때 단골로 끄집어내던 감성적 표현과 용어의 삭제를 지시했다.

이들 용어는 북측이 남북 협상에서 남측의 협력을 구하거나 지원을 받고자 할 때마다 전가(傳家)의 보도(寶刀)처럼 쓰던 단골 화술이었다. 북한은 대남 적화통일 방침을 포기한 적이 없기 때문에 북한과의 협상은 항상 난관이었다. 평양에서 남측 인사를 상대로 합창하던 '반갑습니다'라는 북측 노래는 남측 진보 세력을 회유하는 감성형 통일전선전술이었다. 평양 협상에서는 '민족대단결로 미제를 축출하자'는 요상한 선동도 들어야 했다. 뜬금없는 통미봉남(通美封南) 전략으로 남측을 배제하고 무시하였다. 군사용으로 사용될 것이라는 우려에도 불구하고 물이 위에서 아래로 흐른다는 논리로 인민들을 위해 한 해 최대 30만 톤까지 쌀을 지원하였다. 햇볕을 강하게 쬐면 외투를 벗을 것이라는 동화 같은 이솝 우화를 끄집어내며 드라마 '사랑의 불시착'이 현실에서 실현되기를 기대했다. 하지만 북한은 6차례의 핵실험으로 전 세계에서 9번째 핵무기 보유국이 되었고 남한 영토의 완정(完整)으로 응답했다.

2024년 들어 평양이 남측을 상대로 전쟁형 통일전선전술이 효과적이라고 판단한 이유는 다음과 같다. 우선 남북관계의 주도권 회복 전략이다. 서울이 진보 정부에서 보수 정부로 전환되면 평양은 갑(甲)의 주도권 상실에 따른 좌절감으로 2010년 천안함 폭침, 연평도 포격 등과 같은 군사도발을 자행했다. 둘째, 투표권은 없지만 남한 총선 및 미국 대선 개입 전략이다. "전쟁이냐 평화냐?"의 논쟁으로 남남 갈라치기를 유도하고 미국과 강대강 구도를 형성하여 트럼프 당선에 유리한 국제 정세를 조성한다. 셋째, 민심의 전환 전략이다. 평양은 지속적인 경제난에 따른 내부 불만 단속을 위해 3대 악법인 반동사상문화배격법(2020), 청년교양보장법(2021), 평양문화어보호법(2023)을 제정하는 등 K－한류 문화 유입에 극도로 반감을 보였다. 마지막으로 러시아의 강력한 지원과 이스라엘－하마스 전쟁, 우크라이나 전쟁 등으로 미국의 전력이 분산된 국제안보의 공백을 활용하는 전략이다.

2023년 100세로 서거한 키신저 전 미 국무장관이 노벨평화상을 수상하게 된 1973년 파리평화회담은 월맹이 미군을 철수시켜 베트남을 공산화한 전형적인 평화형 통일전선전술이었다. 북한은 2국가론을 내세우며 전쟁형 통일전선전술을 구사하고 있다. 북한은 전쟁형 통일을 선언했지만, 우리는 평화통일을 포기할 수 없다. 통일의 원칙과 가치를 재정립하면서 새로운 통일방안에 대한 논의가 필요하다. 올해는 민족공동체통일방안이 채택된 지 30주년이 되는 해다. 1994년 발표된 민족공동체통일방안은 다양한 시도와 성과에도 불구하고 북핵이라는 엄중한 현실 속에서 보완이 필요하다. 껍데기만 남은 민족끼리 개념보다는 휴머니즘 가치와 자유주의 이념을 공유하는 새로운 통일비전이 마련되어야 한다. 마침 광복절에 통일독트린으로 자유의 가치를 보완한 것은 차선의 선택이다. 2024년 북측의 노이즈 마케팅을 예의주시해야겠지만 새로운 시대정신(zeitgeist)에 맞는 통일방안을 마련하는 일도 소홀히 하지 말아야 한다.

유엔 대북제재는 러시아의 거부로 사실상 물 건너갔고 평양의 권부는 북한 외교는 만조기(滿潮期)로 강공이 가능하다는 판단이다. 6·25 전쟁 이후 평양과 모스크바는 이보다 더 좋을 수는 없는 호기를 맞았다. 2024년 6월 평양에서 푸틴 러시아 대통령은 김정은과 포괄적전략협정을 체결하였다. 북한과 러시아가 한쪽이 무력 침공을 받으면 지체없이 군사적 원조를 제공하기로 합의했다. '자동 군사개입'으로 해석될 수 있는 조항이어서 양국 간 동맹관계가 28년 만에 복원되었다. 조선중앙통신은 6월 20일 북한 김정은과 블라디미르 푸틴 러시아 대통령이 전날 평양에서 체결한 '포괄적인 전략적 동반 관계에 관한 조약' 전문을 보도했다. 조약 제4조에는 "쌍방 중 어느 일방이 개별적인 국가 또는 여러 국가로부터 무력 침공을 받아 전쟁상태에 처하게 되는 경우 타방은 유엔헌장 제51조와 조선민주주의인민공화국(북한)과 러시아연방의 법에 준하여 지체없이 자신이 보유하고 있는 모든 수단으로 군사적 및 기타 원조를 제공한다"라는 내용이 포함되었다. 유엔헌장을 제시함으로써 군사지원의 합법성을 강조하였다.

본서를 마무리할 즈음에 미국 대선이 있었다. 2024년 동안 미국 대선의 결과는 세계의 관심사였기 때문에 미국 뉴스에 촉각을 곤두세우지 않을 수 없었다. 2024년 미국의 선택은 전대미문의 지도자 트럼프였다. 이제 미국의 국제정치는 트럼프 전과 후(before Trump and after Trump)로 구분될 것이다.

국제정치는 추운 겨울이 올 것이다. 두 개의 전쟁이 동시에 진행되고 있는 것은 물론 미국 대선 이후 숨가쁘게 돌아갈 국제정치를 비유하는 이야기다. 혹한 추위는 국제질서에 불확실성과 예측 불가능성을 심화시킬 것이다. 유럽 나토(NATO) 등 서방과 한일 양국 등 전통적인 우방은 물론 중국과 러시아 심지어는 북한도 숨죽이며 11월 5일 밤잠을 설치며 개표를 지켜보았을 것이다. 그만큼 미 대통령의 영향력이 전방위적이고 해리스와 트럼프 후보 간의 공약 차이가 매우 크기 때문에 선거 결과에 민감할 수밖에 없었다. 미국이 탈냉전 이후 가장 심각한 도전을 맞고 있다는 인식은 공유하지만 해법은 극과 극으로 세계 경제와 안보에 어두운 그림자를 던지고 있었던 탓이다.

2025년부터 4년간 트럼프의 ABB(Anything but Biden, 바이든 지우기) 정책이 추진되는 데 촉각을 곤두세우는 이유는 한국은 물론 각국의 국익이 첨예하게 걸려 있기 때문이다. 트럼프는 중국 다음의 경제적 압박 타깃으로 한국을 선택하고 '그들은 머니 머신(They are Money Machine)'이라는 표현을 사용했다. 그는 과거 여의도에 건설한 '대우트럼프 타워' 건설 사업에서 한국이 부자라는 돈 냄새를 맡았다. 대통령 시절 헬기로 평택 미군기지에서 서울로 오면서 삼성반도체 공장을 보고 주한미군 철수 카드로 대한 압박을 결심했다. 그는 자신이 재임 중 한국이 주한미군 주둔 비용으로 연간 100억 달러(약 13조 원)를 지불하게 만들겠다는 구상을 밝혔다. 방위비 협상은 일차 시련이고 전기차 등 미국 현지 한국투자 사업에 대해 인플레이션 감축법안(IRA) 보조금 축소와 함께 보편적인 관세 인상 등이 기다리고 있다. 그는 "관세는 사전에서 가장 아름다운 단어이자 제일 좋아하는 단어"라고 했다.

북한과의 쇼맨십 정상회담 등 변칙적인 국제 안보 거래도 예상된다. 북핵 인정 등 전대미문의 난제를 연속해서 치고 나올 것이다. 한미동맹보다는 불량국가들과 금기시되었던 거래도 배제할 수 없다. GDP 대비 방위비 비율을 3%까지 인상하라고 동맹국들을 압박을 가할 것이다. 그의 머리 속에 가치에 입각한 동맹(deep alliance)은 없다. 한국은 러·북 군사 밀착 속에서 커지는 '트럼프 리스크'까지 걱정해야 하는 상황을 맞고 있다. 기존 한미동맹의 기조와는 결이 다른 흐름이 예상된다.

선거 과정에서 심화한 미국 정치의 양극화는 선거 이후에도 계속될 것이다. 갈등의 골이 환경, 노동, 인권 및 낙태권 등 전 분야로 확대되어 단기에 화합과 통합으로 나아가는 것은 용이하지 않다. 양극화로 미국 국내 정치의 성공이 불투명해질 경우 미국 대통령의 권한이 외교 분야로 집중될 가능성이 높다. 해외 분쟁 불개입과 자국 우선주의, 극단적 보호무역과 미국 내 생산 압박 이슈가 커지면서 심각한 파장이 한반도에 밀려올 수 있다.

한미동맹 71년 만에 동맹의 뿌리가 흔들리는 돌연변이 검은 백조인 블랙스완(black swan)이 나타날 수 있다. 18세기 호주 남부에서 발견된 흑고니는 백조는 무조건 하얀색이라는 기존 관념을 바 관념을 바꾸어 놓았다. 한미동맹을 수호하면서 우리의 국익과 접점을 찾아야한다. 윤 대통령이 트럼프 후보와 통화하고 협력 관계를 이어가자고 했지만 동상이몽은 불가피하다. 한미동맹 조약 체결 72주년을 맞는 내년 을사년은 새로운 한미관계의 원년이 될 것이다. 한국의 외교 안보를 미국의 배려에만 의탁할 수 없는 시대가 다가오고 있다. 초격차 기술의 우위와 냉정한 외교적 통찰력을 바탕으로 한 자강불식(自強不息)이 필수적이다. 대한민국의 국력 신장만이 트럼프의 존중을 끌어낼 수 있을 것이다.

본 서는 2022년~2024년 한반도와 동북아에서 발생한 사건과 정책 및 갈등 등을 중심으로 과거를 반추하고 미래를 조망하는 내용으로 구성되었다(러시아와 우크라이나 전쟁, 이스라엘–하마스 전쟁 등이 발생하였다). 제1장은 북·러 밀착과 한반도 강대강 구도를 다루었다. 북한과 러시아의 위험한 군사 밀월과 북한의 도발과 한반도 강대강 구도를 분석하였다. 제2장에서는 북핵과 한반도 평화의 위협을 다루었다. 핵무력 법제화와 김정은 무력 도발 향후 시나리오 등을 분석하였다. 제3장은 김정은의 광장(廣場) 정치를 주제로 선정했다. 김주애와 함께 광장에서 인민과 국제사회를 대상으로 시네마 폴리틱스(cinema politics)를 연출하는 배경과 효과 등을 다루었다. 김주애의 후계자 논란도 분석 대상에 포함하였다. 제4장에서는 문재인 진보정부에서 윤석열 보수정부로 전환하면서 한반도에서 전개되는 양상과 남북 간의 화전양면전략(和戰兩面戰略)도 주제로 선정하였다.

제5장은 세계는 정보전, 대북정보 수집력 강화해야 할 때라는 주제로 북한 군사정찰위성 발사의 의미와 파급 효과 및 국제 및 남북정보전의 실상을 다루었다. 하마스의 이스라엘 기습 공격에 따른 이스라엘 정보 실패의 교훈 등을 분석하였다. 특히 2024년 6월 미국계 한국인 수미테리 사건으로 인한 국내외 정보활동 전

반을 점검하고 최근 문제가 된 정보기관들의 문제점을 검토했다. 한편 2024년 1월부터 이관된 국가정보원의 대공수사권 경찰 이관에 따른 문제점과 북한의 대남 전략도 분석하였다. 일본 안의 낙원이라고 선전하는 조총련의 실체도 해부하였다. 마지막 제6장에서는 북한의 미래를 조망하였다. 북한이 무단 철거하는 개성공단과 금강산 관광 등 남북경협의 실상과 허상을 분석하였다. 월북 미군 병사 킹 사건과 교환 방북의 가능성도 검토하였다. 북한 문제가 한반도는 물론 동북아의 국제이슈라는 관점에서 두 가지 사례를 선정하였다.

가능한 북한에 대해 전문지식이 없는 일반인들도 하나의 주제를 완결해서 일독할 수 있도록 최대한 평이하게 기술하고자 했다. 북한 문제는 초등학생부터 100살 노인 세대까지 모두가 자신만의 견해를 가졌으며 누구나 아는 것 같지만 전문적인 이해는 미흡한 주제다. 당대는 물론 차세대의 핵심 이슈라는 인식하에서 흥미와 재미를 가지고 한반도 분단 극복과 통일을 바라볼 수 있기를 희망하는 마음으로 집필하였다. 발표한 글을 한 자리에 묶어내는 데 의미를 둔 만큼 집필 당시의 관점과 시제를 거의 수정하지 않았음을 밝혀둔다.

(사)남북경제연구원의 살림을 책임진 정유석 통일연구원 부연구위원, 스승의 일을 내 일처럼 책임감 있게 처리하는 고려대 통일융합연구원 조정연 연구위원에게 감사드린다. 특히 월간중앙 원고를 분류하고 정리하는 고된 작업을 단기간에 처리한 조 박사에게 심심한 사의를 표하고자 한다. 2024년 2월, 주경야독의 길을 통해 박사학위를 취득한 배진, 백연주, 곽은경, 정다현, 박새암, 김수우, 김은선 연구위원에게도 동학도 입장에서 축하와 미래 발전을 기원한다. 미국에서 항상 아빠를 격려하는 의사인 딸 남상미, 컴퓨터 엔지니어인 아들 남상우, 항상 내조에 주력하는 내자 김순화, 매일 아침 아들의 건강을 진심으로 기원하는 어머니 박점례 여사에게도 고마움을 전하고자 한다. 마지막으로 급변하는 출판 여건에서도 흔쾌히 출간을 도와주신 도서출판 박영사의 안종만 회장님, 안상준 대표님, 아름다운 편집을 해 주신 박세연 님과 편집부 여러분께 감사의 말씀을 전하고자 한다.

2025년 1월, 잠룡이 비상하기를 기원하며
남성욱

목차

제1장

북·러 밀착과
한반도 강대강 구도

김정은의 갑진년 신년 독백,
속마음을 들여다보면…

더 이상 동족이 아니니 남한도 핵 공격 대상
美 대선 전까지 핵과 미사일로 위협 수준 높이면 트럼프가 선거운동 활용
주애가 후계자? 면종복배 말라는 메시지 인민들에게 선전하는 전략일 뿐

2023년 11월 김정은 북한 국무위원장이 딸 김주애와 공군 주요 시설을
방문했다. / 사진: 조선중앙TV 캡처

평양도 2024년 새해가 시작됐다. 연말에 닷새 동안 당·정·군 간부 1,000여 명
이 참석한 전원회의를 개최하고 장장 1만 자가 넘는 만연체 결의문이 발표됐지만
상투적인 표현으로 북한의 금년도 정책 방향을 파악하는 데는 한계가 있다. 김정

4

은 위원장의 복심과 복안을 추정해 보는 것이 역설적으로 갑진년(甲辰年) 한반도 정세 파악에 더 도움이 될 것 같다. 새해 들어 김정은의 말 폭탄이 터지고 북한군이 서해에서 해상 사격 훈련을 전개했다. 글의 전반부는 김정은의 생각을 추정해 적은 '김정은의 신년 독백'이다. 가상이지만 사실을 바탕으로 했기에 새해 북한의 정책을 이해하는 데 도움이 될 것이다. 후반부에서는 독백을 토대로 연초부터 서해 사격 훈련 등 긴장이 고조되는 현상 분석을 시도해 한반도 정세를 입체적으로 파악하고자 한다. 다음은 김정은의 신년 독백 부분이다.

"2023년은 위대한 전환의 해였다. 가장 큰 성과는 군사정찰위성 발사의 성공이다. 두 차례나 실패해 체면을 구겼지만, 러시아 기술자들의 도움으로 마침내 성공했다. 아직은 공화국의 첨단 우주항공 기술이 아주 미흡하다. 정찰위성인 만리경-1호의 촬영 사진이 여전히 해상도가 약해서 보완이 필요하다. 러시아의 지원이 필요한 분야다. 올해 세 차례 정도 군사정찰 위성을 발사하면 하루에도 서너 번씩 남측과 미국을 촬영할 수 있다. 남조선과 미제가 유엔 대북제재 해제와 북핵 용인에 대한 우리의 요구를 수용할 날도 머지않았다.

지난 연말 고체연료를 사용해 발사한 대륙간탄도미사일(ICBM) '화성-18형'은 핵과 함께 대미 압박의 핵심 수단이다. 고각 발사를 통해 일본 홋카이도 북측 공해에 낙하했지만, 각도를 낮추면 태평양에 낙하할 것이다. 2021년 공언한 5대 첨단무기 중에서 극초음속미사일, 고체연료 ICBM, 정찰위성 3개가 성공했다. 다탄두 개발 유도 기술(MIRV) 및 조만간 SLBM 발사가 가능한 핵추진잠수함 등 나머지 2개가 등장할 경우 그동안 인민들의 허리띠를 졸라매 이룩한 군사 강국이 허언이 아님을 과시할 수 있다.

러시아 보스토치니에서 열린 푸틴 러시아 대통령과의 정상회담은 최고의 외교 성과였다. 평양과 모스크바가 주고받을 것이 확실하니 회담의 성과가 적지 않았다. 탄약과 미사일을 실은 2,000여 개의 컨테이너를 시베리아 횡단 열차에 선적한 후 정상회담을 개최했다. 지각 대장 푸틴이 먼저 와서 기다리는 것을 보니 역시 외교는 상대가 원하는 것을 갖고 있어야 한다. 러시아에서 포탄과 미사일을 지속적으로 요구하니 군수공장을 24시간 가동하라고 담당 기관인 제2경제위원회에 지시했다. 일부 오래된 재고가 불발탄이라니 품질 개선도 신경 쓰라고 했다. 최근 미국과 우크라이나 및 중동에서 우리 미사일 사용 증거를 내보이며 경고를 보내고 있는데 포탄에 한글로 된 마크를 지우라고 해야겠다."

"인민들의 허리띠 졸라매 군사 강국 이룩"

"2024년 새해에는 남조선과 미제에 선거가 있다. 미국 대선은 초미의 관심사다. 나와 싱가포르·하노이·판문점에서 세 번이나 만났던 트럼프가 다시 백악관에 입성할지 매우 궁금하다. 그가 당선된다면 러시아를 등에 업고 빅딜도 시도할 수 있다. 지난 두 차례의 정상회담은 처음이라 긴장도 되고 밀당이 여의찮아 노딜(No deal)로 끝났다. 정상회담을 다시 하면 상대의 약점을 파고들어 성과를 거둘 수 있다. 트럼프의 정책보고서를 보니 북핵을 용인하는 내용도 들어 있어 빅딜이 가능할 것 같다. 11월 미 대선 전까지 핵과 미사일로 위협 수준을 높여야 트럼프가 자신이 해결할 수 있다고 선거운동을 할 것이므로 정교하게 도발 캘린더를 만들어야 한다. 최근 완공된 영변 실험용 경수로의 시운전을 마치면 플루토늄 생산량을 증가시키라고 했다. 북핵을 용인받고 대북제재만 해제된다면 발 뻗고 편히 잘 수 있을 것이다.

남조선 역시 4월이 총선이라 그냥 있을 수 없다. 평양이 남한 선거에 투표권은 없으나 선거 결과가 북남관계에 큰 영향을 주니까 예의주시해야 한다. 9·19 군사합의는 휴지조각이 됐으니 긴장은 불가피하다. 남한의 이재명 더불어민주당 대표가 "과거의 '북풍(北風)' 사태처럼 휴전선에 군사도발을 유도하거나 충돌을 방치하는 상황이 오지 않을까 걱정"이라고 했다. 나에게 보내는 미묘한 시그널 같다. 윤석열 대통령과 여권이 4월 총선 판세를 유리하게 이끌고자 북한 문제를 지렛대로 활용할 수 있다는 우려로 보인다.

하지만 대적 관계를 선포한 남한은 보수든 진보든 다 똑같다. 평양이 야당 대표의 발언을 고려할 필요는 없다. 방어용에서 공격용으로 바뀐 핵 무력을 동원해 남한 전 영토를 평정하는 것이 최종 목표다. 더 이상 동족이 아니니 남한도 핵 공격 대상이다. 도발로 남측 민심이 뒤숭숭해지면 이 모든 게 서울에서 9·19 군사합의를 파기해 벌어진 일이라고 선전하는 인지전과 온 오프 병행의 하이브리드 전략도 필요하다는 통전부 보고서도 올라왔다. 총선을 앞두고 민심을 교란하는 심리전을 강화하라고 지시했다. 여동생 여정이를 통해 남측의 전·현직 대통령을 갈라치기 하는 이간계(離間計)를 실행했다. 가짜뉴스 등 정부에 불리한 유언비어를 확산시키는 방안을 사이버 기관에서 추진한다니 지켜보자."

"딸아이 주애는 최고의 히트 상품"

김정은 북한 국무위원장이 새해 첫날 만경대 학생 소년궁전에서 진행된 '2024년 설맞이 공연'을 관람했다고 조선중앙통신이 1월 2일 보도했다. / 사진: 조선중앙통신=연합뉴스

"공화국의 살림살이는 여전히 어렵다. 최근 남한의 통계청 자료를 보니 공화국의 실질 국내총생산이 3년 연속 감소하면서, 남북한의 1인당 소득 격차가 30배까지 벌어졌다. 연말 자화자찬식 경제 성과의 홍보와 함께 인민들에게는 미제의 제재 때문에 살기가 어렵다고 선전을 강화하라고 지시했다. 지난해 여름 양강도 혜산에서 소고기를 내다 판 9명을 총살형에 처한 것은 불가피하다. 병든 소라도 생산 수단을 도축해서 거래하는 것은 경제범이 아니라 정치범이므로 일벌백계다.

생활이 어렵다 보니 일부 반동분자들이 공화국의 질서를 어지럽히는 문란한 행태를 보이는데 절대 용납해서는 안 된다고 사회안전성에 지시했다. 남한의 드라마나 영화를 몰래 보는 악질 행위는 2020년 제정한 반동사상문화배격법에 따라 엄벌을 지시했으나 근절되지 않고 있다. 젊은 세대의 사상이 과거처럼 확고하지 못하니 2021년 제정한 청년교양보장법을 강력하게 시행할 것을 지시했다. 모기장을 촘촘히 쳐서 남한의 자본주의 물결이 들어오는 것을 차단하지 못하면 공화국은 걷잡을 수 없이 흔들릴 것이다. 공포정치가 필수적인 이유다.

딸아이 주애는 최고의 히트 상품이다. 남측의 안보 책임자는 물론 서방언론도 군 최고 책임자들이 주애에게 바짝 엎드리는 사진을 보고 후계자로 격상됐다느니, 존칭이 달라졌다는 등 각종 평을 내놓는 것을 보니 외부 세계는 권위주의 가부장제 공화국을 모른다. 12살 여아(女兒)를 두고 후계자 운운하니 사회주의 권력이 총구에서 나온다는 마오쩌둥의 발언도 이해하지 못한다. 내 나이 40세인데 앞으로 20년~30년 후의 일을 어떻게 예측하겠는가? 최근 선전선동부에서 주애에게 하이힐을 신으라고 했는데 키가 어른처럼 커 보여서 사진이 훨씬 그럴듯해 보인다. 4대 세습으로 공화국이 영원히 지속되니 면종복배(面從腹背)하지 말라는 메시지를 인민들에게 홍보하는 선전전략을 자본주의 국가들이 알 리가 없다. 평양 순안공항 청사 정면에 내걸린 100m 길이의 선전판에 다음과 같은 구호가 새겨져 있는지 보면 알 텐데 말이다. '김일성, 김정일 동지는 영원히 우리와 함께하신다'. 하긴 세습체제는 유엔 회원국 중에서 우리 공화국이 유일하니 그럴 만도 하다. 올해도 주애는 부지런히 나와 함께 공식 석상에 나설 것이다. 주애가 출현해야 구글의 검색 수가 올라간다니 자본주의 국가들은 중차대한 핵미사일보다는 우리 패밀리에 호기심이 많은가 보다. 싫지 않은 일이다.

올해 푸른 용띠해도 국내외 정세는 격변의 한 해가 될 것 같다. 내부 단속에서는 한시도 마음을 놓을 수가 없다. 국제정세 역시 복잡하다. 러시아−우크라이나 및 이스라엘−하마스 전쟁 등 포성이 지구촌 여기저기서 울리고 있다. 러시아와 관계를 밀착했으니, 중국을 끌어들여 북·중·러 3국 연대로 한·미·일에 대응하는 신냉전 구도를 형성하려는데 중국이 소극적이다. 외교는 타이밍인 만큼 타이완 해협에 긴장이 고조될 때 기회를 포착해야 한다. 오늘 아침 거울을 보니 흰머리가 많이 늘었고 건강도 예전 같지 않다. 2012년 처음으로 권좌에 올랐을 때와 비교하면 세월이 흘렀다. 내 나이 불혹의 40세가 돼 보니 선대 지도자들은 이 힘든 일을 지난 60여 년간 어떻게 수행했는지 궁금하다."

연초 대남 도발은 민생 파탄 책임 전가 전술

지금부터는 현상 분석이다. 2024년 연초부터 김정은 위원장의 말 폭탄이 쏟아지고 있다. 동시에 서해에도 실제 포성 소리도 높아지고 있다. 말 폭탄이 끝나기가 무섭게 북한군은 1월 5일~7일에 걸쳐 백령도 북방 장산곶 일대와 연평도 북방 등산곶 일대에서 300발 이상의 해안포 사격을 실시했다. 우리 군도 맞대응 성격의 해상 사격 훈련을 실시했다. 우리 군이 2018년 9·19 남북군사합의 체결 이후 서북 도서에서 대응 사격에 나선 것은 이번이 처음이다.

앞서 남북은 2018년 9·19 남북군사합의를 체결하면서 해상 무력 충돌을 방지하려 서해·동해 북방한계선(NLL) 일대에 해상 완충구역을 설정했다. 이곳에서 포사격을 하면 9·19 군사합의 위반이다. 합참은 이날 북한군의 포탄이 서해 완충 구역에 낙하했다는 점에서 이번 사격훈련을 도발로 규정하고 대응 사격 훈련을 실시했다.

9·19 합의 1조 2항에 따른 적대행위 중지 구역은 △육상에선 군사분계선(MDL)을 기준으로 남북 각각 5km 구간 △해상에선 서해 남측 덕적도 이북으로부터 북측 초도 이남까지의 수역 △공중에선 MDL 동 서부 지역 상공에 설정된 비행금지 구역이다. 이는 남북의 우발적 군사적 충돌을 막기 위한 것으로, 남북은 이곳에서 포사격, 연대급 이상 야외 기동훈련, 고정익 항공기의 공대지 유도무기 사격 등 실탄사격을 동반한 전술훈련을 중지하기로 했다.

하지만 이제 합의는 백지화됐다. 우리 군은 "9·19 남북군사합의에 따른 지상·해상의 적대행위 중지 구역(완충 구역)은 없다"라고 선언했다. 2월부터 서해 NLL을 향해 사격한다. 해군 함정들은 함포 사격을 재개할 것이다. 비행금지구역에서도 아파치 헬기를 이용한 공대지 유도무기 사격이 가능하다. 한편 북한은 해상 사격훈련에 이어 육상에서 신형 무인기를 동원한 수도권 침투 공작도 전개할 것이다. 단거리·중거리 미사일 발사 등으로 긴장을 한 단계 끌어올릴 것이다. 미국 대선이 가까워지면 대륙간탄도미사일(ICBM) 발사와 정찰위성 추가 발사 등의 카드도 흔들 것이다.

김주애를 동반하고 김정은과 김여정 남매가 쏟아내는 연초의 말 폭탄과 국지적인 도발은 극장정치(cinema politics)로 인민들의 혼을 빼는 전술이다. 그의 최근 대남 도발 위협과 적대 발언의 저의는 다음과 같다.

우선, 북한의 심각한 민생 파탄에 대한 눈속임과 책임 전가 전술이다. 코로나19 사태를 겪으며 인민들의 민생은 나락으로 추락했다. 김정은도 이를 의식했는지 "인민의 기대에 늘 보답 못 하는 우리들의 불민함을 깊이 반성하고 뉘우치며…"라고 했다. 하지만 제대로 된 경제적 해법은 없다. 인민들의 삶이 도탄에 빠졌지만, 전쟁 준비 강화와 대남 위협으로 초점을 돌린다.

총선까지 민심 교란하는 심리전 구사할 듯

북한이 서해 북방한계선(NLL) 인근에서 해안포 사격을 한 2024년 1월 5일 백령도에 배치된 해병대 6여단 전차포가 이에 대응해 해상 사격을 하고 있다. 서북 도서의 해병부대가 해상 사격을 한 것은 2018년 9·19 남북 군사합의 체결 후 처음이다. / 사진: 국방부

다음은, 한국과 미국의 내정에 개입하려는 노림수다. 북한이 연초부터 한반도의 긴장을 고조시키는 것은 남한 총선과 미국 대선 등을 감안한 영향력 확대의 의도다. 북한은 2024년 4월 서울과 11월 워싱턴의 정치 일정에 국가정보원의 예상대로 '큰 파장'을 일으키는 게 유리하다는 속셈이다. 7월에는 미국 공화당의 대선 후보가 결정된다. 평양은 트럼프의 등장을 기대하고 있다. 이후 선거 전까지 3개월 동안에는 워싱턴을 겨냥한 말 폭탄과 함께 ICBM과 정찰위성의 발사를 통해서 미국인들의 눈과 귀를 흔드는 다양한 도발을 준비할 것이다. 평양은 워싱턴과의 강대강 구도 형성에 주력할 것이다.

남한 총선 전에 도발로 긴장을 조성해야 선거가 '평화냐 전쟁이냐' 구도로 갈 수 있으며, 9·19 군사합의의 효력을 정지한 현 정부·여당을 궁지로 몰 수 있다는 전술이다. 평양은 남한 선거에 투표권은 없으나 선거 결과가 남북관계에 중요한 변수라며 개입을 시도한다. 남한의 선언으로 9·19 군사합의가 백지화됐으니 긴장은 불가피하다는 논리다. 군사 합의가 사문화됐으니, 포 사격으로 남북 갈등을 유도하는 것은 당연한 수순이다.

방어용에서 공격용으로 바뀐 핵 무력을 동원해 남한 영토의 완전 정복이 최종 목표다. 더 이상 동족이 아니니 남한도 핵 공격 대상이다. 도발로 남측 민심이 뒤 숭숭해지면 이 모든 게 서울에서 9·19 군사합의를 파기해 벌어진 일이라고 가짜 뉴스를 확산시키고자 한다. 총선을 앞두고 민심을 교란하는 심리전이다. 4월까지 도발의 수를 잘게 쪼개서 수위를 올리는 살라미 전술(salami tactics) 구사가 있을 것이다.

김여정은 2024년 1월 6일 서북 도서 지역에서 포탄을 쏜 적이 없다며, 포성을 모방한 폭약을 터뜨리는 기만 작전에 한국군이 속아 넘어갔다고 주장했다. 망신을 주기 위한 '기만 작전'이었을 뿐 수역에 포를 날리지도 않았는데, 우리 군이 오판을 하고 미끼를 물었다고 강조했다. 1월 7일 조선중앙통신에 공개한 담화에서 "우리 군대는 130mm 해안포의 포성을 모의한 발파용 폭약을 60회 터뜨리면서 대한민국 군부 깡패무리들의 반응을 주시했다"라고 말했다. 조선중앙TV는 김 부부장의 담화를 보도하면서, 북한군이 낮은 산에 둘러싸인 논밭에 폭약을 심은 뒤,

연쇄적으로 폭파하는 장면을 44초간 내보내기도 했다.

하지만 우리 군은 발파와 포사격을 구분할 수 있다며 김여정의 주장에 대해 수준 낮은 심리전이라고 일축했다. 북측은 '발파－포사격－발파' 순으로 기만전술을 전개했다. 연초부터 남한 사회를 흔드는 심리전의 일환이다. 군 소식통은 다양한 정보 자산을 통해 북한의 포사격이 확인됐다고 설명했다. 요컨대 북한의 계속된 도발과 심리전은 남남갈등을 일으키고, 우리 군의 능력에 흠집을 내려는 의도로 분석된다. 다음 단계에서는 가짜뉴스 등 정부에 불리한 유언비어를 확산시키는 방안도 등장할 것이다.

끝으로, 남남갈등 심화 전략이다. 김정은은 "북남은 더 이상 동족 관계, 동질 관계가 아닌 적대적인 두 국가 관계, 전쟁 중인 두 교전국 관계로 완전히 고착됐다"라고 선언했다. 김여정은 전·현직 대통령을 비교하면서 비난하는 갈라치기 전술을 구사했다. 윤석열 대통령을 향해 "다들 비난하지만 나는 찬양하고 싶다"라며 '반어법' 같은 담화를 내고 문재인·윤석열 전·현직 대통령을 싸잡아 비난했다. 문재인 전 대통령에게는 영특하며 교활하다는 비아냥 섞인 표현을 사용하며 비난했다. 남측의 좌경 세력을 겨냥한 묘한 메시지다. 김여정이 남한의 전·현직 대통령을 대비시키면서 싸잡아 비난한 것은 남한의 대북정책에 대해 "민주를 표방하든, 보수의 탈을 썼든 조금도 다를 바 없었다"라는 김정은의 연말 전원회의 발언과 같은 맥락이다.

북한에 도발은 체제 붕괴라는 시그널 줘야

북한이 '우리민족끼리' 정책을 포기한 듯한 발언을 쏟아내는 저의는 분명하다. 한반도의 긴장은 정부와 여당의 한·미 동맹 강화와 대북 강경정책 탓이라는 선전 선동으로, 지난해부터 사용하는 대한민국이라는 표현의 연장선이다. 동족 관계가 아니니 핵무기를 사용할 수 있다는 명분 축적도 가능하다. 2022년 9월 핵무력 법제화를 통해 핵을 방어용이 아닌 공격용으로 사용할 수 있다고 선언한 만큼 남한도 예외가 아니라는 우회적 협박이고 고도의 대남 심리전이다.

북한은 적화통일 전략을 포기한 게 아니고, 자신들만의 남조선 전(全) 영토 평정 방식으로 추진하겠다는 복안이다. 김정은이 사용한 '대사변'이란 용어는 6·25 남침을 의미한다. 김정은은 간부회의 때마다 한반도 남측 지도를 가리키며 언제든 공격할 수 있다는 대남 가스라이팅(심리조종)해 왔다.

북한의 해상 사격 훈련에도 불구하고 한반도 남쪽의 일상은 평온하다. 일부에서는 '안보 불감증'이라고 걱정하지만, 대부분의 국민은 북한의 도발을 잘 짜인 한 편의 드라마로 간주, 만성적인 도발에 적응하면서 심각한 불안을 크게 느끼지 못한다. '김씨 일가' 연출·주연의 '막장 드라마'에 너무나 익숙해져 버린 것이다. 평양의 연출극은 외부를 향한 것이기도 하지만 주로 내부 지배의 수단으로 활용된다. 북한은 "사상의 힘은 한계가 없다"라며 자신들이 만든 허구의 세계가 영구적으로 지속될 것이라고 주장한다. 하지만 생존력 있는 사회 없이 생존력 있는 국가는 없다. 북한에 밝은 미래가 있으려면 극장 국가로서 스스로의 한계를 받아들이고 이를 매듭지어야 한다. '트루먼 쇼(The Truman Show)'의 엔딩 크레딧(closing credit)은 서서히 올라가고 있다. 다만 극단적인 내부 모순이 폭발할 때 악마적 지도자가 외부로 총구를 사용하는 순간이 다가올지 여부는 예의주시해야 한다.

북한의 기괴한 입장에 대한 유일한 대응은 강력한 군사적 억지력이다. 압도적 경제력과 국방력으로 평양의 도발이 초래할 결과는 김정은 체제의 붕괴라는 시나리오를 보여줘야 한다. 한·미 확장억제 체제를 실효적으로 가동해 핵 위협을 무력화해야 한다. 러시아·우크라이나 전쟁과 이스라엘·하마스 충돌 등 지구촌 포성이 계속되는 중에 동북아, 특히 한반도는 구조적으로 불안정한 지역이다. 평양의 극장정치와 협박에 일비일희하지 말고 우리 영토에 대한 철저한 방어 태세를 강화하는 게 중요하다. 적(敵)은 공격했을 때 더 큰 피해를 본다고 판단하면 결코 선부른 공격을 하지 않는다는 게 동서고금 전쟁론의 핵심이다.

[남성욱의 평양리포트] 월간중앙 2024년 2월호

북·러 밀착과 2024 한반도 정세

세 번 만에 쏘아 올린 정찰위성, 인민의 식량과 맞바꾼 대가였다.

9·19 군사합의 파기 이후 정찰위성·핵미사일·SLBM 등 무력 확보 집중

재래 무기와 군사기술 빅딜로 러시아와 밀월 강화해 유엔 제재 무력화

조선중앙통신은 11월 22일 "국가항공우주기술총국은 2023년 11월 21일 22시 42분 28초에 평안북도 철산군 서해위성발사장에서 정찰위성 '만리경-1호'를 신형위성운반로켓 '천리마-1형'에 탑재해 성공적으로 발사했다"고 보도했다. / 사진: 연합뉴스

자력인지 외부의 도움인지는 몰라도 삼세번만에 성공했다. 한 달간 잠행을 이어 가던 김정은 북한 노동당 비서는 러시아 기술자로 추정된 미지의 서양인과

‘DPRK NATA 국가항공우주기술총국’ 로고가 새겨진 조끼를 입은 실무진에 둘러싸여 환호성을 질렀다. 북한 매체는 과거와 달리 흰머리가 노출된 그의 사진을 내보냈다. 마치 그간의 군사정찰위성 발사에 총력을 다했다는 점을 인민들에게 과시하는 듯했다. 두 차례의 실패로 최고지도자의 체면을 구긴 상태라 김정은은 3차 발사 성공에 흥분했다. 요란한 행사를 동반한 3차 군사정찰위성의 우주 궤도 진입은 동북아 정치 군사안보에 복잡미묘한 함의가 있다.

우선 북한과 러시아 간 정치와 군사 결탁의 합작품이다. 2023년 5월과 8월에 시행된 두 번의 실패 직후 평양 당국은 10월 발사를 공언했으나 한 달 이상 늦췄다. 김정은은 2023년 9월 중순 러시아 보스토치니 우주기지를 방문해 푸틴과 군사기술 협력을 주제로 정상회담을 가졌다. 포탄과 탄약 제공의 대가로, 러시아로부터 우주항공 기술의 비법을 전수받는 흑색 거래를 시작했다.

국제정보망은 러시아 기술진의 평양 방문을 확신했다. 실시간 항공기 추적 웹사이트 ‘플라이트레이더24’에 따르면 러시아 공군 소속 일류신－62M이 11월 22일 러시아 블라디보스토크에서 출발해 낮 12시 30분께 평양 순안국제공항에 도착했다. 러시아 군용기에 누가 탑승했는지, 어떤 목적으로 평양을 방문했는지 등은 알려지지 않았으나 추론은 가능하다. 1차 실패가 엔진 연소 미점화, 2차 실패가 단 분리 불능 등이 원인이었던 만큼 러시아 기술진의 협조는 3차 발사의 성공을 보증했을 것이다.

북한의 군사기술이 날개를 달기 시작했다. 정찰위성은 북한의 숙원사업이다. 핵추진잠수함과 더불어 북한이 개발과 전력화의 문턱을 넘지 못한 무기체계다. 김정은은 2021년 제8차 당대회에서 핵·미사일 능력 강화를 위한 최우선 과업을 제시하면서 △초대형 핵탄두 △고체 추진 대륙간탄도미사일(ICBM) △극초음속무기 △핵잠수함 △군사정찰위성을 우선 추진 과제로 꼽았다. 고난도 기술이 필요한 무기가 어려움이 많지만, 러시아가 확실한 도우미 역할을 함으로써 북한 첨단무기 개발은 도약단계를 맞고 있다.

북한 군사정찰위성은 궤도 안착, 신호 송출, 사진 전송의 3개 관문을 통과해야 한다. 궤도 안착과 신호 송출은 완료됐고 최종 결과물인 해상도 높은 사진이 나와야 한다. 고해상도 사진을 전송할 수 있을지가 군사위성 성공의 관건이다. 북한의 정찰위성은 하루에 한 번씩 지구궤도를 돌면서 사진을 촬영할 것이다. 현재 북한이 공개한 미군 괌 및 본토 사진은 아직은 구글 검색 수준이다. 앞으로 5개 정도 추가로 위성이 발사되면 두 시간마다 사진 전송이 가능해진다. 기술은 장애 단계를 돌파하면 가속이 붙는다. 러시아의 기술 제공이 있으면 사진의 해상도 문제도 해결될 것이다.

정찰위성 3차 발사 앞두고 평양 향한 러 군용기

김정은(왼쪽) 북한 국무위원장과 블라디미르 푸틴 러시아 대통령(오른쪽)이 2023년 9월 러시아에서 회담 중인 모습. / 사진: 연합뉴스

정찰위성은 전술핵과 ICBM에 이은 북한판 '핵미사일 3축 체계'의 마지막 퍼즐이다. 전술핵무기를 ICBM에 장착해 목표 지점 타격을 시도할 때 필수인 핵 공격의 눈이 장착됐다. 위성은 상대의 군사기지, 무기체계 및 훈련 동향을 파악하는 필수장비다. 북한은 러시아와 위성항법 시스템인 '글로나스(GLONASS)' 협력도 추진 중이다. 북한이 러시아의 위성 위치 정보를 받는다면 주일 미군기지까지가 사거리인 전략 순항미사일의 운용력을 대폭 상승시킬 수 있다. 핵미사일로 무장하고 매의 눈으로 상대를 주시한다면 김정은이 집착한 군사 강국의 퍼즐이 자연스럽게 완성된다.

한국의 군사 대응 태세 전환이 불가피해졌다. 정부는 남북 간 상호 신뢰가 회복될 때까지 9·19 군사합의 1조 3항의 효력을 정지했다. 군사분계선 일대의 대북 정찰·감시활동이 즉각 재개됐다. 북한 역시 남북군사합의에 구속되지 않겠다며 지상, 해상, 공중에서 중지했던 모든 군사적 조치를 즉시 회복한다고 밝혔다. 북한은 군사합의 파기를 선언하면서 우리 측에 책임을 돌렸다. 그러나 북한이 지난 5년간 공식적으로 17차례 합의를 위반해 사실상 군사합의가 사문화됐기 때문에 파기 선언은 명분 싸움에 불과하다. 김정은은 군사정찰위성 발사 성공을 기념한 축하 행사에서 "정찰위성 발사는 정당방위권 행사"라고 말했다.

북 · 러의 군사 밀착 한반도에 어떤 영향 미칠까

김정은 북한 노동당 위원장이 지난 2021년 1월 9일 핵추진잠수함 개발이 이뤄지고 있음을 처음으로 공식화했다. 사진은 2019년 7월 북한 조선중앙TV가 김정은 국무위원장이 새로 건조한 잠수함을 시찰했다고 보도하면서 공개한 잠수함 모습. / 사진: 연합뉴스

북·러의 군사 밀월(蜜月)이 한반도 안보 정세에 미치는 영향은 매우 복잡 미묘하다. 푸틴도 파장을 의식했는지 유엔 대북제재 틀 내에서 북한과 군사협력이 가능하다고 슬그머니 꼬리를 내렸으나 파장은 심상치 않다.

유엔 안보리를 통해 북한을 압박하고 협상장에 나오게 하는 지난 30여 년의 비핵화 접근법이 상임이사국 러시아의 이탈로 물거품이 됐다. 한·소련 수교(1990년), 소련 해체(1991년) 이후 가장 우려스러운 변화로 동북아 국제정치의 판이 흔들리는 상황이다. 유엔 창설과 핵비확산(NPT) 체제 형성 과정에서 옛 소련이 상당한 역할을 했던 판을 푸틴이 깨버렸다. 김정은은 향후 유엔 대북제재를 두려워할 필요가 없어졌다. 최악의 불량국가가 무법 활동을 전개하니 다른 불량국가들도 유엔 헌장을 준수할 이유가 없다.

최근 북한은 전방위 외교에서 선택과 집중으로 외교 전술을 선회했다. 평양은 유엔 제재로 운신의 폭이 크지는 않지만, 모스크바와 손을 잡는 외교의 만조기(滿潮期) 전술을 추진했다. 1960년대 이후 주체균형외교를 내세운 평양 외무성은 최근 들어 중·러 등거리(等距離) 전술에서 러시아에 무게 중심을 두고 있다. 2023년 9월 푸틴과 김정은의 정상회담 이전에 평양은 이미 6,000억 원어치의 포탄을 담은 2000여 개의 컨테이너를 시베리아 횡단 열차에 선적시켰다. 전략국제문제연구소(CSIS) 산하 북한 전문 사이트 '분단을 넘어'는 12월 8일 북한 나진항에서 러시아로 이동한 것으로 추정되는 컨테이너를 최소 4,100여 개로 확인했다. 미국의 소리(VOA)도 인공위성 사진업체 '플래닛 랩스' 자료를 인용해 지난 8월부터 최근까지 나진항에 총 20척의 선박이 출입했다며, 이를 통해 1만 개 이상의 컨테이너가 북한에서 러시아로 이송됐을 수 있다고 보도했다. 크렘린궁의 부인에도 불구하고 11월 중순 러시아 텔레그램에 "북한 다중로켓발사기(MRL) 사거리 연장포탄 지원 감사" 동영상이 올라왔다.

이제 한국의 안보에 빨간불이 켜졌다. 북·러의 군사 밀월은 동북아의 안보 불안을 부추긴다. 러시아 지원을 받는 북한의 수출용 무기 대량생산은 동북아는 물론 인도·태평양 지역의 안보 불안까지 부추긴다. 북한의 신무기와 군사적 위협은 한국 단독으로 대응하기가 쉽지 않은 수준이다. 우크라이나 전쟁이 장기화함에 따라 북·러 간 무기 거래는 단순 군수품을 넘어 북한군의 약점인 전투기 및 각종 미사일 무기 등으로 확대될 것이다.

북·러 간의 '민감한 분야'에는 구체적으로 전투기는 물론 핵·미사일 기술이전이 포함됐을 것이다. 특히 핵잠수함 기술 제공은 공포 수준이다. 바닷속에서 최장

6개월까지 물 밖에 나오지 않고 작전을 전개하는 핵잠수함은 재래식 디젤 잠수함과 차원이 다른 위협이다. 북한이 정찰위성을 실전 배치하면 미 전략자산의 한반도 전개와 한국군의 동향을 사전에 파악할 수 있어 북한의 기습 핵 타격 능력이 크게 향상된다. 육해공에서 날아오는 북한 핵미사일을 방어할 수 있을지 의문이다. 한·미는 주한미군의 사드와 패트리엇, 천궁 등으로 방공망을 구축하고 있지만, 동해 등 측면에서 날아오는 SLBM이나 전략 순항미사일 등에는 취약하다.

북·러 군사협력이 전면화하면 북핵의 외교적 해결이 더 어려워질 수밖에 없다. 대북제재 효력도 급감할 수 있다. 북한에 대량살상무기(WMD)는 물론 모든 재래식 무기의 수출입, 판매 및 이전을 금지한 안보리 대북제재를 상임이사국이 앞장서 무너뜨리는 것이다. 2022년 상반기 이후 안보리에서는 중국과 러시아의 반대로 추가 도발에 관한 새로운 대북제재가 채택되지 못하고 있다.

밀착하는 북 · 러, 한반도 안보에 새 위협

북·러 양국은 2023년 11월 15일 평양에서 경제공동위원회 회의를 열고 의정서에 조인했다고 조선중앙통신이 16일 보도했다. / 사진: 연합뉴스

알렉산드르 코즐로프 천연자원부 장관을 단장으로 하는 러시아 정부 대표단은 2023년 11월 15일 평양에서 10차 경제공동위원회를 개최했다. 북·러 경제공

동위원회는 북·러 간 장관급 경제협력 증진 협의체로, 1996년부터 총 9차례 열렸다. 임업·운수·과학기술·지역협력·무역 등 5개 분과가 설치돼 있다. 이 10차 회의는 김정은과 푸틴 러시아 대통령의 9월 정상회담에서 개최가 합의된 사안이다. 러시아 대표단은 북한의 경공업 제품 전시회인 '경공업발전-2023'과 만수대창작사 미술작품전시관, 대성백화점 등 경제, 문화 현장을 찾았다.

구체적인 합의 내용은 공개하지 않았지만, 나진·하산 중심의 북·러 경제 물류 협력, 북한 노동자의 러시아 파견 등 다각적인 경제협력 방안이 논의됐을 것으로 보인다. 지난 9월 김정은의 방러 당시 올레크 코제먀코 연해주 주지사는 북한과 건설, 관광, 농업 분야 협력 사업을 연내 시작하는 계획에 대해 논의했다고 밝혔었다. 유엔 대북제재 불이행을 시사한 연해주 기업들은 건설공사와 벌목에 북한 노동자를 투입할 계획이다. 비탈리 블로츠키 연해주 건설국장은 "2023년~2025년 지역에 예정된 건설 작업량을 고려할 때 1만 7,300명 가량의 전문 인력이 필요하다"라는 입장이다.

그간 러시아는 극동지역 개발에 주력해 왔으나 큰 성과를 보지 못했다. 젊은 이들이 모스크바를 포함해 서부 대도시 등으로 빠져나가면서 양질의 노동력 확보는 어려운 과제였다. 북한은 1946년부터 소련과 러시아에 노동력을 공급해 왔다. 러시아도 인건비가 싸고 숙련도 높은 북한 노동자를 선호한다. 초기 수산업 분야에서 주로 일했던 북한 근로자들은 1990년대 말 이후 주로 건설업에 투입됐다. 2017년 12월에 채택된 유엔 안보리 대북제재 결의안 2397호는 제3국에서 북한 노동자를 이용하는 것 등을 금지하고 있다.

알렉산드르 마체고라 주북한 러시아 대사는 북한이 러시아의 식량 지원을 거절했다고 밝혔다. 그는 "우리는 2020년 (북한에) 밀 5만 톤을 인도적 차원에서 제공했고 이를 다시 추진할 준비가 됐다고 했으나 북한 동지들은 '정말 고맙다'며 '상황이 어려우면 의지하겠지만 지금은 괜찮다'고 솔직히 말해 줬다"라고 설명했다. 대사는 "북한은 실제로 올해 상당히 좋은 수확량을 달성했다"라고 주장했다.

하지만 상황은 녹록지 않다. 북한이 가을 풍작을 거뒀다고 주장했지만 올해도 '외부 식량 지원 필요 국가'에서 벗어나지 못했다. 유엔 식량농업기구(FAO)는 11월 3일 발표한 '작황 전망과 식량 상황 분기 보고서'에서 북한을 외부 식량 지원이 필요한 46개국에 포함했다. 북한이 외부의 식량 지원을 받아야 하는 국가로 꼽힌 것은 FAO가 해당 조사를 시작한 2007년 이후 17년째다. 북한은 고도의 군사기술을 지원받는 것이 시급했기 때문에 러시아의 식량 제공 의사를 에둘러 거절했을 것이다. 인민의 삶보다 무기 개발이 우선이라는 정치적 판단에서 나온 결정이다. 2023년 겨울 북한 경제 상황은 '그럭저럭 버티기(muddle through)' 수준으로 평가된다. 심각하게 악화하지도 않고 그렇다고 개선되지도 않은 빈곤의 함정(poverty trap)에 빠져 있다.

1973년 1월 개최된 파리평화회담은 베트남에서 미군을 축출하기 위한 월맹의 전술이었다. 회담 합의에 따라 60일 이내에 주월(駐越) 미군과 한국군 등 외국군이 철수하면서 월남은 2년 만에 공산화됐다. 위장 평화를 내세워 적을 무장 해제시키고 최종적으로 공산화 목표를 달성하는 전술은 공산주의자의 대표적인 기만정책이다.

밀 제공하겠다는 러시아에 "괜찮다"는 북한

2018년 9월 19일 평양 백화원 영빈관에서 문재인 대통령과 김정은 국무위원장이 지켜보는 가운데 송영무(앞 왼쪽) 국방부 장관과 노광철 북한 인민무력상(앞 오른쪽)이 판문점 선언 이행을 위한 군사분야 합의문에 서명한 뒤 교환하고 있다.

파리평화협정에 고무된 북한은 1974년 3월부터 줄곧 정전협정을 평화협정으로 대체하자는 평화 전략을 구사해 왔다. 평화를 내세워 주월 미군을 철수시킨 베트남 모델을 한반도에 접목하려는 궁리였다. 북한은 판문점 선언과 9·19 군사합의를 통해 남측의 무장해제를 시도했다. 핵과 미사일로 무장하도록 북한을 지원하는 합의라서 '역사적인'이라는 형용사를 붙였던 것인지, 5년이 지나서야 그 의미를 정확하게 간파하게 됐다. 당시 남북 최고지도자들이 판문점 도보다리에서 무엇을 논의했는지 당사자들이 입을 다물고 있으니 미궁이다.

북한은 9·19 군사합의 파기 선언에 이어 중화기를 반입하는 등 최전방 감시초소(GP) 복원에 들어갔다. 남측을 겨냥한 해안포도 개방하는 등 긴장을 고조시키고 있다. 2018년 합의 당시 비무장지대 남측 초소는 60여 개, 북측 초소는 160여 개인 상황에서 일대일 동수 비율로 남북은 각각 11개씩 철수했다. 불공평한 졸속 합의였다. 북한 GP는 땅굴로 연결돼 있어 지상에 돌출된 특정 초소를 철거해도 대남 정찰 및 감시에 큰 지장이 없다. 반면 우리 초소는 수가 적고 감시 영역도 넓어 11개 철수로도 비무장지대 중 6분의 1의 감시 공백이 생긴다.

9·19 군사합의 24개 세부사항 중 남북이 완료한 9개 항목을 보면, 북한은 자신들에게 유리하거나 필요에 따라 선별적으로 이행했다. 군사분계선 기준 남북 수도의 거리 차이(평양 140km, 서울 40km)는 우리 안보에 구조적 함정이다. 북방한계선(NLL) 서해 끝단을 기준으로, 북으로 50km, 남으로 85km 등 거리가 다른 점도 고려되지 않았다. 우리 군 최전방부대의 방어 태세에 치명적인 약점이며 북한군의 수도권 기습공격에 노출될 수밖에 없다. 파리평화회담처럼 평화 구호에 매몰돼 우리만 불리한 군비 통제를 감행한 것이다.

북한의 군사합의 파기에 맞대응이 최선 방책

성공한 군사합의는 이행 검증이 필수적이다. 검증 없는 군비 통제 합의는 무용지물이었다. 1970년대 미·소 간 전략핵무기감축협정(SALT)은 철저한 상호 검증 하에서 성과를 거두었다. 양측은 협정 준수 여부를 정찰위성으로 감시했다.

상대방의 선의에 의존하는 비대칭 합의였던 9·19 군사합의는 북한군의 GP 복원으로 완전히 사문화됐다. 우리 군도 GP 복원 등 상응 조치에 들어가야 한다. 공동경비구역(JSA)에 근무하는 북한군이 권총으로 무장하는 등 비무장화를 파기한 만큼 대응조치를 해야 한다. 유엔군사령부 동의를 얻어 동등한 화기를 반입해야 한다. 적시에 대처하지 않으면 하마스식 기습공격을 방치하는 격이다. 안보에서 철저한 맞대응(tit-for-tat)은 유사시 희생을 줄이는 최선의 방책이다.

2024년 국제정세는 매우 복잡하고 예측 불가한 상황이 전개될 것으로 전망된다. 우크라이나 전쟁이 만 2년을 넘기면서 미국과 유럽의 전쟁 피로감은 가중될 것이다. 2023년 10월 시작된 하마스와 이스라엘의 충돌 역시 새로운 변수로 떠올랐다. 미국으로서는 추가적인 전선이 형성되면서 한반도 문제에 관심을 집중할 수 없게 됐다. 2024년 11월에 치러진 미국 대통령 선거도 큰 변수다. 북한은 미국의 관심을 끌기 위해 새로운 차원의 도발을 감행할 수 있다.

북한은 핵 능력 고도화를 통해 몸값을 최대한 높여 트럼프 전 대통령의 재선 이후 빅딜을 겨냥하고 있다. 국제원자력기구(IAEA)는 북한 영변 핵시설의 시운전 정황을 탐지했다. 김정은은 군사분계선(MDL) 인근에 강력한 신무기 배치를 공언했다. 북한은 지난 2020년 폭파한 개성 남북 공동연락사무소를 완전히 철거하기 시작했다. 개성공단을 북한의 자산으로 만들어 자체적으로 운영하겠다는 의도일 것이다. 북한은 지난해와 같이 연말에 전원회의를 개최해 새해 대남정책 방향을 발표할 것이다.

푸틴은 2023년 12월 4일 이도훈 신임 주러시아 대사 신임장 제정식에서 "한·러 관계 회복은 한국에 달려 있고 러시아는 준비돼 있다"라고 공을 던졌다. 한·미 동맹을 이간하려는 압력이다. 2024년 갑진년(甲辰年)의 대한민국 안보 상황은 새로운 차원을 맞이하고 있다. 푸른 용(靑龍)의 해를 맞이해 북한의 협박에 굴하지 않고 대한민국이 비상할 수 있도록 온 국민이 힘을 모아야 할 때다.

[남성욱의 평양리포트] 월간중앙 2024년 1월호

북한과 러시아의 위험한 군사 밀월(蜜月)

러시아 극동 우주기지 달려간 김정은, 재래무기-첨단기술 빅딜 노리나

탄약·포탄 부족한 러시아와 로켓 기술 필요한 북한, 이해 맞물려

북·중·러 vs 한·미·일 3자 동맹 대결 시 한반도 긴장 고조 불 보듯

러시아를 방문 중인 김정은 북한 국무위원장이 13일(현지시간) 러시아 아무르주 보스토치니 우주기지에서 블라디미르 푸틴 러시아 대통령과 상봉했다고 조선중앙통신이 14일 보도했다. / 사진: 연합뉴스

일본의 북한 전문가인 에야 오사무(惠谷治, 1946~2018)는 1998년 도쿄에서 열린 세미나에서 북한 경제를 사중(重) 경제라고 분석했다. 그에 따르면 북한 경제

는 내각의 제1경제, 군수경제인 제2경제, 김정은의 궁정(宮庭)경제인 제3경제, 마지막으로 장마당 시장경제 등 네 바퀴로 돌아간다고 주장했다(『김정일의 북한, 내일은 있는가』, 1998).

이 중 궁정경제와 군수경제가 북한 정권을 지탱하는 핵심축이다. 수령의 비자금 조달을 위한 궁정경제(court economy)는 노동당 39호실이 담당한다. 1970년 중반에 조직된 39호실은 김씨 일가의 외화벌이를 총괄하며 20여 곳의 해외 지부와 국영기관을 운영한다. 과거에는 궁정경제가 4중 경제 중에서 가장 비중이 컸으나 2012년 김정은 집권 이후 제2경제가 빠르게 증가해 30%를 상회하고 있다. 제2경제위원회 산하에는 항공우주산업을 총괄하는 8총국을 두고 ICBM 등 각종 미사일 개발을 전담한다. 반대로 내각과 장마당의 민수(民需) 경제는 점점 쪼그라들어 40% 미만이다. 식량이 부족해 아사자가 발생하는 등 의식주 부족에 허덕이는 이유다.

일찍이 일본의 북한 전문가들이 북한의 무기 개발과 거래 등 국가기밀 사항을 체계적으로 파악할 수 있었던 이유는 평양이 재일조선인총연합회(조총련)를 통해 신무기에 들어가는 각종 센서, 회로 등 전자부품을 조달했기 때문이다. 필자도 세미나 이후 에야 씨와 소통하며 일본 측 자료를 확보하는 데 관심을 쏟았다.

제2경제위원회는 산하에 용악산(龍岳山), 부흥(復興), 창광(蒼光), 연합(連合) 등의 무역회샤를 두고 홍콩 은행에 계좌를 개설, 돈줄의 거래 통로를 마련했다. 용악산과 부흥무역은 러시아를, 창광무역은 중동을 주요 무대로 활동한다. 연합무역은 미사일 부품과 기술 수입을 담당했다. 특히 잠수함, 전차 등의 제조에 필요한 집적회로(IC) 기판(基板)과 미사일 유도시스템에 사용되는 스펙트럼 분석기를 일본에서 조달했다. 일부 제품은 수화물로 위장해 중국 등 제3국을 경유해 북한으로 운반했다. 북한 기업과 거래했던 조총련계 회사는 도쿄, 오사카, 니가타 등지에 있었으며, 한때 약 30곳에 달했다.

이후 '컴퓨터 자동화' 기술을 토대로 유도미사일과 순항미사일을 비롯한 전략탄도미사일을 개발했다. 조총련을 통한 신무기 부품 조달은 2006년 1차 북핵 실험 이후 발효된 11건의 유엔 대북제재로 한계에 도달했다. 연료 체계, 엔진 및 각종 전자부품 등 신무기 부품 조달 경로는 미국의 감시가 미흡한 중국, 러시아, 파키스탄 및 이란 등으로 다양화했다.

자금줄 쥐고 무기 개발 총괄하는 北 '제2경제위원회'

김정은 북한 국무위원장이 한미연합연습 '을지 자유의 방패(UFS, 을지프리덤실드)'에 맞서 해군 함대를 시찰하고 전략무기 발사훈련을 참관했다고 조선중앙TV가 2023년 8월 21일 보도했다. / 사진: 연합뉴스

　　평양시 강동군에 위치한 제2경제위원회는 우리의 기재부는 물론 국방부, 방위사업청 및 전체 방산업체 등이 결합한 무소불위의 부서다. 노동당 중앙위원회 군수공업부의 지휘를 받아서 제2경제위원회가 무기와 장비의 기획, 연구·개발, 자금조달, 그리고 장비의 생산과 관련한 전반적인 업무를 총괄한다. 연구·개발은 제2자연과학원이 맡고, 생산은 각 군수공장이 담당한다. 내각은 군수용 전력과 자재 공급을 제공하며 제2경제위원회는 계획총국, 기술총국, 건설총국, 생산총국 등 분야별 총국에서 모든 무기와 장비의 개발, 생산, 분배, 대외무역 등을 수행한다. 산하에 160개의 공장을 가동하고 있다.

　　핵심 부품 공장은 외부 공격에 대비해 자강도, 강계 등 북·중 국경지대 지하에 건설했다. 물자 조달에서 최우선 순위다. 무기 수출을 통해 획득한 외화로 외국 신무기를 사들여 철저하게 분석도 한다. 2022년 100발 이상의 탄도미사일을 발사한 북한은 무기 판매를 통해 얻은 이익을 핵미사일 프로그램에 재투자하고 있다. 3개월 동안 군사정찰위성 발사를 두 차례 실패하고, 2023년 10월 재발사를 공언한 근거는 제2경제위원회의 금고가 있어서다. 2000년 김정일은 위성 발사 두세 번 하면 9억 달러가 든다고 했으니 6개월 동안 최소 1조 2,000억 원 이상을 군사 정찰위성 발사에 쏟아붓고 있는 셈이다.

북한 군사건설국 경비소대장을 지내다 탈북한 임영선 씨는 "어느 강철공장의 생산량이 50만 톤이고 그중에 10만 톤이 2경제위원회 폰드(배정량)라면 무슨 일이 있더라도 10만 톤은 우선적으로 생산해 2경에 공급해야 한다"라면서 "주민용 칼을 만들 강철이 부족한 데도 군수용 강철은 지하에 비축한 실정"이라고 말했다. 임 씨는 북에 있을 때 제2경 관계자들이 국가 예산의 절반을 사용한다는 얘기를 들었다고 증언했다.

북한의 군수산업은 우크라이나 전쟁을 계기로 예상치 못한 대목을 맞고 있다. 2023년 7월 27일 전승절 행사를 빌미로 김정은은 세르게이 쇼이구 러시아 국방장관을 평양 '무장장비 전시회−2023'에 초청해 600mm 초대형 방사포, 정찰기 및 무인공격기 등 최신무기를 과시하며 세일즈에 나섰다.

우크라이나 전쟁터에서 北 다연장로켓 발견되기도

북한과 러시아는 결정적 순간에 무기를 주고받으며 군사협력을 공고히 했다. 한국 전쟁 직전 김일성 주석은 스탈린에게 1억 3,000만 루블어치의 무기 제공을 요청했다. 최근에는 북한이 우크라이나와 전쟁 중인 러시아에 재래식 무기를 제공했다.

과거 김일성이 스탈린에게 사정해 무기를 구매하던 시절에 비하면 격세지감이다. 김일성은 6·25 남침을 3개월 앞둔 1950년 3월 소련이 약 1억 3,000만 루블어치의 무기를 제공하면 그 대가로 총액 1억 3,305만 루블 상당의 금 9톤, 은 40톤 및 우라늄이 함유된 희귀광물인 모나자이트 1만 5,000톤을 인도하겠다고 사정했다(『와다 하루키의 한국전쟁 전사』, 2023). 당시 북한이 자체적으로 생산 가능한 무기는 7.62mm 기관단총에 불과했다. 결국 김일성은 당시 최강의 소련제 T-34 전차 242대를 지원받아 남침을 감행했다.

김정은은 2023년 8월 2박 3일간 여러 군수공장을 돌아보며 '국방경제사업'의 강화로 무기와 군수물자 대량생산을 강조했다. 러시아와 군사협력을 강화하기로 한 만큼 수출용 무기 생산에 박차를 가하려는 의도다. 24시간 공장을 가동하고 러시아의 주문 목록이 북한에 전달됐다는 이야기도 들린다. 구소련에서 사용했던 표준형 보병 및 포병 장비와 탄약이 포함됐다고 한다. 우크라이나 야전에서 가성비가 높은 무기들이다. 북한의 지대공 미사일(SA-5)은 부품 상당수가 러시아제여서 호환성이 높다.

이미 우크라이나군은 북한이 2010년 연평도 포격 도발 당시 사용했던 122mm 다연장 로켓탄을 노획했다. 포탄에 적힌 '방-122'에서 방은 다연장로켓의 북한식 명칭인 '방사포'의 약자이고, 122는 122mm를 의미한다. 북한이 바그너 그룹에 판매한 것인지 러시아에 공급한 것인지 확실치는 않다.

북한은 재래식 무기를 넘기고 원유, 각종 신무기 부품 및 식량과 현물 거래를 시도하고 있다. 러시아에 대한 서방의 제재로 달러와 유로화 결제는 어렵고 루블화는 용도가 제한적이기 때문이다. 북한으로서는 기존 노후 무기를 정리하면서 신무기 개발에 나서니 일거양득이다.

미국은 2023년 9월 들어 김정은의 러시아 방문 첩보를 선제적으로 공개하며 북·러 밀착에 경고장을 보냈다. 에이드리언 왓슨 백악관 국가안보회의(NSC) 대변인은 9월 4일 "우리는 김정은이 러시아에서 정상급 외교를 포함한 무기거래 논의를 지속하길 기대한다는 정보를 갖고 있다"라고 말했다. 북·러 양국이 김 위원장의 방러를 준비하고 있다는 첩보를 공개한 것이다. 미국 정보당국으로부터 관련 사항을 전달받은 『뉴욕타임스』는 미국과 동맹국 정부 관계자를 인용해 "김 위원장이 이달 러시아 방문 계획을 검토하고 있으며 평양에서 장갑열차를 타고 러시아 블라디보스토크로 이동해 푸틴 대통령을 만날 것"이라고 전했다. 실제로 조선중앙통신은 김정은 위원장이 러시아를 방문했다고 보도했다. 김 위원장의 이번 방문은 2019년 4월에 이어 4년 5개월 만이다.

백악관은 2022년 12월 북한이 러시아 용병기업 바그너 그룹에 로켓과 미사일을 전달하는 정황을 공개했고, 북한은 이를 부인했다. 백악관은 지난 3월 북·러 무기 판매 협상 첩보를 재차 공개한 데 이어 8월 30일 "양국 간 무기 협상이 활발하게 진전되고 있다는 새 정보가 있다"라고 밝혔다. 하산―두만강에서 북한 무기가 바그너 그룹에 넘어가는 2022년 11월 18일 위성사진과 해당 지역의 당시 열차 통행량 증가를 근거로 제시했다. 지난해 초 우크라이나 침공 직전 러시아군 동향에 관한 첩보를 선제 공개한 것처럼 북·러 무기거래 기밀정보를 미리 공개하면서 견제에 나선 것이다.

김정은과 푸틴의 정상회담은 북·러 무기 거래가 본격적으로 궤도에 오른다는 것을 의미한다. 2년째 우크라이나와 전쟁 중인 러시아는 바닥난 탄약고를 채워야 하고, 북한은 핵 추진 잠수함(핵잠)·정찰위성·전술 핵탄두 개발 완성과 실전 배치를 위한 마지막 핵심 기술이 필요하다. 양측의 이해관계가 맞아떨어지는 것이다. 당초 김정은은 푸틴의 방북을 요청했으나 우크라이나와의 전쟁을 고려해 러시아는 김정은의 동방경제포럼 참여를 역으로 요청했다.

러시아는 쇼이구 장관이 방북했을 때 김정은에게 직접 당장 우크라이나 전쟁에 사용할 탄약과 포탄, 그리고 대(對)전차 미사일 등을 요청했다. 북한에서 '주체포'라고 불리는 자주곡사포와 이에 사용할 170mm 곡사포탄 등 포병 무기도 주문 목록에 포함됐다. 북한은 1980년대 이란·이라크 전쟁 때도 이란에 주체포를 제공했다. 러시아는 포탄 부족에 시달리고 있어 주체포 같은 구형 무기도 필요하다. 북한이 지난해 수십 차례 동·서해 상으로 시험 발사한 대남 타격용 단거리탄도미사일(SRBM)인 'KN―23'을 러시아에 제공할 수도 있다.

러시아로부터 핵잠수함 · 미사일 기술 이전 노력

김정은 국무위원장이 2023년 7월 27일 노동당 본부청사에서 열린 세르게이 쇼이구 러시아 국방장관과 담화한 후 쇼이구장관에게 기념품을 전달하고 있다. / 사진: 연합뉴스

북한은 무기 제공 대가로 러시아에서만 받을 수 있는 핵심 무기 기술 지원을 요청하고 있다. 김정은이 2021년 1월 꼭 개발해 내겠다고 공표한 '5대 전략무기' 중 하나인 핵잠수함 관련 기술이 필요하다. 북한은 핵잠수함을 대미 협상 판도를 바꿀 '게임 체인저'로 보고 있다. 재래식 디젤 잠수함은 짧으면 하루, 길게는 2주에 한 번 물 위로 올라와야 해 장기 작전이 어렵다. 하지만 핵잠은 3개월~6개월 간 잠항(潛航)하다 미 본토 근처에서 기습적으로 잠수함발사탄도미사일(SLBM)을 발사할 수 있다. 북한이 올해만 두 차례 발사했다 실패한 군사 정찰위성 탑재 우주 발사체 관련 기술과 고체연료 대륙간탄도미사일(ICBM)의 정상 각도 발사, 다탄두(MIRV) 기술 등이 이전될 수 있다. 김정은이 2023년 3월 공개한 전술 핵탄두 '화산-31'의 공중 폭파 기술 등 7차 핵실험을 위한 핵심 기술 이전도 검토 대상이다. 미국이 사전에 강력한 경고장을 날리며 예민한 이유다.

2023년 9월 13일 김정은 위원장과 푸틴 대통령이 러시아 극동 아무르주 보스토치니 우주기지에서 정상회담을 가졌다. 러시아 뉴스 채널 로시야 24

보도에 따르면 푸틴은 북한의 인공위성 개발을 도울 것인지를 묻는 매체 질문에 "그래서 우리가 이곳에 온 것"이라며 "김 위원장은 로켓 기술에 큰 관심을 보이고 있다. 우리는 서두르지 않고 모든 문제를 논의할 것"이라고 말했다. 타스·인테르팍스 통신 등 러시아 매체들도 김 위원장과 푸틴 대통령이 소유스-2 우주 로켓 발사 시설을 시찰한 데 이어 보스토치니 우주기지 내 발사체 설치·시험동에서 약 3시간 동안 회담을 진행한다고 전했다.

재래 무기 수출 넘어 핵보유국 지위 꿈꾸나

윤석열 대통령이 2023년 8월 18일(현지시간) 워싱턴 D.C. 인근 미국 대통령 별장인 캠프 데이비드에서 열린 한미일 정상 공동기자회견에서 발언하고 있다. 왼쪽부터 윤 대통령, 조 바이든 미 대통령, 기시다 후미오 일본 총리. / 사진: 연합뉴스

북한의 수출용 무기 대량생산은 동북아는 물론 인도·태평양 지역에 안보 불안 요인이다. 특히 북·러의 군사 밀월은 안보 불안을 부추긴다. 이제 북한의 군수산업과 군사적 위협은 한국 단독으로 대응하기가 쉽지 않은 수준이다. 우크라이나 전쟁이 장기화함에 따라 북·러 간 무기거래는 단순 군수품을 넘어 북한군의 약점인 전투기 및 각종 미사일 무기 등으로 확대될 것이다.

북한에 러시아의 첨단무기 기술이 이전될 경우 한국형 3축 체계 등 대북핵·미사일 방어망의 전면 수정이 불가피하다. 한·미는 주한미군의 사드와 패트리엇, 천궁 등으로 방공망을 구축하고 있지만, 지상이 아닌 동해 등 측면에서 날아오는 SLBM이나 전략 순항미사일 등에는 취약하다. 북한은 이번에 러시아에서 위성항법 시스템인 '글로나스(GLONASS)' 협력도 추진하고 있다. 북한이 러시아의 위성 위치 정보를 받는다면 북한에서 주일 미군기지까지의 사거리를 가진 전략 순항미사일 운용력을 대폭 상승시킬 수 있다.

북·러가 군사협력을 전면화하면 북핵의 외교적 해결이 더 어려워질 수밖에 없다. 대북제재 효력도 급감할 수 있다. 유엔 안전보장이사회 상임이사국으로서 대북제재에 찬성한 러시아가 스스로 그 제재를 허무는 결과가 되는 것이다. 북한에 대량살상무기(WMD)는 물론 모든 재래식 무기의 수출입, 판매 및 이전을 금지한 안보리 대북제재를 상임이사국이 앞장서 무너뜨리는 것이다. 지금도 안보리에서는 중국과 러시아의 반대로 추가 도발에 관한 새로운 대북제재가 채택되지 못하고 있다. 향후 정상회담을 통한 북·러 군사협력 합의는 강대국이 지정학적 경쟁 논리를 앞세워 국제사회가 합의한 제재 체제를 무력화하는 결정적 계기가 될 수 있다.

북·러 정상회담이 무기거래를 넘어 북·중·러 연합훈련과 군사 공조 확대 논의로 이어질 가능성도 있다. 국정원은 러시아가 북한에 중·러 군사훈련 참가를 요청했다고 밝혔다. 2023년 7월 전승절 행사 참석 후 세르게이 쇼이구 러시아 국방장관이 북·러 연합훈련 가능성을 두고 "왜 안 되겠는가"라며 "우리는 이웃"이라고 언급했다는 러시아 언론 보도도 있다.

북·중·러 연합훈련 시나리오를 마련하는 과정에서 북한의 전략핵을 한·미·일에 대항할 핵심축으로 공식화할 가능성도 있다. 이 경우 북한은 중·러로부터 사실상 핵보유국 지위를 인정받는 동시에 재진입 기술 등 실제 작전 수행에 필요한 기술이전을 더욱 적극적으로 요구할 명분을 확보할 수 있게 된다. 북한이라는 변수가 능동적으로 움직이기 시작하면서 동북아 체스판이 완벽한 '강대강' 경쟁 구도로 변질되고 있다. 우크라이나 전황에 따라 러시아가 북한의 참전 또는 용병 투입 등을 요구할 가능성도 조심스럽게 제기된다.

한·미·일 협력 강화로 북·중·러 공조에 대응해야

북·중·러가 사상 첫 연합훈련 가능성을 타진하는 것은 이런 맥락에서 주시할 만한 대목이다. 이미 우리 안보 당국은 한반도 인근에서의 중·러 연합훈련 움직임에 우려를 보였다. 조태용 국가안보실장은 2023년 8월 21일 방송 인터뷰에서 "지난달 우리 동해 NLL(북방한계선) 바로 위에서 중·러가 처음으로 연합 해상훈련을 했다. 이런 것들은 저희도 굉장히 주목하는 사안"이라고 언급했다. 북핵 문제가 한반도를 넘어선 강대국 간 전략경쟁의 종속변수가 되어 가는 상황을 예의주시해야 한다. 북핵 해결이 점점 요원해진다는 점도 간과해서는 안 된다.

우리의 안보도 당장 위협이 가중될 수밖에 없다. 잠수함은 잠수함으로밖에 막을 수 없다. 북한의 핵잠수함에 대비하기 위해서는 우리 정부도 과거의 호주처럼 미국의 핵잠수함 기술 도입을 서둘러 추진해야 할 시점이 다가오고 있다.

동북아 평화와 안보를 위협하는 세력이 누구인지를 평가하고 효과적으로 대응하기 위한 만남이 캠프 데이비드 한·미·일 정상회담이다. '언제든지(whenever)', '어디서든지(wherever)', '무엇이든지(whatever)' 3국 간 협력 가능한 핫라인 구축은 동북아 현실주의 국제정치에서 불가피하다. 북·러 간에 확대되는 군사협력은 동북아의 안보를 위협할 것이고 우리 대응 중의 하나가 한·미·일 3국 간 협의에 대한 공약(Commitment to Consult)이다. 김정은이 대한민국 지도를 짚어가며 점령훈련을 하는 상황에서 이보다 효과적인 정책 대안은 없다.

[남성욱의 평양리포트] 월간중앙 2023년 10월호

04

북한의 도발과 본격화하는
한반도 강대강 구도

보수정권 2년 차부터 북한의 도발 준비 치밀해진다
노무현 정부 말 10·4 공동선언 대가성 북측 요구에 MB정부 발목
대남 우위 전략 먹히지 않을 땐 핵무력 과시와 기습 도발 병행해

김정은 북한 국무위원장이 2023년 3월 28일 핵무기연구소를 시찰하고 있다. 김 위원장 옆에 여러 개의 핵탄두와 발사체가 전시돼 있다. / 사진: 연합뉴스

진보정부에서 보수정부로 정권이 교체되면 남북관계는 요동을 친다. 북한은 갑의 위치에서 자신의 페이스대로 남북관계를 끌어오다가 대등한 관계로 재정립 되는 상황을 쉽게 수용하지 못한다. 2007년, 2012년 및 2022년 대선에서 보수 후

보가 승리했다. 갑을(甲乙) 관계가 갑갑(甲甲)의 관계로 전환되는 과정에서 서울과 평양의 권부는 힘겨루기와 기싸움이 치열하다. 종속변수였던 대한민국이 독립변수로 바뀌면서 한·미 동맹이 강화되고 좌경 세력의 활동이 위축된다. 서울을 쥐고 흔들었던 평양 통일전선부는 회담을 간청하고 자신의 입맛대로 움직이던 상대가 급변함에 따라 당황하고 반발한다. 반발은 분노 단계를 거쳐 양측은 물 위와 물밑에서 날 선 공방을 거치며 충돌 단계에 들어선다.

필자는 2007년 12월 대선이 종료되자마자 당시 노무현 정부의 정보기관 대북 담당 책임자와 호텔 안가(安家)에서 만났다. 그해 여름부터 임기 말 무리한 정상회담은 차기 정부에 큰 부담이라는 후보의 입장을 수차례 전했지만, 청와대와 국정원은 기어코 정상회담을 성사시켰다. 임기 말 정상회담은 반드시 밀당이 있었고 대가성 지원을 논의했을 것이라고 필자는 짐작한다. 북한의 대남 전략에서 무상(無償) 남북 정상회담은 절대 불가하다.

진보정권이 남긴 남북회담 과제, 북한 도발의 단초 돼

북한의 미사일 도발이 날이 갈수록 강도를 높여 가고 있다. 이처럼 핵과 미사일 무력을 과시해 긴장감을 높이는 동시에 남측을 상대로 무력 기습 도발을 감행하는 것은 북한이 전부터 반복해 왔던 대미·대남 전술이다.
/ 사진: 연합뉴스

2007년 10·4 평양 정상회담에서 어디까지 이면 합의가 논의됐는지 파악하는 것은 새 정부에게 중요한 과제였다. 평양 공동선언을 주도한 대북 책임자는 전임 '사장'이 약속한 사항은 후임 사장이 반드시 지켜야 한다는 확고한 입장이었다. 대학 시절 민법 강의 시간에 들은 '계약은 지켜져야 한다(Pacta sunt servanda)'는 구절이 떠올라 정상회담의 이면 합의가 부동산 매매 계약과 동일한 성격인지 헷갈렸다.

대선이 끝난 뒤 새 정부가 전 정부로부터 전달받은 인계인수의 핵심은 1차로 옥수수와 쌀 등 식량 5만 톤을 정부 출범 전에 지원하는 것이고, 하반기에도 동일한 분량을 지원해야 한다는 내용이었다. 약속을 지키지 않으면 북측이 강하게 반발할 것이라는 묘한 경고도 잊지 않았다. 대북 책임자는 8개 항으로 이뤄진 공식 합의문에서 남과 북은 해주 지역과 주변 해역을 포괄하는 '서해평화협력특별지대'를 설치하고, 공동어로 구역과 평화수역 설정 합의도 중요하다고 덧붙였다.

면담 결과를 보고서로 작성해 대통령 당선인(이명박)에게 보고했다. 당연히 당선인은 지원에 부정적이었다. 10년 만의 정권 교체라 정부 출범 전 관심사는 조각(組閣)과 인사였다. 지난 정부의 흔적을 지우는 것이 우선이라 10·4 선언은 무관심 분야였다. 전임 정부의 약속어음을 지킬 필요도 의지도 없었다. 당면 과제인 경제 살리기가 시급한 화두였던 만큼 북한 문제는 새 정부 출범과 함께 관심에서 멀어졌다. 신임 국정원장(김성호)은 전임 정부의 법무부 장관이 맡았고 대북 관리는 전략 부재 상태였다.

새 정부는 '비핵·개방 3000 구상'의 선언과 이행을 북한에 촉구했으나 북측은 대남 비난에 주력했다. 대북정책의 초점은 전임 정부들에서 무리하게 추진한 대북정책 문제점을 바로잡는 데 있었다. 2000년 6·15 공동선언의 원칙으로 구체적인 경제교류를 명기한 10·4 선언은 서해를 평화의 바다로 만든다며 사실상 서해 북방한계선(NLL)을 무력화했다. 비핵화는 6자 회담 합의 사항을 이행하도록 노력한다는 허망한 문장으로 기술해 북핵을 방치한 만큼, 보수정부는 절대 수용할 수 없었다.

10·4 선언은 남북관계에서 새 정부의 발목을 확실하게 잡았다. 평양 주석궁은 청와대가 정상회담 합의 사항을 지키지 않는다며 물 위는 물론 전통적인 물밑 대화조차 팽개쳤다. 갑을(甲乙) 관계가 뒤바뀌었다고 판단한 평양 권부는 대화보다

사태를 예의 주시하며 기습 도발을 준비했다. 새 정부 임기 첫해에는 남측 내부의 국방 태세를 관찰하더니 집권 2년 차인 2009년 들어서 기습의 징후가 미세하게나마 포착됐다. 전 정부 대북 담당자는 북한의 반발이 예상보다 강하다는 묘한 첩보를 전해 왔다. 하지만 구체적인 물증이 확보되지 않는 루머 수준의 첩보로 대응 태세를 확립하는 것은 한계가 있었다. 북한 통전부는 기습 도발을 하되 주체를 알 수 없게 해 남남갈등을 유발하는 고도의 심리전까지 기획했다.

MB정부 3년 차 '천안함 도발' 2년간 치밀히 준비

2007년 10월 2일 평양에서 노무현 대통령과 김정일 북한 국방위원장이 처음 만나 악수하고 있다. 정상회담 이후 공동선언 이행을 위한 북한의 대가 요구에 새 정부가 거절하면서 남북관계가 급속히 얼어붙었다.

DJ 정부부터 노무현 정부까지 10년 동안 진행된 화해·협력 정책은 국방부와 야전군의 대북 마인드를 완전히 이완시켜 놓았다. 10년 동안 교류 협력에 초점을 맞췄던 대북정책으로 군부대 내에서조차 북한은 적이 아니라 화해 협력의 대상이라는 정훈 교육에 여념이 없었다. 전국 각지에 일반 도로는 물론 부대 영내조차 '남북 화해 협력으로 평화를 달성하자'는 애매한 구호가 입간판으로 세워졌다. 군 수뇌부는 바뀌었으나 대대급 및 영관급 현지 부대장들은 10년 만의 대북정책 변화에 곧장 적응되지 않았다. 하루아침에 대응 태세 전환이 이루어질 수 없었다. 북한이 '민족'에서 '주적'으로 변화함에 따라 방어 및 공격 전투 훈련을 수행해야 하나, 위관급의 초급지휘관과 영관급 대대장들의 손발이 맞지 않은 것은 어쩌면 당연했다.

임기 3년 차에 들어선 남측 정부에 더는 기대할 것이 없다고 판단한 평양 통전부는 2010년 공격 디데이(D-Day)를 결정했다. 개나리, 진달래가 만발하던 3월 26일 21시 22분 백령도 인근 해상에서 해군 제2함대 소속 초계함 천안함을 향한 어뢰 기습공격이 이뤄졌다. 승조원 104명 중 46명이 전사하고 58명이 구조됐다. 천안함은 1989년 건조된 1,200톤급 초계함으로 피격 당일 서해 북방한계선 근해에서 정상적인 해상경비와 어로 활동 지원 임무를 수행하고 있었다.

10·4 선언으로 서해를 평화의 바다로 만들겠다는 합의를 강조했던 책임자의 목소리가 떠올랐다. 평화의 바다가 피바다가 됐다. 그해 11월에는 연평도에 대한 포격이 발생했다. 전자는 은밀하게, 후자는 공개적으로 공격을 감행해 남측을 혼란에 빠뜨렸다. 기습공격으로 우리 장병 46명이 희생됐으나 북측 통전부의 전략대로 남측 내부의 갈등이 심해졌다. 과학의 문제가 아니라 상식의 문제인 명백한 도발인데도 공격 주체를 두고 벌어진 남남갈등은 북한의 심리전에 완전히 말려든 결과였다.

다국적 연합정보분석팀은 '천안함은 북한의 소형 잠수정으로부터 발사된 어뢰에 의한 외부 수중 폭발의 결과로 침몰당했다'는 명확한 결론을 내렸으나 일부 언론과 선동가들은 북한의 입장을 두둔하며 반론을 제기했다. 기습 공격이 이뤄지기 전까지 2년간의 소강상태는 다각도의 기습 도발을 준비하는 기간이었으나,

적에 대한 지피지기(知彼知己)가 이뤄지지 않았다.

2023년은 유독 13년 전 봄날 밤에 발생한 천안함 폭침 사태와 같은 기시감(旣視感)이 들게 한다. 올 초 야당 대표는 10·4 선언의 정신을 되찾아야 한다고 언급했다. 천안함 폭침의 단초가 됐던 평양 선언의 정신을 되새겨야 한다니 유구무언이다. 총선이 있는 2024년보다 역설적으로 올해가 대남 도발의 최적기다. 김정은으로서는 행동을 전개할 시점이다.

북한은 2023년 2월 18일 김정은의 명령으로 ICBM '화성-15형'을 기습 발사하는 등 도발을 개시했다. 이런 도발은 대남과 대미 두 갈래로 전개된다. 대미(對美) 전략은 강대강 구도 속에 핵무기와 장거리 미사일 도발로 바이든 정부를 대화의 장으로 끌어내는 것이다. 북한 건군절에 등장한 고체연료 ICBM 등은 대미 압박 카드다. 바이든 대통령은 2023년 2월 7일 의회 연두교서 연설에서 '북한(North Korea)'이라는 단어를 전혀 언급하지 않았다.

김여정은 "남조선 것들을 상대할 의향이 없다"라고 했지만, 평양의 총구 방향은 너무나 먼 워싱턴이 아니고 손을 뻗으면 닿을 수 있는 서울이다. 대남 도발은 바다와 육지에서 구체적으로 진행될 것이다. 무인기로, 혹은 잠수함으로 백령도와 연평도 등 서해 5도를 중심으로 한 북방한계선(NLL)을 무력화하거나 비무장지대(DMZ)를 노릴 수 있다. 도발은 남남갈등을 야기하는 복합적인 형태로도 진행될 것이다. 군의 선제 대응과 함께 민간도 동참해야 하는 이유다. 2023년 3월 7년 만에 윤석열 대통령이 주재한 중앙통합방위협의회는 하수상한 시절에 민·관·군·경이 긴장의 끈을 놓지 않도록 하는 시의적절한 조치로 평가할 만하다.

무력도발과 남남갈등 부추기는 복합 전술 재현될 수도

천안함 폭침 13주기를 맞아 3월 26일 국립대전현충원 천안함 46용사 합동묘역에서 가족이 전사자를 추모하며 참배하고 있다. 2010년 3월 26일 밤에 벌어진 천안함 폭침 사건은 MB정부 초부터 치밀하게 준비한 북한의 기습이었다. / 사진: 연합뉴스

북한 주석궁이 구상하는 군사도발의 로드맵은 치밀하다. 김정은의 지시와 명령에 따라 자신들의 무기 개발 속도에 맞춰 주기적인 도발 시나리오를 점검하고 있다. 평양은 서울처럼 여건과 환경에 따라 대통령의 지시를 탄력적으로 이행하는 체제가 아니다. 주석궁의 명령은 담당자의 생사를 좌우하는 악마의 계시록 수준이다.

북한은 2023년 3월 18일~19일 김정은 국무위원장이 딸 주애와 함께 전술핵 운용부대들의 '핵 반격 가상 종합전술훈련'을 진행했다고 밝혔다. 3월 20일 조선중앙통신은 김정은이 훈련에서 "우리나라가 핵을 보유하고 있는 국가라는 사실만 가지고서는 전쟁을 실제적으로 억제할 수가 없다"라고 했다고 보도했다. 김정은은 "실지 적에게 공격을 가할 수 있는 수단으로, 언제든 적이 두려워하게 신속 정확히 가동할 수 있는 핵 공격 태세를 완비할 때라야 전쟁 억제의 중대한 전략적 사명을 다 할 수 있다"라고 했다. 훈련 첫날인 18일에는 "전술핵 무력에 대한 지

휘 및 관리 통제운용 체계의 믿음성을 다각적으로 재검열했다"라고 통신은 밝혔다. 이틀째인 19일 오전에는 전술핵 공격을 모의한 탄도미사일 발사훈련이 진행됐다.

한편, 3월 27일에는 전술핵탄두 '화산-31'을 전격 공개하며 다시금 핵무력을 과시했다. 김정은은 이날 핵무기 병기화 사업을 지도한 자리에서 "핵무기연구소와 원자력 부문에서 핵무기 보유량을 기하급수적으로 늘일 데 대한 당 중앙의 구상을 철저히 관철하기 위해서"라고 강조했다. 그는 '핵 방아쇠'라고 지칭한 국가 핵무기종합관리체계를 완성하고 언제든, 어디에든 핵무기를 사용할 수 있게 완벽하게 준비돼야 영원히 핵무기를 사용하지 않게 될 것이라고 말했다. 요컨대 핵무기 생산에 박차를 가하고, 언제 어디서든 사용할 수 있게 준비하라는 게 김정은 지시의 요지다.

후계 구도에 관심 집중된 틈 노린 도발 조심해야

이후에도 북한은 김 위원장이 핵무기연구소가 개발한 전술핵탄두 '화산-31'을 시찰하는 장면이 담긴 사진을 여럿 공개했다. 사진상 김정은 뒤쪽 패널에는 '화산-31 장착 핵탄두들', '600mm 초대형 방사포 핵탄두', '화성포-11ㅅ형 핵탄두', '화성포-11ㄴ형 핵탄두', '화살-2형 핵탄두' 등의 문구가 적혀 있다. 사진상으로 화산-31 전술핵탄두는 10개 정도가 식별된다. 이는 화산-31을 600mm 초대형 방사포와 화살-1/2 순항미사일 등에 탑재할 수 있다는 점을 은연중 강조한 것이다. 핵어뢰 시험도 주기적으로 사진을 공개하고 있다. 미국의 전략무기인 핵추진 항공모함 니미츠함이 이날 부산작전기지에 입항하자 이에 맞설 수 있는 핵무기가 있다는 점을 과시하려는 의도다.

김정은의 지시와 사진 공개의 목적은 궁극적으로 한·미 동맹을 약화하려는 데 있다. 대남 핵 위협 수위를 점차 높이면서 미국의 확장 억제에 대한 한국 내 신뢰를 낮추려는 계산이다. 북한이 연일 핵무기를 시험하고 전술핵탄두 사진까지 공개하는 것은 미국의 확장 억제 능력에 대한 한국의 신뢰를 흔들겠다는 목적이 숨어 있다. 이에 대응하는 방법은 한·미가 한층 더 결속력을 강화해 북한의 의도를 무력화하는 것뿐이다.

2023년 2월 건군절 심야에 김정은 부인 리설주는 ICBM 모양의 펜던트를 목에 걸고 나타났다. 딸 김주애는 열병식장 상석에 앉아 평양 선전선동부의 극장정치(cinema politics)를 여실히 보여줬다. 4대 세습 후계에 남측과 세계의 관심이 쏠리는 동안 북한의 한편에선 허를 찌르는 도발이 차근차근 준비되고 있다는 걸 잊어서는 안 된다. 북한의 기습 도발이 늘 이런 방식이었다는 건 숱한 전례가 남긴 교훈이다.

북한은 남북 통신선 전화기를 꺼버린 채 2023년 4월 26일 워싱턴에서 열릴 한·미 정상회담에 찬물을 뿌릴 기회만 엿보고 있을 것이다. 윤석열 대통령은 워싱턴 정상회담에서 핵무기 사용 억제를 비롯해 '한국형 핵 공유' 등 다양한 도발 억지(deterrence) 대책을 내놔야 한다. 더 높은 수준의 강고한 동맹 의지를 보여주는 것이야말로 한반도 정세에 대한 북한의 오판을 막는 방책이다.

[남성욱의 평양리포트] 월간중앙 2023년 5월호

2024 갑진년, 1950년 경인년만큼
위험한가?

평양과 모스크바, 6·25 이후 이보다 더 좋을 수 없는 호기

북한, 외교의 만조기(滿潮期) 맞아… 3월 푸틴 방북 이후 북·러 밀월 계속될 것

김정은, 모스크바·베이징 한 묶음으로 엮어 한·미·일 vs 북·중·러 신냉전 구도 획책

2월 9일 국방성을 방문해 육성 연설하는 김정은. / 사진: 연합뉴스

새해 들어 김정은의 광기(狂氣)에 찬 발언으로 한반도에 긴장감이 높아졌다. 대중 강연 때마다 혹시 전쟁이 나는 것 아니냐는 질문도 심심찮게 나온다. 여기에 더해 미국 미들베리 국제연구소의 로버트 칼린 연구원과 지그프리드 해커 교수는

"한반도 상황이 1950년 6월 초반 이후 그 어느 때보다 위험하다"라고 주장했다. 지난 1994년 1차 북핵 위기 당시 미 국무부 북핵 특사로 활동했던 로버트 갈루치 조지타운대 명예교수도 "2024년 동북아시아에서 핵전쟁이 일어날 수 있다는 생각을 염두에 둬야 한다"라고 경고했다. 이들 전문가의 공통점은 과거 북한과 협상했던 경험이 있으며 바이든 정부가 북한과의 협상을 시작해야 한다고 주장한다는 점이다. 반면 2007년 이후 10년 동안 평양에서 근무한 세퍼 전 독일 대사는 "1950년 이후 한반도 전쟁 위기가 가장 심각하다는 주장에 동의하지 않는다"라며 "북한의 강경 태도는 오래된 협상 패턴"이라고 지적했다. 전쟁 위기론과 협상 패턴론이 대립하고 있다. 과연 2024년 갑진년(甲辰年)은 1950년 경인년(庚寅年) 만큼, 혹은 더 위험한가를 따져 보자.

준비 없이 맞은 북한의 기습 남침

우선 남북한의 군사력부터 비교해 보자. 1950년 3월 31일부터 4주간 김일성은 박헌영·홍명희 등과 함께 모스크바를 방문해 스탈린으로부터 최종 남침 계획을 승인받았다. 모스크바 러시아 연방 대통령 문서보관소에는 김일성이 이오시프 스탈린(1878~1953)에게 남침 승인을 집요하게 요청하는 48통의 전보가 보관돼 있다(「다시 본 한국전쟁」, 1999). 당시 최강의 소련제 T−34 탱크 242대의 지원도 확약받았다. 북한군은 자체 보유한 7.62mm 자주포, 야포 726문, 함정 110정, 전투기 211대와 함께 각종 장비를 지원받아 기갑전력을 증강했다. 만주에서 국공(國共)내전에 참전했던 조선족 병력 4만여 명 등 총 20만 명의 병력이 전차를 앞세워 전면 남침을 감행했다.

당시 상당수의 조선족이 국공내전에서 중국 공산당에 참여했다. 1946년부터 1949년까지 이어진 3년간의 국공내전에 참전한 조선족은 모두 6만 3,000여 명에 달했다. 조선족 병사들은 조선의용군이라는 이름하에 국공내전에 참여해 실전 경험을 쌓았다. 국공내전이 끝난 후 중국 공산당의 조선족 부대들은 북한군의 정규 부대로 개편됐다. 중국 인민해방군 제166사는 북한군 제6사단으로 개편됐다. 조선족이자 전쟁 초기 호남평야 점령에 공을 세웠던 정성인·방호산은 6사단장이었다. 조선족 부대는 6·25전쟁에서 적극적으로 참여했으며 실제로 남침의 최전선에서 주도적인 역할을 했다.

반면 남한은 북한의 공격을 방어할 전력을 전혀 갖추지 못했다. 해방 후 미국의 대한(對韓) 군사원조정책(1948~1950)에서 국군의 기능은 '국내 치안유지'였다. 오히려 북한에 대한 공격 억제 정책에 따라 현대전의 핵심 무기인 전차를 단 1대도 보유하지 못했다. 당시 남북한의 전력은 완전한 비대칭이었다. 병력은 모든 자원을 다 끌어모아도 10만 명이 안 됐다. 미국이 원조한 M8 그레이하운드 장갑차 27대와 M2/M3 하프트랙 병력 수송용 장갑차 24대가 기갑연대에 배치돼 있을 뿐이었다. 남침 사흘 만에 북한군 주력 105전차부대가 서울을 점령했다. 무기와 병력 면에서 중과부적이었고 불가항력이었다. 김일성은 1946년 3월 토지개혁으로 군량미를 확보하면서 1948년부터 남침을 단계적으로 준비했다. 1949년부터는 모스크바를 뻔질나게 드나들며 스탈린의 재가를 채근했다. 1950년 1월 미국 국무장관의 애치슨 선언으로 남침은 시간문제였다. 스탈린에게 미군 참전 시 마오쩌둥의 참전 약속 확보만이 최종 변수로 남았다. 김일성은 5월 25일 베이징 방문에서 중국 인민해방군의 참전 등 지원을 보장받았다. 평양에 대한 중·소의 완벽한 백업이 형성됐다.

단군 이래 처음으로 민주주의를 시작한 당시 서울 정국은 아수라장이었다. 일부는 서울에서 평양의 김일성과 연락하며 남한 정국을 흔들었다. 남로당 괴수 박헌영은 무장봉기와 테러를 선동했다. 신생민주주의 국가가 감당하기 어려운 혼란이었다. 해방 후 정국 혼란 속에서 국군도 여전히 체계가 잡히지 않은 신생 군대였다. 남침 후 4개월이 지나서야 전차의 필요성을 절감한 국군은 미군으로부터 M36 잭슨 경전차 6대를 교육용으로 인수하여 전차부대를 창설했다. M36은 제2차 세계대전 당시 사실상 경전차 취급을 받았으나 국군 입장에서는 소중한 존재로 이후 200여 대가 한국에 들어왔다. 맥아더 장군의 인천상륙작전으로 남북한의 군사력은 균형을 이루어 일진일퇴를 거듭했다. 적의 '닥치고 공격'에 속절없이 방어선이 무너졌다. 미군의 군사교리에 따라 군령체계를 구축하고 반격할 각종 부대를 창설했다. 실전 경험이 있는 군대와 맞부딪치며 시행착오를 거듭했다. 대한민국 군대는 미군으로부터 현대적인 군사 전술을 피를 흘려가며 습득해 갔다. 1951년 6월 정전협정 체결까지 전황은 38도선을 중심으로 한 고지전의 연속이었다.

북한군의 핵 공격 방어해야 하는 과제

1953년 7월 정전협정에 서명하는 김일성. / 사진: 연합뉴스

한국전에 참전했던 미군 중령 페렌 바크는 "한국전쟁은 힘을 시험한 전쟁이 아니라 의지를 시험한 전쟁이었다"라고 회고했다(『이런 전쟁』, 1963). 그는 공산주의자들이 우세한 군사력으로 남한을 적화시키려는 야망이 강했다고 평가했다. 미국을 비롯한 자유주의 세계가 지상군을 파견해 즉각 대응한 것은 대한민국을 수호하려는 신의 축복이었다. 특히 그는 전장에서 조직적인 훈련을 받지 못하고 기강이 부족한 한국군과 미군의 피해가 적지 않았다고 한탄하고, 군은 내일 축구 시합에 나가는 선수들처럼 철저한 준비를 해야 한다고 경고했다. 6·25전쟁의 교훈은 정국 혼란에 따른 국론 분열, 남침에 대비하지 않는 부실한 군사력 및 모호한

국제정세에 대한 외교력 부재 등이었다. 특히 '허약함은 침략을 부른다'는 명제에 따라 이승만 대통령이 정전협정의 대가로 한·미상호방위조약을 체결한 것은 신의 한 수였다. 그나마 한국전쟁이 후손들에게 남긴 유일한 보상이었다.

전쟁 발발 후 70년이 지나면서 남북한 간에 다양한 변화가 일어났다. 2024년 세계 군사력 평가 순위에서 한국은 5위에 올랐다. 반면 북한은 36위를 기록했다. 전쟁 수행 능력에서 남한의 경제력은 북한의 물자동원 능력을 압도한다. 국방예산 항목에서 한국은 약 53조 원으로 11위, 북한은 4.6조 원으로 58위다. 여기까지는 남한의 군사력이 북한을 압도하는 것처럼 보인다. 하지만 미국의 군사력 평가 전문 민간업체인 글로벌파이어파워(GFP) 평가는 북한의 핵무기를 포함하지 않고 있다. 재래식 무기에서는 남한이 앞서지만 핵무기를 포함한다면 이야기는 달라진다. 핵무기의 비대칭성은 재래식 무기를 무력화시킨다. 한·미 동맹의 확장억제 전략으로 북한군의 핵 공격을 방어해야 하는 과제는 우리 안보가 미국의 대통령 선거 결과에 상관없이 직면해야 하는 도전이다. 2월 5일 국민 10명 중 7명 이상이 한국 독자 핵무장에 찬성한다는 민간 학술단체의 여론조사 결과는 최근 북핵 위협에 대한 국민들의 실질적인 체감을 반영한다. 최종현 학술원이 발표한 제2차 북핵 위기와 안보 상황 인식 여론조사에 따르면, "한반도 주변 여러 상황을 고려했을 때 한국의 독자적 핵 개발이 필요하다고 생각하느냐"라는 질문에 응답자 72.8%가 긍정적으로 답했다. 이 가운데 핵무장이 매우 필요하다는 응답은 21.4%, 필요한 편이라는 응답은 51.4%였다. 국민들은 북핵 위협이 실존한다는 인식이 강하다. 또한 1,500만 여 명이 거주하는 서울을 포함한 수도권이 비무장지대에서 매우 근접해 있다는 것도 심각한 안보 취약 요인이다.

최근 김정은 위원장은 묘향산에서 북한 지도부에게 지방경제의 고난과 기본적인 물자 부족 등을 강하게 질책했다. 군수산업에 주력하고 인민경제를 경시한 결과인데 누가 누구를 질책한단 말인가? 김정은은 2024년 1월 28일 정치국 확대회의에서 인민복지 증진을 위한 '지방발전 20×10 정책'을 발표했다. 그는 "이 정책은 이상과 선전이 아닌 실제 계획성을 띤 거대한 변혁적 노선"이라며 이행을 강력히 주문했다. 매년 20개 군에 현대적인 지방공업공장을 건설해 10년 안에 전국 인민의 초보적인 물질문화 생활수준을 한 단계 발전시키겠다는 내용이다. 도별로 해마다 2개 군에 지방공장을 건설하라면서 인민군을 순차적으로 동원하는 계획을 지시했다. 그러면서 집행이 부진할 경우 담당자들에게 책임을 묻겠다는 경고도 잊지 않았다.

김정은 정권의 균열은 지방에서 발화될 것

공산주의 국가는 거주 이전의 자유가 없다. 특히 수도는 극소수의 통치 권력만 거주할 수 있다. 이오시프 스탈린 시대 모스크바는 당원 800만 명만이 살 수 있었다. 마오쩌둥 시대 베이징은 진성 공산당원만 거주할 수 있었다. 모스크바로 이동하는 유일한 방법은 모스크바 시민과 결혼하는 길이다. 수천 명의 외지인이 거주를 위해 모스크바·레닌그라드 시민과 위장 결혼을 했다. 이러한 전통은 평양에도 그대로 적용됐다. 2,500만 명의 주민 가운데 200만여 명의 핵심 계층 노동당원만이 평양에 거주할 수 있다. 지방 거주자가 평양에 있는 대학에 입학하는 경우 거주를 이전할 수 있지만 매우 예외적이다.

과거 남북 당국 간 협상차 북한을 방문할 때마다 '두 개의 북한'이 존재한다는 사실에 놀랐다. 김일성은 6·25전쟁 이후 평양을 북한의 쇼윈도 도시로 건설했다. 지하 100m의 방공호 지하철을 건설하고 시가지 중앙에 대형 광장을 만들면서 대로변에는 고층 아파트를 신축해 도시 전체를 전시장으로 꾸몄다. 인민들이 규모에 압도돼 면종복배할 수 없도록 거대하게 설계했다. 평양은 김일성·김정일·김정은의 왕궁이 됐다. 평양의 특권층만이 이용 가능한 대형 병원·놀이장 등으로 외국 관광객들의 눈을 사로잡았다. 하지만 평양만 벗어나면 바로 '다른 나라'가 나타난다. 멀리 들판에는 식량 부족으로 '쌀은 공산주의다'라는 붉은색 대형 입간판이 세워져 있다. 궁색한 빈곤이 덕지덕지 묻어나는 협동농장과 검은 연기를 내뿜는 허름한 공장이 평양 외곽부터 초라하게 서 있다. 도로는 90%가 비포장이고 철도는 2023년 함경남도 열차 사고 때처럼 헐떡거리며 꼬불꼬불한 언덕길을 오르고 있다.

북한 경제에서 중앙인 평양과 지방인 비평양의 격차는 어제오늘의 일이 아니다. 태생적으로 김일성은 모스크바를 흉내 내서 평양을 전시장으로 만들어놓고 지방은 자력갱생을 강조해 왔다. 코로나19 기간 지방의 생명선이었던 북·중 국경이 3년간 봉쇄되고 그나마 먹고사는 데 숨통을 열어줬던 장마당도 제대로 작동되지 않아 지방 인민들의 삶은 1995년~1998년 고난의 행군 수준과 다르지 않게 됐다. 김정은은 러시아에 탄약과 무기를 넘겨주고 식량이나 인민 소비품을 받는 대신 첨단 우주항공 기술 및 핵추진잠수함 등 군사력 증강에 열을 올리고 있다. 북한 인구 2,500만 명 중에서 평양 주민과 핵심 당원 200만 명을 제외한 90%의 인민들이 영위하는 최저생계비에도 못 미치는 삶은 점차 임계점에 도달하고 있다.

김정은이 직접 10개년 계획을 지시했지만, 중앙에서 예산과 원부자재를 지원하지 않고 시범 공장을 건설하라고 한다. 이에 지방 관료들은 죽지 않기 위해 돌려막기로 공장을 완공한다. 하지만 예산 전용으로 기존 사업은 중단 또는 위축되는 풍선 효과가 발생한다. 지방 인민들의 비루한 삶은 절대 바뀌지 않는다. 각종 미사일 발사에만 주력한다면 평양과 비평양의 격차는 심화될 수밖에 없으며 선군정책 기조를 변경하지 않으면 지방의 삶은 10년은커녕 20년이 지나도 개선되지 않을 것이다. 마침내 김정은 정권의 균열은 지방에서 발화될 것이다.

북한은 1946년 토지개혁의 결과로 6·25 남침 직전 식량 생산량이 해방 당시와 비교해서 2배에 이르는 240만 톤에 달했다. 전쟁 수행 능력이 구비됐던 백호의 해였던 1950년과 기초 생활물자도 제대로 공급되지 못하는 청룡의 2024년은 상황이 다르다.

김정은, 남측 상대로 전쟁형 통일전선전술 구사

북한 잠수함 김군옥영웅함 앞에 선 김정은. / 사진: 조선중앙통신

　다만 작금의 국내 정치 분열은 해방 정국 당시에 못지않게 우려스럽다. 남침을 감행한 북한의 최고지도자를 야권에서 '우리…'로 표현하고, 북한의 계속되는 도발을 '북풍음모론'으로 본다. 어떤 국회의원이 국회에서 '통일전쟁론 세미나'를 개최하는 상황은 예사롭지 않다. 눈에 보이지 않는 안보에서 국민의 분열은 국가의 방어 능력을 극대화하지 못한다. 김정은은 남한 영토의 점령·수복 및 회복의 헌법 명기를 선언했다. 천안함 폭침과 연평도 포격처럼 기습 공격에 그치지 않고 우도 등 서해 취약 도서를 일시적으로 점령하는 비상사태가 전개될 수 있다. 서해 지도를 펼쳐 놓고 꼼꼼하게 살펴볼 필요가 있다.

　갑진년 시작과 함께 김정은의 기괴한 행태가 시작됐다. 고체연료에 의한 극초음속중거리미사일(IRBM) 발사 등 군사적 도발과 함께 제1적대국 선언, 남한 영토 점령·평정 및 수복 등의 헌법 명기 등을 거론했다. 특히 김정은 위원장은 통일·화해·동족·삼천리 금수강산·자주·평화통일 및 민족대단결 등 과거 평양에서 '우리민족끼리'를 강조할 때 단골로 끄집어냈던 감성적 표현과 용어의 삭제를 지시했다.

이들 용어는 과거 북측이 남북 협상에서 남측의 협력을 구하거나 지원을 받고자 할 때마다 전가의 보도처럼 끄집어내던 단골 화술이었다. 북한은 대남 적화통일 방침을 포기한 적이 없기 때문에 북한과의 협상은 항상 난관이었다. 평양에서 남측 인사를 상대로 어린이와 여성들이 부르던 '반갑습니다'라는 북측 노래는 남측 진보 세력을 회유하는 감성형 통일전선전술이었다. 평양 협상에서는 면전에서 대놓고 '민족대단결로 미제를 축출하자'는 이상한 선동도 들어야 했다. 뜬금없는 통미봉남(通美封南) 전략으로 남측을 배제하고 무시했다. 군사용으로 전용될 것이라는 우려에도 불구하고 물이 위에서 아래로 흐른다는 논리로 인민들을 위해 한 해 최대 30만 톤까지 쌀을 지원했다. 햇볕을 강하게 쐬면 외투를 벗을 것이라는 동화 같은 이솝우화를 끄집어내며 드라마 '사랑의 불시착'이 현실에서 실현되기를 기대했다.

하지만 북한은 6차례의 핵실험으로 전 세계에서 9번째 핵무기 보유국이 됐고 남한 영토의 완정(完整)으로 응답했다. 2024년 1월에 들어 북한의 군사 도발은 급가속하고 있다. 북한은 2023년 12월 이후 미 본토와 괌 기지, 한국 등을 겨냥하는 고체연료 대륙간탄도미사일(ICBM), 고체연료 극초음속중거리탄도미사일(IRBM), 핵어뢰 등을 연쇄적으로 발사했다. 또 1월 24일 서해, 28일 동해에 이어 30일 등 연속 3차례에 걸쳐 서해로 전술핵 탑재가 가능할 것으로 추정되는 순항미사일(SLCM)을 쏘았다. 온갖 종류의 미사일 고도화와 핵추진잠수함 개발로 한·미 양국을 위협해 협상력을 높이거나 기습적으로 도발하려는 전술이다.

평양 군부는 디젤엔진을 사용한 전술핵잠수함 개발에 이어 핵추진 전략핵잠수함 건조에 속도를 내고 있다. 조선중앙통신은 1월 29일 "김정은 국무위원장이 핵추진잠수함 건조 사업의 집행 방안에 대한 중요한 결론을 내렸다"라고 보도했다. 2021년 핵추진잠수함 개발 방침을 공개한 후 3년 만에 구체적인 건조 방안·일정 등을 확정해 본격 건조에 나선다는 예고다. 3월 중에 블라디미르 푸틴 러시아 대통령이 북한을 방문할 예정이어서 우크라이나 전쟁에 필요한 대규모 무기 제공을 대가로 러시아의 핵추진잠수함용 소형 원자로 기술 등을 본격적으로 논의할 것이다.

김정은이 남측을 상대로 전쟁형 통일전선전술이 효과적이라고 판단한 이유는 다음과 같다. 우선 남북관계의 주도권 회복 전략이다. 전통적으로 서울이 진보 정부에서 보수 정부로 전환되면 평양은 갑(甲)의 주도권 상실에 따른 좌절감으로 2010년 천안함 폭침, 연평도 포격 등과 같은 군사 도발을 자행했다. 둘째, 4월 남한 총선 및 11월 미국 대선 개입 전략이다. "전쟁이냐, 평화냐"의 논쟁으로 남남 갈라치기를 유도하고 미국과 강대강 구도를 형성해 트럼프 당선에 유리한 국제정세를 조성한다. 셋째, 성난 민심의 전환 전략이다. 지속적인 경제난에 따른 내부 불만 단속을 위해 3대 악법인 반동사상문화배격법(2020), 청년교양보장법(2021), 평양문화어보호법(2023)을 제정하는 등 한류 문화 유입에 극도로 반감을 보였다. 마지막으로 러시아의 강력한 지원과 이스라엘─하마스 전쟁, 우크라이나 전쟁 등으로 미국의 전력이 분산된 국제안보의 공백을 활용하는 전략이다. 유엔 대북제재는 물 건너갔고 북한 외교의 만조기(滿潮期)로 강공이 가능하다는 판단이다. 3월 이후 푸틴의 방북으로 북·러의 밀월은 계속될 것이다. 6·25전쟁 이후 평양과 모스크바는 이보다 더 좋을 수 없는 호기를 맞고 있다.

지난해 100세로 서거한 키신저 전 미 국무장관이 노벨평화상을 수상하게 된 1973년 파리평화회담은 월맹이 미군을 철수시켜 베트남을 공산화한 전형적인 평화형 통일전선전술이었다. 북한은 2국가론을 내세우며 전쟁형 통일전선전술을 구사하고 있다.

스마트한 군사와 외교전략 정교하게 추진해야

북한은 전쟁형 통일을 선언했지만, 우리는 평화통일을 포기할 수 없다. 통일의 원칙과 가치를 재정립하고 새로운 통일방안에 대한 논의를 진행해야 한다. 2024년은 민족공동체통일방안이 채택된 지 30주년이 되는 해다. 1994년 발표된 민족공동체통일방안은 다양한 시도와 성과에도 불구하고 북핵이라는 엄중한 현실 속에서 수명을 다했다. 껍데기만 남은 민족끼리 개념보다는 휴머니즘 가치와 자유주의 이념을 공유하는 새로운 통일 비전이 마련돼야 한다. 북측의 노이즈 마케팅을 예의주시해야 하지만 새로운 시대정신에 맞는 통일방안을 마련하는 일도 소홀히 하지 말아야 한다.

전쟁은 억지가 최우선이다. 싸우지 않고 이기는 전략이 상책이다. 적은 공격으로 얻는 것보다는 잃는 것이 많다는 사실을 인식하면 공격을 주저할 수밖에 없다. 다만 '싸울 수밖에 없다면 이겨야 한다'는 것이 클라우제비츠 전쟁론의 핵심이다. 김정은은 외교의 만조기(滿潮期)를 맞아 모스크바와 베이징을 한 묶음으로 엮어서 한·미·일과 북·중·러의 신냉전 구도를 형성하고자 한다. 스마트한 군사전략과 외교전략을 동시에 정교하게 추진한다면 적은 속칭 '치명적 타격'은 물론 국지적 도발도 함부로 감행하지 못할 것이다.

[남성욱의 평양리포트] 월간중앙 2024년 3월호

06

푸틴의 해방탑 헌화와 북러의
군사협력 대응 방안은?

우크라이나 전쟁이 불러온 북러 군사 결탁
포괄적 전략 동반자 협정은 군사동맹의 복원
4조는 자동군사개입 조항 한반도 유사시 러시아의 개입 근거

과거 당국 간 협상차 평양 방문 시 모란봉산 먼발치에서 보이는 30m 정도의 탑 꼭대기에 붉은 오각별이 장식되어 있어 무엇이냐고 안내 참사에 문의하니 해방탑이란다. 평양을 방문하더라도 주로 차량으로 이동하고 걸어서 평양 시내를 도보로 다닐 일이 없으니 일반 주민과는 대화를 나누는 것이 불가능하기 때문에 안내 참사가 설명해 주지 않으면 현장에서 궁금증을 해소할 수가 없다. 물론 스마트폰을 소지하는 것도 허용되지 않는다. 서울에 돌아와서 자료를 찾아보니 1947년 2차 대전 말기 조선을 해방시킨 소련 군대를 기념하기 위해 건설되었고 오각별은 소련군의 엠블럼이다.

'위대한 쏘련 인민은 일본 제국주의를 쳐부시고 조선 인민을 해방하였다. 조선의 해방을 위하여 흘린 피로 조선 인민과 쏘련 인민의 친선은 더욱 굳게 맺어졌나니 여기에 탑을 세워 전체 인민의 감사를 표하노라. 1945년 8월 15일.' 기념탑에 장착된 비문이다. 해방탑의 후면에도 쏘련 군대에 감사를 표한다는 내용이 새겨져 있었다.

2차 대전 당시 소련군은 일본군과의 전투에서 약 4만 7천 명이 전사 및 부상했다고 러시아 타스 통신이 밝혔다. 1939년 몽골 국경에서 벌어진 '노몬한 전투'

이후에는 만주에서 소련군과 일본 관동군 간 전투는 소강상태였다. 소련은 8월 6일 히로시마에 원폭이 투하되고 2일 후인 1945년 8월 8일 대일 선전 포고를 하고 중국 동북 지방으로 진군했다. 이들은 관동군을 무장 해제하며 일부는 함경북도 웅기와 나진시로 진격했다. 이 지역은 소련이 8월 11일 상륙하면서 8월 15일 이전에 해방되었다. 소련군은 곧바로 청진시로 돌격하여 일본군과 치열하게 싸웠는데 이 전투가 한반도에서 가장 길게 벌어진 전투였다.

8월 15일 정오가 되어 한반도에서는 광복의 만세 소리가 퍼지는 동안에도 이지역에서는 계속 소련군과 일본군이 전투를 벌였다. 이때 소련군엔 고려인인 정상진이라는 사람도 끼어 있었으며, 청진시 수용소에 갇혀 있던 한국인들을 모두 해방해 주었다. 8월 15일 천황이 항복했지만, 일본 정부가 일선 부대에 전투 중지와 항복 명령을 내리지 않아 북한 곳곳에서는 8월 20일까지 일본군과 소련군 간전투가 벌어졌다. 소련군은 북한에서 일본군과 싸우다 691명이 전사했다고 한다. 평양과 지방에 소련군 참전 및 추모 기념탑이 13개나 있다. 푸틴은 당일치기의 분주한 방문 일정에도 모스크바가 북한에 지분을 가지고 있다는 물증을 과시하기 위하여 2000년 평양 방문 당시와 같이 해방탑 앞에 꽃을 놓았다. 공개된 영상을보면 김 위원장과 나란히 선 푸틴 대통령은 홀로 화환으로 걸어가 러시아 국기 색깔로 된 삼색 추모 리본을 편 뒤 잠시 고개를 숙여 참배했다.

푸틴 대통령은 평양 금수산 영빈관에서 김 위원장과 확대 정상회담 시작 전모두 발언에서 "러시아와 북한의 우정은 혹독한 시련을 겪으며 형성됐다"라며 1945년과 1950년~1953년 소련군이 북한을 위해 싸웠다고 말했다. 그는 "1945년 소련 군인은 북한 애국자와 어깨를 나란히 하며 일본 침략자들로부터 해방을 위해 싸웠고, 1950년~1953년에는 우리 조종사들이 수만 번의 전투 비행을 했다"라고 밝혔다.

역사에 가정은 없지만, 일본 천황이 핵무기가 히로시마에 투하된 8월 6일과 나가사키에 투하된 8월 9일 사이에만 항복했다면 소련군은 대일 참전의 시기를 놓쳤을 것이다. 물론 당시 막강 독일군의 침공을 막아낸 소련군의 군사 행보를 저지할 세력은 없었기에 이런 역사적 가정은 무의미한지도 모르겠다. 2차 대전 이후 전개될 국제정치에서 극동 정세의 중요성을 파악한 소련 지도자 이오시프 스탈린(1878~1953)의 신속한 결정이 원망스러울 뿐이다. 스탈린은 대일 참전 선언으로 러일전쟁 때 놓쳤던 한반도 탈환의 기회를 모색했다. 소련군의 참전은 결국 우리 민족의 비극인 6·25전쟁으로 이어졌다.

소련군 부대가 평양에 진주한 날은 1945년 8월 24일 밤이었다. 소련 연해주 군관구 제25군 사령관 치스차코프 대장은 8월 24일 함흥에서 처음으로 포고문을 발표했다. 한반도 분단의 비극이 잉태된 시발점이었다. 평양에 입성한 소련군은 '해방군'이 아니라 바로 약탈자, 무법자였다. 소련군의 부녀자 납치와 강간 및 약탈이 빈발하였다. 일본 식민지 시대보다 더 무서운 전율이 평양에 감돌았다. 모든 집의 대문이 굳게 닫혔고, 사람들은 두려움에 몸을 떨었다. 평양의 자유는 불과 10일에 그쳤다(강인덕, 『한 중앙정보 분석관의 삶 1』, 2022).

평양에는 삽시간에 소련 공산주의 체제가 이식되기 시작되었다. 8월 25일 소련군 사령부는 평양철도호텔에 본부를 설치하고 군정을 개시했다. 9월 19일에는 김일성, 최용건 등 소련군 극동사령부 예하 88특수여단 소속 항일 빨치산 50여 명이 원산에 상륙했다. 10월 14일 소련 해방군 환영대회가 평양 공설운동장에서 개최되었다. 소련군 장성이 연단에 올라 위대한 김일성 장군을 소개하겠다고 언급하였고 새파란 젊은이 김성주(金成柱)가 김일성의 이름으로 올라왔다. 이후 김성주는 김일성이 되었고 조선공산당 북조선 분국을 결성했다. 그해 12월 모스크바 3상 회의에서 대한민국의 신탁통치가 결정되었고 다음 해 1월 초 소련군은 반탁을 주도하던 조만식을 체포하였다.

79년 전 평양의 실상을 상세하게 소개한 이유는 지난 6월 평양에서 체결한 북러 군사동맹 조약 체결의 뿌리와 북한 핵무기의 태동을 파악하기 위해서다. 냉전 시기인 1961년 니키타 흐루시쵸프 소련공산당 서기장과 김일성이 체결했다가 1990년 한소 수교 이후인 1996년 폐기된 '조소(朝蘇) 동맹조약'은 푸틴과 김정은의 이해관계가 절묘하게 맞아떨어지면서 포괄적 전략 동반자 협정으로 부활하였다. 자동 군사 지원 조항의 포함으로 군사동맹 관계를 형성하면서 평양은 좌 중국, 우 러시아로 한·미·일 대응 틀을 구축했다. 유엔 대북제재도 겁내지 않는 북한 외교의 만조기(滿潮期)가 형성되었다.

조약 제4조에는 "쌍방 중 어느 일방이 개별적인 국가 또는 여러 국가로 부터 무력 침공을 받아 전쟁상태에 처하게 되는 경우 타방은 유엔헌장 제51조와 조선 민주주의인민공화국(북한)과 러시아연방의 법에 준하여 지체없이 자기가 보유하고 있는 모든 수단으로 군사적 및 기타 원조를 제공한다"라는 내용이 담겼다. 유엔헌장 제51조는 유엔 회원국에 무력 공격이 있을 경우 개별적·집단적 자위권을 가질 수 있다고 규정한다. 유엔헌장 제51조는 유엔 회원국에 무력 공격이 있을 경우 개별적·집단적 자위권을 가질 수 있다는 조항으로, 세르게이 라브로프 러시아 외무장관은 이를 근거로 새 조약 제4조에 문제가 없다는 주장을 펼쳤다. 북러는 이와 함께 둘 중 한 나라에 "무력침략행위가 감행될 수 있는 직접적인 위협"이 조성되면, 위협 제거를 위한 협조 조치를 합의할 목적으로 협상 통로를 "지체없이" 가동하기로 하면서 이를 제3조에 담았다. 이 조항은 1961년 북한과 소련이 체결한 '조·소 우호협조 및 상호원조조약(조·소 동맹조약)' 제1조와 거의 동일하다. 조·소 동맹조약은 소련이 1990년 한국과 수교를 맺고 1991년 해체된 뒤, 1996년에 이 조약을 연장하지 않는다고 발표하면서 폐기됐다. 북러는 2000년 '우호·선린·협조 조약'을 다시 체결했는데, 자동군사개입 조항이 빠지면서 '유사시 즉각 접촉한다'는 내용으로 대체됐다. 1961년 조약과 2024년 조약의 차이점은 후자에 '유엔헌장 제51조'와 '북한과 러시아 국내법에 준하여'라는 표현이 새로 등장했다는 것이다. 2024년 조약이 국제법에 저촉되지 않는다는 점을 강조했다.

북러가 이번에 맺은 조약에는 과거 조약에 공통으로 등장했던 한반도 통일과 관련된 조항은 담기지 않았다. 남한을 더는 통일의 대상으로 여기지 않겠다며 남북관계를 '적대적 두 국가 관계'로 규정한 김정은의 의지가 반영된 것으로 보이며, 러시아 역시 이를 용인했다는 평가다. 1961년 조약 제5조에는 "조선의 통일이 평화적이며 민주주의적인 기초 우(위)에서 실현되어야 하며 그리고 이와 같은 해결이 조선 인민의 민족적 이익과 극동에서의 평화 유지에 부합된다고 인정한다"라는 내용이 있었다. 2000년 체결한 조약에도 "한반도 분단 상황의 조속한 종식, 그리고 독자성, 평화통일, 민족결속 원칙에 따른 한반도의 통일이 전체 한반도 국민들의 국민적 이해관계에 완전히 부합하는 것은 물론 아시아 및 전 세계 평화와 안정에도 기여하게 될 것이라는 점을 확인한다"라는 내용이 제4조에 담겼었다.

푸틴이나 세르게이 라브로프 러시아 외무장관은 한국이 북한을 침공할 가능성이 없기 때문에 2024년 북러조약에 신경 쓸 필요가 없다고 주장했지만 '사소한 무력 충돌도 침략을 받았다'고 포장하고 선전하면 그만이기 때문에 북러의 군사동맹은 냉엄한 현실이 되었다. 이렇게 되면 북한군 병력이 우크라이나 전선에도 나타날 가능성도 배제할 수 없다. 미 자유아시아방송(RFA)에 따르면 우크라이나 분석가 알렉세이 쿠쉬는 영국 데일리 메일을 통해 "북한 당국이 돈바스 지역의 복구 작업을 위해 파견하는 공병들이 실제로는 새 지하 터널 즉, 땅굴 굴착 작업을 위한 것"이라고 전했다. 쿠쉬는 "여러 소식통에 따르면 5개 북한 공병 여단이 돈바스에 파견될 가능성이 있으며 파견 병력이 최대 1만 5,000명 이상이 될 수 있다"라고 밝혔다. 쿠쉬는 북한군이 전 세계에서 터널 건설 능력이 가장 뛰어나다고 평가했다. 쿠쉬는 러시아군이 전선의 교착상태를 돌파하기 위해 새 땅굴 건설에 나설 것으로 예상하면서 땅굴은 드론과 포격의 공격을 피할 수 있는 새 전술이라고 설명했다. 사브리나 싱 미 국방부 부대변인은 러시아에 대한 북한의 무기 지원이 확인된 것 외에 군대 파견은 확인되지 않았다고 밝혔다. 6월 22일 국가정보원은 북러정상회담 결과에 따른 새 군사동맹 조약에 따라 북한이 우크라이나에 파병할 가능성을 주시하고 있다고 발표했다.

반대로 러시아의 북한에 대한 군사기술 지원은 단계적으로 본격화될 것이다. 블라디보스토크와 가까운 나진항에서 대형 선박이 정박한 사실이 6월 29일 위성사진에 포착되었다. 나진은 미국이 북러 간 무기 거래의 중심지로 지목해 온 곳이다. 북러가 냉전 시대 동맹에 준하는 수준으로 관계를 격상시킨 만큼, 이제 양국이 무기 거래에 더욱 속도를 내고 있다. 미국의 소리(VOA)가 미국 민간 위성사진 업체인 '플래닛랩스'의 사진을 분석한 내용에 따르면 나진항 부두에는 길이 115m 정도의 대형 선박이 정박해 있었고, 그 앞엔 컨테이너로 추정되는 물체들이 줄지어 쌓여 있었다. 이 선박의 이름이나 국적은 알려지지 않았다. 북러 무기 거래에 관여한 혐의로 우리 정부의 독자 제재 대상이 된 러시아 선박 '마리아호

(113m)'와 비슷한 크기다. 나진항에는 2023년 8월 26일~12월 31일간 총 26척의 배가 드나들었다. 이번 컨테이너 선적은 북러가 정상회담을 계기로 본격적인 무기 거래에 나선 정황으로 평가된다. 위성사진에 찍힌 컨테이너 안에 무엇이 들어 있는지는 확인되지 않았지만, 북한의 탄약과 재래식 무기를 러시아 선박에 선적했을 개연성이 크다. 미 백악관은 2023년 10월 북한이 러시아에 컨테이너 1,000개가 넘는 분량의 군사 장비와 탄약을 제공했으며, 나진항에 컨테이너 300여 개가 적재된 장면을 찍은 위성사진을 공개했다.

23개 조항으로 구성된 2024년 북러조약 제10조는 경제와 과학기술협력의 발전을 추동하는 분야로 '우주, 생물, 평화적 원자력, 인공지능, 정보기술 등'을 사례로 들었다. 주목되는 분야는 우주와 원자력으로 북핵과 불가분의 관계가 있다. 경제협력은 식량에서부터 관광에 이르기까지 전방위적인 분야를 포함하였다. 또한 쌍방은 무역경제, 투자, 과학기술 분야들에서의 협조와 확대 발전을 추동한다고 규정했다. 제12조는 쌍방은 농업, 교육, 보건, 체육, 문화, 관광 등 분야에서의 교류와 협조를 강화하며 환경보호, 자연재해방지 및 후과 제거 분야에서 호상 협력한다. 제9조에서는 쌍방은 식량 및 에네르기(에너지) 안전, 정보통신 기술 분야에서의 안전, 기후변화, 보건, 공급망 등 전략적 의의가 있는 분야들에서 증대되고 있는 도전과 위협들에 공동으로 대처하기 위하여 호상 협력한다고 규정했다. 새 조약 체결로 양국 경제협력은 대폭 확대될 것이며 유엔안보리 대북제재와 상충될 가능성이 높다. 물류와 인적 교류 및 기술 협력을 금지하는 유엔안보리 제재는 대북 투자와 협력을 차단하고 있는 만큼 러시아의 대북 지원은 유엔안보리 제재 위반이 될 소지가 높다.

조약에는 유엔제재에 정면으로 위배되는 각종 경제·과학기술 등 협력 분야가 망라되었고 제재에 반대하는 본격적인 국제무대 협력을 시사하는 내용도 있다. 조약 체결로 북러의 제재 무시 공조가 본격화할 것이다. 제5조에서 상대의 핵심 이익을 침해하는 행동에 "참가하지 않을 의무를 지닌다"라고 한 것이나, "국제기구들의 테두리 내에서 쌍방의 공동의 이익과 안전에 대한 직접적 또는 간접적인 도전으로 될 수 있는 세계와 지역의 발전 문제들에서 호상 협의하고 협조한다"라는 제7조도 북러를 둘러싼 국제제재 및 압박에 맞선다는 의미다. 2016년 채택된 안보리 대북제재 결의 2321호는 북한의 대량살상무기(WMD) 기술 습득에 기여할 것을 우려해 북한과 과학·기술 협력을 원칙적으로 금지했다. 의료협력 분야이거나 핵·탄도미사일과 무관함을 인정받을 경우에만 예외가 적용된다.

한편, 천하무적 일본 천황의 군대가 핵무기 두 개로 항복하는 상황을 보면서 6·25 전쟁 당시 미국의 핵 폭격에 대한 두려움을 가졌던 김일성은 휴전 직후인 1954년 인민군 내에 '핵무기 방위부문'을 설치했다. 1956년 물리학자 30여 명을 소련의 드부나 핵 연구소에 파견한 게 북핵 개발의 효시가 됐다. 1959년 9월 조소(朝蘇) 원자력 협정을 체결했다. 이어 1962년 영변에 원자력 연구소를 설립하고, 김일성종합대학과 김책공대에 핵 연구부문을 창설해 인력 육성에 나섰다. 1965년에는 소련으로부터 IRT−2000 원자로를 도입했다. 그해 김일성은 평양을 방문한 조총련 대표단 접견에서 10년 안에 핵을 보유하겠다고 포부를 밝혔다. 요컨대, 소련은 북한 핵 개발의 어머니 역할을 했다. 이스라엘 핵의 아버지가 프랑스인 것처럼 러시아가 북핵에 기술적 토대를 마련해 주었다. 1950년대 말 시몬 페레스를 비롯한 이스라엘 지도부가 핵 개발을 위해 프랑스를 여러 차례 방문한 것과 유사했다.

영변에 원자력 연구소를 설치한 지 44년 만인 2006년부터 2017년까지 북한은 6차례 핵실험을 감행했다. 북한은 '사실상의 핵무기 보유국(substantial nuclear country)'이 되었다. 최소 50기에 이르는 핵무기와 투발 수단인 각종 미사일을 보유했다. 3대에 걸친 핵 개발은 할아버지 김일성이 디자인하고 체계를 구축했다. 아버지 김정일은 두 차례 핵실험으로 기반을 닦았다. 손자 김정은 집권 이후 4차례 핵실험으로 실전 배치 수준에 도달했다. 사회주의 정권 70년에 걸친 핵 개발로 북한은 지구상의 9번째 핵클럽 명단에 이름을 올렸다. 기승전 핵(核)이라는 키워드는 북한 정책에서 최우선 순위다.

국민소득 1,200달러의 저개발 국가지만 북한은 러시아와 우주 및 원자력 기술 교류와 협력을 강조했다. 우주기술은 핵을 적국에 배달하는 역할을 한다. 평화적이란 형용사를 붙였지만, 북한이 원전을 건설하지 않는 만큼 경량화, 소형화된 핵

무기 개발이 핵심이다. 북한은 1994년 제네바 합의 대가로 함경남도 신포에 100만kW 원전 2기를 건설하는 도중에도 핵 개발을 멈추지 않아 공정 30% 단계에서 공사는 중단되었다. 공사가 중단된 시멘트 토목공사 공정은 지금도 구글로 볼 수 있다. 어떤 경제적 보상도 북핵을 멈출 수 없었다.

김정은도 2022년 9월 최고인민회의 시정연설에서 "절대로 먼저 핵 포기란 없으며 그 어떤 협상에서도 맞바꿀 흥정물도 없다"라고 했다. 북핵은 김정은 집권 10년을 기점으로 양적 변화의 임계치에 도달하면서 질적 변화를 모색했다. 질적인 정책 변화의 핵심은 '핵 선제 사용'이다.

그동안 중·러가 유엔 대북제재에 협조하면서 북핵과 미사일 개발은 자동으로 속도 조절이 되었다. 북한의 행동을 제지할 수 있었던 중·러의 지도자 스트롱맨들은 북한을 자극하지 말라고 미국을 견제하는 방조자가 되었다. 러시아가 북한에 정밀무기를 제공하는 레드라인을 넘을 경우 우리도 우크라이나에 무기를 제공할지 여부는 한반도 안보에서 부차적인 문제다. 북핵 대응에 대한 한국의 선택이 핵심이다. 지난해 4월 워싱턴 선언에서 합의된 '확장억제(extended deterrence)' 전략만으로 폭주하는 북핵을 억지할 수 있을지 가늠하기 어렵다. 때마침 워싱턴에서 불어오는 한국의 '떠밀린 핵무장론'은 새로운 바람이다. 미국 대선 레이스에서 바이든이 추락하고 트럼프의 우세가 확실해지면서 한국의 대응 방안은 과거의 프레임으로 설명하기는 어려울 것이다. 구글의 구호처럼 '상상할 수 없는 것을 상상하는(Imagine the unimaginable)' 새로운 접근이 불가피할 것이다. '다시 미국을 위대하게(MAGA)'라는 구호 앞에서 혈맹을 강조하는 기존의 한미동맹식 접근은 호소력이 약해질 것이다. 확장억제 방식을 뛰어넘어 한미 핵 재처리 협정 개정 등 다양한 담론은 불가피하다. 특히 한반도 핵 균형(nuclear parity)에 대한 진지한 고민은 감성적 정치적 구호보다는 이스라엘식의 차분한 접근이 선행되어야 한다.

조선일보 [남성욱의 한반도 워치] 푸틴은 왜 평양의 해방탑에 헌화했을까

균열이 가는 북중관계 현황과
전망은?

북한의 시계추 주체외교의 특성
북중관계 현안은 무엇이고 이견은 어느 정도인가?
중국의 속내는 무엇이고 양국 관계의 미래는?

북한의 시계추 주체외교의 특성

1948년 정권 수립 이후 북한에 있어 중국은 양날의 칼이었다. 평양은 과도한 정치 및 경제적 의존이 베이징에 대한 주종관계로 귀착되어 궁극적으로 자율성이 제한되는 종법관계(宗法關係)로 전락되지 않도록 적당하게 거리를 유지해 왔다. 북한은 중국과의 협력 강화로 경제적 지원을 받지만, 최종적으로 정치적 의존과 경제적 종속으로 귀결될 경우 독자적인 군사적 행동에서 운신의 폭이 크지 않고 친중파(親中派)의 등장으로 김씨 유일지배 체제에 부정적 영향을 미칠 가능성을 우려하여 독자성을 강조해 왔다.

북한과 중국은 2024년 수교 75주년을 맞아 '우호친선의 해'를 선언했지만, 상반기까지 이렇다 할 눈에 띄는 이벤트를 개최하지 않았다. 당초 북중관계가 단단히 다져질 것으로 예상됐지만 우크라이나 전쟁 장기화에 따른 북러 간의 밀착으로 미묘한 경색 국면의 기류마저 감지되고 있다. 북중이 '우호친선의 해'를 선포한 것은 지난 2009년 수교 60주년을 계기로 '우호의 해'를 선언한 지 15년만으로

2024년 새해 첫날부터 '우호친선의 해' 결정을 선포한 만큼 올해 양측이 연초부터 특별한 이벤트를 진행할 것으로 예상됐으나 예상과 달리 특별한 이벤트는 개최되지 않았다.

2024년 들어 양국 간 친선행사가 재개되고 있으나 참석자들의 수준이 높지 않고 의전도 차관급 행사 기준을 넘지 않아 형식적이고 의례적 수준에서 진행되는 등 양측이 우호친선 유지 차원에서 최소한의 교류만 진행하고 있다. 김정은 국무위원장과 시진핑 주석의 상호 방문 5주년을 기념하는 행사가 베이징 댜오위타이 국빈관에서 2024년 3월 26일 열렸으나 행사 참석자들의 수준이 차관급이고 정상들의 특별한 메시지도 없었다. 리훙중(李鴻忠) 전국인민대표대회 상무위원회 부위원장은 연회 연설에서 올해 북중 수교 75주년을 계기로 "전통적 친선을 발양시키고 전략적 의사소통을 강화하며 실무적 협조를 확대하고 친선적 교류를 심화시켜 나갈 것"이라고 언급했다. 리용남 주중 북한 대사는 "두 나라 최고 영도자는 세대를 이어가며 가장 친근한 동지"라고 언급했다.

양국은 수교 70주년이었던 2019년에는 최고위급부터 차관급까지 각급 레벨에서 다양한 교류를 진행한 바 있다. 그해 1월 김 위원장이 방중하고 6월엔 시 주석이 답방하면서 한 해 두 차례 정상회담을 진행했다. 중국 공산당 서열 3위인 자오러지(趙樂際) 전국인민대표대회 상무위원장은 2024년 4월 13일 평양에서 김정은 국무위원장, 최룡해 등을 면담하고 관계 정상화를 위한 대화를 나누었으나 관계 발전을 위한 특별한 조짐은 발견되지 않았다. 중국 관영매체인 신화통신 등에 따르면 자오러지 위원장은 김정은과의 회담을 통해 "새로운 정세 속에서 중·북 관계의 더 큰 발전을 추진하길 바란다"라고 했으나 실질적인 변화는 나타나지 않아 북중관계 이상설이 확산되었다. 김정은은 자오러지 위원장을 단장으로 한 중국 당 및 정부 대표단을 접견하고 "오랜 역사적 전통을 가지고 있는 조중(朝中) 친선을 세기와 연대를 발전시켜 나가려는 것은 나의 일관한 입장이며 우리 당과 정부의 불변하고 확고부동한 방침"이라고 북중관계에 미래지향적 의미를 부여했으나 북한을 지원하는 중국의 경제적 반대급부는 발표되지 않아 북한의 실망감은 심화되었다. 사실상 중국의 삼인자가 2년째 빈손으로 방북했다는 해석이다. 자오러지

위원장은 2019년 6월 시진핑 중국 국가주석의 방북 이후 북한을 찾은 최고위급으로 분류된다. 그는 2024년 4월 11일 평양에 도착해 사흘간 머물면서 최룡해 북한 최고인민회의 상임위원장과 회동하고, 북·중 수교 75주년 기념 우호의 해 개막 행사에 참석하는 등 고위급 대화를 나누었으나 이후 중국의 대북 지원 및 경제적 협력 등 가시적이고 손에 잡히는 성과는 합의되지 않아 북한의 불만은 점차 표면화되고 있다.

중국 중앙통신 TV(CCTV)가 지난 2018년 3월 26일 김정은(왼쪽) 북한 국무위원장과 시진핑 중국 국가주석(오른쪽)이 만나는 모습을 영상을 통해 공개했다.

　2024년 평양－베이징 간의 관계는 2022년 우크라이나 전쟁 이후 평양－모스크바 간의 관계와 비교해서 온도 차가 있다. 2023년 7월 전승절 70주년 기념행사 때 김정은이 세르게이 쇼이구 러시아 국방장관과는 거의 모든 일정을 함께하면서도 당시 리훙중 중국 전국인민대표대회 상무위원회 부위원장이 이끄는 중국 당정 대표단은 이동 중에 시진핑 주석의 친서를 전달받는 등 상대적으로 소홀히 대하는 모습을 보였다.[1] 김정은은 세르게이 쇼이구 국방장관 및 리훙중 부위원장 등과

---

1 시진핑 중국 국가주석이 6·25전쟁 정전협정기념일인 '전승절' 70주년을 맞아 김정은 북한 국무위원

좌우로 앉아 평양에서 개최된 '조국해방전쟁 승리 70주년' 기념 공연을 관람하였다. 북중관계는 2022년 2월 우크라이나 전쟁 이후 뜨거워진 북러 관계에 비하여 경제협력 등 실질적인 교류 협력이 이뤄지지 않고 상대적으로 소강상태를 유지해왔다.

2024년 들어 북한은 대중국 관계 회복에 주력하고 있으나 중국이 소극적인 입장을 보임에 따라 북한이 원하는 경제적 지원이나 국경 개방 및 근로자 재입국 등 현안 해결에는 답보상태를 보이고 있다. 중국은 북러 간에 무기 지원 및 군사기술, 경제교류 등을 토대로 한 군사적 밀월에 대해 불편한 심기를 가지고 있다. 김정은은 러시아의 전제군주(autocrat) 푸틴이 '가장 진실한 지도자'라고 평가하는 등 중·러를 상대하는 과정에서 현격한 차이가 나타나고 있다. 특히 드러내 놓고 푸틴을 가장 진실하다고 언급하고 있어 시진핑 주석에 대한 실망감이 적지 않다는 평가다.

2020년 1월 코로나로 북중 정상 간 교류가 끊기면서 소강상태가 지속된 이후 코로나 이전 정상관계로 복귀하기 위해서는 양국 간에는 풀어야 할 과제가 적지 않다. 겉으로는 북중 정상이 축전 등을 주고받으며 외형적으로는 좋은 관계를 유지하는 것으로 보이지만, 실질적으로는 북한이 중국으로부터 얻는 경제적 실익이 별로 없다. 과거 트럼프와의 미북 정상회담을 앞두고 수차례 북중 정상회담을 개최했던 2018년~2019년 당시 긴밀했던 관계로 회귀하지 않고 있다는 것이 평양의 판단이다.

왕야쥔(王亞軍) 주북(駐北) 중국대사는 2024년 5월 28일 단둥시 기업가 대표들과 만나 북한과의 경제협력을 논의하였다. 주북한 중국대사관 발표에 따르면 왕 대사는 올해가 '북중우호의 해'로 "양국 관계는 중요한 발전 기회에 직면해 있다"

장에게 국제정세와 관계없이 양국 관계를 발전시키자는 내용을 담은 친서를 보냈다. 중국 공산당 기관지 인민일보는 7월 29일 전승절 70주년을 맞아 북한을 방문한 중국 당정 대표단장 리훙중 전국인민대표대회 상무위원회 부위원장(국회부의장 격)이 평양에서 김 위원장을 만나 시 주석의 친서를 전달했다고 보도했다. 시 주석은 친서에서 "70년 전 중국 인민지원군과 북한 인민군은 함께 항미원조(抗美援朝, 미국에 맞서 북한을 도움)의 위대한 승리를 거두고, 피로써 위대한 전우애를 맺었다"라고 강조하였다.

라며 "단둥시 기업들이 기회를 놓치지 않고 북한 관련 부서, 기업과의 교류를 강화해 더 많은 협력 성과를 창출하고 북중 우호협력 증진에 기여하길 바란다"라고 당부하였지만 구체적인 투자 및 교역 실적은 없었다. 중국 기업 대표단도 "북중 경제통상 협력을 심화하고 양국 관계 발전을 촉진하는 데 긍정적으로 기여할 의향이 있다"라는 입장을 밝혔다. 하지만 자오러지의 방북과 왕야쥔 대사의 긍정적인 지원 발언에도 불구하고 기업들이 경협에 참여할 수 있는 대외 환경인 북중 간 정치 및 경제 관계는 여전히 회복 궤도에 오르지 못하고 있다.

주(駐)북한 중국대사관이 7월 11일 '북－중 우호조약 체결 63주년'을 기념해 개최한 연회에 북한이 참석자 대표의 급을 낮추었으며 예년과 달리 중국과 친선을 강조하는 기사 등도 북한 관영매체들이 일절 보도하지 않았다. 주북한 중국대사관 주최로 열린 기념연회에 조중 친선의원단 위원장인 김승찬 김일성종합대학 총장과 관계 부문 당국자들이 참석했다. 그동안 북한은 북중 우호조약 체결 기념 연회에 우리 국회 부의장 격인 최고인민회의 상임위원회 부위원장을 대표로 참석시켰으나 이번에는 차관 및 국장급 인사들이 참여했다.

북러 밀착 등 영향으로 북중 간에 다소 냉랭한 기류가 흐르는 가운데 김 위원장이 정전협정 체결 71주년을 맞아 2024년 7월 27일 조중 우의탑을 찾고 북중 '혈맹'을 강조하는 메시지를 발표했다. 북중은 우호조약 체결 63주년인 7월 11일 당 기관지에 이를 다루는 기사를 전혀 싣지 않는 등 이상 기류를 노출한 바 있다.

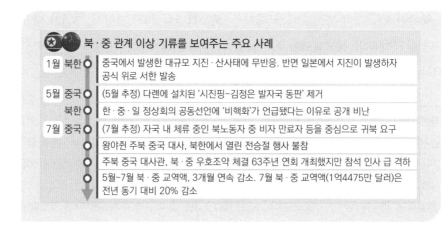

	북·중 관계 이상 기류를 보여주는 주요 사례	
1월	북한	중국에서 발생한 대규모 지진·산사태에 무반응. 반면 일본에서 지진이 발생하자 공식 위로 서한 발송
5월	중국	(5월 추정) 다롄에 설치된 '시진핑-김정은 발자국 동판' 제거
	북한	한·중·일 정상회의 공동선언에 '비핵화'가 언급됐다는 이유로 공개 비난
7월	중국	(7월 추정) 자국 내 체류 중인 북노동자 중 비자 만료자 등을 중심으로 귀북 요구
		왕야쥔 주북 중국 대사, 북한에서 열린 전승절 행사 불참
		주북 중국 대사관, 북·중 우호조약 체결 63주년 연회 개최했지만 참석 인사 급 격하
		5월~7월 북·중 교역액, 3개월 연속 감소. 7월 북·중 교역액(1억4475만 달러)은 전년 동기 대비 20% 감소

북중관계 현안은 무엇이고 이견은 어느 정도인가?

중국은 주체외교를 내세워 중국과 러시아 사이에서 '줄타기 외교(a tightrope diplomacy)'를 전개하는 북한의 지나친 러시아 쏠림 현상을 경계하는 입장이다. 동북아 정세에서 북한 외교정책이 동쪽인 러시아에 무게중심을 두는 것은 중국의 전통적인 대(對)한반도 정책과 정확하게 일치하는 것은 아니다. 중국은 전통적으로 '두 개의 한국 정책(Two-Korea policy)'이 대(對)한반도 정책의 핵심이며 중북관계는 주종에 토대를 둔 종법적(宗法的)인 관계를 지향한다. 과도한 북러 밀착은 종법적인 관계에서 이탈하는 것으로 전통적인 한반도 정책과 부합하지 않는다는 것이 중국의 기본 방침이다. 따라서 중국은 북한이 요망하는 경제적 실리를 제공하기보다는 부분적으로 소강상태를 유지하며 우크라이나 전쟁 종료 이후 북러 관계의 이탈을 통한 북중관계 전환의 계기를 모색할 것으로 예상된다. 2024년 북중관계의 흐름은 일정 부분 회복세를 보이겠지만 근본적인 변화를 모색하기에는 한계가 있을 것으로 평가된다.

2023년 코로나가 진정되면서 북한이 국경의 문을 일부 열자마자 중국은 자국에 체류 중이던 10만여 명의 북한 노동자 중 비자가 만료된 인력을 돌려보내기 시작했는데 이들을 대체할 인력을 중국이 수용하지 않고 있다. 2017년 북한이 잇단 미사일 발사와 핵실험으로 국제사회의 우려를 키워 대북제재가 강화되었고 이듬해인 2018년 중국 정부는 북한에 대한 직접 투자를 금지하는 등 국제사회의 대북제재에 동참한 바 있다. 유엔 안보리는 지난 2017년 채택한 대북제재 결의안 제2375호를 통해 회원국이 북한 노동자의 신규 파견을 허용하지 않도록 했다. 같은 해 결의안 제2397호를 통해서는 이미 파견된 노동자를 모두 본국으로 송환하도록 했으나 중국과 러시아는 이와 같은 결의안을 제대로 준수하지 않았다.

북한은 그동안 노동 비자 외에 유학생·관광비자 등을 활용해 국제사회의 감시를 피하는 방식을 통해 편법으로 노동자를 중국에 파견해 왔다. 중국은 2024년 6월 19일 북러 정상회담 이후 자국에 파견된 10만여 명의 북한 노동자 전원을 귀국시키라고 북한에 요구했다. 북한은 중국의 이러한 요구에 '순차적 귀국'이라는 일종의 '절충안'을 제시했지만, 중국은 코로나19로 인해 북한 국경이 봉쇄된 기간에 비자가 만료된 노동자들을 일단 전원 귀국시키고 신규 노동자를 순차적으로 받겠다는 입장을 고수함에 따라 양국의 이견은 심화되었다.

북한은 지난 2020년 2월 신종 코로나바이러스 감염증으로 폐쇄했던 국경을 2023년 7월 들어 3년 7개월여 만에 공식적으로 개방하기 시작했다. 북한은 중국에 장기 체류 중인 노동자가 신규 노동자로 대체될 것으로 전망됐으나 중국은 신규 노동자에 대한 비자 발급 등에 대해 협조를 제대로 하지 않았고, 북한 입장에서는 외화벌이 일꾼들인 노동자들이 귀국만 하고 출국은 하지 못하는 곤란한 상황이 발생했다. 북한은 노동자 대체 파견에 대한 보장이 없으면 그만큼 벌어들이는 외화가 줄 수밖에 없는 만큼 쉽게 노동자를 소환할 수 없게 되었으며, 이런 교착 상황이 지속되면서 중국에 체류 중인 북한 노동자들의 불만이 폭등했다. 2024년 1월에는 중국 지린성 허룽에서 북한 노동자 2,000여 명이 임금 체불에 항의해 공장을 점거하고 대규모 시위까지 벌였다.

해외 노동자 파견은 북한 외화벌이의 핵심이자 '김정은 체제'의 현금 조달 기반으로 해외 노동자의 90%가량은 중국에 집중돼 있다. 중국의 조치는 러시아와 동맹 수준으로 밀착한 북한 정권에 대해 불쾌감을 노골적으로 드러내는 동시에 북한 정권의 핵심 자금줄을 옥죄어 김정은 정권 길들이기에 나선 것으로 평가된다. 자유아시아방송(RFA)은 2024년 6월 11일 북한의 지시 사항이 담긴 문건을 공개했다. 문건에는 북한으로 우선 돌려보낼 대상으로 '나이(가) 찬 대상, 환자, 가정 사정, 소환 지시 대상' 등이 적시되었다. 중국은 그간 유엔 안전보장이사회 대북 제재 결의 이행에 있어 북한에 노동자 고용 등 '제재 회피 우회로'를 제공해 주며 비판의 대상이 되었다.

북한은 외화를 벌어들이기 위해 노동자 파송이 필요하지만, 중국은 북한 노동자를 받지 말도록 한 유엔의 대북제재 결의와 국제사회의 요구를 의식할 수밖에 없다. 미 국무부는 2024년 6월 발표한 인신매매 보고서를 통해 북한이 중국에 약 10만 명에 달하는 노동자를 파견하고 있고, 북한이 해외 파견 노동자들이 받는 임금의 최대 90%를 착취해 연간 수억 달러를 벌어들이고 있다고 추산했다.

중국이 최근 북한과의 무역에서 세관의 통제와 밀수 단속도 강화함에 따라 북한과 러시아의 과도한 밀착을 견제하는 것이라는 평가도 있다. 중국은 전례와 다르게 대북 수출이 금지된 품목이 포함돼 있는지 확인하는 방식으로 세관 통제를 하는 동시에 유엔 안전보장이사회 대북제재 결의로 인해 해상을 중심으로 성행하던 북·중 간 밀수품 운송업도 중국 당국이 해상 단속을 강화하고 있다. 특히 석탄을 중국에 팔고, 정제유를 북한으로 밀수하는 많은 대북 사업가가 단속 강화로 사업을 축소하거나 중단하는 상황이 발생했다.

중국 해관총서에 따르면 2024년 5월 북한의 대중 수입은 1억 5,038만 달러로 4월 대비 8.8% 하락했다. 북한과 중국의 6월 교역액은 1억 7,850만 달러를 기록하며 전달인 5월의 1억 8,130만 달러보다 소폭 감소했다. 2024년 상반기 북중 간 무역 총액은 9억 7,100만 달러로 지난해보다 8% 줄어든 것으로, 코로나 국경 봉쇄로 위축됐던 양국 무역이 빠른 회복세를 보이다가 1년 만에 다시 감소했다. 2024년 상반기 중국으로부터 수입한 쌀은 571만 3,000달러(약 80억 원) 규모로 지난해 같은 기간 5,339만 2,000달러(약 739억 원)의 10분의 1 수준으로 감소했다. 2023년 북한의 대중 수출은 2억 9,189만 달러로 118.4%, 대중 수입은 20억 350만 달러로 124.1% 각각 증가했으나 2018년~2019년 수준을 회복하지는 못했다.

2023년 북한의 전체 교역 27억 6,912만 달러에서 중국에 의존하는 비중은 98.3%인 27억 2,110만 달러(약 3조 7,800억 원)에 달해 2022년 96.7%보다 오히려 증가했다. 중국에 이어 베트남, 인도, 모잠비크, 오스트리아 등 북한의 5대 교역국 중에서 나머지 4개국의 교역 비중은 합쳐도 전체 1% 수준에 불과했다. 2023년 북한의 교역 규모는 전년 대비 74.6% 증가했다. 다만 대중국 무역적자도 전년 대비 2배 이상 증가했다. 북한이 중국으로부터 수입한 품목은 광물성 연료 및 광물유(18.5%)의 비중이 가장 컸고 다음이 플라스틱류(8.6%) 등으로 에너지와 공산품을 중심으로 북한 경제의 중국 예속은 심화되고 있다.

껄끄러운 북중관계를 가장 단적으로 보여주는 분야는 관광이다. 2023년 8월 23일 코로나19로 끊겼던 북중 간 하늘길이 3년 7개월 만에 열렸는데 아직 중국은 북한에 관광객을 보내지 않고 있어 올해 자국 관광객 300명을 북한으로 보낸 러시아와 대조되는 모습이다. 코로나19가 발생하기 전인 2019년에는 중국 관광객

약 30만여 명이 다양한 루트로 북한 관광을 다녀왔다. 대북제재로 외화벌이가 쉽지 않은 북한 입장에서는 30만여 명의 중국 관광객은 매우 중요한 고객으로 북한은 중국 관광객을 간절히 기다리고 있지만, 중국은 북한 관광 재개를 허락하지 않고 있다.

북한 조선중앙TV의 신호가 2024년 6월 29일부터 기존에 사용하던 중국의 'ChinaSat 12' 위성에서 송출되지 않고 러시아 위성인 'Express 103'을 통해 송출되고 있다. 북한 조선중앙TV가 사용하는 주파수가 국내 특정 주파수 대역과 겹쳐 간섭이 발생하는 기술적 문제로 인해 국내 일부 지역에서 북한 방송 수신이 제한되고 있으며 새롭게 맺은 북러 간 합의로 인해 북한이 위성을 전환한 것으로 평가된다. 중국의 대북한 압박에 대해 북한도 맞대응 카드를 흔들고 있다. 북한 당국은 북중 간에 무역과 인적 교류 역할을 하면서 북한 내에 거주하는 중국 화교(華僑)에 대해 거주지 이탈을 단속하고 북한 주민의 화교 가정 출입을 금지했다. 북한은 화교들의 상업 활동 금지는 물론이고 심지어는 화교 아동들이 놀이터에서 북한 아동들과 어울려 노는 것까지 금지하고 있다.

북한 장마당 내에서 위안화의 사용을 금지하는 할 뿐만 아니라 중국 영화의 시청을 금지하는 등 중류(中流)의 파급도 차단하는 데 주력했다. 조선중앙TV를 비롯한 북한 관영 방송의 외화 코너에서 중국 영화 비중이 대폭 축소되었다. 또한 북한은 2024년 7월 들어 중국에서 근무 중인 북한 외교관들에게 "중국 눈치를 보지 마라"라는 취지의 '1호 포치'를 내려보냈다. 김정은은 향후 중국과의 우호관계를 고려하지 않고 공격적으로 활동하라고 지시했다.

한편 린젠(林劍) 중국 외교부 대변인은 7월 9일 최근 북중 이상설에 대한 기자들의 질문을 받고 "언급된 상황을 들은 바 없다"라면서 일부 한국 매체가 북중관계에 대해 '실체 없는 억측'과 '과장된 선전'을 하고 있다며 불편한 심기를 표출했다. 그는 "中朝(중조)는 산과 물이 이어진 이웃으로, 줄곧 전통적 우호 협력관계를 유지하고 있다"라며 "최근 한국 일부 매체는 수시로 중조 관계가 어떻다 하는 소식을 내보내면서 몇몇 실체 없는 억측과 과장된 선전을 하고 있다"라고 비판했다. 또한 "관련 매체가 전문적 수준을 견지한 채 사실에 근거해 객관적으로 보도하고, 뉴스를 소설처럼 쓰지 않기를 바란다"라고 강조함으로써 최근 불거지고 있는 '북중관계 이상설'을 국내 언론의 '소설'이라고 반박했다.

중국은 경제성장 둔화를 극복하고 세계 2위 경제 대국의 지위를 유지하기 위해 외국인 관광객과 투자 유치가 필요하며 국제사회에서 '왕따 국가' 취급을 받거나 서방 국가로부터 새로운 압력을 받길 원치 않기 때문에, 러시아와 긴밀한 협력관계를 유지하지만 동시에 서방과 러시아의 관계를 비교적 균형적으로 동시에 관리하고 있다. 중국은 러시아에 적당히 힘을 실어주며 미국에 대항하는 반미 연대를 형성하긴 하지만, 러시아의 활동에 지나치게 깊숙이 개입해 미국을 비롯한 서방을 적으로 돌리는 걸 원치 않는다. 이에 대해 서방측은 중국이 북·러 관계 강화를 떨떠름해한다는 분석을 제시했다. 영국 BBC는 2024년 6월 20일 '푸틴과 김정은의 우정을 판가름하는 진짜 실세는 중국'이라는 제목의 기사에서 "시진핑 중국 국가주석이 북·러 간 동맹 강화를 못마땅하게 여기는 징후가 여러 곳에서 포착됐다"라고 보도했다.

중국 측은 2024년 5월 러시아에 푸틴 대통령의 중국 방문 뒤 곧이어 북한을 방문하지 말라고 요구했으며, 이는 표면적으로라도 중국이 국제사회의 '왕따'인 북한과 한 부류로 여겨져선 안 된다는 판단이 작용했기 때문이다. 중국이 북·러 관계 강화에 예민한 건 미국과 유럽의 압박 때문이다. 이미 중국은 미국과 유럽으로부터 러시아에 부품 판매 등 지원을 중단하라는 상당한 압력을 받고 있는데, 시진핑 주석은 이런 경고를 마냥 무시할 수 없는 입장이다. 김정은의 '무모함과 대담함'으로 한·미·일을 주축으로 한 '동아시아판 나토(NATO, 북대서양조약기구)'가 동북아에 만들어지는 상황 역시 중국으로서는 부담이다.

2018년 5월 김정은 위원장의 중국 다롄(大連) 방문 당시 시진핑 (習近平) 국가주석과 산책하며 친교를 쌓은 것을 기념하기 위해 설치된 것으로 알려진 '발자국 동판'이 최근 제거된 것으로 파악되는 것은 중국의 대외 정책의 관심이 북한보다는 서방과의 관계를 더 중시한다는 평가다. 당시 김정은과 시진핑 주석이 산책하며 담소를 나눈 다롄(大連) 외곽 휴양지 방추이다오(棒槌島) 해변에 있던 같은 곳을 향하는 두 쌍의 발자국이 나란히 찍혀 있는 동판을 지금은 찾을 수 없으며 최근 사진에 따르면 동판이 있던 자리에는 검은색 아스팔트 콘크리트로 덮은 흔적만 남아 있다.

중국 측이 따로 동판 설치와 관련한 사실을 공식적으로 발표한 적은 없지만, 현지에서는 김정은과 시진핑 주석이 산책한 것을 기념해 두 정상의 발자국을 본떠 만든 것으로 알려져 있다. 북중 양국 정상의 발자국을 지운 건 시 주석의 승인이 없었다면 불가능한 일이라는 분석으로 중앙에서 직접 지시가 내려와 제거했을 가능성이 적지 않다. 방추이다오 해변 인근 식당의 '7호각 전시실'도 폐쇄되었다. 해당 전시실에는 김일성, 김정일이 방추이다오를 방문했던 당시 사진 등이 전시돼 있어 김정은도 방문했던 곳이다. 발자국 동판과 전시실 폐쇄의 정확한 시점은 확인되지 않았지만, 현지에서도 이 같은 일련의 조치가 통상적이지는 않다는 지적이다.

북·미 정상회담을 한 달 앞둔 2018년 5월 8일 중국을 방문한 북한 김정은 국무위원장이 다롄 방추이다오 해변에서 시진핑 국가주석과 산책하며 대화를 나누던 모습. 최근 두 정상의 발자국이 나란히 찍혀 있던 산책로의 동판이 자취를 감췄고, 그 자리에 검은색 아스콘이 덮여 있다.

중국의 속내와 양국 관계의 미래는?

중국의 북한에 대한 시각 역시 이중적이다. 중국은 북한 부담론(Liability)과 북한 역할론(Role player) 사이에서 시기별로 유연하고 모호한 입장을 견지해 왔다. 중국의 대외정책에서 북한 카드가 유용하다면 북한 역할론이 부상한다. 반대로 북한이 부담스러운 존재로 부각되면 북한 부담론이 작용한다. 2009년 북한의 2차 핵실험 당시에는 북한이 부담스러운 동맹 우방으로 유엔 안보리 등에서 중국의 입장을 난처롭게 만든다는 입장을 견지함에 따라 대북제재에 동참하였다. 중국은 2018년 6월 싱가포르에서 개최된 트럼프 미국 대통령과 김정은 위원장 간에 이뤄진 미·북 정상회담 전후로는 5차례의 북·중 정상회담이 연쇄적으로 개최되는 등 북한의 역할을 높이 평가하였으나 2019년 2월 하노이 회담이 노딜로 종료되면서 북중관계는 소강상태를 유지했다.

북한이 미국을 상대하는 과정에서 몸값이 올라가면 중국은 북한을 긍정적으로 관리하고 평양의 요구 사항을 수용하나 그렇지 않을 경우 북·중관계는 외부의 시각과 달리 '특수한 보통 외교관계'에 불과하다. 특히 2024년 북러가 맺은 '포괄적 전략 동반자 관계에 대한 동맹 조약'은 중국이 비난하는 미국의 블록(bloc)화와 정확하게 같은 종류로 평가하고 북·러의 조약은 동북아시아에서 냉전식 대결의 위험성을 높이고 있고 중국의 외교 전략과도 반드시 부합하지는 않는다는 중국 내부의 시각도 있다. 북·러 군사동맹 조약이 중국이 피하고자 하는 '북·중·러 삼각동맹' 구도를 심화하는 것처럼 보이게 하여 한·미·일의 결속을 강화하게 할 수 있다는 점은 대만 문제를 해결해야 하는 중국의 동북아 정책에 또 다른 고민을 던져주고 있다.

중국 시각에서 북·러 조약은 한·미 동맹 및 미·일 동맹 등 군사협력과 결합해 지역 내 대립과 경쟁, 갈등 위험을 상당히 악화시켰다는 평가도 나오고 있다. 스인홍(時殷弘) 중국 인민대 교수는 2024년 6월 20일 미국『뉴욕타임스』와의 인터뷰에서 "한반도 평화가 중국의 최우선 과제다. 지역 내 군사화가 가속하면서 중국의 중대한 이익 중 하나가 위태로워졌다"라며 "북·러 협정은 미·일·한 동맹과 함께 이 지역의 대립, 경쟁 또는 갈등의 위험을 크게 악화시킨다"라고 언급했다.

중국은 북·러 군사동맹 조약으로 한·미·일 3국이 북러 조약에 따른 위협으로 자신들의 안보 체제를 강화해야 한다고 나설 수 있다는 점을 염려한다. 특히 이 문제가 자신들의 핵심 문제인 대만통일 문제에 부정적인 영향을 줄 수 있을 가능성을 매우 우려하고 있다. 시진핑 국가주석은 2024년 5월 16일 베이징에서 블라디미르 푸틴 대통령과 '무제한 협력'에 합의했고, 북한에 대해서는 변함없는 지원을 약속했었다. 한편으로 시진핑 주석 입장에서는 북·러라는 '왕따 국가'의 예측할 수 없는 두 지도자의 행동에 따른 부정적 파급 영향에 직면할 위험성을 주시하고 있다. 중국을 국빈 방문한 푸틴 대통령과 시 주석은 이날 정상회담 뒤 발표한 공동성명에서 "미국과 그 동맹국들에 의한 군사 분야에서의 위협 행동에 반대한다"라며 "이같은 행동은 무력 사건들과 한반도에서의 긴장 고조 등 북한과의 추가 대결을 촉발한다"라고 지적했다.

요컨대, 중국은 미국과 동맹국의 군사 행동이 북한과의 대립을 심화시키고 있다고 주장하였으나 한편으로 북러의 결탁에 대해서도 신중한 입장이다. 러시아와 북한의 밀착에 대해서는 5월 16일~17일 베이징 방문 후 푸틴이 곧바로 평양을 방문하는 일정 추진을 번복하게 하는 등 세심하고 예민하게 관리에 주력했다. 푸틴은 중국의 요청을 받아들여 벨라루스(5.23~24), 우크라이나(5.26~28) 등을 방문하고 6월 19일 평양을 방문했다. 중국은 이미 푸틴 대통령의 우크라이나 침공은 중국과 서방 관계에 미묘한 손상을 가했으며, 김정은 위원장의 핵 무력시위는 한미일 3각 공조를 강화하는 결과를 낳았고 이런 일련의 흐름이 대만 문제에 대한 부정적 요인으로 대두될 가능성을 우려하고 있으나 이를 외부적으로 표출하지 않고 유보적인 입장을 취했다.

북한은 2024년 5월 하순, 4년 5개월 만에 서울에서 열린 한일중 정상회의에서 한반도 비핵화가 거론되자 이례적으로 중국까지 싸잡아 비판했다. 북한의 관영매체 조선중앙TV는 5월 28일 "난폭한 내정간섭으로 낙인하며 강력히 규탄 배격한다"라고 강하게 비판했다. 북한은 외무성 대변인 담화를 통해 한일중 회담에 즉각 반발했으며 우방국인 중국이 참여한 회의 결과에 즉각적으로 불만을 표시하는 것 자체가 매우 이례적이다. 양측의 엇박자 행보는 북·중·러 밀착을 추진했던 북한과 여기에 호응하지 않았던 중국의 입장이 접점을 찾지 못하며 충돌한 결과로도 해석된다.

북·러는 우크라이나 전쟁 이후 군사부문을 중심으로 협력의 폭을 넓히고 있으며 이 과정에서 '북·중·러 3각 밀착'을 추진하였다. 하지만 중국은 이에 호응하지 않으면서 북·중 및 중·러 양자관계 관리에만 주력하여 한·미·일의 밀착에 맞불을 놓고 싶었던 북한 입장에서는 이러한 중국의 이중적인 태도가 모호하고 비협조적으로 평가되었다. 중국은 국제사회에서 '불량국가' 취급을 받는 북한 및 러시아와 합을 맞춰 한미일에 대립각을 세우는 것이 더 이상 '유효하지 않고 현명하지 않은 외교 방식'이라는 판단을 했다. 미국과 비슷한 수준의 '대국'으로 국제사회에 영향력을 넓히고 싶은 중국에게는 북·중·러 3각 구도가 대만 문제가 핵심 외교 의제인 상황에서 더 이상 중국의 국익에 맞지 않는 '과거의 전략'이라는 입장이다.

북한과 중국 사이 이상 기류가 외부에 본격적으로 감지된 것도 5월 한·중·일 정상회의 시점이다. 북한은 중국에 대한 경고 차원에서 중국에 있는 북한군 공병부대 장병들을 모두 철수한다는 계획을 추진하고 있으며 인력이 이르면 8월 이후부터 러시아로 파송할 계획이다. 북한 공병부대 장병들은 처우가 열악한 중국보다 최대 월 2,000달러를 준다는 러시아를 선호하는 분위기지만, 최종적으로 러시아의 요청으로 자신들이 격전지 도네츠크로 갈 수도 있다는 상황을 정확하게 인지하지 못하고 있다. 북한 내부에선 중국에 배신감을 느낀 최선희 북한 외무상이 다음 단계로 주중 북한대사관 철수라는 벼랑 끝 카드도 고려하고 있다는 첩보도 확산되고 있다.

우크라이나 전쟁이 종결될 때까지는 북·러의 밀착과 상대적인 북·중 간의 균열은 지속될 것이다. 국가 간의 관계는 영원할 수 없으며 국익과 시절 인연에 따라 흔들리는 갈대처럼 요동칠 수밖에 없다. 혈맹이라는 단어는 국제정치에서 힘을 합칠 필요가 있을 때 사용하는 정치적인 용어다. 하지만 힘을 합치기보다는 거리를 두는 것이 필요할 때 사용하는 단어는 혈맹이 아니고 단순한 '이웃 국가'다. 국가 간의 틈이 벌어지는 이격(離隔)은 철저하게 국익을 바탕으로 전개될 수밖에 없다.

제2장

북핵, 한반도 평화의 위협

핵실험 카드 넣고 외교라인 교체한
북한의 대외 전략

남한과는 기싸움, 미국과는 비핵화 협상 노린 강온 포석
리선권 통일전선부장 · 최선희 외무상 발탁해 대남 · 대미 채널 쇄신
尹 정부 압박, 국제 제재 키 쥔 대미 협상력 강화 노린 '화전 양면술'

2022년 6월 말 김정은 북한 국무위원장은 대남 문제를 총괄하는 통일전선부장에 리선권(왼쪽) 전 외무상을, 대미 외교를 맡는 외무상에 최선희(오른쪽) 제1부상을 승진 임명했다. / 사진: 연합뉴스

북한의 각료 인사는 남한과 천양지차다. 국회 검증 과정인 청문회는 없고 최고지도자가 결정해서 발표하면 끝이다. 관제 언론인 『노동신문』은 결정을 보도

할 뿐이다. 10대 소년단 시절부터 인사 카드가 관리되는 북한의 국장급 이상 보직자는 2만여 명이다. 이들이 북한 고위층 인재풀이다. 전체 인구 2,500여만 명 중에서 0.0008%다. 북한 체제의 성골 귀족층으로 핵심, 동요, 적대의 3대 계층 51개 성분 중에서 최상위에 있다.

핵심 계층은 부모의 출신 성분에서 비롯된다. 금수저를 물고 태어나는 셈이다. 대략 10%로 추정되는 250만 명이 노동당원이다. 이들이 북한 체제를 작동시키는 핵심 계층이다. 군부의 장성, 각급 기관의 도 단위 책임자, 내각의 국장급 등 2만여 명이 각료로 발탁될 수 있는 후보군이다.

북한 주민의 삶은 소년단 가입에서 본격적으로 시작된다. 10대들이 가입하는 북한 소년단은 지난 1946년 창립됐다. 기성 권력층으로 진입하는 첫 단계다. 모든 북한 사람에게 어린 시절의 가장 즐거웠던 기억은 통상 11세쯤 소년단에 들어간 날이다. 청색 제복에 붉은 스카프를 두르고 노란 견장을 한 소년단원들은 주변에서 선물을 받으며 사회주의 체제에 편입된 것에 흥분한다. 아이들은 주체적인 공산주의 인간으로 성장하기 시작한다. 최종 목표는 노동당 가입이다. 열렬한 공산주의자로 자라기 위한 파종 단계다. 소년단 가입 전후의 차이는 조직생활의 시작이다. 개인이 사회주의 체제의 조직원으로 편입된다.

2015년 러시아 영화감독 비탈리 만스키가 평양에서 제작한 영화 '태양 아래(Under the Sun)'는 '진미'라는 소녀가 소년단에 입단해 태양절 공연을 준비하는 과정을 그렸다. 앞서 2004년 영국의 다니엘 고든 감독은 매스게임을 준비하는 두 소녀를 8개월간 밀착 취재해서 '어떤 나라(A State of Mind)'라는 다큐멘터리 영화를 제작했다. 현선이와 성연이라는 소녀가 소년단에 가입하고 집단체조에 참여하면서 자연스럽게 '하나는 전체를 위해, 전체는 하나를 위해'라는 구호에 몰입하는 장면을 그렸다.

소년단원이 10대 후반 청소년이 되면 사회주의애국청년동맹에 가입시켜 본격적으로 충성심과 자질을 검증한다. 당국은 이런 성장기를 거쳐 고위직에 포진한 2만여 간부들의 머릿속까지 관리한다. 남한에서 장·차관을 발탁할 때 사용하는 경찰 및 정보기관의 기본 인물 자료와는 수준이 다르다. 속과 겉이 완전히 같은 붉은색 토마토형 인간이 돼야지, 겉과 속이 다른 사과나 수박형 인간은 장래가 불투명하다.

어릴 때부터 관리하는 최고위급 후보 '2만 명'

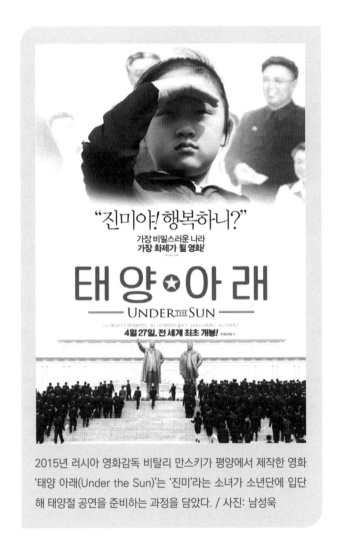

2015년 러시아 영화감독 비탈리 만스키가 평양에서 제작한 영화 '태양 아래(Under the Sun)'는 '진미'라는 소녀가 소년단에 입단해 태양절 공연을 준비하는 과정을 담았다. / 사진: 남성욱

1948년 정권 수립 이후 3대 세습을 거친 북한에는 여야 개념 자체가 없다. 노동당 우위의 사회로서 당과 내각의 구분이 없는 것도 남한과 다른 점이다. 철저한

충성 경쟁 속에서 자질을 뽐내 김정은 위원장의 눈에 들어야만 각료로 발탁된다. 전공과 학력은 중요치 않다. 선군정치체제라 군부 출신이 발탁되는 사례가 빈번하다.

2022년 김정은이 직접 국가 장의(葬儀)위원장을 맡아 애도의 눈물을 흘린 군 출신 현철해의 경우 일찌감치 백두혈통의 적장자라며 김정은에게 충성을 맹세하고 옹립에 전력을 다한 인물이다. 코로나 비상사태가 선포된 5월 김정은은 마스크도 쓰지 않고 직접 맨 앞에서 관을 메고 이동한 후 신미리 애국열사릉에서 삽을 마다하고 손으로 흙을 유해에 얹었다. 최고지도자에게 충성을 다한 자의 마지막 길을 보여준 행위다. 현철해는 6·25 전쟁 당시 김일성 호위중대 호위병을 지냈고, 이후 김정일 집권 시대부터 군부의 핵심 인물로 자리 잡았다. 군부 지지를 유도하면서 김정은의 후계자 교육을 담당했다.

북한의 내각 인사의 주목적은 남한과 달리 내부 기강 잡기다. 수시로 물갈이 회전문 인사를 통해 긴장을 유지하고 성과 도출을 압박한다. 경직된 체제에서는 성과를 내기가 쉽지 않다. 각료들이 앞에선 충성하는 척하고 돌아서면 복종하지 않는 행태인 면종복배(面從腹背)를 막기 위해 정보기관이 철저히 감시한다. 복지부동과 충성 경쟁의 아슬아슬한 줄타기 속에서 생존을 담보하는 일은 특권이 부여된 고위직에게 양날의 칼이다. 고위직에 올랐다고 허세를 부리거나 세를 과시하면 단두대가 기다린다.

계급이 강등되거나 하방(下放)해 육체적인 중노동에 내몰리기도 한다. 산골 양계장에서 닭똥을 치우거나 제철소에서 뜨거운 쇳물을 옮기다 다리에 화상을 입는 등 반성하고 있다는 보고서가 김정은 서기실로 올라가면 본보기로 1년 만에 원래 자리로 복귀시키기도 한다. 롤러코스터 인사로 용인술을 극대화한다. 한때 김정은의 고모부 장성택도 김정일의 눈 밖에 나 강선제강소에서 다리에 화상을 입어가며 고난과 반성의 시간, 북한식 용어로 '혁명화 과정'을 거쳤다.

불만 잠재 우려 최고위층 죽음 내몰기도

북한 조선중앙TV는 2022년 6월 12일 밤 김정일 체제에서 군부 핵심이자 김정은 국무위원장의 후계 교육을 맡았던 현철해 국방성 총고문의 생애를 조명하는 기록 영화 '빛나는 삶의 품(32) 태양의 가장 가까이에서'를 새로 공개했다. 사진은 김 위원장이 현철해가 사망한 뒤 그의 사진을 보며 서럽게 우는 모습. / 사진: 연합뉴스

　김정철은 김정은 위원장의 친형이지만 철저한 감시 속에 숨죽이며 살아간다. 하늘 아래 태양은 하나라는 철칙에서 조금이라도 어긋나게 행동하거나 접근하는 자가 있다면 쥐도 새도 모르게 사라진다. 거의 유폐 수준이다. 김정철은 지난 2011년 싱가포르, 2015년 런던에서 열린 기타리스트 에릭 클랩턴의 공연장을 찾았다가 언론의 카메라에 포착된 이후 모습을 감췄다. 아마도 평양의 작은 공간에서 기타 치며 취미 생활에 몰입하는 것이 명(命)대로 사는 길이라고 판단할 것이다. 남한 정치에서 회자되는 이인자는 없으며 미래 권력은 더더욱 없다.

　2022년 4월 AFP통신은 '김정은이 사망하면 북한은 어떻게 될까'라는 제목의 기사를 통해 김씨 가문의 권력 세습 배경을 바탕으로 김정은의 사망 직후부터 내란의 시나리오, 후계자 리스트 등을 정리했다. 김정은의 건강 악화설이 주기적으로 보도되지만, 그가 사망해도 내부에서 민중봉기는 어려울 것이라고 추측했다.

74년간 김씨 가문의 지배를 받아온 북한 주민들이 이를 뒤엎기란 쉽지 않을 것이란 이유에서다.

고위 관료들의 기강이 해이해져 충격이 필요하면 희생양을 조작한다. 해임을 넘어 공개 처형도 불사한다. 앞에서는 당과 수령을 받드는 척하고 뒤에서 양봉음위(陽奉陰違)하는 종파적 행동을 했다는 비판이 뒤따른다. 1997년 서관히 농업상은 식량난에 따른 주민 불만을 전가하기 위해 평양시민들 앞에서 총살형을 당했다. 30년 동안 북한 농업문제를 해결하느라 밤낮으로 일한 그에게 돌아온 죄목은 남조선 안기부에 예속된 첩자, 미국의 고용간첩으로 당의 농업정책을 망쳤다는 날조극이었다. 2013년 고모부 장성택의 전격 처형과 2015년 인민무력부장 현영철의 숙청 이유는 불경죄였다. 불경의 기준은 김정은이 결정한다.

북한은 인사를 통해 대외 메시지를 전하기도 한다. 2022년 6월 평양 권부의 대남 및 외교 책임자가 교체됐다. 리선권 외무상이 대남 문제를 총괄하는 당 통일전선부장에 임명됐다. 리선권은 전임 통전부장이었던 김영철과 함께 대남 강경파로 꼽히는 인물이다. 김정은 시대에 20여 차례 대남 접촉에 얼굴을 내민 인사다. 그는 남측을 향한 거친 언사로도 유명하다. 2018년 9월 평양 남북정상회담 당시 옥류관 오찬에서 이재용 삼성전자 부회장, 최태원 SK 회장, 구광모 LG 부회장 등 기업 총수들에게 "냉면이 목구멍으로 넘어가느냐", 회의장에 3분 늦게 도착한 조명균 당시 통일부 장관을 향해서는 "시계가 주인 닮아서 저렇게 된다", 김태년 민주당 의원에게는 "배 나온 사람한테 예산 맡기면 안 돼", 남한 정치인에게 명함을 받고는 "최순실 캐느라 참 수고 많았다" 등 막말로 일관했다. 대북 굴신(屈身) 외교의 부작용이었다.

대한민국 자본주의의 상징인 재벌 총수들이 냉면 한 그릇을 먹으면서 들은 막말은 초유의 일일 것이다. 민주당 정책위의장으로서 여당 서열 3위인 김태년 의원조차 모욕적인 발언에 묵묵부답이었다. 남한에서는 유사한 발언이 나오기도 어렵지만 나왔더라도 당사자가 무사할 것인지 의문이다. 리선권의 폭언에 대해 문재인 정부 인사 누구 하나 이의를 제기하지 않았다. 사태가 심각했다고 판단했는지, 시간이 지나 겨우 나온 해명이 '해당 발언이 와전됐다'는 사실 왜곡이었다. 리선권의 심기를 건드려 회담이 파행되는 것을 두려워했기 때문이다. 을(乙)의 자세로 평양 회담을 성사시켰기 때문에 갑(甲)의 무리한 처사를 감내하는 수밖에 없었다.

리선권의 대화 상대는 권영세 통일부 장관이다. 권 장관은 리선권 임명 후 언제 어디서든 대화할 용의가 있다고 밝혔다. 원래 통일부 장관의 북측 카운터 파트는 조국평화통일위원회 위원장이지만, 북측은 2023년 대남 대화 기구인 조평통이 필요 없다고 밝혔다. 대남 관계에서 북한 통전부는 암중모색 중이다. 당 전원회의와 중앙군사위에서 남한의 동해안이 표기된 지도를 걸어놓고 회의를 하는 사진을 공개하는 등 대남 군사 전략 과시가 우선이라 통전부는 일단 뒤로 빠져 있다. 조만간 군사행동이 개시되면 대남 압박 등 통전부가 활동을 개시할 것이다. 윤석열 정부를 향한 거친 말 폭탄은 통전부의 몫이다. 북한의 코로나 확산을 대북 전단 탓으로 선전한 것도 통전부 작품이다.

강경파 리선권 · 최선희 대외정책 전면 배치

2022년 7월 4일 권영세 통일부 장관은 7·4 남북공동성명 50주년 기념사를 통해 "비핵화 문제를 남북 간에 풀어야 한다"라며 대남 협상과 북핵 협상을 분리하는 북한의 태도 변화를 요구했다.

한편, 김정은은 최선희 제1부상(차관)을 외무상으로 승진 임명했다. 정권 최초의 여성 외무상이다. 가부장제 사회에서 58세인 최선희 발탁은 김정은의 절대적 신임이 없으면 불가능한 일이다. 지난 2019년 러시아 블라디보스토크에서 열린 김정은과 푸틴 정상회담 당시 김정은 전용차에 리용호 외무상과 최선희가 동승했다. 김정은 전용차인 검은색 벤츠 리무진에서 리용호가 앞자리에서, 최선희가 김정은 옆자리에서 내렸다. 최고 실세만이 가능한 차량 의전이라 언젠가는 외무상 승진을 예상했지만, 그 시기가 앞당겨졌다. 북한 내각 총리를 역임한 최영림의 수양딸로 몰타, 오스트리아 등에서 조기 유학한 최선희는 영어가 유창한 금수저다. 스위스에서 청소년기를 보낸 김정은과 코드가 맞을 수밖에 없다. 김정은 입장에서 외국 사정에 어두운 군, 관료 출신들과 최선희는 클래스가 다른 인물이다. 최선희가 최측근인 이유다.

2018년 6월 싱가포르 1차 북·미 정상회담에 앞서 성 김 미국 대사와 최선희는 판문점에서 7번에 걸쳐 예비 회담을 가졌다. 최선희는 평양의 훈령에서 한 치도 물러서지 않아 성 김 대사가 애를 먹었다. 차관급 회담에서 합의가 불발됨에 따라 싱가포르 본회담은 비핵화 회담이라는 거창한 예고편과 달리 상견례(the get-to-know-you) 수준에 그쳤다. 그녀는 싱가포르 회담 직전에 리비아식 비핵화 모델을 주장한 마이크 펜스 부통령을 '아둔한 얼뜨기'라고 비난하기도 했다. 김정은의 불편한 심기를 대변한 것이다. 또 하노이 회담 결렬 직후 심야 기자회견에서 미국이 날강도 같은 요구를 했다고 비난했다.

리선권과 최선희의 등장이 대남·대외 정책에 주는 메시지는 협상보다 강경론이다. 북한 외교에서 특정 인사의 등장이 정책 변화와 반드시 연계되지는 않지만, 강대강 대결 구도를 암시하는 인사다. 김정은은 인사를 확정한 전체회의에서 "노동당의 강대강, 정면승부의 투쟁 원칙"을 강조하고 국권 수호를 위한 핵 무력 강화 의지를 시사했다. 인사와 무관할 수 없는 발언이다. 대남·대미 외교 경험이 축적된 두 인물이 전면에 나서 대북제재 해제의 물꼬를 트기 위해 강온 양면전략을 구사할 가능성이 높다. 이들의 등장이 한반도 정세에 청신호일지 적신호일지는 전적으로 김정은의 핵실험 결단에 달려 있다.

비핵화 논하자는 남측, 북한 호응 가능성 작아

2022년 7월 4일은 7·4 남북공동성명 50주년 기념일이었다. 1972년 박정희 전 대통령과 김일성 주석은 6·25 전쟁 이후 처음으로 남북 평화공존에 전격 합의했다. 권영세 장관은 기념사에서 "윤석열 정부는 역대 정부의 모든 남북 간 합의를 존중하는 탄탄한 기본을 지키면서 지속 가능한 남북관계 발전의 새 길을 열어갈 것"이라고 강조했다.

하지만 북한의 입장은 달랐다. 같은 날 북한의 대외선전매체인 조선의 오늘은 한반도 긴장 원인을 남측에 돌리며 그간 서울이 합의를 제대로 이행하지 않았다고 비난했다. 특히 매체는 "남조선 역대 집권 세력은 민족 자주가 아니라 한·미 동맹 강화만을 염불처럼 외워댔으며 동족을 주적으로 선정하고 '흡수 통일'의 망상에서 깨어나지 못한 채 반목과 대결을 선동하는 불순한 언행들을 거리낌 없이 늘어놓았다"라고 지적했다.

양측의 기념사는 남북의 관점이 명백히 다른 현실을 반영한다. 핵심 이견은 기존 합의의 이행 여부다. 북한의 과오는 한반도 비핵화를 김일성의 유훈이라고 선전해 놓고 비밀리에 대량살상무기인 핵무기를 개발한 것이다. 남한은 진보 정부가 출범할 때마다 정상회담을 개최해 무리한 합의를 하고 정부가 교체된 이후 이행하지 않는 정치의 비연속성을 벗어나지 못한다. 서로를 신뢰할 수 없는 일이 반복돼 온 것이다.

또 권 장관은 "비핵화 문제를 남북 간에 풀어야 하며 새로운 회담 구조를 구축하겠다"라며 남북이 비핵화 문제를 직접 논의해야 한다는 점을 강조했다. 권 장관은 대남 협상과 북핵 협상을 분리하는 낡은 태도를 바꾸라고 북측에 요구하지만 받아들여질지는 미지수다. 우리 정부의 제안에 북한이 호응할지 의문이다. 제재 해제나 평화협정, 안전 보장 등 북한이 비핵화의 대가로 요구할 만한 것은 주로 미국이 결정권을 쥐고 있기 때문이다.

북·미 정상회담 등 과거 사례를 보면 핵 문제는 미국과 풀어야 한다는 북한의 인식이 확고하다. 지난 2004년 5월 서울에서 열린 제14차 남북 장관급 회담에서 남측은 최초로 비핵화 의제를 협상 테이블에서 논의하자고 제안했으나 북측은 비핵화 문제는 미국과의 문제라고 일언지하에 거절했다. 회담이 결렬되는 것을 두려워한 남측은 용두사미 형태로 의제를 포기했다. 유일한 사례로서 이후로 남북회담에서 비핵화 의제 논의는 사라졌다. 2018년 9월 문재인 전 대통령의 평양 연설은 핵무기 없는 세상을 만들자는 공허한 외침에 그쳤다.

F-35A 뜨자 7차 핵실험 머뭇거리는 북한

2022년 6월 7일 서해에서 한·미 공군 전투기들이 편대군을 이뤄 비행하고 있다. 미국은 최근 군산 공군기지에 최신예 F-35A 스텔스 전투기 6대를 배치하는 등 전략자산의 한반도 전개로 핵실험 카드를 쥔 북한을 압박하고 있다. / 사진: 합참

진보에서 보수로 정권이 교체될 경우 남북의 갈등은 심화한다. 보수정부와 평양 권부가 서로를 인정하는 데 어려움이 크기 때문이다. 기선을 제압하려는 샅바싸움이 거칠게 진행된다. 지난 2010년 3월 천안함 폭침은 노무현 전 대통령이 서명한 2007년 10·4 정상회담의 합의 이행을 둘러싸고 충돌한 결과였다. 정권이 5년마다 바뀌는 대한민국과 종신 3대 세습의 북한이 합의를 이행한다는 것이 과연 가능할지 의문이다. 7·4 남북공동성명 이후 50년간 남북관계를 분석해 보면 화해

협력보다 갈등과 충돌이 비일비재했다.

북한은 장마철 날씨 때문인지, 지난 7월 5일 전북 군산 미 공군기지에 10일간 배치된 6대의 F−35A 전투기 때문인지, 혹은 우크라이나 침공에 따른 북대서양조약기구(NATO)의 강력 대응 등 요동치는 국제정세로 핵실험의 효과가 크지 않을 것이라는 판단 때문인지 카운트 다운 준비를 마친 7차 핵실험을 머뭇거리고 있다. F−35A가 한국 지상기지에 내려 훈련에 참여한 것은 2017년 12월 이후 4년 7개월 만이다. 한·미 공군의 F−35A 전투기가 함께 훈련하는 건 이번이 처음이다. 북한은 상당한 압박을 받은 듯하다. 앞으로 북한의 도발 위협 양상에 따라 다양한 전략자산이 전개될 것이란 신호탄이 될 수 있기 때문이다.

북한이 7차 핵실험 없이 협상을 시도한다면 다양한 시나리오가 전개될 수 있다. 박진 외교부 장관과 토니 블링컨 미 국무부 장관은 2022년 6월 워싱턴 회담 기자회견에서 23차례에 걸쳐 대화·외교를 언급했다. 핵실험 직전까지 간 북한을 돌려세우려는 노력인 동시에 만일 도발할 경우 최대 압박 모드로 전환하기 위한 '명분 쌓기'다. 김정은이 핵실험 단추를 누른다면 북한 이슈는 제재와 압박에 초점이 맞춰질 수밖에 없다. 한반도에 NATO식 핵 공유 및 핵 개발 담론이 대두할 수밖에 없다. 강대강 구도가 형성될 경우 북한에 있어 득보다 실이 클 것이다. 최선희 외무상과 박진 장관이 어디서든 만나서 우리말로 한반도 비핵화 대화를 개시하길 기대한다.

[남성욱의 평양리포트] 월간중앙 2022년 8월호

미사일 도발 나선 북한의 노림수

안으로는 일치단결 바깥에는 '존재감' 과시 목적

전원회의서 '국방력 강화' 천명한 뒤 극초음속미사일 연달아 발사

문재인 정부, 종전선언 집착 버리고 정책 실패 냉정하게 분석해야

북한이 2022년 새해 들어 두 차례에 걸쳐 극초음속미사일을 시험 발사했다. 조선중앙통신 보도에 따르면 1월 5일과 11일에 발사한 극초음속미사일은 각각 마하 6과 마하 10 속도로 날아가 700~1,000km 바깥의 목표물을 명중했다.

2022년 임인년 새해를 자축이라도 하듯 북한이 탄도미사일을 발사했다. 연말에 개최한 전원회의가 밋밋해서였을까. 북한은 1월 5일 극초음속미사일을 동해

상으로 쐈다. 새해 들어 첫 무력시위다. 2021년 10월 19일 잠수함발사탄도미사일 (SLBM)을 잠수함에서 시험 발사한 이후 78일 만이다. 미사일 발사 '3개월 주기설'로 평가하면 대략 '쏠 때 쏘았다'는 추론이 가능하다. 다만 주변 상황이 녹록지 않은 점을 고려할 때 다소 발사 시기가 빨랐다는 지적도 있다. 이번 미사일 발사에 가장 경악한 당사자는 베이징과 서울일 것이다. 중국은 2월 4일 개막하는 동계올림픽을 한 달 앞두고 코로나 방역으로 노심초사하는데 주변 돌발 변수는 악재다.

2022년 베이징 동계올림픽 개최와 탄도미사일 발사는 상극이다. 평화와 화합, 중국의 대국굴기를 상징하는 동계올림픽에 미사일 발사의 굉음은 잔치에 재를 뿌리는 격이다. 베이징 올림픽을 계기로 화상 정상회담이라도 한번 해보겠다고 평양을 조르던 청와대에는 절교의 편지를 보낸 격이다. 청와대는 떠나가는 연인을 붙들고 '2018 평창' 어게인의 비전을 담은 친서를 수십 장 물밑으로 보냈지만, 평양은 마치 유통기한 지난 식자재 폐기하듯 강경 자세다. 코로나 비상 방역 등으로 사면초가인 평양 입장에서는 마이웨이를 고수하겠다는 의지를 과시했다.

신무기 개발 공언하자마자 미사일 발사

북한의 군사 도발 복안은 다음과 같다. 우선 자신들의 로드맵과 설계도대로 국방력 강화에 올인한다. 북한의 당·정·군은 연말 전원회의에서 날로 불안정해지는 군사적 환경과 국제정세 흐름이 국가 방위력 강화를 요구하고 있다며 군수공업의 성과 확대, 현대전에 맞는 무기 개발·생산을 통해 방위력의 질적 제고를 결정했다. 김정은 위원장은 2021년 1월 8차 당대회에서 순항미사일, 전술핵무기, 핵추진잠수함, 극초음속미사일, 다탄두·고체 연료 대륙간탄도미사일(ICBM), 정찰위성, 신형 무인기 등 신무기 개발을 공언했다. 전원회의에서 재차 김정은이 결정한 '무기체계 개발 5개년 계획'을 계속 진행한다는 점을 확인한 것이다. 요컨대 '국방력 강화는 잠시도 늦출 수 없다'는 의지를 행동으로 보여주었다.

새해 벽두부터 발사된 미사일은 2021년 9월 28일 발사한 극초음속미사일 '화성-8형(마하 3, 사거리 200km)'보다 비행 거리가 크게 늘었고 비행 속도도 2배 빨라진 마하 6이며, 지그재그식 변칙 기동으로 한·미의 첨단 요격망을 무력화시킬 수 있다. 북한은 이번 극초음속미사일이 120km를 측면 기동했으며 사거리가 700km라고 밝혔다. 변칙 기동은 탐지를 무력화하며 요격 불능으로 이어진다. 발사체를 교체하면 3,000km까지 사거리를 충분히 늘릴 수 있다. 한반도 전역을 넘어 오키나와 주일미군 기지, 미국 영토인 괌까지 타격할 수 있다. 그럴 경우 한반도 유사시 미 증원 전력을 지원하는 미·일 후방 기지까지 무력화된다. SLBM이나 방사포와 섞어 쏘거나 전술핵을 탑재하면 그야말로 게임체인저가 될 수 있다. 궁극적으로 북한이 러시아·중국·미국에 이어 세계 4번째 극초음속미사일 보유국이 될 수 있다는 점을 과시했다.

하지만 북한의 발표 이후 서울에는 이상한 흐름이 감지되고 있다. 청와대와 국방부의 평가절하 움직임이다. 출입 기자들의 거듭된 설명 요청에도 불구하고 미사일의 정확한 제원도 즉각 발표하지 않던 국방부는 이례적으로 2022년 1월 7일 "극초음속 비행체 기술에 도달하지 못한 것으로 판단된다"라고 했다. 북한이 주장하는 "미사일 사거리, 측면 기동 등의 성능이 과장됐다"라는 입장이다. "극초음속은 '북한 그들만의 표현'"이라고 폄하하기도 했다. 보통 마하 5 이상을 극초음속미사일로 보는데, 이번에 군이 측정한 북한 미사일은 마하 6.0 수준이다.

국제사회가 북한 미사일에 일제히 우려를 표하고 한국군 요격망이 무력화됐다는 분석이 나오는 가운데 군은 왜 뒤늦게 미사일 성능을 평가절하했을까? 1월 6일 북한의 공식 발표 후 언론에서 분석 요청이 쏟아지는 가운데서도 군은 별다른 대응을 하지 않았다. 침묵하던 군이 브리핑까지 자처하며 북한 주장을 반박한 것은 청와대가 긴급하게 나섰기 때문이다. 청와대의 지시 이후 국방부는 신속하게 자료를 작성했다. 군은 부랴부랴 뒤늦은 브리핑을 열고 설명 자료를 배포하며 적극적으로 북 주장을 반박했다. 북한 미사일이 최고 속도 마하 6이었지만 저고도 종말 단계를 포함해 전체 비행 거리의 상당 구간을 마하 5 이상 속도를 유지하면서 상하좌우로 변칙 기동(활공)해야 하는 극초음속활공체(HGV)의 성능과 기술에는 미치지 못했다는 게 군의 기술적인 설명이다. 군은 북한 미사일이 원추형 탄두부에 보조날개가 붙어 있는 형태라 HGV의 특징인 글라이더 모양의 탄두부와도 형상이 다르다고 했다. 결론적으로 북한 미사일이 신형 기동식재진입체(MARV)를 탑재한 탄도미사일이라고 결론지었다. 기술적인 반박을 위해 구체적인 그래픽까지 제시하는 이유는 북한의 첨단무기가 위협이 아니라는 것을 입증하기 위해서다. 북한의 의도까지 친절히 해석했다. 북한이 극초음속미사일 발사에 성공했다고 주장한 의도에 대해서는 "자신감을 위한 내부적인 메시지"라는 입장이다.

　언제부터 우리 군이 기술적인 설명 외에 정무적인 해석까지 내놓는지 청와대의 구체적인 지시 없이는 전후 맥락이 이해되지 않는다. 과거 2012년부터 북한의 열병식에 등장한 장거리 미사일을 두고 '모형'이라는 주장이 제기되곤 했으나 2017년 11월 ICBM이 성공적으로 발사됐다. 북한의 군사력 증강은 청와대로서는 피하고 싶은 '불편한 진실'이 됐다.

극초음속 달성했는데 '성능 과장'이라는 국방부

2021년 12월 27일 개막한 북한 노동당 중앙위원회 제8기 제4차 전원회의에서
김정은 국무위원장은 국방력 강화와 농업 생산량 증대를 주요 과제로 강조했다.
/ 사진: 연합뉴스

문재인 정부 들어 군은 항상 서울에 폭탄이 실제로 투하되기 전까지는 어떤
무기도 위협적이지 않다는 입장을 되풀이해 왔다. 2018년 9·19 군사합의로 사실
상 북한군의 공격을 사전에 감지할 안테나는 무력화됐다. 군사합의로 남북 군사
분계선에서 1km 이내의 GP를 각각 11개(총 22개)씩 시범적으로 철거하고 해당
GP 병력과 화기를 모두 철수했고, GP를 스스로 폭파했다. 북측 현장 검증단이 남
측 철거 상태를 현장에서 검증까지 했다. 정초 22사단 강원도 지역 월북 사건도
군사합의의 부작용이다. 월북자가 지나간 해당 감시초소는 남북 간 합의에 따라
병력이 철수한 곳이다. 군 관계자는 "GP는 보존 GP였다"라며 "사람은 상주하지
않고 경계감시장비만 있는 상태"라고 설명했다. 철수 후 남아 있는 감시초소는
200개 안팎으로 추정되는데 향후 존치 여부가 불확실하다. 9·19 군사합의가 차기
정부에도 이어진다면 200개 감시초소 운명도 미지수다.

1950년 6월 25일 새벽 4시 탱크로 중무장한 북한군이 38도선을 넘어 진격해
왔어도 주말인 전날 용산 육군본부 낙성식에서 대취한 군 수뇌부가 새벽잠에서

깨어나지 못했던 역사의 치욕은 72년이 지나도 생생하다. 군은 문재인 정부 동안 1929년 독일 작가 레마르크(Remarque)의 소설 제목대로 무조건 '서부 전선 이상 없다(All Quiet on the Western Front)'는 자세였다. 정부의 향북(向北) 정책이 임기 5년 내내 고착화돼 군도 자신의 목소리를 낼 여지가 사라졌다. 청와대는 북한의 탄도미사일이 위협적이라면 궁극적으로 문재인 정부의 한반도 평화프로세스가 실패했다는 증거인 만큼 이를 축소 및 왜곡할 수밖에 없을 것이다. 야당 관계자는 "군의 발표와 북한의 발표 중 하나는 거짓이라는 것 아니냐"라며 "군의 이번 분석 발표에 기술적 측면 외에 다른 정치적 고려가 있었는지 따져봐야 한다"라고 지적했다.

다음은 국제사회에 대한 무언의 메시지 전달이다. 북한은 자신들의 정당한 국방력 강화를 위한 미사일 발사만 '도발'이나 '위협'으로 규정하는 것은 '이중 잣대'라고 주장해 왔다. 평양은 유엔 결의로 금지된 북한의 탄도미사일 발사를 문제 삼지 말라는 요구를 정초에 미사일로 워싱턴에 전달했다. 주기적인 무력시위로 '이중 잣대 철회'를 관철하려는 복안이다. 유엔 안보리는 북한의 결의 위반에 대해 후속 조치를 논의했다. 다만 2021년 10월 미사일 발사 당시처럼 안보리 상임이사국인 중국과 러시아의 반대로 결의 등 구체적인 조치는 나오지 않을 것이다.

중·러는 북한의 군사도발에 대해 긴급하게 논의할 실익이 없기 때문이다. 중국은 코로나 방역하에서 올림픽의 성공적인 개최에 총력을 기울이고 있다. 미국역시 명분에서는 중·러를 압박할 수 있지만, 코로나 확산으로 전선을 확대할 여력이 부족하다. 북한을 '관리'하는 구두 코멘트 정도에 그칠 수밖에 없다. 미국 인도태평양사령부는 이번 발사체를 탄도미사일로 규정했지만 당장 미국의 인력이나 영토, 동맹에 직접 위험은 되지 않는다고 평가하고 북한의 대화 참여를 촉구하는 것으로 마무리했다. 기시다 일본 총리도 북한의 미사일 발사에 우려를 표명했지만, 워싱턴의 입장에 동조할 것이다. 북한 미사일보다 코로나 방역 등 각국의 민생 문제가 더 시급한 상황이다.

대외 과시, 내부 결속… 북한의 이중 셈법

2022년 1월 1일에 월북사건이 발생한 강원도 최전방의 감시초소(GP). 9·19 남북군사합의에 따라 병력을 철수한 '보존GP'다.

마지막으로 내부 결속용이다. 경제난으로 사면초가인 평양은 미사일 발사로 내부 결속을 도모하려는 의도를 가진 것으로 보인다. 북한은 비상 방역을 위한 국경 봉쇄 등으로 외부 물자를 들여오지 못해 경제난이 심각하다. 코로나 이후 북한의 무역액은 10분의 1로 축소됐다. 1,400km인 북·중 국경이 봉쇄되니 인민들의 경제 활동은 마비 수준이다. 단둥, 연변 등지에서 원·부자재가 들어와야 경제가 돌아간다. 저렴한 노동력을 활용한 임가공 제품을 중국에 팔아야 돈이 도는데 2년 동안 먹고사는 활동이 중지됐다.

당국이라고 묘수가 있는 것도 아니다. 불만을 외부로 돌릴 수밖에 없다. 미사일 발사를 통해 외부의 적을 상기시켜 주민 불만을 외부로 돌리는 전술이다. 2022년 1월 3일부터 평양 광장에서는 영하의 날씨에도 전원회의가 결의한 내용을 완수하자는 군중집회가 기관별, 계층별로 연이어 개최되고 있다. 인민들의 불만이 밖으로 표출되지 못하도록 지속적으로 '대중동원(mass mobilization) 전략'을 구사한다. 통제사회에서는 긴장의 일상화가 필요하다. 유일 수령 사상 체제에서 평화는 금물이며 끊임없이 미국에 의해 핍박을 받고 있다는 '포위의식(siege mentality)'이 필요하다.

임기 말 문재인 정부의 대응은 여전히 '대화 재개 노력'이다. 문 대통령은 당일 오전 8시 10분 미사일이 발사됐지만, 헬기를 타고 강원도 고성군 제진역에서 열린 동해선 강릉－제진 철도건설 착공식에 참석했다. 문 대통령은 이날 행사에서 철도건설 사업에 대해 2018년 4·27 판문점 선언에서 남북이 최우선으로 추진하기로 합의한 동해선과 경의선 연결에 대한 우리의 신뢰와 의지를 상징적으로 보여줄 수 있음을 밝혔다. 역사의 기억으로 사라진 판문점 선언에 대한 짝사랑이 새해에도 지속된 것이다. 청와대는 이날 오전 국가안전보장회의(NSC) 상임위원회 긴급회의를 열고, 북한의 단거리 발사체 발사에 대해 "국내외적으로 정세 안정이 매우 긴요한 시기에 이루어진 발사"라며 국가안전보장회의(NSC) 상임위원들에게 "현재의 남북관계 경색과 긴장 상태를 해소하기 위해서는 북한과의 대화 재개가 중요하다"라고 전했다.

2차 대전 히틀러의 침공에 대응하는 영국 챔벌레인 내각의 유화정책(appeasement policy)과 비유하지 않을 수 없다. 당시 평화적인 해결책을 모색한 1938년 뮌헨회담을 둘러싼 막전 막후 상황은 2021년 1월 22일 넷플릭스에서 개봉된 영화 '뮌헨: 전쟁의 문턱에서(Munich: The Edge of War)'에 잘 나타나 있다. 외교 안보 부처들 역시 '결의 위반', '도발' 표현을 사용하지 않고 유화적인 단어를 구사했다. 김여정 노동당 부부장이 2021년 9월 자신들의 무기 개발에 대해 '도발이라는 막돼먹은 평을 하지 말라'고 경고한 이후에는 정부 발표에서 '도발'이란 용어가 사라졌다.

정부의 북한 중심 대외 전략은 동맹국과의 관계에도 이상기류를 만들었다. 북한의 극초음속미사일 발사 후 토니 블링컨 미국 국무장관은 하야시 요시마사(林芳正) 일본 외무상과 6일, 7일 이틀 연달아 전화 회담을 열어 북한에 대한 향후 대응과 상황 관리 문제를 논의했지만, 한국은 포함되지 못했다. 미국과 일본은 2022년 1월 6일 화상으로 열린 외교·국방장관 안보협의체 회담(2+2)에서 북한의 극초음속미사일 발사를 규탄하고 유엔 안보리 결의에 따른 의무를 준수할 것을 촉구했다고 미 국무부가 밝혔다. 또 양국은 북한의 극초음속미사일 등에 대처하기 위한 기술 및 장비 등을 공동 개발하기 위한 연구 협정에 서명하기로 했다. 이들은 "향후 (북·중 등의) 극초음속미사일 기술에 대항해 양국은 협력해 공동 분석을 하기로 합의했다"라고 했다. 당사자인 한국을 배제하고 미·일 간에 대응책을 논의하겠다는 입장이다.

미·일 대북 군사협력 확대에 한국 빠져

김정은 북한 국무위원장이 2019년 11월 19일 조선인민군 수산사업소와 통천 물고기가공사업소를 둘러보고 있다. 북한은 코로나19 이후 중국과 교역이 막히면서 식량 부족을 겪는 것으로 알려졌다. / 사진: 연합뉴스

김 위원장은 2021년 연말 최장 닷새 동안 미니 당대회를 개최했고, 2022년 초 3년째 육성 신년사를 생략했다. 당·정·군의 고위 간부인 당 중앙위원 전원(200여 명)과 각급 지도기관과 공장 기업소 간부들까지 1,000여 명이 평양 노동당중앙위원회 본부 청사에 모여 김 위원장 사회로 총 6개 의정을 상정하고 논의했다. 6개 의제는 ①'21년 집행 정형 총화 및 '22년 사업계획 ②'21년 국가 예산 집행 정형 및 '22년 국가 예산안 ③사회주의 농촌문제의 올바른 해결을 위한 당면과업 ④당규약 수정 ⑤당 중앙지도기관 성원들의 '21년 하반기 당조직 사상 생활 정

형 ⑥조직문제 등이었다. 김정은은 2021년 12월 27일~28일 1, 2일 차에 참석해 총괄적인 방향을 제시했다. 마지막 날에 '당 제8차 대회가 제시한 5개년 계획의 2022년도 과업을 철저히 관철할 데 대하여', '우리식 사회주의 농촌건설의 위대한 투쟁 강령을 철저히 관철할 데 대하여' 등 2개 결정서를 채택했다.

이번 전원회의에서 이목을 끈 대목은 3번째 의제인 농촌문제, 즉 먹는 문제였다. 전원회의 보도문에서 김정은은 농업과 농촌이라는 단어를 143회 언급했다. 지난 2012년 집권하면서 다시는 인민들의 허리띠를 졸라매지 않겠다고 선언했지만, 여전히 연 100만 톤가량 곡물이 부족하다. 2023년에는 날씨가 양호해 평년작을 넘는다고 하지만, 남한의 농촌진흥청은 북한 생산량이 470만 톤에 그쳤다고 추산했다. 부족분을 중국이나 베트남에서 수입해야 하나 외화도 없고 코로나 비상 방역으로 여의치가 않다. 자체 증산을 독려하지 않을 수 없는 지경이다.

전원회의에서는 당면 농촌 발전 중심 과업으로 △농업 근로자의 정치 의식 제고 △식량 문제 완전 해결 △농촌주민들의 생활환경 획기적 개선 등을 목표로 제시했다. 3대 목표 달성을 위한 전략으로 △농업 근로자 정치의식 제고 관련 '3대 혁명(사상·기술·문화)' 중요성 강조 △과학농사·종자혁명 및 재해성 이상 기후 대처 △벼·밀 농사 중점 △저수확지 개량 △축산·과수 증산 등을 강조했다. 과거와 다른 대책은 농업에 대한 국가적 투자 확대 이외에 '농장대부 면제'라는 특혜를 언급했다. 당국에서 받은 영농물자의 상환 부담 경감을 통한 농민 근로의욕 고취 차원으로 평가된다.

사실 증산의 핵심은 저가 농자재 공급 증대다. 질소, 인산, 칼리 화학비료 1톤을 뿌리면 작물이 1.2톤 증가한다는 사실은 농사의 기본이다. 비료, 농약, 종자 등 농자재 공급이 신통치 않고 협동농장의 생산량 중에서 60% 이상을 각종 명목으로 중앙에서 가져가니 농장원들 입장에서 영농 의욕이 생길 수 없다. 당국에서 농민 부담을 줄인다고 하니 주목할 필요는 있다. 당근과 채찍으로 동시에 농민들을 닦달해야 효과가 있다는 점을 노리고 있다. 북한의 식량 부족은 공화국이 해결해야 할 숙원사항이나 여전히 갈 길이 멀다.

북한 올림픽 불참 선언에 문 대통령만 머쓱

북한이 극초음속미사일을 시험 발사한 2022년 1월 5일 오전 문재인 대통령은 강원도 고성군 제진역에서 열린 동해선 '강릉-제진 철도건설 착공식'에 참석해 대화 재개를 희망하는 메시지를 밝혔다. / 사진: 청와대사진기자단

전원회의에서 특이한 부분은 기존 9개 분과 이외에 대남·대외 분과를 추가했음에도 구체적 언급을 비공개한 점이다. 1만 8,400자 분량 보도문에서 '다사 다변한 국제정치 정세와 주변 환경에 대처해 북남관계와 대외사업의 원칙적 문제와 일련의 전술적 방향들을 제시'했다고 짧게 언급했다. 애매한 표현으로 내부 논의 사항을 언급할 경우 남한을 비롯한 주변국의 자의적 해석이 오히려 손해라고 판단한 듯하다. 2022년 남한의 대선, 미국과 중국 및 러시아와의 충돌 등 유동적 국제 정세 아래에서 상황에 따른 대처 방침을 논의했으나 비공개하는 것이 효율적이라고 판단했다.

북한은 2022년 2월 열린 베이징 동계올림픽에 최종 불참했다. 북한 참가를 위한 중국의 국제올림픽위원회(IOC) 설득안도 결국 무산됐다. 『노동신문』은 1월 7일 북한 올림픽위원회와 체육성이 중국 올림픽위원회와 올림픽 조직위원회, 국가체육총국 앞으로 편지를 보내 "올림픽에 불참하지만, 중국을 지지한다"라는 입장을 밝혔다고 보도했다. 앞서 5일 리룡남 주중 대사를 통해 전달한 편지에서 북한은 "적대세력들의 책동과 세계적인 대유행전염병(코로나19) 상황으로 대회에 참가할 수 없게 됐다"라면서도 "우리는 성대하고 훌륭한 올림픽 축제를 마련하려는 중국 동지들의 모든 사업을 전적으로 지지하고 응원할 것"이라고 말했다.

불참 사유로 '적대세력들의 책동'을 든 것이 눈에 띈다. 사실상 도쿄 하계올림픽에 이어 동계올림픽 불참은 코로나 비상 방역과 경제난 때문이지만, 이를 밝히기보다는 미국의 대북제재 등에 책임을 돌린 것이다. 또한 IOC가 2020년 도쿄 올림픽 불참을 이유로 올해 말까지 북한올림픽위원회(NOC)의 자격을 정지한 징계도 의미한다. 북한의 이번 발표로 북한의 우방인 중국을 지렛대로 종전선언을 끌어내려던 문 대통령의 최후 구상도 틀어졌다. 그간 미국과 서방세계의 잇따른 외교적 보이콧 움직임에 거리를 두어 온 문 대통령 역시 올림픽에 직접 참석하지 않을 가능성이 점쳐진다. 문 대통령은 대신 1월 말 시진핑 중국 국가주석과 화상 정상회담을 가질 것이라는 전망이었으나 성사되지는 않았다.

종전선언은 종 칠 때가 됐다. 북한의 올림픽 불참 선언으로 문재인 정부의 종전선언 과속 주행은 이제 막을 내려야 한다. 문재인 정부 임기 동안 남북과 북·미 정상회담이 각각 3차례 진행됐으나 북한의 비핵화는 전혀 진전이 없었고, 되레 김정은 정권의 핵·미사일 고도화만 허용했다. 이제 무산된 종전선언 등 '가짜 평화 쇼'를 접고 정권 변동기를 맞아 차분히 공과를 분석하는 백서를 발간하는 것이 바람직하다. 그동안 '기승전 종전선언'의 부작용은 필설로 다 할 수 없다. 외교력이 제한적인 한국 입장에서 모든 힘을 종전선언에 올인함에 따라 경제적 이득 양보가 불가피했다. 정의용 외교부 장관은 2021년 12월 29일 브리핑에서 새해 최우선 외교 목표로 국민 보호와 함께 "한반도 평화 프로세스가 되돌릴 수 없는 단계에 이를 수 있도록 끝까지 노력하겠다"라고 언급했다. 북핵의 불가역적 폐기를 언급해야 하는데 잘못된 대북정책의 불가역성을 강조했다.

안보에는 무임승차가 없고 외교에는 공짜가 없다(Diplomacy is not free). 프랑스 상원이 2022년 1월 초 종전선언을 지지해줄 것을 한국 정부에 요청하는 결의안을 만장일치로 채택했다고 하는데, 정말 아무 대가 없이 이루어졌다고 이해하는 인사는 아직 외교의 복잡한 이면을 모른다고 평가받을 수밖에 없다. 미국 상원은 종전선언은 중국과 북한에 선물을 안기는 것이라고 반대했다. 임기 후반기에 실익이 없는 사안에 외교력을 집중하는 것은 국력 낭비다.

2022년은 경제안보 전쟁의 시대였다. 우크라이나 국경에는 전운이 감돌면서 유럽으로 연결되는 러시아의 가스관이 잠겼다. 한겨울에 가스 가격이 34% 폭등했다. 카자흐스탄은 LPG 가격 상승으로 시민 폭동이 발생했다. 인도네시아는 자국의 에너지 확보를 이유로 1월 한 달간 석탄 수출을 중지했다. 인도네시아에서 20% 석탄을 수입하는 한국은 요소수 사태가 재연되지 않을까 한 치도 마음을 놓을 수 없다. 미국과의 통화 스와프는 지난 연말 4,500억 달러의 외화 보유고를 이유로 종료됐다. 일본은 달러 보유고가 부족해서 미·일 통화 스와프를 연장한 것이 아니다. 경제안보동맹의 시대이기 때문이다. 실체가 없이 유령처럼 청와대 인근을 떠도는 종전선언은 임진왜란 당시 맹목적으로 이순신 장군을 의심했던 선조의 무지와 무능함에 비유하지 않을 수 없다.

문 정부, 5년간 평양이라는 허상만 바라본 꼴

종전선언에 대한 집착은 핵심보다는 지엽적인 시각에 머물고, 일의 우선순위를 간파하지 못했으며, 평양의 의도를 왜곡하고, 21세기 동북아 국제정치에서 한국의 위상과 능력을 가늠하지 못한 결과다. 대통령이 외국 순방에서 특급 대우를 받는 데 감격해 국민에게 한국의 국력에 자부심을 가지라고 훈시하는 것은 사안의 본질에 대한 곡해다. 반도체와 배터리를 수출해서 먹고살 만해졌다고 자만하지 말아야 한다. 남한 사회의 빈부 격차와 양극화는 위험 수준이다. 우리 내부의 갈등을 해소하고 모든 국민이 최소한의 평균적인 삶을 만드는 데 청와대의 존재 의의가 있다. 철 지난 민족주의에 집착해 5년간 평양이라는 허상만 바라보고 국정을 낭비한 데에 대해서는 성찰이 필요하다.

서울과 평양은 가는 길이 다르다. 김정은은 집권 10년 동안 4차례의 핵실험과 63차례의 미사일 발사를 진행했다. 5년 단임제인 대한민국의 대통령은 제왕적 권한을 행사한다. 지도자의 선택은 국가의 운명을 좌우한다. 탈원전에 부동산가격 폭등으로 국민의 삶은 나락으로 추락했다. 정권 교체 여론이 60%에 달한다. 마지막 희망을 걸었던 정책이 대북정책이다. 핵실험과 미사일 발사로 물거품이 된 대북정책을 유일한 레거시(legacy, 유산)로 삼고 싶지만 이제 정책 실패에 대해 냉정하게 살펴봐야 할 시점이다. 냉정한 검토 보고서를 내놓아야 차기 정부가 시행착오를 줄일 수 있다.

[남성욱의 평양리포트] 월간중앙 2022년 2월호

03

'핵 무력 법제화'와 김정은의
입체 도발 저의는?

'북핵과의 동거 시대' 우리는 무엇을 해야 하는가
핵 무력 법제화로 '선제 불사용' 원칙 폐기하고 선제공격 공식화
비핵화 노선 대신 한반도 핵 균형 전략으로 미국과 담판 노려

북한이 2022년 9월 16일 공개한 중장거리탄도미사일(IRBM)인 화성-12형 발사
장면. 김정은 북한 국무위원장은 최근 핵무기가 방어용이라는 명분을 버리고 선제
공격 가능성을 시사했다. / 사진: 연합뉴스

영화나 소설에 등장하는 핵 버튼 푸시 장면이 푸틴의 입에서 거론되고 있다.
가상현실이 아니다. 덩달아 김정은의 핵 도박 행보도 빨라지고 있다. 모스크바와

평양의 스트롱맨 행보가 범상치 않다. 국정원은 7차 핵실험의 D-day까지 예보했다. 새벽이건 심야건 시간을 가리지 않는다. 발사 지점도 자강도, 평안도에서 강원도 문천시까지 다양하다. 10만 톤급 항모 로널드 레이건호가 참가하는 한·미 연합훈련도 아랑곳하지 않는다. 연료도 부족한데 10년 만에 전투기 150대를 동원해 대규모 공중 시위를 벌였다. 미사일은 보름간 이틀에 한 번꼴로 발사했으니 실전 수준이다. 과거와 패턴이 다른 입체적인 도발이다.

우선 북핵 역사를 간단히 살펴보자. 북핵이 국제 문제로 공론화한 시점은 영변 핵시설이 정찰위성에 포착된 1989년이지만, 김일성이 핵에 관심을 가진 시점은 한국전쟁 당시인 1950년으로 거슬러 올라간다. 1950년 11월 30일 트루먼 당시 미국 대통령은 "한반도에서 공산군 침략을 저지하기 위해 핵무기를 포함한 모든 무기 사용을 적극 검토하고 있다"라고 발표했다. 더글러스 맥아더 유엔군 총사령관이 만주 폭격을 건의한 바로 다음 날이었다. 당시 북한은 미국의 핵사용 위협을 공갈로 규정하고 핵 위협의 부당성을 성토했다.

그러나 크리스마스 전날 맥아더는 핵사용을 재차 트루먼에게 요청했다. 원자탄 34발을 북한 전체 지역과 만주, 연해주 등 21개 도시에 투하하자는 의견이었다. 트루먼은 이를 거부했지만, 이듬해인 1951년 4월 5일 미국 합참은 중공군이 대규모로 북한 국경 안으로 진입하거나 소련 폭격기의 공격이 시작됐을 경우에 한해 원자탄을 사용한 보복 공격을 하도록 명령했다.

김일성, 미국의 핵 공격 공포에 핵 개발 박차

김일성 북한 주석은 한국전쟁 직후 핵무기 개발을 시작했다. 1차 북핵 위기가 고조됐던 1994년 특사로 방북한 지미 카터 전 미국 대통령과 김 주석의 만남은 그해 10월 제네바 합의를 끌어냈다.

한국전쟁 당시 미국이 북한에 핵폭격을 할지도 모른다는 두려움을 가졌던 김일성은 1954년 인민군을 재편성하면서 인민군 내에 '핵무기 방위부문'을 설치했다. 1956년 물리학자 30여 명을 소련의 드부나 핵 연구소에 파견한 게 북핵 개발의 효시가 됐다. 1959년 9월 조소(朝蘇) 원자력 협정을 체결해 핵 개발 정책을 공식 출범했다. 이어 1962년 영변에 원자력 연구소를 설립하고, 김일성종합대학과 김책공과대학에 핵 연구부문을 창설해 인력 육성에 나섰다. 1965년 6월에는 소련으로부터 IRT-2000 원자로를 도입하여 본격적인 핵 연구를 시작했다. 김일성은 1965년 평양을 방문한 조총련 대표단 접견에서 10년 안에 핵을 보유하겠다는 염원을 공식적으로 언급했다.

영변에 원자력 연구소를 설치한 지 44년 만인 2006년부터 2017년까지 북한은 6차례 핵실험을 감행했다. 공식적이지는 않으나 북한은 '사실상의 핵무기 보유국(substantial nuclear country)'으로 평가된다. 최소 100기에 이르는 핵무기와 투발 수단인 각종 미사일을 보유한 것으로 알려졌다. 김일성·김정일 집권 기간에 31회, 2012년 김정은 정권 출범 이후 159회, 2022년 한 해에만 10월 9일까지 25회에 걸쳐 미사일 50발을 시험 발사했다.

3대에 걸친 핵 개발은 할아버지 김일성이 디자인하고 체계를 구축했다. 아버지 김정일 시기 2006년, 2009년 두 차례 핵실험으로 기반을 닦았다. 손자 김정은 집권 이후 2013년, 2016년 1월과 9월, 2017년 등 4차례 핵실험으로 완성 단계를 거쳐 실전 배치 수준에 도달했다. 이처럼 사회주의 정권 70년에 걸친 핵 개발로 북한은 지구상의 핵클럽 명단에 9번째로 이름을 올렸다. 기승전 핵(核)이라는 키워드는 북한 대내외 정책에서 대대로 최우선 순위로 자리 잡았다.

북한의 핵 개발은 기술 발전과 함께 국제사회의 제재를 회피하려는 정책적 진화를 계속했다. 당초 북한은 '방어용'이라는 명분을 천명했다. 2005년 2월 외무성 담화에서 '핵 보유'를 선언한 데 이어 2006년 10월 첫 핵실험 직후 '억제·방어용'으로만 핵을 보유한다는 로키(low-key) 전략을 구사했다.

김정은 집권 이후에는 핵 무력을 법제화하는 시도가 이어졌다. 2012년 개정 헌법 전문에 '우리 조국은 불패의 핵보유국'이라고 명시한 데 이어 2013년에 제정한 '자위적 핵 보유법'에는 대남 및 대미 핵 억제 전략을 표명했다. 이때까지도 '방어용'이란 명분은 유지했다. 이미 5차례 실험을 진행한 2016년 제7차 당대회에서는 상대가 핵을 사용하지 않는 한 먼저 핵을 사용하지 않는다는 '선제 불사용(no first use)' 원칙을 선언하면서 국제사회의 감시를 피했다.

북한의 핵전략은 김정은 집권 10년을 기점으로 양적 변화의 임계치에 도달하면서 질적 변화를 모색하는 새로운 단계에 진입했다. 질적인 정책 변화의 핵심은 '핵 선제 사용'이다. 2022년 4월 조선인민군 창설 90주년 기념식에서 김정은 위원장은 군복 차림으로 선제 핵 공격 가능이라는 북한판 '핵 독트린'을 선언했다. 9

월 추석 연휴를 앞두고는 핵 무력 정책을 법령으로 채택해 파문을 일으켰다.

모든 정책이 법제화로 완성되는 체계는 북한의 독특한 통치 방식이다. 핵심 이익을 수호하지 못하는 5대 상황에 대해서는 핵무기를 선제 사용한다는 핵무력 법제화는 북핵 보유가 정책적·기술적으로 완성됐다는 것을 의미한다. 김정은의 표현대로 100년의 제재에도 비핵화는 불가능할 것일까? 야금야금 목표에 도달한 핵 무력 법제화로 핵무기 보유를 '기정사실화(fait accompli)'한 전략의 저의는 다음과 같다.

첫째, 비핵화 협상은 없다는 것을 대내외에 과시하는 전략이다. 평양은 핵 무력 법제화로 향후 워싱턴과 협상에서 비핵화는 국내법상 불가하다는 명분을 쌓았다. 핵무기 사용 문턱을 대폭 낮춤에 따라 비핵화 문턱은 비례해서 높아지는 만큼 중·러의 유엔 안보리 거부권으로 형성된 '블록 안보체제(Bloc security)'에서 기존 북핵 협상 구도는 성과를 거두기가 용이하지 않을 것이다.

'북한판 핵 독트린' 선언하고 비핵화 폐기

2022년 4월 25일 북한 조선인민혁명군 창건 90돌을 맞아 평양 김일성광장에서 열린 대대적인 열병식에서 대원수 군복을 입은 김정은 국무위원장이 열병식을 사열하고 있다.

둘째, 유엔 대북제재를 무력화하는 전략이다. 북한은 소련의 권유로 1985년 핵확산금지조약(NPT)에 서명하고 가입했으나 1992년 국제원자력기구(IAEA)의 사찰에 반발해 NPT 탈퇴를 선언했다가 100만 kW 경수로 2기를 건설 받기로 한 미국과의 제네바 합의(1994년)로 재가입하는 등 가입과 탈퇴를 반복하다가 2003년 최종 탈퇴를 선언했다. 하지만 처음부터 가입하지 않고 핵을 개발한 인도, 파키스탄과 달리 북한은 NPT 규정상 탈퇴가 허용되지 않는다. 한번 가입하면 영원히 기록이 삭제되지 않고 유지된다. 비핵화 체제를 확고히 유지하기 위한 국제사회의 규약이다. 국제사회에서 대북제재가 가능한 이유다. 북한은 핵 무력 법령으로 제재를 무력화하는 조치를 중·러의 묵인하에 지속해서 모색할 것이다.

셋째, 핵무기 사용 가능성을 공론화하는 전략이다. 핵무기 사용 5대 조건은 김정은이 결심하면 사실상 선제 사용(first use)할 수 있는 고무줄 기준이다. 대북제재가 강화되고 한·미의 확장억제전략이 가동되면 핵무기 사용을 구체적으로 위협하는 시나리오가 전개될 수 있다. 핵무기가 억제 수단에서 공격 수단으로 전환한 냉엄한 현실을 체감하는 양상이 빈번하게 벌어질 수 있다. 핵무기를 언제든지 사용할 수 있다는 미치광이 전략인 '광인(狂人) 이론(madman theory strategy)'을 구사할 상황을 조성할 것이다. "우리는 최강의 핵 강국 중 하나, 다른 나라가 개입하면 경험한 적 없는 결과를 초래한다"라는 푸틴의 위협을 벤치마킹할 것이다. 향후 북한의 다양한 핵무기와 투발 수단이 조선중앙TV에 자주 등장할 것이다.

마지막으로 2022년 10월 16일 중국의 시진핑 3연임을 위한 공산당 20차 전국대표자회의를 앞두고 중국의 압력에 법제화라는 '말 폭탄' 성격의 핵 도발 수위조절 전술을 구사했다. 중국은 경제위기에 직면한 북한 관리 차원에서 9월 단둥-신의주 간 교역 열차 운행을 재개했다. 2020년 8월 운행을 중단했다가 경제난이 깊어지자 2022년 1월 운행을 재개했고, 코로나19가 창궐하여 재중단했으나 경제난을 극복하려는 북한의 요청으로 다시 운행해 교역길이 열린 것이다. 열차 운행 재개와 핵 개발 수위 조절 카드를 교환한 것으로 판단할 수 있다.

비핵화가 핵 보유보다 국가이익에 긍정적이라고 판단하도록 대북제재를 지속하고 강화해 북한을 변화시키는 전략이 필요하다. 과거 이란과 리비아에 대한 경제제재와 1975년 미국이 월남전에서 패배하고 철군한 이후 1986년 도이머이 개혁을 선언할 때까지 10년 동안 지속한 제재들은 실효성을 절감하게 했다. 또 북한이 비핵화 반대급부로 수혜할 경제적 지원에 대한 구체적인 비전을 제시해 협상에 적극적으로 나오도록 유도해야 한다. 다만 경제적 당근만 가지고 비핵화를 끌어낼 수 있을지는 미지수다.

제재할 것인가 인정할 것인가, 국제사회 딜레마

표 2-1 북한 전술핵운용부대 및 공군비행대 최근 군사 훈련

일시	장소	목표
9월 25일	서북부 저수지 수중 발사장 (평북 태천)	전술핵탄두 운용 체계 검증 수중 발사 능력 숙련 미니 SLBM (KN-23 개량형) 추정
9월 28일	평양 순안 일대	남조선(한국) 작전 지대 내 비행장 무력화 KN-24 추정
9월 29일	평남 순천 일대	전술탄도미사일 정확성 및 위력 확증 KN-24 추정
10월 1일	평남 순천 일대	전술탄도미사일 정확성 및 위력 확증 KN-24 추정
10월 4일	자강도 무평리 일대	태평양상 4500km 목표수역 타격 화성 -12 형 개량형 추정
10월 6일	평양삼석 일대	주요 군사지휘시설 타격 KN-23, KN-25 추정
10월 6일	황해북도 곡산 일대	군용기 12 대(전투기 8 대, 폭격기 4 대) 공대지 사격 훈련
10월 8일	군 특별감시선 이북	전투기 150대 동원해 항공 공격 종합훈련
10월 9일	강원도 문천 일대	주요 항구 타격 KN-25

자료: 2022년 10월 10일 조선중앙통신 보도

북한은 그동안 미국 등의 '대북 적대시 정책'으로 안보를 위협받고 있어 핵무기 개발로 전쟁을 억제하고 안전을 지키겠다는 명분을 내세워 왔다. 비핵화를

위해서는 경제적 보상 외에 북·미 관계 정상화나 군사적 신뢰 구축, 군비통제 등 북한의 이른바 '안보 우려'를 해소할 정치·외교·군사적 상응 조처가 필요하다는 입장이다. 다만 트럼프와 김정은이 만난 2018년 6월 싱가포르 회담과 2019년 2월 하노이 회담이 노딜(no deal)로 끝난 당시 상황을 살펴볼 때 북한 비핵화의 조건은 경제나 안보 등으로 단순하지 않다. 전체 보유 핵 중에서 절반만이라도 궁극적으로 보유하려는 북한의 야심이 비핵화 협상 자체를 어렵게 할 것이기 때문이다.

김정은은 2022년 9월 8일 최고인민회의 제14기 제7차 회의 시정연설에서 "우리의 핵정책이 바뀌자면 세상이 변해야 하고 조선반도의 정치·군사적 환경이 변해야 한다"라며 "절대로 먼저 핵 포기, 비핵화란 없으며 그를 위한 그 어떤 협상도, 그 공정에서 서로 맞바꿀 흥정물도 없다"라고 말했다. 경제적 보상에 따른 비핵화를 수용할 수 없다는 확고한 방침이다. 이어 "나라의 생존권과 국가와 인민의 미래 안전이 달린 자위권을 포기할 우리가 아니다"라며 "그 어떤 극난한 환경에 처한다 해도 미국이 조성해놓은 조선반도의 정치·군사적 형세하에서, 더욱이 핵 적수국인 미국을 전망적으로 견제해야 할 우리로서는 절대로 핵을 포기할 수 없다"라고 주장했다. 또 김정은은 "백날, 천 날, 십 년, 백 년 제재를 가해 보라", "우리의 핵을 놓고 더는 흥정할 수 없게 불퇴의 선을 그어놓은 여기에 핵 무력 정책의 법제화가 가지는 중대한 의의가 있다"라고 강조했다.

북한은 노동당 창건 2022년 77주년(10월 10일)을 맞아 한 달 동안 지하 벙커에서 미사일 발사 지시를 내렸던 김정은은 전술핵부대 훈련을 지도했다고 밝혔다. 사진 수십 장을 공개한 것은 김정은의 지도력 부각과 함께 체제 결속을 다지려는 노림수다. 조건 없이 대화하자는 백악관의 입장에 대해 김정은은 대화할 필요성을 느끼지 않는다며 핵전투무력 백방 강화를 선언했다.

북한의 완강한 비핵화 불가 입장은 2019년 2월 하노이 회담 노딜의 원인이었다. 김정은이 핵 개발 성지(聖地)인 영변 비핵화를 주장하면서 2016년 이후 민생과 관련된 유엔 안보리 결의안 11건 중 5건 해제를 요구한 데 대해 트럼프 당시 미국 대통령은 '당신은 회담할 준비가 되어 있지 않다(You are not ready for a deal)'며 결렬을 선언했다. 영변 이외에 분강, 강선 등 다양한 핵시설을 위성으로 감시하고 있는 상황에서 미국은 부분 비핵화가 대북제재 전체를 무력화하는 조치라는 평가를 내렸다.

결국 북한의 바람은 핵 군축일 뿐이다. 부분 비핵화 전략으로 국제사회의 대북제재 완화와 최대 경제적 지원을 받는 대신에 핵보유국의 당당한 위상을 유지하는 두 마리 토끼 잡기 전략이다. 비핵화 협상의 딜레마이기도 하다. 사실상 평양은 기존 비핵화 협상에서 핵 군축 협상 등 핵 균형(nuclear parity) 전략으로 정책을 전환한 것이다.

상황이 이런데도 우리 사회 일부의 북한 군사력 평가는 무사안일 수준이다. 핵무기는 차치하고 재래식 전력만 놓고 남북한 군사력을 비교해보자. 북한의 재래식 전력은 그 폐쇄성 때문에 국방부의 『국방백서』와 각국의 군사력 평가기관 보고서 등에서도 정확히 파악하기가 쉽지 않다. 다만 공통되게 북한의 공군력은 '미흡'하고, 해군력은 '미지수'이며, 육군력은 '강력한' 수준으로 요약된다. 국방부가 발간한 『2020 국방백서』에는 남북한 간 전력 비교가 '정량적'으로 표시돼 있다. 북한군 병력은 2019년 12월 기준 128만여 명으로 한국 55.5만 명의 2배가 넘는다. 전차는 한국 2,130여 대, 북한 4,300여 대, 전투함정은 한국 100여 척, 북한 430여 척, 전투기는 한국 410여 대, 북한 810여 대다. 황해도 이남에 전투기의 40%가 배치돼 있어 수도권은 5분 이내에 근접한다. 아무리 우리가 보유한 F15, F35 전투기가 우월하더라도 침공 시 수도권 피해는 불가피하다.

핵이 가져온 전력 불균형, 재래식 무기론 한계

김정은 북한 국무위원장과 리설주 여사가 귀를 막고 미사일 발사 장면을 참관하고 있다. 김 위원장은 2022년 9월 29일부터 보름간 전술핵운용부대 군사훈련을 시찰했다. / 사진: 조선중앙통신 홈페이지 캡처

미국 군사력평가기관 글로벌파이어파워(GFP)는 '2022년 세계 군사력 순위'에서 한국 6위, 북한 30위로 평가했다. GFP는 재래식 무기 수량만으로 육·해·공군의 잠재적 전쟁 능력을 분석하고, 가용 자원과 경제력 등 50여 가지 지표로 파워지수를 산출한다. 하지만 우리 사병이 18개월, 북한군이 10년을 근무하는 인적 소프트파워의 숙련도와 전투태세 등은 전혀 반영되지 않는다. 또 GFP의 물리적 파워 추정은 북한의 은밀한 무기체계를 전혀 파악하지 못한다. 만포, 강계 등 자강도 북·중 국경지대 지하 요새에 숨겨진 각종 무기는 특급비밀이다.

재래식 전력에다 최대 60개인 북한 핵무기를 더하면 모든 비교는 무의미해진다. 비대칭 무기인 핵무기의 가공할 위력은 이미 76년 전 일본 열도에서 증명됐다. 그나마 남북한 군사 균형의 린치핀(linchipin) 역할을 하는 주한 미군은 결코 한반도 붙박이 군대가 아니다. 자강불식의 의지가 약해지면 동맹은 언제든지 떠나는 게 냉엄한 국제정치의 현실이다.

눈부시게 진화하는 북한 핵무기에 대한 우리 대응은 역설적으로 무대응 전략이다. 지난 2006년 북한의 1차 핵실험을 시작으로 16년 동안 6차례 핵실험이 이뤄졌으나 실험 후 석 달만 지나면 아무 일도 없었던 것처럼 행동하는 망각 증상이 고착화했다. 보수 정부는 한·미 동맹의 확장억제전략, 진보 정부는 북한의 비핵화에 대한 선의를 신뢰하면서 북핵은 정쟁의 대상으로 전락했을 뿐이다.

1975년 NPT에 가입한 한국이 북한처럼 핵 개발을 추진하기는 쉽지 않지만, 빨간불 켜진 NPT 국제 핵 공조에만 안보를 의지하는 것도 한계가 있다. 북한의 비핵화가 사실상 어려워지고 추가(7차) 핵실험이 이뤄진다면 한·미 확장억제에만 의존할 수 있을지도 미지수다. 16년간의 핵실험 역사를 진지하게 따져봐야 한다. 결과적으로 비핵화 협상은 제재를 피하면서 시간도 벌 수 있는 북한의 수단으로 활용돼 왔기 때문이다.

북대서양조약기구(NATO) 군 최고사령관을 지낸 데이비드 퍼트레이어스 전 중앙정보국(CIA) 국장은 "미국과 그 동맹국은 블라디미르 푸틴 러시아 대통령이 우크라이나에서 핵무기를 사용할 경우, 러시아 흑해 함대를 침몰시키는 것을 비롯해 러시아의 병력과 장비를 파괴할 것이다"라며 푸틴의 핵사용을 강력히 경고했다. 그는 최근 언론 인터뷰에 "러시아의 핵무기 사용이 미국과 나토를 전쟁에 끌어들일 수 있느냐"라는 질문에 이같이 답하며 미국과 나토의 대응이 필요할 것이라고 시사했다. 그는 2022년 10월 2일 미국 ABC 뉴스 인터뷰에서도 "(러시아가 핵 공격을 할 경우) 방사능이 나토 국가들에 피해를 입히게 된다면 이는 아마 나토 회원국에 대한 공격으로 해석될 수 있다"라고 했다. 바야흐로 영화나 소설에서 나올 법한 핵전쟁 시나리오가 구체화되는 모양새다.

안보(安保)는 평시에는 안 보인다. 정치권 일각에서는 우리가 나토(NATO)식 핵 공유(nuclear sharing)를 검토하는 것은 남북 공멸의 길이라고 결사반대한다. 귀납적으로 북한만 핵을 가져야 하고 남한은 재래식 군사력에 의존해야 한다는 논리나 다름없다. 비핵화를 위한 외교적 노력과 동시에 자강불식 계책에 대한 고민도 필요하다. 북한의 7차 핵실험은 전환점이 되어야 한다. 핵 부력 법제화에도 무덤덤한 한국이 북핵 위협의 1순위일 수 있기 때문이다.

북핵 억제 위한 핵 균형 전략 검토해야 할 때

입체적 도발의 외환(外患) 상황에도 국내 정치는 친일(親日) 국방 논란으로 내우(內憂)에 빠져 있다. 정치권 일부에서 북한의 핵 무력 법제화에 "대선 과정에서 언급된 선제타격론이 원인"이라고 진단하는 것은 북핵 개발의 역사를 간과한 오판이다.

2022년 9월 한·미·일 동해 합동훈련에 대해 '극단적 친일행위'라고 한 야당 대표의 말을 두고 여야는 말싸움에 여념이 없다. 러시아 침공 전 친러와 반러로 갈려 이전투구(泥田鬪狗) 양상을 보였던 우크라이나 국회를 연상시킨다. 한·미·일 대잠수함 훈련 장소는 독도와 185km 떨어져 있고 일본 본토와 120km 떨어져 오히려 일본에 가까웠다. 시사하는 바가 작지 않다.

핵을 머리에 이고 살다가 가슴에 안고 사는 '북핵과의 동거' 시대에는 발상의 전환이 불가피하다. 지양점과 지향점을 구분해서 성역 없는 담론과 대책을 논의해야 한다. 핵 위협은 소 잃고 외양간 고치는 대응 방식이 적용되지 않는다. 평양에서 7차 핵실험 소식이 들려오면 북핵을 억제·상쇄하기 위한 우리의 핵 균형(nuclear parity) 수립이라는 제3의 전략을 심각하게 검토하지 않을 수 없을 것이다. 윤석열 대통령도 전술핵 재배치에 대해 우리나라와 미국 조야의 의견을 경청해서 결정하겠다고 언급했다. 한반도가 선 곳은 정책 변화가 불가피한 변곡점이다.

[남성욱의 평양리포트] 월간중앙 2022년 11월호

김정은의 무력 도발 향후 시나리오

'센 한 방'으로 국제사회 뒤흔들 타이밍 노린다

점점 세지는 미사일 도발 최종 도착지는 '7차 핵실험'

증폭되는 불확실성 대비해 자위력·대응 태세 강화해야

북한의 미사일 도발이 연일 강도를 높여가고 있다. 도발의 최종 목표는 7차 핵실험으로 예상된다. 사진은 이동식발사차량(TEL)에서 전술유도탄이 발사되는 모습. / 사진: 조선중앙TV

남북한 도발에도 금도(禁道)가 있다. 아무리 총질을 해대고 입에 담을 수 없는 욕설을 퍼부어도 때가 있다. 하지만 2022년 11월 2일 북한의 도발은 레드라인을 넘었다. 두 가지 측면에서 그렇다.

우선 타이밍이다. 이태원 참사로 슬픔에 잠겨 있는 대한민국의 국민 정서를 무시하고 도발을 감행했다. 그것도 정전협정 체결 이후 최초로 동해 북방한계선(NLL) 이남으로 탄도미사일을 발사했다. 정서적 측면에서 여당의 논평대로 북한은 구제 불능이다.

김일성, 김정일 집권 시대에는 남북한 간에 최소한의 금기 사항이 암묵적으로 지켜졌다. 할아버지, 아버지 통치 기간 남한에 수해가 나고 평안북도 용천역에서 폭발사고가 발생하자 상호 비난과 도발을 멈추고 당국과 민간 차원에서 물자를 주고받았다. 전두환 대통령은 1984년 남한에 수해 피해가 발생했을 때 북한의 지원 의사를 대승적 차원에서 수용했다. 북한은 그해 9월 8일 남한에 쌀 5만 석(약 7800톤), 옷감 50만m, 시멘트 10만 톤, 의약품 등을 지원하겠다고 공식적으로 제의했고 대한적십자사가 북측의 제의를 수용하겠다고 화답했다. 전두환 정부는 보답으로 북한이 보내준 구호품 금액의 100배쯤 가치에 달하는 전자제품, 손목시계, 양복지 등을 채워 넣은 선물 보따리를 북측 근로자들에게 전달했다. 2004년 용천역 폭발사고 당시에는 남측 민·관이 수백억 원 규모의 긴급구호물자와 성금을 북측에 보냈다.

남북한의 물자 지원에 대한 속내가 다르기는 하지만, 그래도 한민족은 어려울 때 서로 돕는 상부상조 정신을 발휘했다. 하지만 이태원 참사에 중국과 러시아는 물론 전 세계가 애도와 위로로 슬픔을 함께하는 분위기에서 평양은 예외였다. 과연 그들이 입만 열면 주장하던 민족 공조는 어디로 갔는가?

'미치광이(the madman theory) 전략'을 벤치마킹하는 김정은에게 금도는 없다. 하긴 고모부 장성택과 이복형 김정남을 살해하는 만행을 지시한 인물이니 한민족의 희로애락 감성을 고려할 필요는 애당초 없었을 것이다. 향후 남북 대화 과정에서 명심해야 할 평양의 비인간적 특성이다. 지난 70년간 공산주의 체제가 고착하면서 한국인 고유 DNA는 사라지고 폭압적인 지도자와 추종 세력만 평양의 권력을 장악하고 있다는 사실을 망각하지 말아야 한다.

다음은 군사적 측면이다. 한국전쟁 이후 북한이 처음으로 NLL 이남으로 탄도미사일 도발을 감행했다. 그간 해안포와 방사포를 NLL 이남으로 쏜 적은 있으나 탄도미사일은 분단 이후 처음이다. 기존 도발 패턴을 벗어났고, 수위는 한계를 넘어섰다. 11월 2일에만 미사일 25발과 포탄 100여 발을 쏘는 소나기 도발을 자행했다. 3일에는 한·미의 '비질런트 스톰(Vigilant Storm)' 훈련 연장에 따라 자정 무렵부터 미사일 80발을 발사했다. 발사 시간과 장소 역시 다양하게 분포했다고 합참은 밝혔다. 북한은 2022년 6월 5일 SRBM 8발을 섞어서 쏜 적이 있고 10발 이상은 이날이 처음이다. 여러 미사일을 섞어 쏘면 요격이 쉽지 않다는 점을 노렸다.

한·미 연합훈련 맞서 미사일 80발 도발

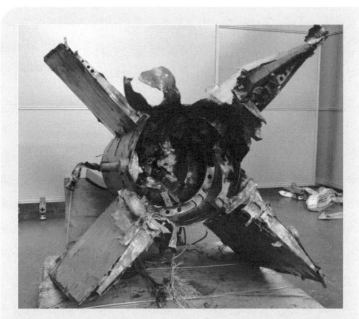

북한이 2022년 11월 2일 북방한계선(NLL) 이남으로 쏜 미사일 잔해를 우리 군이 수거해 분석한 결과 SA-5 지대공 미사일로 판명됐다. / 사진: 국방부

미사일과 방사포 도발이 공해상이나 태평양 지점을 향한 것과 NLL 이남 우리 영해 인근에 도발한 것은 질적으로 차이가 크다. 비행 거리와 고도 등으로 판단

할 때 실수가 아니라 의도적으로 한 발만 우리 쪽으로 발사했다. 11월 6일 미사일 잔해물을 인양한 결과 1964년 러시아에서 개발된 SA－5 지대공 미사일로 판명됐다. 북한 미사일은 NLL 남쪽 26km, 속초 동쪽 57km, 울릉도 서북쪽 167km 해상에 떨어졌다. 우리 영해(12해리·22km)에서 불과 30여 km 떨어진 곳이다. 발사 지점인 원산에서 비행 거리는 190km가량으로 추정된다. 비행 고도가 매우 낮아 탐지·추적에 어려움을 겪었다. 남측 영해에 대한 공격 의도는 북한 총참모부가 7일 "함경북도 지역에서 590.5km 사거리로 남조선 지역 울산시 앞 80km 부근 수역 공해상에 2발의 전략순항미사일로 보복타격을 가했다"라고 주장한 데서도 엿볼 수 있다. 물론 우리 군은 북한군의 주장이 사실이 아니라고 반박했다.

북한이 탄도미사일 외에 여러 발의 대공미사일을 쏜 것은 한·미가 압도적인 공군력을 과시하며 실시 중인 비질런트 스톰 훈련을 겨냥한 것으로 짐작된다. 비질런트 스톰은 유사시 한·미 스텔스기 등이 임무 명령서에 따라 북한의 핵·미사일 기지, 공군기지, 지휘소 등 700곳이 넘는 목표물을 정밀 타격하는 훈련이다. 미국 로스앤젤레스급 핵추진잠수함 키웨스트함(SSN-722·6,000톤급)은 부산항에 입항한 상태였다. 북한은 미국 전략자산 전개에도 아랑곳하지 않고 도발했다. 이제 미국의 전략자산 배치로 북한의 도발을 억지하는 전술은 한계에 도달했다. 북한은 미국의 전략자산을 과거처럼 의식하지 않는다. 유엔 안보리 대북제재 결의안이 중·러의 거부권으로 작동하지 않는 상태에서 북한은 고삐 풀린 망아지 격이 됐다.

포병 전문가인 북한군 서열 1위 박정천이 한·미 연합공중훈련에 대해 "끔찍한 대가를 치를 것"이라고 위협한 직후 도발했다는 점에서 철저히 계산된 고강도 도발이다. 전술 핵탄두를 장착한 미사일을 언제든지 남한을 향해 쏠 수 있고, 남한 공군기지와 전투기 등을 탄도·대공미사일로 무력화할 수 있다고 위협했다. 박정천은 "미국과 남조선이 겁 없이 우리에 대한 무력 사용을 기도한다면 북 무력의 특수한 수단들은 자기의 전략적 사명을 지체 없이 실행할 것"이라며 "미국과 남조선은 가공할 사건에 직면하고 가장 끔찍한 대가를 치르게 될 것"이라고 위협했다. 북측이 언급한 '무력의 특수한 수단들'은 핵무력을 시사한다. 2017년 9월 6차 핵실험 이전에도 '끔찍한 대가'라는 용어를 사용한 만큼 핵실험이 임박했다는 조짐이다.

북한의 이 같은 레드라인을 넘는 도발에 관해 몇 가지 쟁점을 검토해야 한다.

첫째 9·19 군사합의 처리와 향후 대응 방안이다. 북한의 NLL 이남 미사일 도발은 접경지역 군사 충돌을 방지하자는 9·19 남북 군사합의 취지에 정면으로 위배된다. 북한은 야간에도 동해상 해상 완충구역 내에 80여 발을 쏘면서 무력시위를 이어갔다. 2022년 11월 4일 합참 발표에 따르면 3일 23시 28분께부터 북한이 강원도 금강군 일대에서 동해상으로 쏜 포탄 80여 발의 탄착 지점은 '9·19 군사합의'에 따른 북방한계선(NLL) 북방 해상 완충구역 이내다. 해상 완충구역은 남북한이 우발적 충돌이나 긴장 고조 상황을 방지하고자 해안포문을 폐쇄하고, 해상 훈련과 해안포 등 중화기 사격 행위를 금지하기로 약속한 장소다. 결국 동해 해상 완충구역 내 포병사격은 명백한 9·19 군사합의 위반이다.

북한 미사일 발사 비용은 1년 치 쌀값

북한이 서해상으로 단거리 탄도미사일 4발을 발사한 2022년 11월 5일 한·미 연합공중훈련 '비질런트 스톰'의 일환으로 한반도 상공에서 미 공군의 B-1B 2대가 전개됐다. / 사진: 합참

　요컨대 9·19 군사합의는 휴지 조각이 됐다. 일부에서는 군사합의를 공식적으로 폐기하면 북한이 핵실험을 하고 대륙간탄도미사일(ICBM)을 시험 발사했던

2017년으로 돌아간다고 우려를 표시한다. 하지만 북한은 이미 11월 3일 1·2단 분리에 실패해 정상 비행을 하지 못하고 중간에 낙하한 화성 ICBM 미사일을 발사한 바 있다. 일본에서는 즉시 호외(號外)를 발행하며 대피경보까지 울렸다. 사문화돼 버린 군사합의를 허울 좋은 명분 때문에 붙들고 있기보다 군사훈련을 복원하고 비무장지대 초소 철거와 같은 군비 축소를 중단해야 한다. 현실은 이전 도발과 차원이 다른 준(準)전시 상황에 해당한다. 9·19 군사합의에 묶여 있는 훈련 지침과 야전교범(FM)을 완전히 뜯어고쳐야 한다.

둘째, 북한군의 미사일 재고 소진 및 군사비 소모에 따른 도발 중단 여부다. 북한이 11월 2일 하루 동안 발사한 미사일의 비용은 중국에서 수입하는 일 년 치 쌀값과 비슷하다는 주장이 제기됐다. 미국의 브루스 베넷 랜드연구소 선임연구원은 "한 발에 200만 달러~300만 달러 정도 된다"라며 총비용을 5,000만 달러에서 7,500만 달러로 추정했다. 베넷 연구원은 "북한은 한 발에 1,000만 달러~1,500만 달러 정도 드는 중거리 미사일보다 저렴한 단거리 미사일을 선택한 것으로 보인다"라고 분석했다.

7,000만 달러는 북한이 한 달간 중국에서 물품을 수입하는 데 필요한 금액과 비슷하다. 북한의 대중국 수입액은 2022년 8월 7,154만 달러였으며, 9월에는 9,007만 달러였다. 또 7,000만 달러는 코로나19 발생 전 북한의 연간 대중국 쌀 수입액과 같은 규모다. 당시 신원식 국민의힘 의원이 한국국방연구원에서 제출받은 '북한 미사일 발사비용 추계' 자료에 따르면 북한은 2022년 1월부터 6월까지 모두 17차례에 걸쳐 미사일 33발을 발사했다. 총 발사 비용은 재료비와 인건비 등을 포함해 약 4억에서 6억5,000만 달러, 우리 돈으로 5,000억 원에서 최대 8,125억 원이 들어갔다. 미사일 발사비용을 식량 구매량으로 환산하면 식량 51만 톤~84만 톤을 구매할 수 있다. 이는 2022년 북한의 식량 부족분인 86만 톤을 충당할 수 있는 분량이다. 앞서 미국 농무부는 '세계 식량안보 평가 보고서'를 통해 올해 북한 인구 약 2,600만 명 가운데 1,780만여 명이 식량 부족을 겪을 것이라고 전망했다. 미 국무부는 북한이 무기 개발을 위해 자국민을 착취하고 있다고 비판했다. 11월 발사분까지 합산하면 무력 도발 비용은 1조 원을 상회할 것이다.

하지만 이러한 북한군 미사일 비용 계산은 자본주의 방식에 기초하고 있다. 북한은 추가 인건비가 거의 제로인 만큼 지난 70년 동안 선군정치에 기초한 북한식 비용 계산을 원용하면 50% 이내로 줄어든다. 첨단 전자기술이 포함되지만 북한의 재래식 기술 개량의 결과다. 비용 때문에 북한이 미사일 도발을 자제할 것으로 관측되지는 않는다.

특히 미사일 재고 소진으로 도발이 줄어들 것이라는 전망도 신중해야 한다. 북한이 11월 3일 밤 박정천의 담화 직후 발사한 단거리 미사일이 신형이 아닌 구형 스커드로 추정되는 점은 관심을 끄는 대목이다. 북한이 이날 쏜 미사일은 액체연료를 사용하는 스커드—C로 추정된다. 스커드 미사일은 지난 수년간 열병식에 등장한 적도, 실제로 발사한 적도 없다. 그런 구형 미사일을 수년 만에 발사한 데 대해 북한이 무리하게 신형 미사일 무력시위를 전개해 재고가 바닥난 것 아니냐는 분석도 나온다. 북한은 2021년 미사일을 10발 쐈지만, 2022년에는 빈도를 급격히 올려 30발 이상 발사했다.

하지만 북한의 무기 재고는 충분한 것으로 평가된다. 오히려 지난 70년 동안 재고가 축적된 구형 미사일을 소비하고 신형 미사일을 비축하려는 무기 대체 전략의 일환으로 봐야 한다. 우리 군이 속초 앞바다에 떨어진 북한 지대공 탄도미사일 잔해 일부를 수거해 분석한 결과 1960년대 이후 러시아에서 도입한 구형 미사일 재고에 가까웠다. 국민소득 1,200달러인 빈곤국이지만, 북한은 매년 30%를 국방비에 투자해 은밀히 군사력을 강화해 왔다. 여전히 압록강 국경지대 등 북·중 국경 지하 갱도에는 비장의 미사일이 산더미처럼 쌓여 있다는 탈북자들과 미군 위성정보의 지적은 신빙성이 있다.

北 미사일 기술 향상돼, 우리 군은 미완성

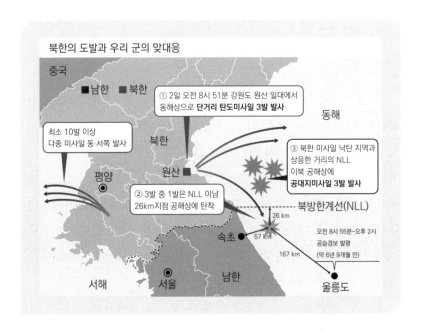

미국은 북한이 우크라이나를 침공한 러시아에 상당량의 포탄을 중동 혹은 북아프리카 국가로 보내는 것으로 위장해 공급했다고 보고 있다. 존 커비 미 백악관 국가안보회의(NSC) 전략소통조정관은 2022년 11월 2일 "북한이 러시아에 우크라이나 전쟁을 위해 상당한 양의 포탄을 은닉해서 제공했다는 정보를 받고 있다"라며 "이것들은 중동 혹은 북아프리카 국가로 보내는 방식을 취해 실제 목적지를 숨겼다"라고 밝혔다. 미국은 앞서 2022년 9월 러시아가 북한에 로켓과 포탄 구매 의사를 타진했다고 밝힌 바 있다. 북한 국방성 장비총국 부총국장은 당시 "우리는 지난 시기 러시아에 무기나 탄약을 수출한 적이 없고 앞으로도 그럴 계획이 없다"라며 이를 전면 부인했으나 진실은 전쟁이 끝난 뒤 조사해 봐야 알 수 있다. 푸틴이 한국에 대해 우크라이나 무기 지원 가능성을 강력하게 경고한 배경에는 북·러 간에 무기 거래가 깔려 있다. 암암리에 러시아에 무기를 수출하는 북한의 군수산업을 과소평가해서는 안 된다.

셋째, 지난 5년 동안 남북군사합의에 족쇄가 채워져 있던 우리 군의 전력도 대응이 신통치 않다. 윤 대통령의 지시대로 북한 도발에 비례적 군사 대응을 하고 있지만, 어려움이 적지 않다. 첨단무기를 실전처럼 작동시키는 것은 하루아침에 되지 않는다. 숙련된 조작과 반복적인 훈련이 필요하다. 우리 군은 북한군의 미사일 발사 실패 사례를 종종 평가절하하지만, 기술은 실패 속에서 발전한다. 시도조차 하지 않았던 우리 군의 대응 부실은 전면적인 점검이 불가피하다.

북한의 미사일 위협에 대응한 우리 군의 다중 다층 방어망 중 2022년 10월의 선제타격용 미사일에 이어 11월에는 요격용 미사일까지 발사에 실패했다. 공군은 11월 2일 저고도 요격용 패트리엇 팩2와 천궁 실사격 훈련을 했으나 천궁은 발사 후 약 10초간 25km 정도 날아간 뒤 서해 공중에서 폭발했다. 마침내 공군은 2022년 11월 9일 예정됐던 유도탄 사격대회 2차 사격을 취소했다. 북한 도발에 대응한다는 명분을 내세웠지만, 실패에 대한 부담감이 컸기 때문이다. 앞으로 유사 사태 재발을 막기 위한 군의 재정비가 필요하다. 지난 5년간 훈련하지 않은 군대의 후유증을 극복할 특단의 대책을 마련해야 한다.

마지막으로 한·미 국방장관은 2022년 11월 3일 워싱턴에서 개최된 54차 한·미 안보연례협의회(SCM)에서 북핵 대응을 위해 매년 핵우산 훈련을 하기로 합의했다. 북한의 핵사용 시나리오를 상정한 확장억제 운용연습(DSC TTX)을 매년 실시하고 한·미 간 대규모 연합 야외기동 훈련도 재개하기로 하는 등 19개 항의 공동성명에 합의했다.

이번 SCM에서는 예년과 비교해 북한 위협 관련 표현들도 거칠어졌다. 남한을 겨냥한 북한의 '전술핵 위협'은 '핵 공격'이라는 표현과 함께 처음 공동성명에 등장했다. 사실상 '외교문서'로 인식되는 공동성명에 '김정은 정권 종말' 문구가 담긴 것은 파격적이다. 지난해 SCM이 판문점선언, 평양공동선언 등 문재인 정부의 남북합의가 비핵화를 이루는 데 필수적이라는 등 유화적인 문구를 강조한 것과 대조된다.

한·미는 SCM 합의에 따라 최근 북한의 고강도 도발 대응 차원에서 지난달 괌 앤더슨 기지에 배치된 B-1B 전략폭격기를 11월 5일 한반도로 전개했다. 미 전략자산의 상시 배치에 준하는 효과가 있도록 운용한다는 것이 미국 측의 설명이다. 국방부로서는 SCM을 통해 한·미 안보 대응에 최선을 다했다. 이번 합의로 핵 정보 공유 수준도 높아지게 됐다.

자강 위한 핵무장 · 전술핵 배치 논의해야

북한의 강도 높은 도발에 한반도 핵무장론에 힘이 실리고 있다. 무기고에 보관 중인 전술핵 B61-12 중력탄의 모습. 현재 유럽에 5개, 나토 회원국에 100여 발이 분산 배치돼 있다. / 사진: 합참

북핵 위협이 가시화함에 따라 SCM이 과거와는 다른 대책을 합의했지만, 우리 안보의 필요충분조건인지는 여전히 미흡하다. 한·미가 아무리 핵우산을 촘촘하게 짜도 북한이 미국을 공격할 수 있는 핵무기를 완성한다면 양상은 달라진다. 미국이 서울을 방어하려고 시카고를 북핵 공격에 희생하는 전략은 상상하기 어렵다. 한·미 간에 핵우산 공동 훈련 정도로 북핵 위협을 막을 수 있을지는 여전히 미지수다. 전술핵 재배치나 한국의 독자적인 핵무장에 대해서는 아직 논의가 이뤄지지 않았다.

"자기 나라 방어를 위한 주권적 결정을 절대 부정해서는 안 된다"라는 에스퍼 전 미 국방장관의 최근 발언은 의미심장하다. 그의 주장은 한반도 전술핵 재배치 논의가 SCM에서 제외되지 말아야 한다는 필자의 의견과 다르지 않다. 결국 안보

는 최종적으로 자강불식이 핵심 키워드이기 때문이다.

북한군은 앞으로도 압도적인 실천적 군사 조치들로 한·미 연합훈련에 대응해 나가겠다며 2단계 도발을 예고했다. 미국 중간선거 중에도 탄도미사일 발사 도발을 이어갔다. 자신들의 로드맵에 따라 단계적으로 수위를 높여갈 것이다. 다음 단계로 백령도, 연평도 등 서해 5도 도발이 기다리고 있다. 시간과 동서 방향을 가리지 않고 육해공에서 입체적인 도발을 감행할 것이다. 과거에 상상하지 못한 전술과 신무기들이 등장할 수도 있다. 1차 종착지는 7차 핵실험이다. 당초 국정원은 2022년 11월 8일 미국 중간선거 이전을 예상했다. 국정원이 밝힌 예상 시점은 일차적으로는 충격을 완화하는 김 빼기 작전일 수도 있고 '아니면 더 좋다'는 심리전이기도 하다. 국제 사회의 이목을 집중시켜 북한의 부담을 가중하는 전술이다.

수도권에서 실전에 준하는 공습 대비 훈련 필요

2016년 4차 핵실험은 1월 6일 새해 벽두에 감행했다. 연말에 핵실험을 감행한다면 김정은의 다음 카드가 궁색할 수 있다. 특히 우크라이나 전쟁이 종료되지 않은 상황에서 7차 핵실험이 국제사회의 특별한 주목을 받을 수 있을지 불확실하다는 것이 평양의 정세 분석일 것이다. 연말까지 재래식 신무기에 의한 전방위적 도발로 위협을 고조시키는 것도 핵실험 못지않은 유효한 전술일 것이다.

미국 중간선거에서 하원을 장악한 공화당의 트럼프가 2024년 11월 대선에 등장한다면 다시 한번 미국과 고도의 흥정을 해볼 수 있다는 시나리오도 매력적이다. 2016년~2017년 트럼프 대통령과 말 폭탄과 위장 친서를 주고받으며 기싸움을 벌인 덕택에 2018년~2019년 싱가포르와 하노이에서 세기의 정상회담을 개최했던 추억을 재연할 수도 있을 것이다. 다만 트럼프의 출마가 실제 가능할지는 미지수다. 결국 도발의 장기화가 불리하지 않다고 평양은 판단하고 있을 것이다. 중·러의 든든한 뒷배가 확보된 만큼 유엔 안보리 제재쯤은 무시해버리면 된다.

북한 도발의 장기화와 불확실성을 마주한 우리에게 필요한 건 철저한 대비태세다. 최근 북한 도발에 대처한 모습은 한심하기 짝이 없다. 북한이 울릉도 방향으로 쏜 미사일을 포착한 공군 중앙방공통제소(MCRC)와 중앙민방위경보통제센터는 울릉군에 공습경보를 발령했다. 이때 울릉경찰서장은 조기 퇴근해 한가하게 텃밭을 가꾸고 있었다고 한다. 주민과 관광객은 사이렌의 의미를 알지 못하고 대피소도 찾지 못해 우왕좌왕했다. 연평도의 악몽을 너무 빨리 잊은 건 아닌지 걱정스럽다.

수도권에서도 공습경보 훈련을 해야 한다. 도쿄를 비롯한 일본 도시 지역의 공습경보 훈련을 벤치마킹해 실전 수준의 민방위 훈련에 포함하는 방안을 검토해야 한다. 이스라엘이 중동의 각종 공격에 철저하게 대응하듯이 다양한 시나리오에 대비해야 한다. 도발이 하루 이틀에 끝날 일이 아니기 때문이다.

[남성욱의 평양리포트] 월간중앙 2022년 12월호

05

무인기로 진화하는 북한의 입체 도발

서울 휘저은 드론 5대에 대한민국 농락당했다

첨단 무력 과시 일변도에서 교란용 드론으로 도발 전술 변화

미사일 중심 대공 무기체계에 소형 무인기 방어체계도 갖춰야

2023년 새해가 시작되면서 북한의 도발 전술에 변화가 나타났다. 기존의 핵·미사일 중심에서 소형 무인기를 이용한 교란 작전으로 입체화했다. 북한의 입체 도발에 대응해 무인기 대공 방어체계 수립에 박차를 가해야 한다는 주장이 힘을 얻고 있다. / 사진: 연합뉴스

엄동설한 속에서 북한의 무인기 공격은 다시 한반도 안보정세를 요동치게 했다. 2022년 11월 대륙간탄도미사일(ICBM) 발사로 동북아를 충격에 빠트리더니 이

어서 드론으로 서울 하늘까지 휘젓고 사라져버렸다. 격추를 위해 이륙한 우리 공군의 KA-1 경공격기가 원주 비행장에서 추락하는 등 부실 대응 사례까지 발생하며 군은 이래저래 스타일을 구겨버렸다.

처음에는 서울 용산 영공이 안 뚫렸다던 국방부의 주장은 무인기 항적 조사 결과 사실이 아닌 것으로 밝혀졌다. 수도방위사령부 방공여단의 국지 방공 레이더에 정체불명의 항적이 잡혔고, 항적 위치는 대통령실을 중심으로 반경 3.7km의 비행금지구역인 P-73의 북쪽 끝 지점이었다. 용산 영공까지 무인기가 침범했을 것이라는 김병주 더불어민주당 의원의 주장을 둘러싸고 '북한 내통설'까지 등장하는 등 무인기 5대에 연말연시 대한민국 안보가 완전히 농락당한 기분이다.

윤석열 대통령은 무인기 침범 다음 날인 12월 27일 지난 5년간 대공 무기체계인 '비호(飛虎)복합'의 운용력이 저하되고 군이 무인기 격추 훈련을 제대로 하지 않았다는 보고를 듣고 이종섭 국방부 장관을 질책했다. 이어 북한이 한 대를 보내면 두세 대를 북쪽에 보내 대응하라며 격앙된 반응을 보였다. 2021년 5월 취임 이후 북한 도발에 대해 가장 강경한 반응이었다. 윤 대통령은 서울 하늘이 북한 드론에 의해 완전히 유린당했다는 언론의 지적에 대해 격노하지 않을 수 없었을 것이다. 기울어진 남북관계를 바로잡는 동시에 북한의 미사일 도발에 대해 비례적 대응 방침을 지시했던 윤 대통령 입장에서 싸구려 드론이 5대나 5시간 이상 서울 영공을 활공했는데 한 대도 격추시키지 못한 데에 대해 대로하는 것은 어찌 보면 당연하다.

윤 대통령은 이어 우리나라 무기 개발의 산실인 대전 국방과학연구소(ADD)를 전격 방문해 배석한 3군 참모총장 등 지휘관들에게 압도적 전력에 의한 대응체계 구축을 지시했다. 이후에도 화가 가시지 않았는지 강경 발언을 이어갔다. ADD 등으로부터 무인기 대응 전력에 대한 보고를 받고 "북한이 다시 우리 영토를 침범하는 도발을 일으키면 9·19 군사합의 효력 정지를 검토하라"라고 지시했다. 이종섭 국방부 장관에게는 "감시, 정찰과 전자전 등 다목적 임무를 수행하는 합동 드론부대를 창설하고 탐지가 어려운 소형 드론을 연내 대량 생산할 수 있는 체계를 구축하라"라고 지시했다.

백주대낮에 벌어진 초유의 무인기 도발

군은 북한이 앞으로 무인기를 보내 우리 영공을 침범할 경우 도발 수준에 비례해 우리 무인기들을 북측 지역으로 보내 정찰 활동을 벌일 방침을 수립했다. 특히 스텔스 무인기 개발을 서둘러 평양은 물론, 장거리 로켓 발사 및 ICBM 엔진 시험 등을 해온 평안북도 철산군 동창리 발사장까지 보내 촬영한 뒤 사진을 공개하는 방안도 검토하고 있다. 이는 그동안 소극적이고 수세적이었던 대북 무인기 대응 작전이 적극적이고 공세적인 것으로 크게 바뀌는 것이어서 주목된다.

2014년 북한 소형 무인기 사건 이후 무인기 요격 능력을 포함해 2015년 이후 배치한 대공 무기체계인 비호복합의 허술함도 이번에 드러났다. 비호복합은 레이더로 최대 20km 밖에서 무인기를 탐지하고 3km 내 무인기는 격추할 수 있는 대공 무기체계다. 하지만 이런 첨단 장비를 배치해 놓고도 지난 5년간 제대로 운용훈련을 하지 않아 북한 무인기가 서울까지 내려오고 다시 북으로 돌아가는 5시간 내내 사용을 못 했다는 것이 용산 안보실의 평가다.

반면 문재인 전 대통령은 "윤석열 정부의 안보 대응 능력이 우려스럽다"라고 비판했다. 2023년 1월 3일 양산 사저에서 신년 인사차 방문한 이재명 대표 등 민주당 지도부와 만난 자리에서 "지난 정부에선 이스라엘에서 감시 레이더를 들여오는 등 준비를 모두 마쳤다"라고 했다. 여당은 지난 정부를 비판하고 야당은 반발하면서 무인기 도발 사태는 남남갈등으로 비화했다. 야당 입장에선 무인기가 정치공학적으로 자신들에게 불리한 사안이 아닐 수 있다. 이번에 북한 무인기를 가장 먼저 포착한 '국지방공레이더'는 노무현 정부 때 개발을 시작해 이명박 정부를 거쳐 2020년부터 양산 및 배치됐다.

북한 입장에선 저비용 도발에 남측이 고비용으로 대응해 가성비가 높았던 도발로 평가할 것이다. 김정은 위원장은 수십억 원이 소요되는 미사일보다 수백만 원에 불과한 무인기가 남측을 흔드는 데 효과적인 현실을 보고 대한민국 안보의 아킬레스건을 확실히 파악했다고 희희낙락했을 것이다. 특히 남측이 조악하다고 깎아내렸던 북한 정찰위성 사진 소동에 대응해 염가의 무인기가 확실하게 남측 영공을 무력화했으니 통쾌하기 그지없었을 것이다. 다만 향후 스텔스 기능을 갖춘 남측 첨단 무인기가 날아오는 데 대해서는 긴장하지 않을 수 없을 것이다. 9·19 군사합의 효력이 정지되고 대북 확성기 방송 재개 등이 이뤄지면 북한에 반드시 유리하다고 할 수 없다.

정찰위성 수준 평가절하에 北, "곧 보면 알아"

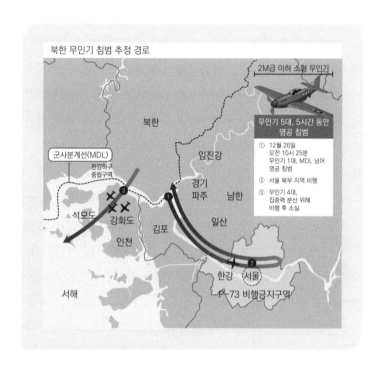

무인기의 전모를 파악하기 전에 독자들의 이해를 돕기 위해 무인항공기와 드론의 개념을 구분하면 이렇다. 무인항공기는 조종사 없이 자율 또는 원격조종에 의해 비행하는 동력 비행체를 말한다. 이를 무인항공기 체계(UAV, Unmanned Aerial Vehicle System) 또는 드론이라고 한다. 사용하는 현실과 관련 규정을 보면 드론과 무인기는 구분된다. 항공법과 국가기술표준원의 국가표준을 보면 자체 중량 150kg 이하는 무인동력비행장치이고, 150kg 이상 자율 또는 원격으로 조종하는 항공기가 무인항공기이다. 무인동력비행장치는 무인비행기, 무인헬리콥터, 무인멀

티콥터 등이 있는데, 국내에서 말하는 드론은 일반적으로 무인멀티콥터를 가리킨다. 드론은 무인동력비행장치이고, 무인항공기는 150kg 이상으로 조종사 없이 비행하는 항공기를 의미한다. 이 같은 법적인 구분은 민간에서 안전을 고려해 구분하지만, 살상을 목적으로 한 전투에서는 의미가 없어진다.

무인기를 드론이라 부르게 된 계기는 명확지 않지만, 영국에서 1935년에 훈련용 복합기인 '타이거모스(Tiger moth)'를 원격조종 무인비행기로 개조하면서 '여왕벌(Queen Bee)'이라는 별명을 붙였다가 영국 여왕이 연상된다고 해 수벌을 뜻하는 드론(drone)이란 단어로 바꿨다는 게 정설로 통한다. 1936년 미국에서 나온 원격조종 비행기에 대한 연구 자료에는 드론이란 명칭이 최초로 등장한다.

김정은이 갑자기 무인기로 도발한 의도는 무엇일까? 첫째, 2022년 12월 18일 북한이 실시한 정찰위성 시험 결과를 둘러싼 남북 간 갈등부터 살펴보자. 북한은 경사 궤도를 830초 동안 날며 야심차게 촬영한 서울 도심과 인천 항구에 대한 정찰위성 사진을 남측이 평가절하한 데 발끈했다. 김여정 노동당 부부장은 정찰위성 개발 최종 단계의 중요한 시험을 두고 남측이 '조악한 수준'이라고 지적하자 비속어를 써가며 발끈했다. "개나발들 작작하라", "악청을 타고 오는 주둥이", "개 짖는 소리" 같은 원색적인 비난을 쏟아냈다. 김여정이 "곧 해보면 될 일이고, 곧 보면 알게 될 일이 아니겠는가"라고 한 지 일주일 만에 무인기 도발이 벌어졌다. 북한이 공개한 정찰위성 사진은 20년 전 수준에 불과하고 구글 위성사진에도 못 미치는 게 사실이다. 김정은은 첨단 정찰위성이 아니더라도 간단하게 드론으로 용산과 남산 등을 정밀 촬영할 수 있다는 것을 과시했다. 남측의 과소평가를 무인기 5대로 확실히 무력화한 셈이다.

둘째, 입체적 도발의 예고편이다. 2022년 12월 27일 북한 매체들은 조선노동당 중앙위원회 제8기 제6차 전원회의 확대회의에서 "곤란 속에서 모든 것을 인내하며 실제적 전진을 이룩한 사실을 소중한 바탕으로 해 더욱 격앙되고 확신성 있는 투쟁 방략(전략)을 세울 것"이라는 김정은의 지시를 강조했다. '강대강' 구도로 한미동맹에 대응하겠다고 주장하지만 '돈 문제' 때문에 쉽지 않다. 과거 1970년~1980년대 미·소 냉전 시대에 전략무기 경쟁으로 소련이 거덜 났던 전례를 북한도 모르지 않는다. 신(新)물망초(forget-me-not) 전략으로 일본 열도를 지나가는 중거리 미사일을 발사하고 ICBM 정상 발사를 공언하지만, 본질적인 한계는 재원 조달이다. 사이버 해킹과 텅스텐 등 광물자원 수출 등으로 충당하더라도 여의찮다.

무조건 강공 전략 대신 가끔은 번트 전략으로 득점을 올리는 입체적 전술 개발에 주력하지 않을 수 없다. 다양한 역량 강화 전략이 필요한 배경이다. 북한의 드론 무기화 전략은 이미 2010년대 초반으로 거슬러 올라간다. 북한은 김정은 집권 이후 과학기술 중시 정책을 추진하며 드론 개발을 본격화했다. 2016년 노동당 대회에서 IT 발전 전략을 강조하며 드론 개발을 추진하기 시작했다. 드론 모형의 하드웨어 제조보다 영상정보와 위성을 통한 드론 제어기술, 군집비행 운용기술 등 소프트웨어 기술 개발에 주력했다. 각종 방송 프로그램과 열병식 중계 및 뉴스에 드론을 영상촬영 장비로 이용했다. 지난 2020년 노동당 창건 75주년 기념 열병식에 이어 2021년 신년맞이 행사에서 급변하는 북한의 모습을 대내외에 과시하기 위한 영상 제작에 드론을 적극적으로 활용하고 있다.

모형 항공기 '스포츠'로 위장하고 은밀히 개발

주목할 만한 점은 군사용 드론 전략이다. 북한의 무인기 개발은 다른 무기와 달리 극비리에 추진됐다. 김정은은 집권 첫해인 2012년 1월 당시 군부 핵심 인사들과 함께 서부지구 항공구락부를 방문했다. 김정은이 참관했던 훈련이 프로펠러형 무인기 조종경기였다. 집권 후 첫 군사훈련 참관지로 무인기 부대를 택했을 만큼 무인기 개발에 공을 들였다. 김정은은 1년여 뒤인 2013년 3월에도 '초정밀 자폭형 무인타격기' 훈련을 참관했다. 그리고 "남반부 작전지대의 적(敵) 대상물 좌표들을 빠짐없이 장악해 무인 타격 수단들에 입력시켜 놓으라"라고 지시했다. 북한은 10년 넘게 준비한 무인기 개발 프로젝트를 철저히 은폐해 왔다. 북한군이 보낸 무인기는 국내에서 2014년 처음 발견됐다. 명백한 북한의 무인기였음에도 북한은 당시 남조선의 자작극이라고 발뺌했다. 북한의 대외용 선전매체는 2015년 11월 사실상의 무인기 타격 실험을 '무선조종(RC) 모형 항공기' 경기라며 인기 스포츠 종목으로 포장하기도 했다.

2021년 1월 8차 당대회에서 '국방력 강화 5개년 계획'을 채택하며 공개한 무력 관련 5대 핵심 과제에도 드론은 빠지지 않았다. △극초음속미사일 △고체연료 추진 ICBM △정찰위성 △핵추진잠수함 및 수중발사 전략 핵무기 이외에 마지막이 무인정찰기 개발이다. 북한이 무인기를 실제로 투입하게 된 결정적 계기는 우크라이나 전쟁이었다. 우크라이나군이 민간 무인기 전문가를 모아 '아에로로즈비드카(공중 정찰)'라는 항공 정찰부대를 만들어 정찰뿐 아니라 공격 작전까지 성공시키면서 무인기가 사실상 게임체인저(game changer) 역할을 했기 때문이다. 비교적 열세에 있던 우크라이나 군대는 무인기를 이용해 러시아 장갑차 부대를 상대로 크고 작은 승리를 거뒀다. 러시아도 자폭 무인기로 대응했다. 전투기가 수행해야 할 임무를 드론으로 저렴하게 대체하는 사례에 공군력이 부실한 북한이 주목하지 않을 수 없었을 것이다.

북한은 1980년대 후반 중국산 D−4(ASN−104) 무인기를 최초로 입수했고, 이를 토대로 1990년대 초반부터 '방현−I'과 '방현−II' 등 평안북도 구성시 방현 지역의 이름을 딴 방현 시리즈 무인기를 자체개발 및 생산했다. 최근 들어 방현에서는 북한이 대형 무인기를 개발하는 정황도 포착됐다. 미국 방위산업 전문매체는 최근 위성사진 분석을 통해 평안북도 구성시 방현 공군기지에서 중국산 무인공격기 차이훙(CH)−4와 흡사한 장거리 체공형 무인기를 포착했다고 밝혔다. 북한은 중국, 러시아, 이란, 시리아에서 관련 기술을 획득해 무인기 개발을 지속해 왔다. 군 당국은 북한이 현재 300대~400대에서 최대 1,000대의 무인기를 운용하는 것으로 추정한다.

또한 상업용 드론을 군사용으로 전용한 정황도 드러났다. 인도 언론에 따르면 파키스탄과 국경을 마주하고 있는 인도의 잠무−카슈미르 지역 경찰은 지난해 5월 자석이 포함된 폭발물을 탑재한 멀티로터형 상용 드론을 격추했는데, 격추한 드론이 북한제라고 발표한 바 있다.

마지막으로 남북 대치 상황의 새로운 프레임 구축 전략이다. 평양 입장에서는 적에게 주는 공포감의 위력에 관심이 많다. 대남 위협에서 미사일과 핵무기의 하드웨어 공격도 필요하지만, 무인기 공격의 소프트웨어도 필수적이다. 킬러용과 자폭용으로 구분되는 무인기는 앞으로 AI 기술을 접목하면 더욱 진화할 것으로 예상된다. 서울 하늘을 저공비행하는 무인기는 삽시간에 교통과 통신을 마비시키고 혼란을 증폭할 수 있다. 5대의 무인기에 인천과 김포공항의 항공기 이착륙이 한 시간이나 중단됐다. 지난해 카카오 먹통 사태도 드론 공격으로 재발할 수 있다. 소형 폭탄을 싣고 날아다니는 드론은 요격이 용이하지 않다. 특히 도심 상공을 비행할 경우 전투기로 대응하기도 어렵다. 설사 격추하더라도 탑재한 폭탄 파편 등이 도심에 낙하할 경우 시민들이 입을 피해를 고려하지 않을 수 없기 때문이다.

도심지 상공서 드론 격추 시 민간 피해 딜레마

북한은 김정은 집권 이후 은밀하게 무인기를 개발해 왔다. 2012년 4월 열병식에서 공개한 무인타격기.

실제로 이번 무인기 도발 대응 과정에서도 이 같은 고민이 드러났다. 출격한 우리 공군의 KA-1 경공격기는 육안으로 보일 정도까지 북한 무인기에 접근해 격추할 기회가 있었다. 조종사는 기총 사격을 할까 말까 고심했다고 한다. 통수권자는 확전을 각오했다지만, 조종간을 잡은 파일럿은 민간인 피해 가능성 때문에 버튼을 누르지 못했다. 총탄 수백 발이 서울 한복판 지상으로 떨어졌을 때 어떤 사태가 발생할지 가늠하기 어려웠을 것이다.

소형 무인기 격추는 미사일 요격보다 어려운 임무다. 레이더는 통상적으로 비행체의 반사 단면적이 2㎡ 이상인 표적을 탐지할 수 있다. 소형 무인기는 레이더 반사 단면적이 0.01~0.08㎡에 불과해 탐지 및 격추가 어렵다. 레이더에 10㎝ 이내로 식별되니 육안으로도 어렵다. 무인기 침범 다음 날 군이 인천 쪽에서 새 떼를 무인기로 오인한 것도 그런 한계 때문이다.

현재 우리 군은 벌컨, 천마, 비호, 비호복합 등 다양한 대공화기로 무장했다. 성능이 뛰어나다는 비호복합도 소형 무인기의 경우 1km~2km 안으로 들어와야 요격할 수 있다. 이번 무인기처럼 작고, 고도 2km~3km 상공으로 비행하면 대공화기로 타격하는 것 자체가 불가능하다. 전투기, 공격 헬기 등 항공전력의 격추수단은 주로 기관총인데 총탄이 커서 자칫 대형 민간 피해를 불러올 수 있다. 전시가 아닌 이상 항공전력으로 격추하기가 쉽지 않다.

레이저와 고출력 마이크로웨이브 무기, 전파 교란 장비 같은 신무기가 나오면 민간 피해 없이 격추할 수 있겠지만, 신무기 전력화는 몇 년이 소요될 예정이다. 북한 무인기에 맞설 우리 군 대책의 주요 내용은 각종 레이더로 무인기를 일찍 포착해 지상 대공화기와 항공기 기관총 등으로 주저 없이 격추하는 적극적 전술이지만, 이 역시 시간이 필요하다.

국방부는 사후약방문이지만 실효적인 무인기 대응체계를 구축할 계획이다. '2023~2027 국방중기 계획'에 북한 무인기 위협에 대응한 탐지 자산과 '소프트킬', '하드킬' 무기체계 사업 등 5년간 5,600억 원을 투입한다는 계획을 포함시켰다. 또한 현재 시험평가 단계인 레이저 대공 무기 블록1 연구개발 사업을 2026년에 끝내고 2027년부터 전력화를 시작하기로 계획했다. 하지만 이 대공 무기는 2017년 북한 무인기가 발견되자 추가적인 보강전력 확보를 가속하겠다며 제시한 대안과 유사하다.

민심 교란용 '소프트테러' 대응책 마련 서둘러야

5년 전에도 북한 소형 무인기를 격추할 수 있는 신형 대공포와 레이저 대공 무기를 조기 전력화하겠다고 약속했다. 국방부는 안티 드론 통합체계를 2027년까지 개발한다고 했다. 방위사업청은 이미 2021년 6월 레이더로 탐지·식별하고 방해 전파를 쏴 초소형 드론을 잡는 무기체계를 군에서 시범 운용한다며 대대적으로 홍보했다. 당시 방사청은 세계 최고 수준의 기술이라고 자랑했지만, 현재 군에는 이 체계가 없다.

윤 대통령이 지시한 드론부대 창설도 속도를 낼 것으로 보인다. 현재 육군 지상작전사령부에 드론대대 2개(중대 4개)가 운영 중이며, 중기계획에는 3개 중대를 창설하는 계획이 반영됐다. 국방부 관계자는 "윤 대통령의 지시는 창설을 앞당겨 드론부대를 확대하라는 뜻"이라고 설명했다. 북한 무인기의 대남 정찰·공격에 맞서 한국도 북한 지역을 무인기로 정찰·공격하겠다는 것이다. '공격이 최고의 방어'란 발상이다.

투자 대비 효과의 가성비가 높아 AI 시대에 대세인 드론 무기화 전략은 세계적으로도 중요한 군사 트렌드다. 윤 대통령의 지적대로 드론은 군사적 가치보다는 민심을 교란해 우리의 국가적 시스템 작동을 방해하기 위한 일종의 '소프트 테러'다. 4차 산업혁명의 첨단 기술이 군사 분야에도 급속하게 적용되고 있다. 인류 역사에서 전쟁이 기술 발전의 동기가 됐던 사례는 수없이 많다. 소수의 인명을 살상하는 중화기도 치명적이지만, 다수를 공포에 사로잡히게 하는 전력 개발도 간과해서는 안 된다. 하드웨어 무기와 소프트웨어 무기를 구분하고 효율적으로 개발 및 관리하는 시대가 도래했다. 현재 국방부가 추진 중인 '국방혁신 4.0'이 지나치게 기술지상주의를 강조한다는 지적이 있으나, 무인기를 잡지 못하는 이상 기술을 강조하지 않을 수 없다.

시대적 트렌드에 적극적으로 동참하기 위해서는 군 수뇌부의 유연한 사고와 첨단 기술에 대한 절대적인 이해가 필요하다. 특히 평소 땀 흘려 훈련하지 않으면 실제 전투에서 피를 흘린다는 손자병법의 교훈을 지위 고하를 막론하고 군의 지휘관들은 명심해야 한다. 무엇보다 평화가 70년 이상 지속하면서 무너져버린 상무(尙武) 정신을 회복해야 한다. 소를 잃고 나서라도 외양간을 고쳐야 한다. 그렇지 않으면 나중에는 외양간마저 빼앗길지도 모를 일이다.

[남성욱의 평양리포트] 월간중앙 2023년 2월호

06

김정은의 '두 국가론'에 담긴 의미

체제 유지에 위협 느꼈나… , "사실상 '대남 적화통일' 선언한 것"
연방제 통일과 '우리민족끼리' 정신 거둬들인 북한
남북관계 주도권 회복위해 무력 도발 자행 가능성

김정은 북한 국무위원장이 3월 7일 인민군 대연합부대들의 포사격 훈련을 지도했다고
조선중앙TV가 8일 보도했다. / 사진: 조선중앙TV

비가 부슬부슬 내렸다. 2001년 7월 하순 10대 후반의 깡마른 군인들이 여름날
가랑비를 맞으며 리어카로 숲속의 흙을 8차선 길 건너로 옮기는 작업 중이었다.
평양시 낙랑구역 시가지를 막 벗어난 남포 방향 고속도로에서 40여 명의 인력이 삽으로 흙을 퍼서 길 건너 돌기둥 옆 잔디광장을 조성하고 있었다. 서너 명의 군인들이 리어카 한 대를 이동하는 데 족히 30분 정도는 걸리는 것 같았다.

평양 낙랑 구역 조국통일 3대 헌장 기념탑 사라졌다

북한 조선중앙TV는 2024년 3월 7일 김정은 북한 국무위원장의 청년운동 업적을 찬양하는 보도에서 김정숙평양제사공장 직원들의 회의 장면 중 북한 국가(國歌)인 '애국가' 가사의 일부가 '삼천리 아름다운 내 조국'에서 '이 세상 아름다운 내 조국' (1절 둘째줄)으로 변경된 내용의 벽보판이 걸려 있는 장면을 보도했다. / 사진: 조선중앙TV

필자를 비롯한 남측 대표단은 남포를 방문하고 평양으로 되돌아오다가 기념탑 옆 주차장에 휴식 차원에서 버스가 정차해 있는 현장을 우연히 지켜보았다. 화장실을 다녀오는 길에 작업 광경을 지켜본 필자는 토사를 옮기는 과정이 매우 비효율적으로 보여 안내 참사에게 물었다. 포클레인을 사용하면 10여 명의 인원으로 한 시간이면 가능할 것 같다고 넌지시 이야기했더니 참사가 비유적으로 응답했다. "그렇게 작업해서 조국통일헌정탑 건설의 참된 의미를 알겠습니까? 이렇게 하나하나 몸으로 일해야 조국통일의 의지를 높일 수 있을 것"이라고 천연덕스럽게 말을 이어갔다.

4세부터 탁아소에서 집단생활을 경험하는 북한 주민들은 너나 할 것 없이 자기 의견을 표현하는 데 주저함이 없다. 전체주의 집단에서 개인이 생존하기 위해서는 적극적으로 의사를 표시하고 자신이 전체주의 이념에서 이탈하지 않고 있다는 것을 계속 증명해야 한다. 우리 사회처럼 기분이 가라앉아 말하고 싶지 않다고 입을 다물고 있을 수는 없다. 기분이 태도가 돼서는 바로 사상이 문제가 있다는 지적을 받기 십상이다.

김정은 북한 국무위원장은 2024년 1월 초 최고인민회의 제14기 제10차 회의에서 "수도 평양의 남쪽 관문에 꼴불견으로 서 있다"라며 '조국통일 3대 헌장 기념탑'의 철거를 지시하고 '우리민족끼리'나 '평화통일' 상징으로 비칠 수 있는 "과거 잔여물 처리에 대한 실무적 대책"을 주문했다. 김정은은 "헌법에 있는 '자주, 평화통일, 민족대단결'이라는 표현도 삭제돼야 한다"라며 "통일, 화해, 동족이라는 개념 자체를 완전히 제거해버려야 한다"라고 했다. 1월 23일 북한 전문 매체 NK News가 위성 사진을 분석한 바에 따르면 기념탑은 이미 철거됐다. 1월 19일 위성 사진에서는 존재가 확인됐는데 1월 23일 위성 사진에서는 사라졌다. 김정은의 지시 사항이었던 만큼 신속하게 이를 집행한 것으로 보인다. 북한 주민들에게는 철거 사실 자체를 은폐하고 있다.

철거 지시 소식을 듣고 무거운 돌탑을 세우느라 고생하고 또다시 철거하느라 고생했을 젊은 군인들의 힘든 모습이 떠올랐다. 과거 필자가 기념탑을 현장에서 직접 보았을 때 그 규모가 만만치 않았기 때문이다. 최고지도자의 말 한마디에 인민들의 삶은 그야말로 피폐해지고 있다. 하긴 건축물 폭파의 경험이 많으니 돌탑 정도 무너뜨리는 것은 큰일은 아니었을 것이다. 북한은 지난 2020년 6월 16일 연면적 4498㎡ 규모의 개성 남북공동연락사무소 청사를 단 한 번에 폭파했다. 2018년 4월 27일 남북 정상이 합의한 '판문점 선언'에 따라 그해 9월 개성에 문을 연 연락사무소가 개소 1년 9개월 만에 사라졌다. 김여정 노동당 제1부부장이 6월 13일 담화에서 "멀지 않아 쓸모없는 북남공동연락사무소가 형체도 없이 무너지는 비참한 광경을 보게 될 것"이라며 건물 폭파를 예고한 지 사흘 만에 속전속결로 실행에 옮긴 것이다.

조국통일 3대 헌장 기념탑은 김정은의 부친 김정일이 2001년 8월 평양 낙랑구역 통일거리에 조성한 기념물로, 여성 2명이 한반도 지도를 마주 들고 있는 모습의 높이 30m, 폭 61.5m 규모의 석조 구조물이다. 북한은 그간 '조국통일 3대 헌장'을 '민족공동의 통일강령'이라며 주요 계기마다 대내외적으로 선전했다.

　　'조국통일 3대 헌장'은 김정은의 조부인 김일성 집권 시절인 1972년 7·4 남북공동성명에서 제기한 자주·평화·민족대단결이라는 '조국통일 3대 원칙', 1980년 제6차 당대회에서 제시된 '고려민주연방공화국 창립방안', 1993년 4월 최고인민회의 제9기 제5차 회의에서 제시된 '전민족대단결 10대 강령'을 말한다. 조국통일 3대 헌장 기념탑은 통일정책과 관련한 김일성·김정일의 '공동 유산'인 셈이다.

▍'두 국가론'에 깔린 김정은의 저의

김정은 북한 국무위원장이 2024년 3월 7일 조선인민군 대연합부대들의 포사격 훈련을 지도했다고 조선중앙통신이 8일 보도했다. / 사진: 연합뉴스

갑진년 시작과 함께 김정은의 광기(狂氣)가 시작됐다. 고체연료에 의한 극초음속중거리미사일(IRBM) 발사 등 군사적 도발과 함께 제1적대국 선언, 남한 영토 점령·평정 및 수복 등의 헌법 명기 등을 거론했다. 특히 김정은 위원장은 통일, 화해, 동족, 삼천리 금수강산, 자주, 평화통일 및 민족대단결 등 과거 평양에서 '우리민족끼리'를 강조할 때 단골로 끄집어 내었던 감성적 표현과 용어의 삭제를 지시했다. 북한은 최근 외무성 홈페이지에 게재한 북한 국가 가사에서 '삼천리 아름다운 내 조국' 부분을 '이 세상 아름다운 내 조국'으로 바꾼 것으로 확인됐다. 한반도 전체를 상징하는 '삼천리'라는 표현을 삭제했다. 북한 매체는 화성지구 3단계 착공식 현장에서 국가를 제창하는 주민들의 모습을 방영하면서 최근 삭제한 '삼천리' 가사가 나오는 장면에서 화면을 전환해 보여주지 않아 눈길을 끈다.

한민족을 상징하는 용어들은 분단 이래 북측이 남북 협상에서 남측의 협력을 구하거나 지원을 받고자 할 때마다 전가(傳家)의 보도(寶刀)처럼 끄집어내었던 단골 화술이었다. 북한은 대남 적화통일 방침을 포기한 적이 없기 때문에 과거 북한과의 협상은 항상 난관이었다. 평양에서 남측 인사를 상대로 합창하던 '반갑습니다'라는 북측 노래는 남측 진보세력을 회유하는 감성형 통일전선전술이었다. 평양 협상에서는 '민족대단결로 미제를 축출하자'는 요상한 선동도 들어야 했다. 뜬금없는 통미봉남(通美封南) 전략으로 남측을 배제하고 무시했다. 군사용 전용 우려에도 불구하고 물이 위에서 아래로 흐른다는 논리로 인민들을 위해 연간 최대 30만 톤까지 쌀을 지원했다. 햇볕을 강하게 쐬면 외투를 벗을 거라는 동화 같은 이솝 우화를 끄집어내며 드라마 '사랑의 불시착'이 현실에서 실현되기를 기대했다. 하지만 북한은 6차례의 핵실험으로 전 세계에서 아홉 번째 핵무기 보유국이 됐고 남한 영토의 완정(完整)으로 응답했다.

김정은은 '두 국가론'에 해당하는 말 폭탄을 계속해서 던지고 있다. "대한민국 것들과 그 언제 가도 통일이 성사될 수 없다", "동족이란 수사적 표현이 우리의 국격과 지위에 어울리지 않는다", "전쟁 중인 두 교전국 관계로 완전히 고착됐다", "전쟁이란 말은 우리에게 추상적 개념이 아니라 현실인 실체로 다가오고 있다", "유사시 핵 무력을 포함, 모든 물리적 수단과 역량을 동원해 남조선 전 영토를 평정하기 위한 대사변 준비에 계속 박차를 가해 나가야 하겠다", "언제든 무력 충돌이 생길 수 있다. 불집을 일으킨다면 모든 수단을 총동원해 괴멸시켜야 한다."

그동안 북한은 위협을 가하면서도 1민족 1국가 연방제통일과 '우리민족끼리' 정신에 입각한 통일 대원칙은 일관되게 유지해 왔다. 1973년 박정희 대통령이 이른바 6·23 선언을 발표하며 남북한 동시 유엔 가입 의사를 밝히자 북한은 '2개의 조선 책동'이라며 발끈했다. 결국 1991년 남북한이 유엔에 동시 가입함으로써 국제적으로 두 국가로 인식되자, 북한은 그해 12월 남북기본합의서 협상 때 2국 체제를 강력히 거부했다. 남북이 국가 대 국가가 아닌 "통일을 지향하는 특수 관계"라는 타협안이 채택된 것도 북한의 끈질긴 요구 때문이었다. 그랬던 북한이 갑자기 통일 노선을 전환한 것은 체제 유지에 위협을 느끼고 흡수 통일의 가능성을 줄이려는 의도가 있다.

NLL 등 국경선 침범 시도 가능성

김정은 북한 국무위원장이 2023년 9월 블라디미르 푸틴 러시아 대통령과 함께 보스토니치 우주기지를 참관하고 있다. / 사진: 조선중앙TV 화면

한편 북한이 핵무기 보유의 자신감을 바탕으로 무력 통일의 명분을 갖추기 위해 두 국가론을 채택했다는 분석도 있다. 북한이 전쟁을 운운하면서도 '상대방이

먼저 도발할 경우'란 단서를 달고 있다는 점에서 당장은 체제 안정과 후계체계 구축을 위한 것이란 해석도 있다. 두 국가론을 공세적으로 밀어붙이고 있는 북한은 향후 남북 간 해상경계선(NLL) 등 국경선을 침범하려고 시도할 것이다. 김정은은 남한이 국제법적 근거나 명분이 없는 NLL을 고수하고 있다며, 연평도와 백령도 북쪽에 국경선을 그어 군사적 대비를 강화하겠다고 밝혔다.

북한이 남한을 상대로 전쟁형 통일전선전술을 펼치는 이유를 분석해 보면 ①보수 정부로 전환된 남한과의 새로운 관계설정 정립 ②'남남 분열'을 조장하기 위한 갈라치기 전략 ③지속적인 경제난에 따른 내부 불만 단속의 목적 등으로 요약된다. 이 밖에 바이든보다 말이 통하는 트럼프 당선에 유리한 국제 정세를 조성하거나 이스라엘－하마스 전쟁, 우크라이나 전쟁 등으로 미국의 전력이 분산된 국제안보의 공백을 활용하기 위함이라는 관측도 있다.

북한의 전쟁형 통일전선전술의 실체

북한은 1월 14일, 2024년 들어 처음 탄도미사일 도발을 감행했다. / 사진: 연합뉴스

김정은이 북한 내 흉흉한 민심을 전환하기 위해 펴는 전략일 수도 있다. 김정은은 지속적인 경제난에 따른 내부 불만 단속을 위해 3대 악법인 반동사상문화배격법(2020), 청년교양보장법(2021), 평양문화어보호법(2023)을 제정하는 등 한류 문화 유입에 극도의 반감을 보였다. 현재 북한 입장에서는 가혹한 유엔 대북제재는 물 건너갔고 북한 외교의 만조기(滿潮期)로 강공이 가능하다는 판단이다. 3월 이후 푸틴의 방북으로 북·러의 밀월은 계속될 것이다. 6·25전쟁 이후 평양과 모스크바는 이보다 더 좋을 수는 없는 호기를 맞고 있다.

한편 남한과 북한, 해외 등 3개 축을 중심으로 통일운동을 추진해온 조국통일범민족연합(범민련)의 남측본부가 해산했다. 북한이 김정은의 지시에 따라 2024년 1월 범민련 북측본부를 비롯한 6·15공동선언실천 북측위원회, 민족화해협의회, 단군민족통일협의회 등 통일 관련 단체를 일제히 정리한 데 따른 조치다. 본부는 2월 17일 총회에서 해산을 결정하고 한국자주화운동연합(가칭. 자주연합)을 결성해 사업을 계승하기로 했다. 1990년 11월 출범 이후 35년 만의 해산이다. 범민련은 민족주의에 기반을 둔 통일운동 단체로 수십 년 활동해 왔으나 새 조직의 이름에는 김정은의 지침대로 '민족'을 뺐다. 새로 발족하는 자주연합은 '한국 사회 자주화'를 위해 국가보안법 철폐, 주한미군 철수 등을 목표로 반미 투쟁을 벌이겠다는 틀을 잡아났다. 평양의 지침에 따라 남한의 좌파 단체들이 신속하게 움직였다.

지난해 100세로 서거한 키신저 전 미 국무장관이 노벨평화상을 수상하게 된 1973년 파리평화회담은 월맹이 미군을 철수시켜 베트남을 공산화한 전형적인 평화형 통일전선전술이었다. 북한은 '두 국가론'을 내세우며 전쟁형 통일전선전술을 구사하고 있다. 북한의 태도 변화는 과거 동·서독 분단 시기 동독이 취한 입장과 유사하다. 동독은 1972년 체결한 '동·서독기본조약'을 항구적인 분단 조약으로 해석하고, 1974년 헌법 개정을 통해 통일 조항을 삭제했다. 동독은 독일인이 '사회주의 민족'과 '자본주의 민족'으로 분리됐다고 선언했다. 반면 서독은 동·서독 기본조약체결 이후에도 동독을 국제법상 국가로 승인하지 않았다. 서독 연방헌법재판소는 비록 동·서독기본조약 제6조에서 내정불간섭을 규정하고 있으나, 서독기본법에 따라 동독 주민에 대한 서독의 헌법상 보호 의무는 지속한다고 해석했다. 서독 정부의 입장은 동·서독 통일을 앞당기는 데 기여했다.

시대정신에 맞는 통일 비전 마련돼야

2024년 1월 5일 북한의 서해 해상 완충구역 해안포 사격으로 서해 북단 연평도 연평중·고등학교 학생들이 대피소로 대피해 있다. / 사진: 연합뉴스

대한민국 역시 서독의 입장과 다르지 않다. 대한민국의 헌법은 1948년 제헌헌법 당시부터 존재했던 제3조 영토조항에 따라 헌법의 규범적 효력은 북한 전역에도 미친다. 제4조의 자유민주적 기본질서는 통일의 최종 가치다. 특히 통일의 방법으로 북한은 전쟁형 통일을 선언했지만 우리는 평화통일을 포기할 수 없다. 요약하면 헌법 제3조와 4조에 따라 대법원은 남북관계는 국가 관계가 아니며 북한

의 법적 지위는 '반국가 단체'와 '통일을 위한 대화와 협력의 동반자'라는 이중적 지위에 있다고 판단해 왔다.

윤석열 대통령은 3·1절 기념사에서 통일과 관련해 "역사적·헌법적 책무를 다 하겠다"라는 다짐을 했다. 공산 전체주의 체제인 북한에 자유가 보장되는 통일이 올 때 자유를 향한 독립운동의 마침표를 찍을 수 있다는 취지다. 윤 대통령은 "1919년 기미 독립의 뿌리에는 자유주의가 있었다"라며 "자유를 확대하고 평화를 확장하며 그 길 끝에 있는 통일을 향해 마음을 모아야 한다"라고 했다. 자유와 인권에 근거한 윤 대통령의 통일 메시지는 전임자들이 민족을 내세우며 통일의 당위성을 강조했던 모습과 차별된다. 또한 "통일은 동북아는 물론 인도·태평양, 전 세계평화와 번영에 기여할 것"이라고 언급한 점에서 국제적 연대를 통한 통일의지를 강조했다.

통일은 우리가 반드시 가야 할 미래이다. 통일의 원칙과 가치를 재정립하면서 새로운 통일방안에 대한 논의가 필요하다. 2024년은 민족공동체통일방안이 채택된 지 30주년이 되는 해다. 1994년 발표된 민족공동체통일방안은 다양한 시도와 성과에도 불구하고 북핵이라는 엄중한 현실 속에서 수명을 다했다. 껍데기만 남은 민족끼리 개념보다는 휴머니즘 가치와 자유주의 이념을 공유하는 새로운 통일비전이 마련돼야 한다. 북측의 노이즈 마케팅을 예의주시는 해야 하지만 새로운 시대정신(zeitgeist)에 맞는 통일방안을 마련하는 일도 소홀히 하지 말아야 한다.

[남성욱의 평양리포트] 월간중앙 2024년 4월호

제3장

김정은의 광장정치

임인년(壬寅年)을 맞이하는
김정은의 가상 독백

'권력 다지기' 10년 지나 안정적 리더십 구축 원년으로
2010년 등장 후 세대교체 성공하며 '최고 존엄' 권력 공고화
집권 11년 차 맞아 무너진 경제 회복과 북·미 관계 개선 과제

2021년 12월 4~5일에 열린 북한 조선인민군 제8차 군사교육일꾼
(간부)대회에서 연설하는 김정은 국무위원장. 살이 빠져 전보다 수척
해진 모습이다. / 사진: 연합뉴스

연말연시가 되면 한 해를 마무리하고 새해를 설계한다. 평양도 예외가 아니
다. 한 해 마무리는 부서별로 올해 결산 및 반성 결의와 함께 강점, 약점, 기회 및

위기를 주제로 새해 업무계획 보고서를 작성하는 등 '사상 총화' 시기다. 2021년 은 평양도 코로나 방역으로 잔뜩 움츠려 있었다. 2020년 1월 하순 시작된 코로나 19 바이러스 확산으로 침체 분위기가 완연했다. 이 겨울, 평양에 북풍한설이 몰아 치는 것은 단순히 시베리아 북서풍 때문만은 아니었다. 공화국은 2년 연속 북·중 국경은 물론 하늘길까지 봉쇄되면서 고립무원 신세다.

아무리 사회주의 통제사회라지만, 연말에 술 한 잔으로 한 해의 피로를 푸는 건 우리와 다를 바 없다. 특별한 오락이나 레저가 없는 사회라 예외적으로 술과 담 배에는 관대하다. 이동이 제한되기 때문에 동료들과 집에서 삼삼오오 모여 통음으 로 삶의 고단함을 달랜다. 특히 신정(1월 1일) 전야인 12월 말일에는 설날이 아니라 '술날'을 맞이한다고 할 정도로 과도한 음주로 시름을 잊기도 한다. 하지만 2021년 연말부터 코로나로 통제가 심해져서 동료들과의 술 한 잔도 어렵게 됐다.

연말 북한의 주석궁이나 내각에서 준비하는 핵심 업무 중 하나는 김정은 신년 사 초안에 들어갈 내용을 정리해서 보고하는 것이다. 1946년 1월 1일 0시 평양종 타종식 이후 김일성이 '신년을 맞으면서 전국 인민에게 고함'이라는 제목으로 연 설한 것이 북한 신년사의 시작이었다. 이후 최고지도자는 신년을 맞이해 신년사 나 『노동신문』 사설 발행 등을 통해 한 해의 국정 방향을 예고해 왔다. 이런 전통 은 김정일을 거쳐 김정은 시대에도 지속했다.

하지만 2021년에는 2020년에 이어 신년사를 발표하지 않고 친필 연하장만 공 개했다. 신년 연하장은 이전에 김정일이 작성한 이후로 26년 만에 처음이었다. 김 정일은 1995년 김일성 사망 이듬해인 새해에 연하장을 보낸 적 있다. 2021년은 1 월 초순에 8차 당대회를 개최하기로 했기 때문에 신년사를 생략하고 연하장으로 대체했다. 미리 김을 뺄 필요가 없었기 때문이다.

원고지 수십 매 분량의 신년사는 총괄적인 지난해 정세 평가와 함께 새해의 분 야별 구상을 담는다. 새해 북한의 정책 방향을 추론해 본다는 차원에서 연초에 꼼 꼼히 들여다보기는 하지만 매년 대동소이하다. 다만 전원회의의 규모를 크게 하고 직접 대면 메시지를 보내는 것이 효과적이라면 신년사를 연하장으로 대체할 수 있 다. 매년 비슷한 공식적인 신년사를 분석하기보다는 김 위원장의 복심과 복안을 추정해 보는 것이 역설적으로 임인년(壬寅年) 한반도 정세 파악에 더 도움이 될 것 같아 감히 문장으로 적어 본다. 김정은의 독백 형식을 빌렸다.

'김정은 대역설'은 '김정일 대역설'의 데자뷔

김정은 북한 국무위원장은 2021년 12월 1일 열린 조선노동당 중앙위원회 제8기 제5차 정치국회의에서 "총체적으로 올해는 승리의 해"라고 선언했다. / 사진: 연합뉴스

"2021년은 집권 만 10년 되는 해였다. 하지만 10년 통치의 기념비적인 업적이나 성과를 내세우기에는 현실이 녹록지 않았다. 코로나 방역으로 외교는 근본적인 한계가 있었다. 한마디로 '내치'에 주력한 해였다. 모든 게 여의치 않아 그야말로 조용하게 숨죽인 한 해였다. 대외적으로 신나는 일도 없었다. 공장, 기업소 등 현지지도를 하려고 해도 코로나 변이 바이러스 때문에 다닐 수가 없었다. 외부 공개 일정이 대폭 축소됐다.

6월에도 공식 석상에 잘 나타나지 않다가 7월에 의사들의 강권으로 20kg가량 다이어트를 하고 나오니 팔뚝에 찬 스위스제 고급 시계 줄을 세 칸이나 줄였다는 등 억측이 빈발했다. 9월 9일 정권수립기념일에 나타나기 전까지는 지난 5월에 쿠데타가 일어나 여정이가 나를 살해했다는 등 별별 소리가 나왔다. 가을 들어 최장 35일 만에 모습을 보이니 그럴듯한 대역설까지 등장했다. 최근에는 동생 여정이 54일간 안 보인다고 남조선 신문들이 지적하고 있다. 여동생은 여성으로 가정생활도 해야 하고 그동안 악역을 많이 맡아서 이미지 쇄신 차원에서 공개 활동을 쉬는 것뿐인데 쉬지도 못하게 자꾸 이상한 이야기를 유포한다.

지난 9월 정권수립기념일 행사에 모습을 드러냈는데 감량하다 보니 과거보다 홀쭉한 느낌을 준 것 같다. 일부 외신은 얼굴 옆모습과 헤어스타일이 달라졌다면서 대역 의혹을 제기했다. 특히 일본 『도쿄신문』은 과거 남한 국방부 북한분석관 주장을 인용해, 나를 경호하는 부대 소속 한 명이 대역으로 등장했을 가능성을 제기했다. 하지만 이러한 대역설은 아버지 김정일 시대의 데자뷔(Dejavu)일 뿐이다. 과거 김정일 위원장이 건강상의 이유로 공개적인 활동을 축소하면 일본의 북한 전문가라는 사람들이 갑자기 언론에서 대역설을 주장했지만, 반박할 필요조차 없었다.

시게무라 도시미츠(重村智計)라는 사람은 1980년대 초 『마이니치(毎日) 신문』 서울 특파원을 거쳐 한반도 전문기자로 활동하다가 대학으로 자리를 옮겨, 와세다대 교수로 활동하면서 북한 관련 소설을 집필했다고 보고를 받았다. 그가 2008년 여름 『김정일의 정체』란 책을 냈었다. 스스로 '30년 한반도 관찰의 결산'이라고 밝힌 이 책에서 그는 "김정일은 이미 죽었으며, 지금 김정일이라 불리는 사람은 '가게무샤'(影武者. 대역)"라고 주장했다.

"김정일은 2000년부터 당뇨병이 악화해 휠체어 생활을 했고, 2003년 가을 사망했다. 그 후 '가게무샤'가 공무를 소화하는 한편, 북한은 4인조에 의한 집단지도체제로 비밀리에 이행했다. 이 진실은 겨우 10명 정도의 최고 간부만 아는 것으로, 아직까지 봉인되어 있다."

그는 이 주장의 주요한 근거로 성문(聲紋) 분석 결과 등을 내세우고 있다. 일본 언론매체가 고이즈미 준이치로(小泉純一郎) 일본 총리의 2002년 1차 방북 때와 2004년 2차 방북 때 회담에 임한 김정일 국방위원장의 목소리를 비교해 분석했는데, 완전히 다른 사람이었다는 것이다. 하지만 이런 보도는 나와 우리 공화국을 흔들기 위한 일본인들의 중상모략이라는 사실을 간파하고 있으니, 공개적으로 반박할 필요도 없다. 책을 팔기 위한 영업 전략이다. 이런 소모적인 외부의 심리전에 신경 쓸 필요가 없다. 일본 당국의 치밀한 '흔들기 전략'에는 무대응이 상책이다. 내가 외부 일정을 대폭 줄인 것은 고도비만에 따른 건강 때문이다. 그런데도 미국 타블로이드지 『글로브』와 일본 언론에서 대역설이 끊이지 않는 것은 나에 대한 관심이 높다는 증거이니 크게 괘념치 않는다."

"승리의 해" 선언했지만, 성과 없었던 2021년

김정일 사후 권력을 승계한 김정은 위원장은 2013년 12월 고모부 장성택, 2017년 2월 이복형 김정남을 차례로 제거하면서 1인 권력체제를 다졌다.

"지금은 인민들이 먹고사는 일이 더 급하다. 코로나 위기에다 대북제재로 공화국의 삶이 녹록지 않다. 코로나 위기 상황에서 어떻게든 돌파구를 찾는 일이 시급하다. 이런 때일수록 체제결속이 제일 중요하다. 인민들의 충성심이 흔들리지 않도록 관리하는 것이 최우선이다. 일단 당원과 인민들을 질책하고 공포정치를 전개하기보다 어르고 달래는 통치술이 필요하다.

12월 1일 열린 조선노동당 중앙위원회 정치국 회의에서 "올해는 승리의 해다. 내년은 올해 못지않게 대단히 방대한 투쟁을 전개해야 하는 중요한 해다. 농업, 건설 부문에서 큰 성과가 있었던 것을 비롯해 정치, 경제, 문화, 국방 부문 등 국가사업 전반적 분야에서 긍정적 변화가 일어났다"라고 긍정 평가했다. 또한 "성과들은 나라의 경제발전과 인민생활 향상을 위한 토대를 구축하기 위해 계획된 전반 사업이 활기차게 전진하고 있음을 보여주고 우리식 사회주의의 새 승리에 대한 자신감을 안겨주고 있다. 총체적으로 올해는 승리의 해"라고 선언했다. "당 중앙위는 새 연도 계획을 역동적, 전진적, 과학적, 세부적으로 잘 수립해 5개년 계획 수행 기초를 튼튼히 다져야 한다"라고 강조했다. 전원회의 준비 사업 관련 점검을 했으며, 정치국은 12월 하순 당 중앙위 8기 4차 전원회의 소집에 대한 결정서를 채택해 회의 준비를 지시했다(12월 2일 자 조선의 소리).

2021년을 승리의 해라고 선언은 했지만, 실제 성과는 신통치 않다. 농업과 건설 부문에서 큰 성과가 있었다고 평가했지만, 그저 평년작이다. 7월 초 가뭄이 있었지만, 가을로 넘어오면서 태풍이 소멸되고 기상 조건이 양호해 예년 수준을 겨우 유지했다. 집계된 작물 생산량은 대략 490만 톤 정도로 추정된다. 하지만 올해 필요한 곡물량은 약 595만 톤으로 여전히 100만 톤 이상이 부족하여, 수입이나 지원에 의존해야 한다. 코로나 상황에서 중국이나 베트남에서 수입해야 하는데 솔직히 여의치는 않다.

지난 9월 밀과 보리의 파종 면적을 2배 이상으로 확대하고 단위면적당 수확고를 높이라고 지시를 내렸지만, 현실적으로 쉽지 않다. 화학비료를 투입해야 생산성이 상승하는데 원유 수입량과 전력이 부족해 생산이 어렵다. 건설 분야도 발전소와 살림집(아파트) 건설을 독려하고 있지만 예년 수준이다."

최고 권력 유지 위해 혈육도 제거

북한에서 최고지도자와 함께 오르는 주석단은 권력지형의 바로미터다. 김정은은 권력을 이어받은 뒤 이른바 '삼지연 8인방'으로 불리는 신진 세력을 통해 지도부 세대교체를 단행했다.

"어려운 환경에서 이 정도 성과라도 잘했다고 실무자들과 인민들을 격려해야지 질책한다고 해결될 일도 아니다. 구조적인 문제라서 노력 동원을 독려한다고 생산량이 증가하지 않는다는 것은 나도 잘 알고 있다. 하지만 그나마 독려하고 밀어붙이지 않으면 생산량은 감소할 수밖에 없다. 항상 통제하고 감시하지 않으면 당 간부들은 금방 기강이 해이해져 바닥으로 추락한다.

사실 2021년은 만감이 교차하는 해였다. 내가 2011년 12월 30일 군 최고사령관으로 추대된 지 10년이 됐다. 10년이면 강산도 변한다고 했다. 21세기 4차 산업혁명 시대에 3대 세습 통치를 유지한다는 것은 호사가들의 말처럼 그렇게 간단한 것이 아니다. 그동안 할아버지 김일성급 수령으로 셀프 등극했고, 주석 직함을 달고 '김정은주의'라는 이데올로기로 홀로서기에 성공했지만, 이 과정은 순탄하지 않았다.

2013년 12월 고모부 장성택 처형과 2017년 2월 이복형 김정남 암살 등 두 차례의 혈육 간 골육상쟁(骨肉相爭)은 나에게도 책임이 있지만 그들의 경거망동에도 원인이 크다. 하늘 아래 태양이 두 개일 수 없다는 이판(理判)과 사판(事判)의 원칙을 무시하고 충성을 맹세하지 않는 것은 유일 수령 사상 체제에서 수명을 재촉하는 일이다. 그들은 조선왕조의 3대 임금인 태종이 자신이 집권하는 데 혁혁한 공을 세운 처남 민 씨 4형제를 단칼에 제거한 역사를 들여다보지도 않았단 말인가?

지난 10년간은 정신없이 달려왔다. 아버지가 2011년 동지섣달 심근경색으로 급서해 제왕학을 체계적으로 배울 틈도 없이 약관 28세에 권좌에 올랐다. 외부에서는 젊은 지도자가 얼마나 가겠느냐고 의심의 눈길을 보냈다. 권좌에 올라서 보니 겉으로만 충성하는 체하는 양봉음위(陽奉陰違)의 고위층을 제거하는 것이 불가피했다. 중국만 바라보고 이인자 행세를 하는 고모부 장성택을 제거하지 않으면 권력의 영(令)이 서지 않아 칼을 휘둘렀지만, 솔직히 마음이 개운치는 않았다. 고모부를 치면 내가 살고 고모부를 치지 못하면 내가 살 수 없었다. 마이웨이에는 피바람이 불가피했다. 당시 아직도 내가 스위스에서 유학하는 10대 조카인 줄 알고 중국 측에 나에 대한 이야기를 함부로 전하는 고모부의 행태는 도저히 용납할 수 없었다. 국제전화는 철저하게 도·감청이 되는데도 주의하지 않아 아침이면 내 책상에 리얼한 전화 내용이 담긴 보고서가 올라왔다. 조선시대 양녕대군처럼 권력의 언저리에서 물러나 고모 김경희와 함께 유유자적하며 바짝 엎드려 있었으면 화는 면했을 것이다. 하지만 그가 새로운 시대와 세상이 도래한 줄도 모르고 섭정 통치의 개념으로 나를 상대한 것은 죽음을 자초한 것이다.

이복형 김정남 역시 분수를 모르고 행동했다. 평양에서 수차례 레드라인을 넘지 말라고 경고했지만, 그는 위험한 행동을 자행했다. 마카오에서 우리 일꾼들이 24시간 감시하는데도 2012년 이후 버젓이 남한 정보당국을 만나 평양의 인사이드 스토리를 전달하고 금품을 받은 것은 용납할 수 없었다. 아무리 돈이 바닥나서 힘들었다지만, 남측 정보기관 금품을 받는 것은 금도를 어긴 것이다. 내가 몇 차례 경고를 보냈지만 경솔하게 행동했다. 특히 마지막에 유럽으로 전격 이주하려는 계획은 저지가 불가피했다. 지난 1983년 미얀마 아웅산 테러처럼 직접 우리 공작원들이 나서면 책임 소재 때문에 곤란해 말레이시아에서 동남아 여성을 시켜 살해한 것은 불가피했다."

선대 측근 축출하고 '삼지연 8인방' 시대 열어

2021년 6월 20일 김정은 국무위원장(왼쪽)은 중국을 국빈 방문해 시진
핑 중국 국가주석(오른쪽)과 만남으로써 김정은 체제에 대한 중국의 신
뢰와 공고한 대미전선을 재확인했다. / 사진: 조선중앙통신

"사회주의 수령체제에서 권력이 얼마나 가혹하고 냉정한 것인지 고모부와 이
복형은 잘 모르는 것 같다. 최고 존엄 주변의 파리 떼들이 권력의 곁가지들을 제
거하는 데 공을 세워 신임을 받기 위해 얼마나 처절한 노력을 전개하는지 몰랐을
것이다. 그들은 없는 죄도 만들어 정적을 제거하고 냉혹한 권력의 정글에서 생존
하는 데 달인들이었다. 물론 이들도 얼마 지나지 않아 또 다른 파리 떼들에게 숙
청당하기는 했지만 말이다.

2011년 11월 28일 선친 김정일 운구행렬을 호위했던 7인방을 초기에 전격 진
압한 이유는 면종복배를 차단하기 위해서다. 나를 포함해 최태복 최고인민회의
의장, 우동측 보위부 제1부부장, 김정각 총정치국 제1부국장, 김영춘 인민무력부
장, 이영호 인민군 참모장, 김기남 당비서, 장성택 국방위원회 부위원장 등 이들
7명의 세력은 형식적으로 갓 30세가 된 젊은 나를 옹위해 권력승계 과정을 그런
대로 마무리했다. 하지만 이들은, 선대 권력은 CEO가 바뀌면 용퇴해야 새로운 태
양이 화려하게 떠오를 수 있다는 권력의 생리를 이해하지 못했다. 3년 만에 5명의

권력이 전면에서 사라지게 했다.

1단계로 2013년 11월 장성택을 치기 위한 거사에 동참한 백두산 삼지연 8인방을 중심으로 세대교체를 단행했다. 김원홍 국가안전보위부장, 김양건 당비서이자 통일전선부장, 한광상 노동당 재정경리부장, 박태성 중앙위 부부장, 국가안전보위부를 수족으로 부리는 막강한 권력을 가지는 황병서 조직지도부 부부장, 김병호 선전선동부 부부장, 홍영칠 기계공업부 부부장, 마원춘 중앙위 부부장 등이다. 이들 역시 주기적으로 자리 이동과 숙청 등을 통해서 확실한 충성체제를 구축했다.

군과 당의 노회한 권력층을 회전문 인사로 흔들고 숙청으로 위상을 보이니 나에 대한 태도들이 상당히 달라진 것 같았다. 감히 총참모장(이영호)이라는 자가 최고 존엄이 참석하는 1호 행사에 권총을 차고 의전을 하는 불경죄가 재연될 것 같지는 않다. 그래도 허점을 보이면 벌떼처럼 달려들 테니 주기적으로 사상단속을 해야 한다.

임인년(壬寅年) 검은 호랑이해도 녹록지 않은 한 해가 될 것 같다. 우선 1월에 열리는 당 중앙위 전원회의에서는 집권 10년 성과에 대한 부각과 내년 대외 전략을 언급해야 할 것 같다. 선전선동부를 통해 지난 10년 성과를 내세우는 심리전 대책에 대한 특별 지시를 해야겠다. 2018년~2019년 동안에 이뤄 낸 두 차례의 김정은-트럼프 북·미정상회담, 시진핑-김정은 북·중정상회담 및 문재인-김정은 남북정상회담 등은 선대 지도자들도 해내지 못한 초유의 외교적 성과다. 하지만 대북제재를 해제하지 못했으니 싱가포르와 하노이 정상회담, 판문점 회동 등은 모두가 흘러간 추억이 됐다.

물론 제재 해제 등 실속은 없었지만, 홍보 효과만큼은 대박이었다. 전 세계의 매스컴이 나와 트럼프의 일거수일투족을 보도했을 때는 꿈인지 생시인지 솔직히 분간이 가지 않았다. 남한의 홍보 대행사에서는 1조 원의 PR 효과가 있었을 것이라는 평가도 있었다. 이로 인해 푸틴, 아베 총리를 비롯해 전 세계 내로라하는 지도자들이 나와의 회담을 제의하는 등 세계 정상급 지도자의 반열에 올라섰으니 그런대로 남는 장사였다."

중국과 관계 강화로 대미 전선 구축

북한의 대외홍보용 월간 화보 『조선』 12월 호에 수록된 북한 어린이(박의성 군)가 그린 '심판'. 중국에서 열린 '제7차 아시아 어린이 그림 전시회'에 출품됐다. 코로나와 국제 제재 등 북한이 처한 상황을 단적으로 보여준다. / 사진: 연합뉴스

"트럼프 대통령과의 만남보다도 더 결정적인 사건은 시진핑 중국 주석과의 네 차례 정상회담이었다. 지난 2012년 집권 이래 지속적으로 방중을 모색했으나 묵묵부답이었던 베이징이 미·중 갈등 심화로 평양과 다시 손을 잡기로 한 것은 북한 외교의 쾌거라고 평가하고 싶다. 미국과의 협상이야 중단과 재개를 반복하니 항상 불안정하지만 북·중 관계는 다르다. 북한 외교의 기본은 평양과 베이징 간 순망치한(脣亡齒寒)의 관계다. 내가 미국과 대등하게 밀당을 할 수 있는 것도 시 주석의 든든한 뒷배가 있기 때문이라고 해도 과언이 아니다. 김일성, 김정일 선대 지도자들도 등극한 후에 베이징에서 책봉 스타일의 환대를 받고 나서야 위상이 올라갔던 역사를 돌이켜볼 때 중국 방문은 미국과의 회담 못지않게 중요한 과제였다. 시 주석과의 만남으로 평양 최고지도자로서의 위상이 공고해진 느낌이라

잠자리가 한결 편안해졌다.

바이든 대통령은 중국과 대만 문제로 정신이 없고 가끔 원론적인 입장 표명으로 나를 투명인간 취급하는 전략을 시도하고 있다. 워싱턴이 동북아 외교 1순위로 우리 평양을 밀어내고 대만을 중시하니 바이든 행정부에서는 협상이 여의치 않을 것이다. 상반기에 남한 대선이 있으니, 단계적으로 도발 강도를 올려야 할 것 같다. 미국이 '실용외교'니 '조정된 외교'니 하나 마나 한 용어로 공화국을 관리하는데 인내심을 언제까지 발휘해야 할지 고심 중이다.

2021년에는 연초부터 탄도미사일(1.21, 3.21, 3.25), 장거리순항미사일(9.11~12), 열차탄도미사일(9.15), 극초음속미사일 화성-8형(9.28), 신형 반항공미사일(9.30) 및 신형 잠수함발사탄도미사일(SLBM)(10.19) 등을 연속 발사하며 미국의 반응을 떠봤다. 바이든 행정부 첫해라 로키(low-key) 전략을 고수하느라 발사 현장에는 직접 등장하지 않았다. 특히 내가 1년 7개월째 미사일 발사 현장에 모습을 드러내지 않은 것은 정상적이고 합리적인 리더십을 보여주기 위한 유화적인 제스처다. 집권 초기에는 미사일 발사 현장의 단골이었으나 도발적인 지도자라는 인식을 불식시키기 위해 박정천 당비서(전 총참모장), 유진 노동당 군수공업부장을 현장에 보냈다. 내가 인민경제 개선을 강조하면서 경제 현장에는 김덕훈 내각총리를 보내는 방식이다.

나는 G2 지도자 트럼프·시진핑과 수차례 정상회담을 하는 글로벌 리더인 만큼 중요 핵심사안만 챙기고 나머지는 위임통치를 하는 모습을 보이겠다. 2월 4일 베이징올림픽은 참석에 실익이 별로 없는 것 같다. 남측에서는 내가 나와서 자연스럽게 정상회담 그림을 그리지만 내가 나갈 자리는 아닌 것 같다. 최룡해나 김여정 등을 보내야 할 것 같다.

청와대에서 남측 대선 때문인지 지속적으로 정상회담을 요구하고 있다. 나도 고민이다. 거부하려니 박빙 선거에서 여당 후보가 낙선할 시나리오를 상상하라고 조르고 있다. 벌써 몇 차례나 문재인 대통령이 친서를 보내며 나와 최소한 '화상 정상회담'이라도 하자고 압박하는데 거의 스토커 수준이다. 12월 들어서는 청와대 안보실 관계자들이 베이징에 와서 우리 정보 당국자에게 다양한 시나리오를 이야기했다. 하지만 서울에서 얻어낼 것이 많지 않아 고민이다. 남측에서 임기 말에 아무리 움직여도 종전선언은 미국과의 합의 없이는 불가능하다. 중국도 베이징 올림픽 외에는 종전선언에 큰 관심이 없다. 대북제재가 변함없는데 정치적 선언에 불과한 종전선언은 문재인 정부의 명분만 살려주는 안건이라 솔직히 나도 관심은 없다. 특히 아무리 서울에서 합의 문안이 완성됐다고 허풍을 쳐도 워싱턴에서 호락호락하게 들어줄 리 없는 것은 나도 잘 안다.

문재인 정부와 세 차례 정상회담으로 대규모 지원을 약속한 판문점 선언과 9·19 공동선언에 합의했지만, 손익계산서를 정확히 따져봐야 한다. 남측 비무장지대 초소를 철거한 것은 유사시 대남 침투에 유용하게 사용할 수 있기 때문에 큰 성과다. 가장 큰 선물은 '김여정 하명법'이라고 하는 대북전단방지법을 제정해 더는 나를 비난하는 전단이 날아오지 않는 것이다. 남측의 BTS니 '오징어게임'이니 하는 한류가 몰려오지 않게 차단하는 데 큰 도움이 되고 있다."

사상 · 기술 · 문화 '3대 혁명'으로 내치 강화

남측의 정권 교체 여론이 정권 재창출 여론보다 높으니 문재인 정부와 마지막까지 거래하는 것은 다소 리스크가 있다. 다만 지금 청와대를 도와주지 않아 정권이 야당으로 교체되면 대북전단방지법이니 9·19 합의니 모두 물거품이 되는 상황이라 고민은 있다. 남한에 민족주의 감성으로 투표하는 비율이 최소 3%는 된다고 하니 나도 법적인 투표권은 없지만, 실질적인 영향력은 작지 않다. 하여튼 2012년 집권하고 벌써 남한 대선을 3번째 경험하는데 선거 때마다 남측의 평양줄 대기가 만만치 않다. 역시 선거는 평양이 100% 투표에 100% 찬성으로 서울보다 훨씬 효율적이다. 남한의 민주주의라는 것은 역시 이해하기 힘든 시스템이다.

임인년 새해는 집권 11년 차다. 검은 호랑이해는 새로운 10년을 기약할 수 있는 골든타임이고 나도 3년 후에는 40대가 된다. 나만의 고유 브랜드를 가져야 할 때가 됐다. 지나고 보니 10년 동안 정상회담 몇 번 한 것 외에 성과는 역시 핵무기 개발이었다. 핵심 치적으로 내세우지 않을 수 없다. 따라서 북한의 대외 선전용

화보 『조선』 12월 호는 12월 7일 '국방력 발전의 최전성기를 펼치시여'란 제목의 '기념편집'에서 집권 10년을 "승리와 영광으로 빛나는 위대한 혁명영도의 10년"으로 칭하며 첨단무기 개발을 성과로 내세우도록 했다.

내치(內治)는 애민 지도자로서의 이미지를 부각해야겠다. 고모부와 이복형 처형의 어두운 그림자를 지우고 자애로운 모습을 인민에게 선보이도록 이미 선전선동부에 지시했다. 특히 11월 특별 서한에서 사상·기술·문화 등 '3대 혁명'을 언급하며 당에 대한 충성과 경제발전을 강조했다. 민심잡기 전략은 할아버지 따라 하기가 효과적이다. 김일성 주석이 환생한 듯한 기시감(旣視感)을 주는 것은 3대 세습에 필수적이다.

코로나가 빨리 종식돼야 하는데 앞이 안 보이니 걱정이다. 스위스에서 스키 타고 승마하던 조기유학 시절이 그립다. 지난해 40일 동안 원산에서 수상스키를 타고 몸 관리를 하느라 두문불출(杜門不出)했더니 남측에서 유언비어가 만연했다. 올해는 건강을 생각해서 프랑스 보르도산 와인과 스위스산 멘탈 치즈를 좀 줄여야 할 것 같다. 과거 선대 지도자들도 연말연시에 나와 같은 고민을 했는지 궁금하다. 검은 호랑이띠 해에도 산적한 과제를 해결하느라 불철주야 움직여야 할 것 같다."

[남성욱의 평양리포트] 월간중앙 2022년 1월호

코로나 대유행 속 김정은식
선군(先軍)정치의 두 얼굴

'한반도 운전자' 떠나간 자리에 나 홀로 과속 질주?
北, '건국 이래 대동란' 코로나19 위기에도 탄도미사일 발사
7차 핵실험 운 띄우며 주민 동요 잠재우고 협상 주도권 노려

북한은 최근 코로나19가 확산함에 따라 '방역 위기'로
규정하고 대대적인 방역 활동에 들어갔다. 만수대창작
사는 다양한 선전화를 만들어 주민들의 방역 참여를
독려하고 있다. / 사진: 연합뉴스

7차 핵실험 시기를 둘러싸고 북한과 미국 간의 신경전이 가속화되는 가운데 평양의 도발이 입체화하고 있다. 현충일 전날 탄도미사일 8발 무더기 발사는 초유의 일이다. 순안, 함흥 등 4곳에서 각각 2발씩 발사했다. 전례 없는 일이다. 2022년 3월 20일 방사포 4발을 발사했고 5월 25일 바이든 대통령이 한국과 일본 방문을 마치고 워싱턴에 도착하기 직전에 3발을 더 발사했다. 김정은 위원장이 5월 12일 '건국 이래 대동란(大動亂)'이라던 코로나 사태 발생을 선언한 지 3주 만이다. 한·미가 4년 7개월 만에 오키나와 근처에서 핵추진 항공모함 로널드 레이건호를 동원한 연합훈련을 마친 지 하루 만이고 한·미·일 북핵 대표가 서울에서 협의를 마친 직후다.

실제 미사일의 방향이 동해가 아닌 남쪽이라면 과연 방어가 가능할까? 합참은 윤석열 대통령의 강력 대응 지시로 북한 도발 다음 날인 현충일에 동일하게 동해로 지대지 미사일 8발을 발사했다. 남북 양측이 강대강 구도에 따른 비례적 맞대응 수순이다. 6월 하순 기준으로 누적 발열자 500만 명을 보유한 북한의 코로나 확산은 과연 미사일 발사와 아무런 상관이 없을까? 축젯날 불꽃놀이도 아니고 휴일 도발로 긴장을 고조시키는 의도는 무엇인가? 차기 도발로 예상되는 7차 핵실험은 언제일까? 다양한 쟁점 분석이 필요한 복잡 미묘한 시점이다.

북한 도발의 초점은 일차적으로 군사력 과시다. 과거 도발에서 1회 최대 미사일 발사는 4발이었다. 북한은 여러 곳에서 무더기로 발사해 목표물 동시 타격 능력을 과시함으로써 위협 강도와 충격을 높이고 있다. 북한은 8발 발사를 통해 한·미 연합훈련은 물론 한반도에 전개되는 미국 전략자산까지도 격퇴할 수 있는 대응 능력을 과시했다. 북한판 이스칸데르, 에이태큼스(ATACMS) 및 초대형 방사포 등을 연속해 남측으로 쏠 경우 한·미 양국의 요격 능력이 무력해질 수 있는 가상현실을 보여주었다. 여러 곳에서 미사일을 동시에 발사하면 원점 타격도 용이하지 않을 수밖에 없다. 한국형미사일방어체계(KAMD) 등 현행 3축 미사일 방어체계로 북한의 동시다발적 미사일을 철저하게 요격시키는 것은 용이하지 않다. 각종 장비 구축 등 추가 예산 투입이 불가피하다.

다음으로는 무더기 발사를 해도 유엔(UN) 안전보장이사회 제재가 채택되지 않는 국제정치의 현실을 북한이 악용하기 시작했다. 바이든 대통령의 한·일 양국 순방 직후인 5월 25일 북한의 미사일 도발을 응징하는 유엔 안보리의 추가 제재는 미국이 의장국이었지만 중국과 러시아의 거부권 행사로 채택되지 못했다. 우크라이나 사태 이후 형성된 미국과 중·러의 대립 구도는 유엔 안보리를 무력화시켰다. 평양으로선 더는 유엔을 의식해 도발을 자제할 이유가 사라졌다.

유엔에서는 남북한 및 미국과 중국 대사가 북한의 미사일 발사와 7차 핵실험을 둘러싸고 연일 설전을 벌이고 있다. 미·북 간에 고착된 무반응(no reaction) 구도를 타파하려면 고난도 도발은 필수적이다. 김정은은 트럼프 전 대통령과 달리 자신에게 "Hello(안녕)! period(마침표)"라며 할 말이 없는 바이든 대통령을 협상장으로 유도하기 위해 과거와는 색다른 도발 카드를 고르기 시작했다. 북한이 7차 핵실험 등 추가 도발을 이어갈 경우 유엔이 아닌 한·미·일 협력에 의한 개별 추가 제재를 발동할 수밖에 없으나 실효성은 미지수다.

북한의 전례 없는 미사일 발사는 코로나19로 최대 비상 방역을 선언한 후 흉흉해진 민심 관리 목적도 있다. 역설적으로 평양은 코로나 위기 국면 속에서 사회주의 정치방역(?)의 승리를 선언하며 전지전능한 지도자의 탁월한 능력으로 코로나 위기를 극복했다고 선전한다. 평양은 초유의 미사일 무더기 발사로 방역 실패의 위기를 교묘히 넘겼다. 코로나 방역에 따른 봉쇄와 경제난으로 인민의 불만이 최고지도자에게 전가되는 것을 막기 위해 미국과의 대립구도가 나쁘지 않다. 특히 핵 항모가 동원된 한·미 연합훈련은 반미 선전 선동에 호재다. 미 제국주의의 침략 선동은 6·25전쟁 발발 72주년을 앞두고 인민에게 대미 적개심을 불러일으키는 데 효과적이다.

북한 미사일 도발로 시작한 남북의 강대강 대치

한·미 군 당국은 2022년 6월 6일 북한이 전날 단거리 탄도미사일(SRBM) 8발을 발사하자 이에 비례해 지대지 미사일인 에이태큼스(ATACMS) 8발을 동해상으로 대응 사격했다. / 사진: 합동참모본부

한편 북한은 코로나19 확산으로 정권이 붕괴할 수 있다는 지적에 "몽유병자들의 개꿈"이라며 발끈했다. 앞서 미국 보수 성향 싱크탱크 카토 연구소의 더그밴도우 수석연구원은 2022년 6월 3일 『포린폴리시』 기고문에서 "북한이 팬데믹에 제대로 대비하지 못하고 있으며 한·미·일 3국은 북한의 붕괴에 대해 체계적이고 차분한 논의를 시작해야 한다"라고 주장했다. 북한과 미국 간에 코로나를 둘러싼 심리전이 물밑에서 치열하게 전개되고 있는 셈이다.

2000년대 중반 필자는 서울대병원에서 1년쯤 사용한 의료기기를 북한에 전달하고자 평양을 방문했다. 서울시 관계자와 당시 성상철 서울대병원장 등이 동행했다. 의료기기를 전달받은 평양의 특급병원인 조선암센터 수술실 갓등에는 'made in Czech(체코) 1974'라고 쓰여 있었다. 진열장에 있는 수술 가위 등은 녹슬고 낡아서 침대에 누워 있는 말기 암 환자 수준이었다. MRI 등은 전달했지만, 소모품은 어떻게 조달할지 의사들은 긴 한숨을 쉬었다. 3박 4일 일정을 마치고 서울에 돌아와서도 열악한 수술실 기기들이 한동안 머릿속을 떠나지 않았다.

2022년 4월 중순 태양절 행사 이후 평양과 신의주 등을 중심으로 대규모 열병이 돌기 시작했다. 유전자 증폭 검사(PCR) 장비가 없어 확진이라는 표현보다는 유열(有熱, 발열)자란 표현을 사용했다. 청정국을 선전하던 북한은 마침내 코로나 발생을 전격 선언하며 최대 비상 방역 사태를 선포했다. 하지만 평양은 코로나 비상 방역을 공표한 지 2주도 안 돼 코로나의 거센 불길을 잡았다고 한다. 500만 명에 이르는 유열자가 발생했지만, 봉쇄와 격폐 및 사회주의 방역의 효율성으로 위기를 극복 중이라고 했다. 공식적으로 발표된 사망자는 여전히 100명 미만에서 멈춰 있으며 사망률 0.002%는 남한의 0.13%보다 낮은 수준이다. 북한의 주장이 사실이라면 전 세계적으로 희귀한 코로나 극복 사례이나, 외부에서는 가늠하기 어려운 미스터리다.

코로나19 대유행 선뜻 인정한 김정은의 속내는

김정은 북한 국무위원장이 마스크를 쓰고 평양 시내 약국을 찾아 의약품 공급 실태를 확인하고 있다. 김 위원장은 "건국 이래 대동란"이라며 비상 방역체계 가동을 지시했다. / 사진: 연합뉴스

쟁점은 세 가지다. 첫째, 왜 김정은은 코로나 청정국에서 갑자기 건국 이래 대동란을 선언하며 코로나 발생을 인정했을까. 북한에서 감염병 발생은 무조건 비공개가 원칙이다. 인간 대상의 전염병 확산은 전지전능한 최고지도자의 무오류성과 부합하지 않는다. 신종플루(H1N1) 바이러스가 유행하던 2009년 조선중앙통신이 신의주와 평양에 확진자 9명이 발생했다고 밝힌 사례가 유일하다. 2003년 사스(SARS), 2014년 에볼라, 2015년 메르스(MERS) 유행 당시에는 검역 조치 설명 외에 어떤 발병 보도도 없었다. 반면 코로나 발생 첫해부터 지금까지 『노동신문』의 보도만 5,000여 건에 달한다. 분명 과거와 다른 대처다.

『노동신문』은 발병 선언 전까지는 2년 3개월간 의심 진단자는 있지만 확진자는 없으며 육·해·공 방역의 중요성만 강조했다. 『노동신문』 보도와 물밑 정보로 추정컨대 신의주, 순천, 해주 등지에서 환자가 발생했으나 극단적인 봉쇄로 막아냈다. 하지만 경제가 발목을 잡았다. 북한은 2020년 2월 초 압록강에서 두만강까지 1,400km 북·중 국경 빗장을 완전히 걸었다. 2년간의 봉쇄는 북한 경제를 마비시켰다. 광물자원을 중국에 수출하고 받은 의류 및 공산품 원자재를 임가공해서 재수출하는 무역 공급망이 붕괴했다. 유엔 안보리 대북제재는 2020년부터 2년간 북한 경제의 자금 조달 창구를 그럭저럭 차단했다. 김정은의 사금고가 비어가는 것은 불문가지다.

생존이 바이러스 차단보다 우선이라는 판단으로 평양은 올해 초 중국과의 물자 수출입을 전격 재개했다. 북·중 화물열차는 2020년 8월 운행이 완전히 중단됐다가 2022년 1월 중순 재개됐다. 화물열차 운행 재개로 올해 1분기 북·중 교역액은 1억 9,689만 달러(약 2,493억 원)로 작년 동기 대비 10배 증가했다. 단둥－신의주 루트를 통해 화물과 북한에 귀환하지 못했던 중국 거주 북한 근로 인력이 이동하면서 바이러스도 동행했다. 지난 2년간의 철통 봉쇄에 구멍이 생겼다. 북·중 화물열차 운행은 4월 말 다시 중단됐다.

연이은 정치행사 개최는 코로나 확산의 무대를 제공했다. 연초 노동당 전원회의는 4월 15일 김일성 출생 110주년, 2월 16일 김정일 출생 80주년 등 꺾어지는 해를 맞이해 대규모 정치행사 개최를 결정했다. 2월 막을 올린 정치행사는 4월 태양절 행사를 거쳐 4월 25일 조선인민군 창설 90주년 행사에서 절정에 달했다. 행사를 마치면 김정은은 마스크를 쓰지 않은 참석자들과 기념사진을 찍는 '사진정치(photo politics)'를 감행했다. 참가자들은 최고지도자와 사진을 찍는 것에 목을 맨다. 사진을 찍어야 해당 단체나 군부대는 선물도 받고 우수기관으로 선정되어 혜택을 받기 때문이다.

노(no) 마스크 대중 집회는 코로나 확산에 최적의 환경이 조성됐다. 발열자가 평양에 집중되면서 사달을 은폐하는 것이 한계에 왔다. 중국 수입 물자의 최종 도착지인 평양에 환자 발생이 집중됐다. 인구 300만 명인 평양을 봉쇄하려면 코로나 확산 선언은 불가피하다. 스마트폰 사용자 600만 명인 북한으로서는 괴담을 확산시키기보다는 정면 돌파를 택했다. 오히려 코로나 위기를 봉쇄와 격리 등을 활용해 민심 안정과 정권 강화의 계기로 활용했다.

둘째, 실제 확산 상황은 어느 정도인가. 2022년 6월 하순 기준, 발열자는 500여만 명에 도달했고 이는 전체 인구의 25% 수준이나, 실제는 50%를 상회할 것이다. 북한 당국 발표에 따르면 백신 접종률이 0%이지만 사망자는 100명 미만이며 이마저도 5월 하순부터는 사망자 '제로'다. 최고지도자의 권위를 고려한 통계조작이다. 보건 당국은 사망자가 발생하면 과로사나 장티푸스 등 여타 전염병이나 약물 부작용에 의한 단순병사로 보고한다. 조선중앙TV는 최대비상 방역체계가 가동된 5월 12일부터 20일간의 기록을 담은 편집물을 통해 5월 19일 함흥시 회상구역의 한 병원 근무자가 아픈 몸을 이끌고 주민 280여 명을 돌보다 순직했다는 소식을 전했다. 환자 사망이 아니라 의료인 사망을 미담으로 발표했다.

'최고 존엄' 훼손될까 전전긍긍하며 통계 조작

2022년 4월 26일 북한 조선인민혁명군(항일유격대) 창건 90주년을 맞아 평양 김일성광장에서 열린 대규모 열병식에는 각종 미사일을 선보였다. 이날 열병식에는 마스크를 쓰지 않은 군중이 운집해 코로나19 확산의 기폭제가 됐다. / 사진: 연합뉴스

김정은은 2022년 5월 12일 당중앙위원회 회의에서 마스크를 착용했지만, 이후 공식 행사에서 마스크를 벗었다. 북한은 코로나가 안정세를 보인다며 '우리 당의 정확한 영도와 특유의 조직력과 단결력의 결과'라고 홍보했다. 김정은의 영도력을 강조하는 사회주의 정치방역의 승리라고 선전한다. 인구밀도가 낮은 북한 도시와 농촌 구조의 특성상 철저한 격폐 조치가 성과를 거두며 정점을 지난 것처럼 보인다. 5월 말 평양 주재 외국인들의 자택 격리가 해제됐다. 평양은 큰 불길을 잡았지만, 농촌은 상황이 녹록지 않다. 농민들은 마스크를 착용하고 모내기 전투에 매진하고 있다. 하위 30%, 대략 700만 명의 인민은 장마당에 생계를 의존하는 만큼 발열에도 불구하고 장사에 나선다. 결핵 유병인구는 13만여 명, 65세 이상 고령 인구는 240만여 명이다. 세계보건기구(WHO)는 북한의 선전과 달리 상황이 가볍지 않다고 평가했다. 코로나는 끝날 때까지 끝난 것이 아닌 만큼 동향을 주시해야 한다.

마지막 쟁점은 남한의 코로나 약재 등 인도적 지원을 수용할 것인가다. 2004년 4월 용천역 폭발사고 당시 북한은 지원을 요청하고 국제사회 및 남한의 인도

적 지원을 받았다. 정부 차원의 9억 원을 포함해 시민단체와 종교계 등 648억 원 상당 물자를 북한에 지원했으며 국제사회도 2,044만 달러 상당을 지원했다. 당시 조선중앙통신 등은 남한과 국제사회의 지원을 보도했다.

윤석열 대통령은 '코로나 백신 대북지원 방침'을 밝혔다. 미국도 인도적 지원 방침을 선언했다. 하지만 북한이 내세우는 주체의학과 민족 공조는 양립하기가 쉽지 않다. 비록 버드나무 잎을 우려먹고 버티지만, 남한 지원은 미사일과 핵실험 임박 상태에서 불가하다. 중국은 수망상조(守望相助, 어려울 때 서로 돕는다)를 강조하며 즉각 지원에 나섰다. 김정은은 중국식 방역의 장점을 거론하며 심양에 고려항공 비행기 3대를 보내 물자를 실어 왔다. 붉은 깃발을 단 고려항공 비행기가 김포공항에 와서 화물을 수송해 가는 이미지는 공격용 핵사용을 선언한 대원수 김정은의 위상과 부합하지 않기 때문이다.

북한은 중국산과 군이 보유한 약재를 '사랑의 불사약'이라며 인민들에게 배포했다. 조선중앙통신은 현재까지 의약품 430여 종 3억 6,000여만 점이 치료 예방 기관과 각지에 공급됐다고 보도했고 『노동신문』은 "방역 위기 상황에 대처해 치료 방법과 치료 전술을 보완하는 사업이 심화되고 있다"라고 전했다. 하지만 약재는 턱없이 부족해 인민들은 동의보감 처방의 민간요법에 기댈 수밖에 없다. 『노동신문』은 바이러스가 전파되지 않게 화폐 소독을 철저히 하고 평소 녹차와 마늘, 조개, 당근, 시금치, 버섯 등을 섭취해 면역력을 높이라고 당부했다. 고위층을 제외하고는 실천하기 어려운 탁상공론식 해법이다.

북한은 백신 접종에 대해 이중적인 입장을 보인다. 코로나 백신에 불신을 드러내며 거리두기 위주 방역을 고수하겠다는 방침이다. 하지만 이미 평양 봉쇄를 해제하고 중국산 백신을 들여온 정황까지 포착돼 북한의 속내에 관심이 쏠린다. 『노동신문』은 6월 5일 자 「혼란스러운 세계 방역 상황은 무엇을 보여주는가」 기사에서 "새로운 변이 비루스(바이러스)들의 끊임없는 출현으로 왁찐(백신)은 더 이상 '만능약'으로 간주되지 않고 있다"라고 주장했다. WHO는 세 차례에 걸쳐 북한에 코로나19 예방백신 지원을 제안했으며 현재도 계속 지원을 제안하고 있다고 밝혔다. WHO는 대북지원에 있어 중국·한국과 협력하고 있다면서 협력체계를 긍정적으로 평가했다. 북한이 직접 WHO로부터 백신을 받기보다는 우회적으로 중국으로부터 백신을 받는 것을 선호하는 것으로 추정된다. 다만 서방의 모더나, 화이자 등은 냉동시설 미비와 불신 등으로 수용하지 않을 것이다.

북한은 1974년 무상치료제를 선언했지만, 실제 의약품이 없으니 무상 선전이 의미가 없다. 김일성은 '사회주의 의학은 예방의학'이라고 선언했지만 예방이 무너지면 속수무책이다. 북한 국영 보건의료의 4대 체계는 경제난으로 무너지고 있다. 1974년 전반적 무상치료제 실시를 선언했으나 실제는 90% 이상 주민이 의료체계에서 소외됐다. 약 또는 진단, 환자 이송 시 뇌물 지불은 공공연한 관행이 되었다. 약 구입을 위해 90% 이상이 의사에게 별도로 돈을 지불했고 약 매대 및 장마당에서 약재를 구입하는 데 어려움을 겪고 있다. 중국산, 러시아산 및 동남아산 약재가 주류를 이루고 있다. 남한의 사회보험＋공공부조 체계와 대조적이다.

선군정치 고수하면서 보건의료체계 사실상 붕괴

윤석열 대통령과 조 바이든 미국 대통령이 5월 22일 오산 공군기지의 항공우주작전본부(KAOC) 작전조정실을 찾아 장병들을 격려하고 있다. / 사진: 대통령실사진기자단

1966년 선언한 예방의학에서는 위생선전, 각호 담당의사제도와 예방접종을 강조하지만, 실제로는 의료 인프라 부족으로 각종 질병 예방 및 치료에 어려움이

많다. 남한의 예방의학과 치료의학의 균형적인 발전 정책과 대조를 보인다. 1966년에 선언한 의사담당구역제를 통해 무의촌, 위생선전 등을 강조하나, 의사에 대한 처우와 지원 미흡으로 형식적 치료에 그치고 있다. 북한은 고려의학을 강화하고자 서양의학과의 복합 진료를 강조하지만 의약품 생산 부족으로 1차 진료 80% 이상을 고려의학에 의존한다. 남한이 서양의학과 한의학의 의료체계 이원화로 각자의 효율성을 확보하는 것과 차이가 크다.

요컨대 북한은 2000년대 이후 경제난으로 보건의료 기반이 붕괴해 영유아 사망률, 결핵 사망률, 감염성 질환 사망률, 평균 수명 지표가 악화하고 있다. 선군정치 속에서 의료 투자가 제대로 이뤄지지 않고 있다. 최근 에르도안 대통령 집권 이후 터키 의사들이 경제난에 따른 최악의 처우를 견디지 못하고 독일 등으로 출국하는 현상은 의료와 경제가 불가분의 관계임을 시사한다.

이제 김정은에게 윤석열 정부와 거친 살바 싸움을 마다할 이유가 사라졌다. 김정은은 5년간 문재인 정부와의 달콤한 동거가 사라진 데 대한 허망함을 미사일로 상쇄하고 있다. 올해 들어 18번째, 9일에 한 번꼴의 도발이며 새 정부 출범 이후 벌써 세 번째다. 윤 대통령은 새 정부 안보태세에 대한 시험이자 도전이라며 한·미 확장 억제력과 연합방위태세의 지속적인 강화를 지시했다. 새 정부의 강대강 정책은 불가피하다. 다양한 요격 능력 구축은 필수적이다. 다만 남북 당국 간 직접 소통은 물론 중·러를 통한 대화의 끈을 놓아서는 안 된다. 글로벌 경제위기가 확산되는 상황에서 한반도의 긴장 고조는 우리의 경제안보를 심각하게 위협할 수 있다.

바이든 대통령의 워싱턴 도착 직전에 북한이 발사한 ICBM 등 3개 미사일 8발의 가격은 2,000만 달러, 단거리탄도미사일 가격은 1,000만 달러에 육박한다. 평양이 군사비를 보건의료에 투자한다면 서울도 상응하는 지원을 할 수 있다. 북한이 도발을 자제하고 코로나 치료제 지원 등의 인도적 지원을 수용하는 물밑 남북 대화를 재개할 수 있을지, 무더위 속에서 서울·평양의 창의적이고 스마트한 지략이 필요한 시점이다.

코로나 대동란이 북한에는 치명적이지만 남북이 접점을 찾고 긴장을 완화하는 계기가 된다면 진정한 민족 공조의 사례로 기록될 것이다. 남북 양측이 비례적으로 미사일을 발사하고 북한이 7차 핵실험으로 도발의 쐐기를 박는다면 양측은 돌파구를 찾기가 여의찮아질 것이다. 김정은 체제의 미래가 핵에 있지 않다는 것은 자명하지만, 핵 없는 북한의 미래에 대해 확신할 수 없을 때 벌일 평양의 자충수가 우려되지 않을 수 없는 시점이다. 2022년 여름은 더위 속에서 7차 핵실험, 미사일 발사 소식과 씨름해야 할 것 같다. 평양에서 도발을 중단하는 한 줄기 시원한 소나기 같은 희소식을 기대한다.

[남성욱의 평양리포트] 월간중앙 2022년 7월호

03

김정은 후계구도와
김주애 등장에 담긴 의미

'백두혈통' 4세대의 깜짝 등장, 준비된 후계자는 따로 있다?
미사일 도발에 대한 관심 시들자 김정은의 9세 딸 언론에 전격 공개
후계 구도 확정하기엔 아직 시기 이르고 딸이 세습할 가능성도 작아

2022년 11월 27일 북한은 신형 대륙간탄도미사일 시험 발사 현장에서 김정은 북한 국무위원장의 딸 김주애(왼쪽)를 전격 공개했다. / 사진: 연합뉴스

필자는 2006년 이후 북한의 6차에 걸친 핵실험과 수차례의 중장거리 미사일 발사에 따른 국내 주식시장의 반응 및 국내 뉴스 빈도를 추정했다. 종합주가지수

176

는 북한 도발 이후 일주일에서 열흘에 걸쳐 V자 형태를 그리며 핵실험 이전으로 원위치 됐다. 도발의 일상화에 따라 인지된 변수로서 시장에 주는 충격이 예상보다 약했다. 외신에서 보면 금방 전쟁 위기로 확대될 것 같은데 지난 70년 동안 그렇게 살다 보니 '그러다 말겠지'라는 생각이 고착화한 것이다. 엄청난 충격인 핵실험 뉴스도 2주 정도 지나면 더는 새로운 내용이 없어 국내외 온·오프매체에서 점차 사라진다. 메가톤급 뉴스인 핵실험이 이 정도이니 단거리 탄도미사일은 물론이고 미국 본토를 공격할 수 있다는 대륙간탄도미사일(ICBM) 발사도 뉴스에서 3일을 버티기 쉽지 않다. 거액을 들여 도발한 북한의 고민이 깊어지는 대목이다.

북한은 2022년에 63발의 미사일을 발사했다. 단거리 탄도미사일 한 발 발사는 100만 달러~200만 달러, 중거리 탄도미사일은 300만 달러~400만 달러에 이른다. ICBM은 500만 달러를 훌쩍 넘어간다. 물론 자본주의 국가와 달리 노동력이 무상 공급되니 미사일 발사에 따른 한계비용은 매우 저렴하다. 그래도 미사일 발사에 최소 1조 원 이상 투입한 셈이다.

미사일 발사에 따른 유형의 성과는 손에 잘 잡히지 않는다. 『노동신문』에 시뻘건 ICBM 발사 사진으로 무력을 과시하는 것 외에 특별한 이득은 없다. 미국의 위협에 대해 밀리지 않고 대등하게 강대강 대결을 전개해서 인민들을 상대로 김정은의 위상이 확고하다는 이미지를 심는 정도가 무형의 성과라면 성과로 볼 수 있다. 유엔 대북제재를 해제하기 위한 미국의 신속한 대응을 기대하는 눈치다.

하지만 북한이 학수고대하는 미국의 반응은 미지근했다. 우크라이나 전쟁의 장기화 속에서 바이든 대통령은 김정은의 미사일 도발에 대해 특별히 할 말이 없다는 입장이었다. 2021년 1월 미국 바이든 정부가 들어선 이후 타이완 문제가 동북아시아 외교정책의 최우선 순위가 됐다. 미·중 갈등 속에서 타이완이 중국의 아킬레스건이 됐기 때문이다. 북한은 미국 동북아 외교정책 우선순위에서 밀려났다. 트위터로 정상회담을 예고했던 트럼프 대통령은 플로리다 마라라고 리조트에서 중간선거 패배의 책임과 검찰 수사로 마음이 편치 않았다.

아홉 살 딸의 공개 무대 된 미사일 발사장

평양은 갑작스러운 무관심에 소외감을 견딜 수 없었을 것이다. 여전히 촘촘하게 진행되는 대북제재는 외화 조달에 여간 불편한 게 아니다. 그러다 보니 '나를 잊지 마'라는 의미에서 대륙간탄도미사일(ICBM)도 쏘고, 무언가 비장의 카드를 꺼내지 않을 수 없었다. 하지만 아무리 미국 LA를 타격할 수 있다고 자랑하는 ICBM이라고 할지라도 발사 사실 자체만으로 국제사회의 이목을 집중시키기에는 2%가 부족했다.

북한으로서는 군사도발에 플러스알파가 필요했다. 국제정치에서 잊히는 것이 가장 두려운 북한으로서는 신(新)물망초 전략이 필요했다. 물망초의 꽃말 '나를 잊지 마세요(forget me not)'에서 따온 것으로, 북한의 관심 끌기 전략을 빗댄 표현이다. 미사일 도발 와중에 새로운 인물이 등장했다. 평양은 외부세계에서 가장 궁금해하는 구중궁궐의 인사이드 스토리를 포함한 4세대 후계카드를 꺼내 드는 극장정치(cinema politics)를 연출한 것이다.

2022년 11월 18일, 27일 연속으로 김정은의 둘째 딸 김주애의 사진이 최초로 공개됐다. 18일에는 김정은이 전날 아내 리설주와 9살 김주애를 동행한 최신형 ICBM 화성-17형의 시험 발사를 지도하는 사진을 여러 장 공개했다. 일주일이 지나서 27일에는 김정은이 공로자들과 기념사진을 찍는 자리에 김주애를 대동한 모습을 공개하며 '존귀하신 자제분'이라는 극존칭을 사용했다.

두 번째 기사에서는 흰색 패딩 점퍼를 입었던 최초의 모습과 달리 검은 코트를 입고 머리를 매만진 모습이 눈에 띈다. 최초 기사와 마찬가지로 소녀가 ICBM과 이동식 발사차량(TEL) 앞에 서 있는 모습을 노출했다. 그의 어머니이자 김 위원장의 아내 리설주 여사와 판박이 모습이다. 김 위원장은 딸과 다정하게 팔짱을 끼거나 손을 꼭 잡으며 딸을 향한 애정을 드러냈다. 남한은 물론 국제사회의 관심은 ICBM과 김주애가 시너지 효과를 생산하면서 최고조에 도달했다. 뉴스가 10일 이상 지속됐고 평양의 공주는 지속적인 호기심의 주제로 자리를 잡았다. 광고효과는 극대화됐고 ICBM 마케팅은 대박을 터뜨렸다.

북한이 김주애를 전격 등장시킨 배경은 다음과 같다. 우선 미사일 발사에 대한 최고의 관심 끌기 전략이다. 둘째 딸 김주애의 등장은 1985년 그룹 배따라기가 부른 대중가요 '아빠와 크레파스'라는 노래를 연상케 한다. "어젯밤에 우리 아빠가 다정하신 모습으로 한 손에는 크레파스를 사가지고 오셨어요"라는 가사는 아빠에 대한 다정한 추억을 연상시킨다. 하지만 김주애의 등장으로 아빠와 ICBM의 스토리텔링이 등장했다. 북한이 공식 매체를 통해 김 위원장의 자녀를 공개한 것은 과거 선대 지도자에게서는 볼 수 없는 사건이다. 2013년 북한을 다녀온 미국 NBA 농구선수 출신 데니스 로드먼은 당시 영국 언론과의 인터뷰에서 "리설주가 그들의 예쁜 딸 얘기만 했다. 딸 이름은 김주애"라고 밝힌 이후 실체가 드러난 것이다.

세계가 주목한 '백두혈통'의 4세대

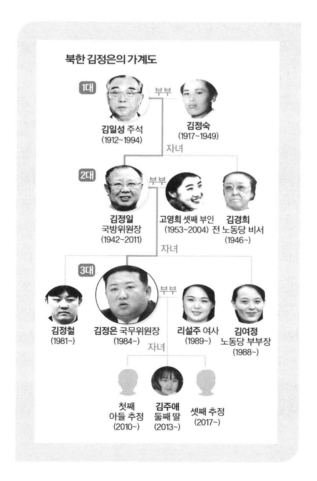

ICBM 홍보에 임팩트를 줘야 할 시점에 깜짝 주연급 인물이 등장해 제대로 매치메이커 역할을 수행했다. 김여정, 리설주는 얼굴이 알려졌고 뉴페이스를 등장시켜야 할 때 김주애가 혜성처럼 등장한 것이다. 북한의 극장식 연출정치가 절정에 달하는 순간이었다. 2019년 12월 북풍한설이 몰아치는 백두산에 부인 리설주와 함께 백마를 타고 나타난 김정은의 극장정치가 새로운 인물로 각색됐다.

북한이 김주애를 대외에 공개하면서 그에 대한 인터넷 검색량이 급증했다. 지난 11월 28일 구글 검색어 트렌드에 따르면 김 위원장의 딸이 처음 북한 관영매체에 등장한 19일부터 이날까지 'north korea(북한)'와 관련한 전 세계 검색어 1위는 'kimjongun daughter(김정은 딸)'였다. 2위 역시 'north korea kimjongun daughter(북한 김정은 딸)'로 동일한 내용이었으며, 3위~5위는 북한과 2022 카타르 월드컵의 연관성에 대한 내용이 차지했다.

주요 외신도 김 위원장 딸의 공식 석상 등장에 큰 관심을 보였다. AP, AFP, 로이터통신과 영국 스카이뉴스 등은 11월 27일 조선중앙통신, 조선중앙TV 등 북한 관영매체에 보도된 김 위원장 딸과 대륙간탄도미사일(ICBM) '화성－17형' 개발자들의 기념사진 촬영 소식을 일제히 보도했다. 외신은 특히 김주애가 북한의 차기 후계자가 될지를 놓고 전문가들의 분석을 인용해 전망 기사를 쏟아냈다. 다만 1984년생으로 아직 마흔도 안 된 김 위원장이 후계자를 조기 등판시킬 가능성은 지극히 낮으며, 9살짜리 소녀를 두고 후계 전망은 성급한 예상이다.

김주애는 북한 로열패밀리인 '백두 김씨 혈통'의 당당한 일원이자 미래세대를 상징하는 인물로서 등장했다. 앞서가도 한참 앞서가는 분석기사지만 외신은 당연히 4세대 세습을 거론하지 않을 수 없는 상황이 돼 버렸다. 『노동신문』에서 존귀하신 자제분과 제일 사랑하는 자녀라는 표현을 사용해 후계자설이 그럴듯해 보이지만 매우 근시안적인 흥미 위주의 전망이다. 북한 당국이 바라는 글로벌 홍보가 제대로 이뤄진 것이다. 마침내 미국 최대 신문 『뉴욕타임스』 12월 12일 자 1면에 화성－17형을 비롯한 북한 미사일이 미국을 어떻게 위협하는가라는 그래픽이 실리고 해설기사까지 게재됐다. 북한이 바라는 ICBM 광고효과가 극대화됐다.

둘째, ICBM 성능의 안정성 홍보 전략이다. 화성 17형이 전략무기로서 안정성을 갖췄다는 메시지를 발신하려는 기술적인 측면을 주목해야 한다. 자기 부인과 어린 딸이 함께 지켜볼 정도로 무기체계로서의 신뢰성을 갖췄다는 것을 선전하려는 목적이 숨어있다. 북한이 11월 3일 발사한 화성 17형은 2단 분리까지 성공했지만 이후 정상 비행에 실패했다. 하지만 가족들이 지켜보는 상황에서 실패는 있을 수 없다. 성공적인 발사에 대한 확실한 자신감을 표출해 무기 선진국으로의 위상을 과시하고자 했다.

셋째, 핵무기 개발에 대한 '결연한 의지'를 드러낸 측면도 살펴야 한다. 김 위원장이 발사 현장에 부인과 딸, 여동생인 김여정 조선노동당 부부장 등 이른바 '백두 혈통'을 총동원함으로써 5년 전 선언한 '핵무력 완성'이 백두혈통의 업적임을 시사하는 의도가 다분하다. 『노동신문』은 11월 19일 자 1면에 김 위원장의 ICBM 발사 현지지도 소식을 보도하면서 '핵에는 핵으로, 정면 대결에는 정면 대결로'를 제목으로 뽑기도 했다. "김 위원장이 전략무력 신형 대륙간탄도미사일 시험발사를 현지에서 지도했다"라면서 18일 발사된 ICBM에 대해 화성포-17형이라고 밝히고, 최대정점고도 6,040.9km, 거리 999.2km, 비행 거리 4,135초를 기록했다고 전했다.

김주애는 ICBM 흥행 위한 바람잡이

2012년 11월, 김정은(정중앙)과 장성택(맨 오른쪽), 현영철(맨 왼쪽)이 인민군 기마중대를 시찰하는 모습. 맨 뒤로 최룡해의 모습이 보인다. 이 사진이 나온 약 1년 뒤 김정은은 장성택을 처형했다.

김정은은 "적들이 핵 타격 수단들을 끌어들이며 계속 위협한다면 단호히 핵에는 핵으로, 정면 대결에는 정면 대결로 대답할 것"이라고 말했다. 이어 핵전략 무기들을 끊임없이 확대·강화해 나가는 데 있어 당의 국방건설전략을 강조하고, 국방과학연구 부문에서 북한식의 주체전략무기개발에 더욱 박차를 가하고, ICBM과 모든 전술핵 운용부대들은 고도의 경각심으로 훈련을 강화해 임의의 정황과 시각에도 중대한 전략적 임무를 완벽하게 수행하라고 지시했다. 핵과 미사일 도발은 미래세대에도 지속된다는 시그널을 확실하게 보낸 것이다.

2001년 도미니카 위조 여권으로 도쿄 디즈니랜드를 방문하려다 적발된 김정은의 이복형인 김정남(1971~2017)은 평양 권력 세습의 대표적인 실패 사례다. 확고부동한 후계자는 때가 무르익지 않으면 무대에 오르지 않는 법이다. 여건이 성숙하지 않았는데 장자라고 천방지축으로 공개 활동을 하는 행태는 후계 자리를 스스로 포기한 것이고 천명을 단축하는 지름길이다. 통제된 사회에서는 후계자라도 연출에 의해서 움직여야지 독자적으로 행동하는 것은 평양 권력 세계에서 허용되지 않는다. 하이에나들이 득실거리는 평양 주석궁 주변에서 후계자라고 지칭되는 순간 김정은의 마음이 바뀔 가능성도, 정권 반대 세력들이 후계자 주변으로 몰릴 위험성도 있다. 과거 김일성과 김정일이 금수산태양궁전에서 후계자 발표에 신중했던 이유다.

김주애 공개를 두고 일각에서 4대 세습을 암시한 것 아니냐는 주장이 나왔지만 어불성설이다. 북한의 가부장적인 사회 분위기 등을 고려했을 때 딸이 후계자가 될 가능성은 매우 낮다. 얼굴이 공개된 후계자는 후계자가 아니다. 김주애는 ICBM 도발에 대한 국제사회의 관심을 끌기 위한 바람잡이 여성일 뿐이다. 일종의 '유인 인물(decoy)'이다.

필자는 과거 북한과의 협상에 나서본 경험이 있다. 협상장에 나온 북한 사람들이 방에서 담배를 너무 피워서 협상을 진행하기가 어려울 정도였다. 나가서 피우라고 하는 바람에 협상이 한 시간 만에 중단되기도 했다. 당시 북한 사람에게 '북한에서 여성이 담배 피우면 어떻게 되냐' 물으니, "한 달 동안 교화소 가서 반성문 쓰고 특수교육 받아야 한다"라고 했다. 남녀 차별이 얼마나 심한지 엿볼 수 있는 일화다.

2017년 김여정이 노동당 중앙위 전원회의에서 정치국 후보위원으로 초고속 승진했을 때도 후계자 가능성이 점쳐졌던 바 있다. 하지만 당시에도 "암탉이 울면 집안이 망한다"라는 말이 통용되는 북한 사회 분위기상 후계자까지 되기는 어렵다고 봤다. 김정은이 성별과 관계없이 '백두혈통'이라는 혈연에 기대 권력 안정을 꾀하려는 것이라는 분석도 있으나 가부장제 북한 사회의 정서를 간과한 추론이다. 김주애가 결혼해서 아이를 낳으면 성씨가 달라지며 백두혈통은 다른 성씨로 변질된다. 신격화된 북한 왕조에서 체제가 붕괴하지 않는 이상 불가능한 일이다.

후계자는 2010년생 첫째 아들일 가능성

김정일 북한 국방위원장의 셋째 아들인 김정은(오른쪽)은 스위스 유학 중 2000년대 말 북한으로 돌아간 뒤 2009년 국가안전보위부장에 오르며 후계자로 모습을 드러냈다. 2010년 10월 10일 북한 노동당 창건 65주년 기념 열병식에 김정일 국방위원장과 함께 당 중앙군사위원회 부위원장 자격으로 참석한 김정은의 모습. / 사진: 연합뉴스

　그렇다면 누가 후계자가 될 것인가? 아직 공식적으로 알려지지 않은 2010년생 첫째 아들일 가능성이 높다. 2009년 결혼한 김정은과 리설주는 2010년, 2013년, 2017년에 각각 자녀를 출산했다. 정식 후계자로 공인되지 않는 이상 아들이 공식 석상에 나올 일은 없다. 이는 신비주의를 극대화하려는 이유도 있지만, 준비된 후계자로 각종 이미지를 미화해 등장시켜야 인민들에게 호소력이 있기 때문이다. 장자인 아들은 지금 유럽에서 은밀하게 청소년기를 보내고 있을 것이다. 40세가 채 되지 않은 김정은이 후계자를 공개하기엔 이르다. 김정은의 과거 경험처럼 17세~18세 정도에 이르면 평양으로 복귀해 군과 각종 교육기관 등에서 황태자 수업을 체계적으로 받을 것이다.

　과거 김정은은 프랑스를 거쳐 14세 때 스위스로 유학해 김나지움(Gymnasium,

일반계 중·고등학교) 과정을 다녔다. 스위스 베른에 있는 국제학교와 공립 중학교에서 유학했다. 유학 당시에는 '박운(박은)'이라는 가명으로 활동했다. 학교 기록 등에 따르면 베른 공립 중학교 인근의 한 초등학교에서 독일어 보충학습을 받은 뒤 1998년 8월에 7학년(한국의 중학교 1학년 해당)으로 편입됐다. 그는 9학년이던 2000년 말 학교를 그만뒀다. 당시 담임이었던 시모네 쿤은 일본 마이니치 신문 기자에게 "그가 점심시간에 교무실로 와서 '내일 귀국한다'고 말한 뒤, 다음날부터 나오지 않았다"라고 했다.

승부욕이 강한 김정은은 내성적인 성격인 형 김정철을 제치고 아버지를 수행하며 3세대 후계자 수업을 받기 시작했다. 김정일은 2009년 3월~4월경 김정은을 국가안전보위부장에 임명해 자신을 대신해서 엘리트들을 감시하게 하고, 김정일 사후에도 그가 엘리트들을 확고하게 장악할 수 있도록 권력을 설계했다. 2010년 9월 조선인민군 대장 임명, 3차 노동당 대표회의에서 당 중앙군사위 부위원장 및 당 중앙위원 임명 절차를 거치며 김정은은 국가 통수권 후계자로 공식 확정됐다. 그동안 유년기, 청소년기의 사진으로만 알려져 왔던 김정은의 얼굴은 후계자로 확정된 9월 28일 노동당 대표자회의 기념사진을 통해 언론에 공개됐다. 10월 6일엔 김정은이 후계자로 지명된 것을 경축하는 행사를 개최했다.

2013년 12월 3일에는 김정은의 고모부 장성택이 실각했다. 12월 9일 장성택이 전날 조선로동당 중앙위원회에서 체포되는 장면이 담긴 사진을 공개했다. 『노동신문』은 장성택이 숙청된 이유에 대해 "앞에서는 당과 수령을 받드는 척하고 뒤에 돌아앉아서는 동상이몽, 양봉음위하는 종파적 행위를 일삼았다"라고 했다. 또한 "장성택은 당과 수령의 높은 정치적 신임에 의해 당과 국가의 책임적인 위치에 등용됐지만 인간의 초보적인 도덕의리와 량심마저 줴버리고 위대한 수령님과 위대한 장군님을 천세만세 높이 받들어 모시기 위한 사업을 외면하고 각방으로 방해하는 배신행위를 감행했다"라고 강력 비난했다.

피도 눈물도 없는 주석궁의 권력 승계

2017년 2월 13일 쿠알라룸푸르 공항에서 독극물 공격을 받은 김정남이 사고 직후 공항 안내데스크에 도움을 요청하는 장면이 CCTV에 포착됐다.

하늘 아래 태양은 두 개가 있을 수 없다. 고모부 장성택은 김정은이 권좌에 오른 뒤에도 어린 조카로 착각해 최고지도자 김정은에 대한 예우를 다하지 않았다. 중국과의 국제전화가 도·감청된다는 초보적인 사실조차 망각한 장성택은 최후의 순간을 맞을 수밖에 없었다. 일부 언론은 김정은이 장성택을 처형하고 군부를 숙청해서 북한 체제가 불안하다고 분석했지만, 역설적으로 김정은이 면종복배하는 권력층을 제거하지 못했다면 그의 자리는 위태로웠을 것이다. 김정은은 2011년 12월 29일 김정일 장례식 차량을 호위한 7인방을 1년에 걸쳐 전격 숙청했다. 아버지 세대에서 활약한 권력층이 아들 집권 이후에도 함께 일하기는 어렵다.

2017년 2월 13일 말레이시아의 쿠알라룸푸르 국제공항에서는 북한의 사주를 받은 베트남 여성 도안 티 흐엉과 인도네시아 여성 시티 아이샤가 김정은의 이복형 김정남을 VX 독극물로 살해했다. 평양의 인사이드 스토리를 각국 정보기관 등 산지사방에다 떠드는 곁가지를 그냥 둘 수는 없었을 것이다. 1983년 아웅산에서 전두환 대통령 일행을 공격한 테러처럼 직접 살해할 경우 외교문제로 해외에서 문제가 될 수 있기 때문에 간접 살인을 자행했다. 이처럼 권력 승계는 피도 눈물도 없다. 고모부고 이복형이고 최고 권좌에 대한 불경죄는 목숨을 부지하기 어렵다. 유일하게 숙청을 피한 김정은의 작은 형 김정철이 살아남은 것도 그가 영국 기타리스트 에릭 클랩턴 공연에만 관심 있는 척하며 권력과 거리를 뒀기 때문이다.

북한은 연말 노동당 전원회의와 연초 최고인민회의를 잇달아 개최한다. 김정은 정권은 심각한 식량난에 직면해 있다. 긴장한 모습으로 집결해 김정은의 식상한 이야기를 듣고 받아 적는다고 의식주 문제가 해결되지 않는다. 김주애를 데리고 미사일 발사 현장에 나타나기보다는 1978년 덩샤오핑의 남순강화(南巡講話)처럼 협동농장을 방문해 개인영농제를 전격 선언해야 한다. 쌀밥에 고깃국 먹고, 비단옷을 입고 기와집에 살게 해주겠다는 공약을 실현하는 진짜 현지지도를 해야 한다. 계묘년 토끼해에는 북한의 미래세대가 의식주 걱정 없이 살아갈 수 있는 제대로 된 변화의 바람이 불어오기를 소망해 본다.

[남성욱의 평양리포트] 월간중앙 2023년 1월호

김주애 앞세운 김정은의 광장정치

북한의 관심 끌기 전략일 뿐 후계는 어불성설

최근까지 4개월간 11차례 등장… 후계 가능성에 국제사회 관심 커져

여성 지도자 가능성 작아… ICBM 도발 예고하는 홍보 마케팅일 뿐

2023년 2월 17일 북한 김정은 국무위원장이 광명성절(2월 16일)을 기념해 열린 내각과 국방성 직원들의 체육경기를 딸 김주애를 비롯해 주요 간부들과 관람하고 있다. 동생 김여정은 멀찌감치 떨어져 있다. / 사진: 연합뉴스

계묘년 들어 연초에 37일간 공식 석상에서 사라졌던 김정은 북한 국무위원장이 2월 들어 전격 등장했다. 김정은이 한 달 정도 북한 언론에 등장하지 않으면

자연스럽게 건강이상설이 흘러나온다. 그의 비만과 골초 수준의 흡연 경력 등은 건강 문제를 제기하는 근거다. 새해 첫날 금수산기념궁전 참배와 소년단 만남 이후 공개 활동이 없어 신변 이상에 대한 궁금증이 고조될 찰나에 전격 등판했다.

우리 언론은 김정은이 한 달 이상 안 보이면 신변 이상설이나 급변 사태 가능성에 관심을 집중한다. 1979년 10·26 사태로 박정희 전 대통령 시해 사건을 경험한 우리로서는 최고 권력의 공백 사태를 상상하는 게 자연스러운 일이다. 하지만 코로나19 감염 등 김정은의 내부 동향은 파악이 어려워 외견상 올해 대남·대미 정책 수립을 위한 정국 구상의 휴식기로 추정된다.

김정은은 2023년 2월 6일 노동당 중앙군사위원회 확대회의를 열고 '전쟁 준비 태세 완비'를 천명했다. 8일 인민군 창건일인 건군절 75주년에는 3만 명의 병력이 참여한 가운데 역대 최대 규모의 야간 열병식을 개최했다. 김정은은 김일성처럼 중절모를 쓰고 나타났다. 무기 행렬의 선두에는 11기에 달하는 고체연료 대륙간탄도미사일(ICBM) 화성 – 17형이 있고, 중장거리급 미사일을 탑재한 이동식발사차량(TEL)이 2열 종대로 뒤따랐다. 조선중앙통신은 "강력한 전쟁억제력, 반격 능력을 과시하는 전술핵 운용 부대 종대들의 진군이 이어졌다"라고 전했다. 지난해 4월 조선인민혁명군 창건 90주년 열병식 당시 4기에 비해 세 배 가까이 늘어난 규모다. 11기가 미국 내 인구 100만 명을 초과하는 도시 숫자와 일치하는 만큼 미국 본토 타격 능력을 과시한 것으로 해석되기도 했다.

2023년 김정은의 대미 전략은 군사 도발을 효율적으로 전개하면서 자신들의 존재감을 극대화하는 것이다. 2022년 73발의 미사일을 무더기로 발사했지만 한·미 당국의 강경 대응으로 비용 대비 가성비는 크지 않았다. 김정은이 직접 주관한 중앙군사위는 2023년도 대남·대미 도발 방향과 기본 방침을 확정하는 의미가 있다. 이를 증명하듯 김 위원장은 미사일총국을 새로 공개했다. 확대회의 사진을 보면 김정은 자리 뒤로 '조선민주주의인민공화국 미싸일총국'이라는 글자와 마크가 새겨진 깃발이 세워져 있다. 해당 조직에 대해 북한 매체가 보도한 것은 이번이 처음이다. 핵탄두 탑재 미사일 등 각종 탄도미사일의 생산 및 관리 등을 전담하는 조직일 것이다.

'백두혈통 4대' 김주애 띄우기 노골화

2023년 2월 9일 조선중앙TV가 녹화 중계한 북한 인민군 창건일 (건군절) 75주년 기념 열병식에서 김정은이 자신의 얼굴을 만지는 딸 김주애를 보며 흡족해하고 있다. / 사진: 연합뉴스

2023년 4월 중순, 김일성 생일인 태양절을 앞두고 북한은 중거리급 이상의 탄도미사일을 발사했다. 2022년처럼 물량 공세보다는 강한 것 하나로 충격 효과를 극대화하는 전략이다. 2월 20일, "태평양을 북한의 사격장으로 사용하는 빈도수는 미국의 행동에 달렸다"라는 김여정의 엄포에 2월 24일 존 애퀼리노 미국 인도태평양 사령관은 "북한이 ICBM을 쏘면 즉각 격추하겠다"라고 응수했다. 김여정은 재차 "정말 미친 망발"이라며 "전략무기 시험에 요격하면 선전포고로 간주될 것"이라고 맞대응했다. 3월 9일에는 화성포병부대 훈련이라며 6발의 단거리 미사일을 발사했다. 거친 말싸움이 실력 행사로 수위를 높이고 있다.

북한은 미사일과 함께 '백두혈통 4대'인 김주애를 작정하고 띄우고 있다. 지난해 11월 처음 등장할 때는 마치 카메오 전략처럼 보였다. 하지만 갈수록 출연 횟수가 증가했다. 관객의 호기심이 증폭했기 때문이다. 김정은은 2월 8일 야간 열병식에 김주애의 손을 잡고 군기 사열을 하며 입장했다. 김주애는 2022년 11월 18일 ICBM '화성－17형' 발사 현장과 11월 26일 ICBM 개발 및 발사 공로자와 기념사진 촬영 행사, 건군절 행사 및 3월 9일 화성포병부대 타격 훈련 현장 등에 모습을 드러냈다. 여기에 내각·국방성 체육 경기 관람, 평양 서포지구 새 거리 착공식 등 비군사 행사까지 총 여덟 번이었다. 김주애는 정치·군사 행사에 단골 출연자가 됐으며 점차 비군사 행사에도 출연하기 시작해 카메오가 아니라 주연배우로 역할이 달라졌다.

김주애 등장하자 온라인 검색량 급증

김정은의 딸 김주애가 공개된 2022년 11월 15일부터 2023년 2월까지 구글 트렌드를 통해 나타난 '북한(North Korea)' 검색량 통계. 김주애에 대한 국제사회의 높은 관심이 반영됐다. / 사진: 구글트렌드

조선중앙TV는 2022년 11월 김주애를 최초로 소개할 당시 "사랑하는 자제분"이라고 언급했고 두 번째 화성－17형 공로자 기념 촬영 자리에선 "존귀하신 자제분"이라고 불렀다. 건군절 행사 전날인 2월 7일 군 장성 숙소 방문 및 기념 연회에는 "존경하는 자제분"이라는 표현을 사용해 높아진 위상을 드러냈다. 8일 건군절 75주년 열병식에서는 아예 "사랑·존경하는 자제분"이라고 최상의 표현을 사용했다. 『노동신문』은 이날 총 150장의 열병식 사진을 게재했는데, 무기 및 열병식 전경을 담은 116장을 제외한 34장의 사진 가운데 김주애가 포함된 사진은 절

반에 가까운 15장이었다. 김정은을 제외하고 독사진이 실린 인물은 김주애가 유일했다.

북한 당국은 김주애와 같은 이름을 가진 주민들에게 개명을 강요하더니 건군절 열병식 녹화중계 화면에는 김주애가 타는 것으로 보이는 '백마'까지 등장시켰다. 없는 살림에 러시아에서 수입한 고가의 동물까지 동원하는 우상화 작업이 시작됐다. 갑자기 10살 어린 딸을 동원해 우상화 작업을 진행하는 이유는 무엇인가, 그리고 김주애는 과연 4대 세습 후계자가 될 것인가 등이 정보 판단의 핵심이다. 김주애를 4세대 후계자로 연출하는 전략의 이유는 다음과 같다.

첫째, 선전선동부의 보고대로 시행한 신(新)물망초(forget-me-not) 전략이다. 사실 북한은 2022년 2억 달러(약 2,600억 원)를 들여 73발의 미사일을 발사했지만, 성과는 신통치 않았다. 북한이 단거리 미사일을 한반도 주변에 발사하면 뉴스는 2일 정도 지속된다. 중거리 미사일은 3일 정도이고 ICBM 발사조차도 일주일 이내 관심이 사라진다. 잊히는 것이 두려운 북한으로서는 관심의 상시화가 필요하다. 홍보 및 마케팅 전문가 그룹인 선전선동부가 외부의 호기심이 가장 강한 인물이라고 판단한 것이 '김정은 패밀리'다. 여동생 김여정이 스피커 역할을 하면서 주연배우로 10살 김주애를 선택했다. 홍보 효과는 대성공이었다. 새해 첫날에도 북한은 김정은이 김주애와 함께 미사일 기지를 시찰하는 사진을 내보냈는데, 남측 언론들이 대서특필했다. 2018년 싱가포르, 2019년 하노이 회담 이후 북한에 대한 관심이 가장 높아진 사건이었다.

평양은 트럼프 정부 시절처럼 바이든 행정부와 그럴듯한 대화를 하길 바라지만, 워싱턴은 눈길조차 주지 않는다. 평양에 대한 워싱턴의 무관심은 바이든 대통령의 확고한 반감에서 도출된다. 오바마 행정부 시절 부통령으로 자신이 주도했던 2012년 2월 29일 미·북 간 합의가 45일 만에 북한의 장거리 미사일 발사로 휴지 조각이 되는 현실을 경험했다. 당시 그는 북한을 "지긋지긋하다(sick and tired)"라고 언급했다. 트럼프 대통령이 했던 하향식(top-down) 정상회담은 수용 불가다. 동북아에 대한 워싱턴 초미의 관심은 대만 문제다. 북핵은 순위가 한참 뒤로 밀려 있다. 바이든은 2023년 2월 7일 의회 연두교서 연설에서 'North Korea'라는 단어를 전혀 언급하지 않았다. 김정은은 싱가포르와 하노이 회담의 관심을 리바이벌

하고 싶다. 답답한 국면을 타개할 구원투수가 필요했다. 새로운 주연배우로 등장시킨 김주애가 폭발적인 관심을 부르자 아예 주연배우로 올라섰다.

높은 관심은 온라인 검색에서도 나타난다. '구글 트렌드'에 따르면 2022년 11월 15일부터 22일 사이 구글 검색 추이에서 '북한'과 함께 '김정은 딸'에 관한 검색이 급증했다. 11월 15일 '북한'의 검색량이 약 25%였던 반면, 북한이 미사일을 발사한 18일에는 관심도 최대치인 100%를 기록했다. 검색량이 4배가량 늘어났고 김정은 딸에 대한 검색량도 기하급수적으로 늘었다. 15일부터 22일까지 구글에서 '북한'을 검색한 사용자가 살펴본 관련 주제에서 '딸'에 대한 검색 빈도가 가장 많이 증가했다. '북한'을 검색한 사용자의 관련 검색어 통계 추이를 살펴보면 1위가 '북한 김정은 딸(North Korea Kimjongun daughter)'이었으며, '북한 대륙간탄도미사일(North Korea ICBM)'이 검색량 2위를 차지했다. 대륙간탄도미사일 발사보다 김정은 딸에 대한 관심이 더 컸다는 의미다. 특히 '발생(breakout)'으로 표시된 결과는 엄청나게 증가한 검색량을 말하고, 발생한 검색어가 새로운 주제이며 이전 검색이 거의 없었음을 의미하는데, 검색량 0%에 머물러 있던 '김정은 딸'은 북한 당국이 사진을 공개하자 검색량이 수직 상승하며 85%가 증가했고, 북한이 추가 사진을 공개한 20일에는 검색량 100%를 기록했다.

둘째, 외부를 향한 메시지를 내포한 연출 드라마다. 어린아이를 등장시킴으로써 미국이 요구하는 비핵화는 불가능하며 세대가 바뀌어도 도발은 계속될 것이란 시그널로 해석할 수 있다. 김정은은 2022년 4월 25일 조선인민군 창설 90주년 기념식에서 핵무기 용도를 방어용에서 공격용으로 전환하는 '평양판 핵 독트린'을 발표했다. 이어 9월에는 핵무력 법제화를 선언하고 핵무기 사용 5대 조건을 발표했다. 비핵화의 문턱은 대폭 높이고 핵무기 사용의 조건은 김정은이 자의적으로 결정하는 충격적인 조치였으나 미국 등 국제사회는 우크라이나 전쟁 등으로 큰 관심을 보이지 않았다. 김정은은 새로운 마케팅 전략이 필요했다. 도발 대신 뉴페이스 홍보 전략을 구사했다. 특히 핵과 미사일이 영원히 후계세대에도 지속한다는 어린아이가 등장하는 비주얼 마케팅 전략은 미국을 움직일 수 있다고 판단했다.

북한의 세습은 치열한 권력투쟁의 산물

2023년 2월 19일 한국과 미국이 한반도 상공에서 북한의 대륙간탄도
미사일 (ICBM) 도발에 대응해 미국 전략자산을 동원한 연합공중훈련을
하고 있다. 이날 훈련은 한국 공군 F-35A와 F-15K 전투기 및 미 공군
F-16이 한국방공식별구역(KADIZ, 카디즈)으로 진입하는 미국 B-1B
전략폭격기를 호위하면서 연합 편대비행을 하는 방식으로 진행됐다. /
사진: 합동참모본부

마지막으로 북한 내부의 단합과 충성을 유도하는 '극장정치(cinema politics)' 전
략이다. 평양의 순안공항 청사를 비롯한 각종 건물에 가장 많이 게시된 구호는
"김일성, 김정일 동지는 우리와 영원히 함께하신다"라는 문장이다. 극장국가인
평양 권부는 주민들이 대대손손 충성하고 다른 마음을 먹지 못하도록 세뇌 교육
을 지속적으로 한다.

북한의 지도자들이 전 세계에서 받은 선물을 전시해 놓은 묘향산 국제친선박
람관에 들어가면 김일성과 김정일의 모습을 그대로 형상화한 밀랍 인형이 전시
돼 있다. 밀랍 인형은 금방이라도 말을 걸어올 것 같으며 관객들은 에어컨 바람
에 머리카락이 휘날리는 듯한 형상에 긴장한다. 우상화하고 신격화하는 상징조작
전략이다. 집권 10년을 맞는 39세의 김정은은 선대들과 같이 수명을 누린다면 최

소 30년 이상 통치할 것이다. 참고로 아버지 김정일(1942–2011), 할아버지 김일성(1912–1994) 모두 70세를 넘겼다. 물론 김정은의 '서든 데스(sudden death)' 가능성을 배제할 수는 없지만, 그의 나이가 40세 이전인 만큼 후계를 논하기에는 너무도 이르다.

여동생 김여정은 무대 뒤로 밀려나고 김주애가 중앙에서 스포트라이트를 받는 그림은 호기심 많은 남한은 물론 국제사회의 주목을 받았다. 어린아이의 일거수일투족에 흥미를 느낀 나머지 미사일 위협은 슬그머니 사라지고 초등생 소녀를 두고 벌써 4세대 후계자로 정해졌다고 단정하는 전문가(?)까지 등장했다. 북한의 권력 투쟁 구조와 선전·선동 기법을 이해하지 못하는 추측이 마구잡이로 등장해 북한의 의도에 장단을 맞춘 셈이다. 후계자 주장은 다음과 같은 이유로 한계가 있을 수밖에 없다.

철저한 가부장제 사회에서 여성 지도자는 어불성설

우선 북한 정권의 가부장제적 특성이다. 후계자 논쟁은 너무나 먼 미래에 대한 가상 스토리다. 사회주의 권력의 후계는 외부적으로는 순조로운 것처럼 보이지만, 내부에서는 피바람이 동반된다. 아버지 김정일은 이복동생 김영일, 김평일과 10대부터 권력 세습을 두고 치열하게 경쟁했다. 할아버지 김일성이 68세가 된 1980년 6차 당대회에서 김정일이 공식적으로 후계자로 확정되던 순간까지 이복형제간의 권력 투쟁은 영화보다 드라마틱했다. 이후에도 이들의 긴장은 지속됐고 김영일, 김평일은 체코, 폴란드 대사로 해외를 떠돌다 병사했다. 곁가지를 쳐내는 작업은 독재 권력의 숙명이며 하늘 아래 태양은 두 개일 수 없다는 명제를 절감하게 한다.

김정은은 김정일의 셋째 아들이었지만 장남인 이복형 김정남을 2017년 2월 말레이시아 쿠알라룸푸르 공항에서 독살했다. 둘째 형 김정철은 평양 외곽에서 기타를 치며 숨죽이고 있다. 머리를 드는 순간 동생을 꼬드긴 문고리 권력들에 의해 하루아침에 저승으로 갈 수 있다. 2000년 스위스 베른에서 평양으로 영구 귀국한 후 아버지를 수행하며 황태자 수업을 받고 후계자로 등극하기까지 김정은은 베일에 가려 있었다.

김정은의 첫째 아들은 그가 10대 후반 후계자로 정해질 때까지 얼굴이 알려지지 않을 것이다. 공개된 어린아이는 후계자가 아니고 후계자가 정해질 때까지 대리인(proxy)에 불과하다. 2017년 국정원은 2010년생 아들의 존재를 밝혔다. 남측에서 북측에 보낸 김정은 선물 품목에 남자아이들 장난감 등이 포함된 것을 고려한 정보 판단이었다. 2013년생 김주애의 존재는 2014년 미국 NBA 농구 스타 데니스 로드먼이 "주애(Ju-ae)를 안아봤다"라고 말하면서 알려졌다.

북한에서 여성의 위치는 매우 종속적이다. 가부장제 권위주의 국가에서 여성 지도자는 보조적인 역할에 불과하다. 특히 공산주의는 정도가 심하다. 현재 북한의 최고위직 여성은 김여정 부부장을 제외하면 북한 최초의 여성 외무상인 최선희가 유일하다. 필자는 과거 평양을 방문했을 때 거의 모든 남성이 흡연하지만, 여성이 흡연하면 교화소에 가서 4주간 사상교육을 받아야 한다고 들었다. 여성 수령은 북한 체제의 속성을 간파하지 못한 어림도 없는 시나리오다. 북한 『노동신문』은 2023년 3월 8일 국제부녀절(세계여성의날)을 맞아 "가정의 주부로서, 며느리로서, 안해(아내)와 어머니로서의 책임을 항상 자각하고, 자식을 많이 낳아 훌륭히 키워내자"라고 가부장제적인 입장을 강조했다.

마지막으로 사회주의 국가에서 여성 지도자는 전례를 찾아보기 어렵다. 북한 역시 중국, 러시아 등과 대등한 국제관계를 형성하는 상황에서 여성 최고 영도자는 이론에 불과하다. 21세기 스트롱맨(strongman)들이 패권 싸움을 전개하는 정글의 시대에 여성이 사회주의 독재국가의 지도자가 된다는 발상은 국제정세를 간파하지 못한 결과이기도 하다. 유일 수령체제인 북한 사회의 특수성을 간과한 사고다.

▎미래세대 등장시켜 핵무장 지속 의지 표현한 연출일 수도

요컨대, 김정은이 기시감(旣視感)을 주는 김일성의 중절모를 쓰고 화려한 조명 속에서 아이를 동반하는 그림은 백두혈통 충성과 미래세대 핵무장 지속을 연출하는 정무적 성격의 극장정치(cinema politics)일 뿐이다. 김주애가 김정은보다 높은 곳에 앉았다고 해서 후계자로 정해지는 것은 아니다. 당연히 김정은은 인민들에게 4대 세습을 각인시키고 영원한 충성을 요구하겠지만, 후계자 결정은 수십 년 후에나 알 수 있는 일이다. 최고 권력은 주어지는 것이 아니고 쟁취하는 대상이다. 이제 겨우 권좌에 오른 지 만 10년째인, 40세도 안 된 김정은이 자식을 동반하는 그림을 연출하는 것은 ICBM 도발을 예고하는 홍보 마케팅일 뿐이다.

남한을 비롯해 국제사회에서 김주애에 대해 높은 관심을 두는 것을 보고 김정은은 이렇게 생각하지 않을까. '지난해 사랑하는 딸 주애를 ICBM 발사 현장에 동반해 미래세대에도 핵과 미사일이 함께할 것이라는 메시지를 사진과 함께 보냈는데 효과가 컸다. ICBM에 대한 관심보다 주애가 리설주와 붕어빵처럼 닮았다, 주애가 4대 후계자가 될 수 있다는 둥 열 살짜리 어린아이를 두고 별소리를 다 하는 자본주의 언론은 역시 말초신경을 건드려야 반응을 보이니 실소를 금할 수가 없다. 내가 어떤 경로를 거쳐 3세대 지도자에 올랐는지 조금만 연구해도 그런 평가를 하지 않을 텐데. 내가 이제 40세도 안 됐는데 후계 구도를 논하다니 백두혈통의 지도자가 되는 것이 그렇게 간단한 일이 아니라는 것을 그들이 알 리가 없을 것이다.'

한·미 간 확장억제수단운용연습(DSC TTX)에 이어 한반도에서 3월 13일부터 11일간 대규모 병력이 동원되는 자유의 방패(FS, 프리덤 실드) 훈련이 진행된다. 문재인 정부 시절 대북 유화 기조 속에 중단된 대규모 실기동 한·미 연합연습이 5년 만에 부활한 것이다. 문재인 정부의 9·19 남북군사합의 이후 연합 FTX(실기동)는 대대급 이하로 축소 시행됐다. 윤석열 정부 출범 후 지난해 하반기 '을지 자유의 방패' 훈련에서 연대급 이상 기동훈련이 재개됐고 이번 FS에서 전구(戰區)급 FTX를 되살렸다.

한반도의 긴장 수위는 계속 높아질 것이다. 부인 리설주가 ICBM 미사일 목걸이를 걸고 나타나는 등 평양 선전선동부의 극장정치는 가족오락관 수준이다. 잊히는 것이 두려운 김정은은 어린 딸을 동원해 신파 소설을 쓰고 있을 뿐이다. 신파 드라마에 빠져 있다가 정작 북한의 기습 도발에 허를 찔리지 않도록 예의주시하는 것이 중요하다. 그나저나 대중의 호기심은 당분간 지속될 가능성이 커서 중구난방의 가상 소설이 난무할 것이다. 대북정보의 본산인 국정원의 족집게 정보 판단이 시급한 때다.

[남성욱의 평양리포트] 월간중앙 2023년 4월호

05

문재인 회고록 팩트 체크

북핵 협상 실패는 모두 미국 탓이라는 변명문

대담 형식으로 쓰인 회고록… 주관적 견해 가득하고 곳곳에 미화(美化)

북한의 속내 파악 못 하고 매번 휘둘리기만… 결과는 정권 재창출 실패

서울 종로구 교보문고 광화문점에 문재인 전 대통령의 재임 기간 이야기를
담은 회고록 『변방에서 중심으로』가 진열돼 있다. / 사진: 연합뉴스

한국 대통령의 회고록은 역사가 짧다. 이승만 초대 대통령, 박정희 전 대통령
등은 회고록이 없다. 나라의 초석을 세운 대통령들이 회고록을 남기지 못하고 세
상을 떠난 일은 우리 역사의 불행이다. 전두환 전 대통령은 백담사 유배와 구속

등으로 회고록을 남길 만한 상황이 아니었다. 노태우 전 대통령부터 그런대로 체계적인 회고록이 발간됐다. 이후 김영삼, 김대중, 노무현, 이명박, 박근혜 대통령의 회고록이 발간됐다. 일부는 언론사가 최소 6개월 이상 인터뷰한 내용을 신문에 연재한 후에 회고록 형태로 발간됐다. 미국과 달리 재임 당시부터 회고록을 준비하지 않았기 때문에 주로 전직 대통령의 소회와 구술에 의존했다. 외교 문헌과 육하원칙에 따른 체계적인 기록은 미흡했다. 대통령도 한 인간으로서 가진 소회와 특정인에 대한 애증 등에 관심을 가지다 보니 깊이가 부족했다.

주관적인 견해와 개인적 소회로 점철된 회고록

역대 국내 대통령들의 회고록은 주관적인 견해의 나열이거나 미화(美化)의 성격이 강하다. 회고록은 제삼자가 작성하는 평전(評傳)과 다르다. 아무래도 여야 간의 격렬한 대립으로 통합의 정치를 하기가 용이하지 않고 5년 단임 대통령이라 회고록은 과거 정책의 홍보와 변명이나 불가피성을 강조하는 데 주력한다. 회고록은 자기 시선으로 보고 일인칭으로 이야기하고 자기가 말하고 싶은 것만 이야기한다. 평전이면 사실관계를 정확히 따져서 크로스체크하는 것이 필수다. 일반적으로 외교·안보 및 북한 관련 부분은 상대국이나 당사국 지도자 등이 관련돼 있고 외교적 마찰을 고려해 공식적 기록을 중심으로 기술한다. 상대국 지도자와의 사적인 감정은 제외하고 협상 당시의 양 측 입장과 대응 상황 등을 구체적으로 언급한다.

문재인 전 대통령이 2024년 5월 발간한 회고록 『변방에서 중심으로』는 공식적인 외교문서를 토대로 기술한 정통 외교·안보 분야 회고록이라기보다는 최종건 전 외교부 차관이 묻고 답하는 형식으로 기술돼 사건과 정책에 대한 감성적 의견과 소회로 평가된다. 문 전 대통령의 회고록은 미국 대통령들의 회고록이 사료나 당시 외교문서 등을 토대로 치밀하고 꼼꼼하게 기록된 것과는 대조된다. 특히 본인이 데리고 일을 했던 차관급 대담자가 문 전 대통령에게 묻고 질의하는 형식이라 기존 단독 회고록과는 결이 다르다. 각주로 첨가한 합의나 문서도 거의 언론에 보도된 내용이다. 대담자인 최 전 차관은 이 책이 역사적·학술적 가치가 있고 대한민국 외교·안보정책의 원재료로 사용되기를 희망했지만, 평가는 현재와 후세의 학자와 역사가들의 몫이 될 것이다.

문 전 대통령은 회고록 집필 계기에 대해 "문재인 정부가 이룬 일과 이루지 못한 일의 의미와 추진 배경, 성공과 실패의 원인과 결과를 성찰하는 데 중점을 두었다"라며 "설명에 필요한 범위 안에서 지금까지 공개되지 않은 사실들을 기록으로 남겨두고자 했다"라고 밝혔다. 그는 이 책에 담긴 생각들은 물론 주관적인 생각이라고 했다. 하지만 공식적인 기록이나 문서를 인용하지 않고 김정은 북한 국무위원장의 발언을 거두절미한 채 일부만 소개하거나 부분적으로 모호한 이야기 등을 나열해 과연 역사적 사료로서 의미가 어느 정도일지는 판단하기 어렵다.

김정은을 미화하고 북한의 핵 개발과 대남정책을 내재적 입장에서 지나치게 옹호하고 대변해 일반 국민들이 향후 김정은의 의도와 대남정책을 오판할 가능성이 큰 만큼 세부적인 지적과 반박은 불가피하다. 통상적으로 과거 북한 최고지도자의 행태나 관행, 평양의 선전과 실제 행동 등에서 평가할 때 회고록은 김정은에 대해 지나치게 주관적으로 판단하거나(본인이 밝히기는 했지만) 감성적으로 해석해 사실관계가 맞지 않는다는 지적을 피할 수 없다. 속칭 북한 입장에서 접근하는 '완벽한 내재적 접근법'에 기반하고 있다. 북핵 협상 실패는 모두 미국 탓이라는 입장이다. 김정은 발언의 녹취 파일이 없는 만큼 사실관계 확인은 한계가 있다.

비평은 크게 세 부분에 주목하고자 한다. 첫째는 김정은과 관련해 느낀 점이나 소회와 견해, 둘째는 미국 트럼프 전 대통령과의 관계, 마지막으로 북핵 정책 관련 부분이다. 회고록에 나온 문 전 대통령의 발언을 소개하고 팩트 체크와 함께 미국 당국자 등 제 삼자의 증언 등을 토대로 평가하고자 한다. 문 전 대통령이 불쾌하게 표현한 아베 전 총리 등 한·일 관계부분과 김정숙 여사의 인도 방문 등 북한과 직접 관련돼 있지 않은 부분은 평가에서 제외했다.

문 전 대통령은 전체적으로 미·북 정상회담이 노딜로 끝난 데에 대해 미국 책임론을 강하게 지적했다. 트럼프는 의지가 있었는데 펜스 부통령, 폼페이오 국무장관, 존 볼턴 보좌관 등 근본주의자들이 강하게 반대했다고 지적했다. 하지만 미국은 북한이 아니다. 대통령이라도 참모들과 소통하고 협의하는 것이 민주주의 국가다. 문 전 대통령은 김정은의 서울 답방이 이뤄지지 않은 이유조차도 미국의 남북관계 속도 조절론 때문이라고 주장했다. 김정은이 서울에 가서 얻을 수 있는 게 무엇이겠는가? 솔직히 남한의 경호가 안심이 안 되고 서울에서 반대 시위 등에 직면하는 등 득보다 실이 많아 답방이 어려웠을 것이라고 단정하는 편이 더 합리적인 의견일 것이다.

"김정은은 시종일관 솔직하고 예의 발랐다. 그들의 고충을 솔직히 털어놓았다. 자신들의 전용기로 갈 수 있는 부분이 범위가 좁다. 김정은은 남·북 공동 정상회담에 대해 자신에게 상의해 왔다. 김정은이 기자회견을 한 번도 한 적이 없다. 어떻게 하면 되는 거냐고 내게 물었다. 기자회견을 마치고 와서도 자기가 잘했냐고, 이렇게 하면 되는 거냐고 내게 물었다."(118~119쪽, 190쪽).

협상 장소를 자신에게 유리하게 정하는 것은 협상에서 중요한 부분이다. 전용기를 이유로 들었다고 솔직하다고 평가하는 것은 측은지심인지 상대의 전략을 간파하지 못하는 것인지, 정상회담의 성격을 오해했다. 상대의 고단수 전략을 무조건 긍정적으로 평가하는 것은 사태의 심각성을 파악하지 못한 결과다. 문 전 대통령은 전용기를 내세워 자신들에게 유리한 장소를 정하려는 김정은의 전략에 가스라이팅 당한 것으로 봐야 한다. 정상회담이 개최되는 자체에 감지덕지해 모든 것을 긍정적으로 평가한 것이다.

김정은 전략에 매번 가스라이팅 당했다고 봐야

문재인 전 대통령이 퇴임 후 경남 양산시에서 운영하는 평산책방에 친문인사인 김경수 전 경남지사가 방문했다. / 사진: 연합뉴스

기자회견을 자신에게 물었다고, 판문점 만찬 때는 바깥에 나가서 담배를 피우고 들어오고 해서 김정은이 예의 바르다고 평가했는지 의문이다. 기자들을 상대해 본 적 없는 독재자 입장에서 문 전 대통령이 기자들을 잘 관리해 달라는 의미를 전달했는데 아전인수 격으로 해석했다. 개인 간 사담이 주제가 아닌 남북정상회담에서 예의 여부는 지엽적인 문제다. 각자의 국익을 얼마나 정확하게 표현하고 관철했는가가 핵심이다. 필자가 보기에는 김정은을 옹호하고 대변하는 발언에 불과하다.

"청와대 내 집무실과 김 위원장의 집무실을 연결하는 직통전화가 연결됐다. 5월 26일 번개 남북정상회담에서 내가 그 전화를 가동하자고 독촉했죠. 김정은 위원장은 집무실이 노동당 청사에 있는데 일주일에 한두 번 출근하고 대부분 지방을 다니기 때문에 없을 때가 많고, 보안도 염려되니 확실히 보안이 지켜지는 이메일로 하자고 했다. 이메일은 자기가 지방 현장에 가도 노트북을 가지고 다니기 때문에 언제든지 주고받을 수 있다."(224쪽).

수많은 해커를 양성하고 남한은 물론 전 세계를 해킹하는 등 사이버 범죄 수법에 대해서 정통한 김정은이 정상 간의 소통을 이메일로 하자는 것은 어불성설이다. 보안에 관해 극도의 경계심을 갖고 있는 김정은이 직통보안 전화를 사용하지 않고 이메일로 정상 간의 소통을 하자고 했다는 것은 앞뒤가 맞지 않는 모순된 발언이다. 그럴 것이면 왜 직통전화를 설치했는지 의문이다. 세계 정상들 간에 이메일로 소통하는 경우는 없다. 코미디 같은 이야기다. 전화가 이메일보다 도·감청이 어렵다는 것은 상식의 문제다. 김정은은 문 전 대통령이 자기에게 다가오지 못하도록 방어벽을 치고 있다는 사실을 망각하고 진심으로 소통하자고 생각했는지 의문이다. 스마트폰 시대에 소통의 의지만 있다면 어디에서든 통화가 가능한 세상이다. 이메일 소통 언급은 본말이 전도된 지엽적인 이야기다.

"김정은이 언젠가 연평도를 방문해서 포격사건으로 고통받은 주민을 위로하고 싶다고 했다. 당장 할 수 있는 일은 아니었지만, 말이라도 그렇게 하는 것이 놀라웠다."(295쪽).

연평도 포격전은 2010년 11월 23일 오후 2시 30분쯤, 북한이 아무런 선전포고도 없이 인천시 옹진군 연평면의 대연평도를 향해 포격하자 우리 해병대가 피격 직후 북한 영토를 향해 대응 사격을 가한 사건이다. 선대 지도자인 김정일의 군사행동에 대한 남한 주민들의 피해에 대해 아들인 김정은 자신이 현장을 방문해 위로한다는 발언은 선대의 선군정치를 부정하는 것으로 가능하지 않다. 과거 2008년 8월 금강산관광 당시 북한군의 총격에 민간인 박왕자 씨가 사망했지만, 북한은 선군정치 원칙을 내세워 끝내 사과하지 않았다. 필자는 당시 현대아산 관계자들과의 접촉을 통해 북한에서는 군대의 행위에 대해서는 어떤 사과도 할 수 없다는 원칙을 갖고 있음을 확인했다. 김정은의 발언이 실제 존재했는지 혹은 다른 의도로 언급했는데 문 전 대통령이 비틀어서 왜곡 표현했는지 알 수는 없으나 실제 이런 발언은 북한의 최고지도자 행태로 봐서 가능하지 않다. 다음은 트럼프와의 관계에 관한 부분이다.

"김정은이 남북연락사무소 폭파 1년 만인 2021년 5월 친서를 보내왔다. 김정은이 그 일(남북연락사무소 폭파)이 미안했던지 연락사무소를, 군사분계선 일대에 다시 건설하는 문제를 협의해보자고 제안했다."(348쪽).

김정은은 미안한 것이 아니고 자신의 행동을 위장하기 위해 변환 전술을 구사한 것이다. 대한민국 예산 600억 원이 투입된 연락사무소 폭파에 대해 배상 요구도 못 했던 문 전 대통령의 난처한 입장을 변명하는 발언에 불과하다. 군사분계선일대에 용도도 분명치 않은 연락사무소를 거액을 투자해 새로 건설하는 것이 무슨 의미가 있는지 전혀 현실성이 결여된 발언이다. 김정은의 뜬금없는 발언이 무슨 대단한 사과인 양 인용하는 것은 적절치 않다.

"트럼프 대통령은 항상 내게 주도적인 역할을 해주기를 여러 번 당부했고, 치프 니고시에이터(chief negotiator, 수석협상대표)가 돼달라고 부탁했다."(47쪽).

文도 난처했던 北의 남북연락사무소 폭파

문재인 전 대통령과 북한 김정은 국무위원장이 2018년 4월 27일 판문점 군사분계선을 사이에 두고 악수하고 있다. / 사진: 연합뉴스

2018년 6월 싱가포르 정상회담, 2019년 2월 하노이 정상회담에 참여했던 존 볼턴 전 백악관 국가안보보좌관은 2020년 6월 발간된 회고록『그 일이 일어난 방』에서 "2019년 6월 남·북·미 판문점 회동에서 트럼프는 문재인 전 대통령이 근

처에 없기를 바랐지만, 문 전 대통령은 완강하게 참석하려 했다"라고 했다. 또한 "김정은은 문 전 대통령을 위한 시간도, 존경심도 없었다"라고 썼다(500쪽). 가능한 한 문 전 대통령이 미·북 대화에 개입하는 것을 트럼프가 원치 않았으며 지나치게 북한에 양보하려고 해서 판문점 회담 등에 개입하지 못하도록 했다는 것이다. 미국은 시간이 갈수록 문 전 대통령이 스스로 자칭 '운전자론'을 내세워 과잉 중개자 역할을 하려는 시도를 차단하는 데 주력했다. 진실은 무엇일까? 하지만 문 전 대통령은 "북한에서는 우리가 판문점 북·미 회동에 함께 가는 것에 아무런 거부감이 없었고 오히려 더 좋겠다는 입장이었다. 그런데 미국 측에서는 내가 가는 걸 꺼리는 것 같은 모습을 보였다"라고 했다(334쪽). 결국 수석협상대표가 돼달라는 트럼프의 주장과는 앞뒤가 맞지 않고 북한의 속내와도 부합하지 않는다.

백악관 재입성을 노리는 트럼프의 측근이 대거 집필에 참여한 책 『미국 안보를 위한 아메리카 퍼스트 접근법(An America First Approach to U.S. National Security)』이 2024년 5월 9일 출간됐다. 이 책에서 모건 오테이거스 전 국무부 대변인은 문 전 대통령에 대해 "트럼프는 문 전 대통령의 얘기를 듣기는 했지만 그가 원했던 것보다 더 북한에 강경한 태도를 취했다"라며 "문 전 대통령이 너무 북한에 양보하려는 의지가 강했기 때문에 고의로 그를 싱가포르 회담에서 배제시켰다"라고 했다.

"트럼프는 북한과 대화와 협상을 통해서 비핵화하려고 해도 프로세스를 어떻게 가져가야 하는지 노하우가 없으니, 한국이 그 방안을 강구해서 알려주면 좋겠다고 했다. 외교부, 국정원의 최고 전문가들이 평화 프로세스를 위한 로드맵을 작성해서 트럼프에게 전달했다. 트럼프는 평화 프로세스의 내용과 로드맵을 전화로 설명하면 페이퍼로 정리해서 보내 줄 수 없느냐고 부탁하기도 했다."(46쪽).

미국은 대북 협상에 관해서는 우리보다 한 수 위다. 1994년 제네바 합의를 성사시키기 위해 유엔대표부 채널을 비롯해 한국보다 더 많은 협상 경험과 자료를 축적했다. 대북 협상 채널은 유엔·베이징·스웨덴 대사관 채널 등 다양하다. 빌 클린턴 전 대통령은 평양을 직접 방문해 억류자를 구출하기도 했다. 미국이 노하우가 없다고 한국에 방안을 강구해 달라고 요청했다는 것은 한국의 속내를 알고 싶다는 의미에 불과하다. 이런 점을 감안하면 트럼프가 문 전 대통령의 평화 프로세스에 대해 궁금해 하기보다 문 전 대통령의 지나친 요구를 에둘러 거부하는 발언에 불과하다.

'하노이 노딜'의 진실? 김정은의 오판이 원인

"2019년 2월 하노이 노딜 당시 트럼프와 미국 협상팀은 북한의 제안 내용조차 제대로 이해하지 못했다. 트럼프도 나중에 내게 후회한다는 말을 하며 미안해했다. 하노이 노딜은 트럼프 대통령 때문이 아니라 존 볼턴 등 미국 대통령 참모들 때문이다."(55쪽).

남북한 정상 간에 38회의 친서 교환이 진행됐지만 트럼프와 김정은 간 친서도 2018년 4월 1일부터 2019년 8월 5일까지 모두 27통이 교환되며 양측은 이미 충분한 소통을 하고 있었다. 김정은은 폼페이오 등 미국 고위 관료들과의 협상에 대해 불신했고, 문 전 대통령이 트럼프와의 협상에 끼어드는 것도 원치 않았다. 김정은은 그러한 의사를 트럼프에게 보내는 친서에서 노골적으로 표현했다. '각하의 의중을 충실히 대변할 수 있으리라고 생각하기 어려운 폼페이오와 설전을 벌이기보다는 각하와 직접 만나 비핵화를 포함한 중요한 현안들에 관해 심층적으로 의견을 교환함이 더 건설적입니다(2018.9.6.).', '문재인 대통령이 아니라 각하와 직접 조선반도 비핵화 문제를 논의하길 희망합니다(2018.9.21.).', 등이다. 김정은은 트럼프를 충동적이고 예측 불가능한 지도자로 평가하고 그와 직접 담판만 성공하면 트럼프를 자신들의 의도대로 유인할 수 있다고 생각했다. 하지만 트럼프는 참모들로부터 영변핵은 북한핵 중에서 비중이 50%도 안 되는 만큼 영변 비핵화만으로 현금 거래를 차단하는 대북제재를 확실히 해제할 수 없다는 보고를 받았다.

북한은 하노이에서 영변핵 포기와 유엔안보리 제재 11건 중 민생 분야 5건의 해제를 교환하는 안을 제안했다. 영변핵은 북한핵 개발의 성지(聖地)이지만 현재 북한 핵의 50%가 안 된다. 분강·강선 등 다른 핵시설의 폐기는 언급하지 않고 무조건 현금 거래를 푸는 5건의 해제는 전체 제재를 무력화시킨다. 미국 당국자들은 부분 비핵화로 대북제재 전체를 무력화하는 거래를 할 수 없었고, 트럼프는 이러한 사실을 전부 인식하고 있었다. 트럼프는 김정은의 제안을 받고 "당신은 협상할 준비가 돼 있지 않다(You are not ready for a deal)"라고 언급하고 협상 결렬을 선언했다. 트럼프는 회담이 노딜로 종료된 데 대해 후회한다는 발언을 한 적이 없다. 하지도 않은 발언을 기정사실화해 인용하는 것 역시 있을 수 없는 일이다.

트럼프는 김정은이 부분 비핵화로 대북제재를 해제하려는 의도를 가지고 있다고 사전에 참모들로부터 충분히 인지했기 때문에 본질적으로 북한의 의도를 간파했다. 참모들이 반대해서 협상이 노딜로 끝난 것이 아니다. 북한은 김정은이 개인적으로 트럼프를 유혹하면 즉흥적이고 충동적인 트럼프가 합의안에 서명할 것이라고 오판했다. 트럼프와 김정은 사이에 오간 친서들은 트럼프 측이 북한의 비핵화 의지에 대해 의문 부호를 떼지 않았으며 동시에 안보적 대가를 주는 것에 대해서 매우 절제돼 있었음을 시사하고 있다.

▌文의 내재적 대북정책, 정권 재창출 실패 불러

사진은 역사적인 남·북·미 정상의 판문점 회동 장면. 트럼프 전 미국 대통령, 김정은 북한 국무위원장이 2018년 6월 30일 판문점에서 만나 한반도의 미래를 두고 회담했지만, 북·미 간 갈등은 더욱더 깊어져 빛이 바랬다. / 사진: 연합뉴스

"김정은이 그런 표현을 썼다. 핵은 철저히 자기들의 안전을 보장하기 위한 것이다. 사용할 생각 전혀 없다. 우리가 핵 없이도 살 수 있다면 뭣 때문에 많은 제재를 받으면서까지 힘들게 핵을 머리에 이고 살겠는가. 딸 세대한테까지 핵을 머리에 이고 살게 할 수 없는 것 아니냐. 핵을 사용할 생각이 전혀 없다. 김일성 주석의 한반도 비핵화 원칙에 달라진 것은 없다. 군사적 위협이 제거되고 안전이 보장된다면 북이 핵을 보유할 이유가 없다."(184쪽).

김정일은 2000년 6·15 정상회담에서도 김대중 전 대통령에게 '비핵화는 김일성의 유훈(遺訓)'이라고 단골 멘트를 해 남측을 기만했다. 최근 김정은은 "유사시 핵 무력을 동원해 남조선 전 영토를 평정하기 위한 대사변 준비에 박차를 가하라"라고 지시했다. 김정은의 비핵화 발언은 핵을 개발하고 실전 배치하는 정책을 방어하는 상투적 궤변에 불과하다. 김정은은 2022년 핵무력 법제화를 비롯해 핵 보유를 기정사실화하고 심지어 5대 주관적 평가 조건하에서는 선제공격 가능까지 밝혔다. 올해 들어 한반도 '두 국가론'을 내세워 남한 역시 적국이기 때문에 핵 공격 대상이라고 주장한다.

마지막으로 문 전 대통령은 시종일관 회고록에서 국민들은 보수 정부가 안보와 국방을 잘하고 한·미 동맹이 강화된다는 허황된 말에 현혹되지 말고 '정치세력'을 선택해야 한다고 결론을 내렸다. 그것이 그가 진짜 말하고 싶었던 속내였을 것이다. 하지만 그의 내재적인 대북정책으로 민주당은 재집권하는 데 실패했다.

[남성욱의 평양리포트] 월간중앙 2024년 7월호

제4장

대북 전략, '대화 우선'에서 '비핵화 우선'으로

01

文 정부의 '평화의 노래'에 대한
북한의 '화답'

南 대선판에 떨어진 北 '미사일 4종 세트' - 태양절(4월 15일)에 결정타 날아온다?

1월에만 7차례 미사일 시험발사 도발, 핵실험 재개 가능성도 시사

적의 칼끝이 목전에 왔는데도 평화만을 노래하는 건 직무 유기

2022년 들어 연일 미사일 발사로 도발을 이어가는 김정은 북한 국무위원장은 경제 불황에 따른 내적 불만을 외부로 돌리고, 대북제재 정면 돌파를 노리는 것으로 해석된다. 문재인 대통령은 임기 마지막까지 남북정상회담에 대한 기대를 버리지 않고 있다. / 사진: 연합뉴스, 중앙포토

'범이 내려온다'가 아니고 미사일이 우수수 내려온다. 희망찬 임인년 새해를 맞이해 호랑이가 내려와 액운을 퇴치할 것으로 잔뜩 기대했는데 북쪽에서 미사

일 종합 세트가 날아오고 있다. 대략 4일 전후 간격으로 발사를 해대니 전문가라도 분석하기가 간단치 않다. 거기에다 각종 미사일을 '검수, 검사'라는 미명 아래 무작위로 쏘아대니 과거 발사 기록이나 기술적 소양이 없으면 특성조차 가늠하기 어렵다. 1월에만 7차례나 미사일을 발사한 건 김일성, 김정일 집권 시기를 포함해도 초유의 일이다. 역대 최대 도발이다. 청와대 고위관계자는 2022년 1월 17일 세 번째 미사일 이후 발사가 성공했으니 더는 쏘지 않을 거라고 낙관했다. 하지만 보란 듯이 4차례나 추가로 발사했다. 앞으로 한 차례만 더 발사하면 2021년 연간 미사일 발사 횟수(8차례)와 같아진다.

북한의 3대 세습 지도자 김정은 국무위원장이 정월에 미사일 발사를 통해 얻고자 하는 것은 무엇인가? 김정은은 2022년 1월 19일 4차 미사일 발사 이후 폭탄선언을 했다. 2018년 4월 선언했던 핵실험과 대륙간탄도미사일(ICBM) 발사 유예 조치(모라토리엄)를 재검토하겠다는 거다. 김정은의 변심으로 2018년 평창 동계올림픽 개막을 전후해 시작된 문재인 정부의 한반도 평화프로세스는 4년 만에 휴지 조각이 됐다.

우크라이나 전선에는 전운이 감돌고 있다. 동절기가 지나 땅이 녹으면 러시아의 탱크가 우크라이나 국경으로 단숨에 기동하기 어려워진다. 우크라이나에 거주하는 서방 외교관들은 슬금슬금 철수 준비에 나섰다. 시진핑 중국 주석과 손을 잡은 푸틴은 바이든과 기싸움에 들어갔다. 푸틴이 압박을 가속하면서 워싱턴의 촉각은 동북아에만 집중할 수 없다. 북한은 국제정치의 이런 미묘한 흐름을 낚아채기 시작했다. 미국이 틈을 보임에 따라 선제 발사로 샅바 싸움을 시작했다. 북한은 코로나 발생 이후 지난 2년간 국경 봉쇄로 군사력 증강 외에는 제대로 돌아가는 분야가 없다. 이미 인민 경제는 먹는 문제부터 해결하지 못했다고 김정은 스스로 고백했다. 집권 10년이 됐지만, 지난 2014년 신년사와 2016년 7차 당대회에서 약속한 '휘황한 설계도'는 미사일과 핵실험 외에 공염불이 됐다. 북한의 미사일 발사와 모라토리엄 종료 선언의 함의를 짚어보자.

우선 연초에만 7차례 미사일을 쏜 뒤 나온 모라토리엄 종료 선언은 북한의 군사 도발 위협이 레드라인을 넘어섰다는 것을 의미한다. 우리 군의 평가절하가 평양 군부에 의해 되치기를 당하는 데는 하루면 충분했다. 북한군의 재래식 전략이 남측보다 열세이며 경제력이 54분의 1이라서 전쟁 상대가 되지 않는다는 궤변은 핵보유국에는 맞지 않는 만큼 지양해야 한다. 2021년 1월 김정은이 선언한 국방력 발전 5개년 계획은 사면초가인 경제 분야와 달리 비약적인 성과를 달성했다. 핵과 경제의 병진 노선을 선언했지만, 경제와 민생은 내팽개치고 국방에 올인한 결과다. 김정은은 22개월 만에 가죽 잠바를 입고 여동생 김여정과 함께 미사일 발사 현장에 출동했다. 이어 군수공장을 시찰하는 사진을 『노동신문』에 내보냈다. 북한은 김정은이 2022년 1월 11일 시험 발사 현장에서 만면에 웃음을 지으며 '대성공'이라고 선언한 극초음속미사일을 비롯해 △대륙간탄도미사일(ICBM) △다탄두 개별유도기술 △핵잠수함 및 수중발사 핵전략무기 △군 정찰위성 등을 경쟁적으로 선보이고 있다.

북한의 군사 도발 위협, 레드라인 넘어섰다

북한 조선중앙TV가 2022년 2월 1일 김정은 국무위원장의 작년 한 해 '성과'를 담은 새 기록영화 '위대한 승리의 해 2021년'을 방영하면서 김 위원장이 말을 타고 달리는 장면을 공개했다. / 사진: 연합뉴스

2022년 1월 27일에 발사한 단거리탄도미사일 2발은 2019년 이후 발사된 단거리미사일 중 가장 낮은 고도로 날아갔다. 2019년 8월 2일에 쏜 대구경조종방사포(비행거리 220km, 정점 고도 25km)보다 5km나 더 낮게 비행했다. 결국 대남타격무기를 '최저 고도'로 실증 사격한 것이다. 탄도미사일은 비행고도가 낮을수록 탐지·요격 회피에 용이하다. 비행 제원은 초대형방사포(KN–25, 600mm)나 대구경조종방사포(400mm)일 가능성이 높다. 대구경조종방사포는 북한의 신형 전술 유도탄인 북한판 이스칸데르라 불리는 KN–23, KN–24, 초대형방사포(KN–25)와 함께 4종 세트로서 저고도 비행과 정밀 타격이 강점이다. 7차례 실험은 극초음속, 열차 발사, 북한판 이스칸데르, 순항 등 미사일 4종 세트의 실전 배치에 앞서 정확도를 검증하려는 의도다.

설 연휴 중에는 중거리탄도미사일(IRBM)인 화성–12형 검수 사격 시험 발사에 성공했다고 조선중앙통신이 밝혔다. 검수 사격은 생산 배치되는 미사일을 무작위로 골라 품질을 검증하는 시험발사를 뜻한다. 화성–12형이 실전 배치돼 있음을 확인해준 셈이다. 화성–12형은 2016년 4월 열병식에서 처음 공개됐다. 김정은은 2017년 9월 화성–12형 시험 발사를 참관하면서 전력화가 실현됐다고 선언했다. 2017년 화성–12·14·15 순서로 발사된 '어게인 2017'이 재현된 셈이다.

합참에 따르면 북한이 고각으로 발사한 미사일의 비행 거리는 약 800km, 정점 고도는 약 2,000km였다. 30도~45도의 정상 각도로 쏠 경우 최대 사거리가 4,500km~5,000km다. 평양에서 미국령 괌까지의 거리가 약 3,400km인 것을 고려하면 미국 영토를 직접 공격할 수 있는 무기가 실전에 배치된 것이다. 북한군이 전쟁의 판도를 바꾸는 게임 체인저라고 자랑하는 극초음속미사일의 실전 배치로 당연히 한·미 요격망에 빨간불이 들어왔다. 이들 미사일은 한·미 미사일 방어체계인 패트리엇(PAC-3 MSE)이나 고고도미사일방어(THAAD, 사드) 체계를 무력화할 가능성이 커졌다.

'게임 체인저' 실전 배치에 미사일 방어체계 빨간불

2022년 1월 16일 오전 북한 화물열차가 압록강 북중우의교를 건너 중국 단둥시로 들어서고 있다. 북한은 코로나19로 인해 북·중 국경 봉쇄를 단행한 뒤 극심한 물자 부족에 시달리고 있다. / 사진: 웨이신 캡처

    둘째, 미국과 대결 국면 조성으로 인민들의 불만을 외부로 전가하는 전술이다. 2020년부터 2년간 코로나 비상 방역으로 북한 무역 규모는 10분의 1로 줄었다. 중국산 물자 수출입으로 북한의 장마당이 돌아갔는데, 단둥 – 신의주 물자 보급로가 차단되면서 장마당 판매대에는 물건이 사라졌다. 국가기관도 어렵기는 마찬가지다. 2022년 1월, 2년 만에 중국 단둥에서 출발한 열차가 신의주에 도착하자마자 중국 지원 물품을 확보하려는 북한 권력 기관의 아귀다툼은 북한 경제가 응급실에 있다는 것을 시사한다.

    중국은 베이징 올림픽을 앞두고 북한 관리 차원에서 식료품 등 생필품과 중간재 등을 열차에 실어 보내고 있다. 열차의 화물칸 배정은 중앙당이 직접 관장하고 있는데 아무래도 당 기관, 제2경제위원회(군수경제)와 군부 산하 무역회사에 우선 배정한다. 내각 산하 무역회사들은 배정에서 밀리고 있다. 자유아시아방송(RFA)은 1월 24일 평안북도 무역기관 소속의 한 소식통을 인용해 "열차 화물을 선점하기 위해 각 기관 소속 무역회사 간부들이 치열한 힘겨루기를 하고 있다"라며 "화

물열차 편으로 중국산 생필품이 매일 신의주역으로 들어오지만 한 번에 운행하는 열차의 화물칸이 13량~17량으로 한정돼 있어 각 무역기관은 한 칸이라도 더 차지하기 위해 암투를 벌인다"라고 설명했다.

결국 인민의 불만은 코로나 비상 방역을 거쳐 최종적으로 주석궁의 최고지도자에게 향할 수밖에 없다. 가상의 적을 내세우는 국면전환이 필요하다. 외부의 적을 내세워 인민의 시선을 전환하는 전술이 구사된다. 모든 경제적 곤궁은 미제와 남조선의 군사적 압박 때문이라고 선전한다. 주기적인 대외 긴장 고조는 북한 체제의 전통적인 핵심 통치술이다. 정보가 통제된 북한 인민들은 김정은의 교묘한 통치전략에 속수무책이다. 21세기 대명천지에 3대 세습 체제가 가능한 이유다.

셋째, 도발의 상시화로 미국의 약점을 파고들어 대북제재 해제에 올인하는 전략이다. 북한 노동당은 1월 19일 김정은 총비서가 참석한 가운데 제8기 제6차 정치국 회의를 열고 "미국의 날로 심해지고 있는 대조선 적대행위들을 확고히 제압할 수 있는 보다 강력한 물리적 수단들을 지체 없이 강화·발전시키기 위한 국방정책 과업들을 포치했다"라고 매체들이 밝혔다. 하지만 북한의 노림수는 워싱턴의 호응을 얻지 못했다. 취임 1주년을 맞은 조 바이든 대통령의 기자회견(1월 20일)에서 '북한'이라는 단어는 없었다. 워싱턴은 오미크론의 확산에 경기회복 등 국내 문제에 집중하고 있다. 워싱턴의 국제정치는 우크라이나 사태로 골머리를 앓고 있다.

향후 북한은 푸틴의 우크라이나 위협 등으로 코너에 몰린 바이든 정부를 압박하기 위해 ICBM 발사와 7차 핵실험 시기를 저울질할 것이다. 북한은 바이든 정부의 병력 이동을 예의주시할 것이다. 바이든은 푸틴이 침공할 경우 미군 8,500명을 우크라이나 주변에 배치할 것이라고 공언하고 있다. 주일·주한 미군 등 동북아의 미군 병력 이동도 주시 대상이다. 중국은 2월 베이징 올림픽을 마친 후에는 다시 미국과 갈등 국면을 이어갈 것이다. 중국 공군은 타이완의 영공을 넘나들며 유사시 충돌에 대비할 것이다. 미국의 전선이 넓어질 수밖에 없는 상황이다. 중국은 북한을 편들며 미국을 압박하고 있다. 장쥔 주유엔 중국대사는 2월 4일 "북한 문제 해결을 위한 핵심은 이미 미국의 손에 넘어갔다"라며 미국의 양보를 촉구했다.

4월 한·미 연합훈련 맞춰 ICBM 도발 가능성

2022년 1월 27일 러시아군 보병부대의 BMP-3 장갑차가 우크라이나와 인접한 남부 로스토프 훈련장에 배치돼 있다. 북한의 미사일 도발이 계속됐지만, 미국의 관심은 온통 우크라이나 전쟁 위험에 쏠려 있다. / 사진: 로이터=연합뉴스

미국은 2022년 1월 30일 북한의 중거리탄도미사일 발사를 계기로 안보리 회의 소집을 요청해 성사시켰다. 회의를 마친 뒤에는 린다 토머스—그린필드 주유엔 미국대사가 서방측 동료 대사들과 함께 북한의 미사일 발사를 규탄하는 공동성명을 발표할 예정이었다. 하지만 중국과 러시아가 규탄보다 '유연한 접근'에 방점을 찍고 있어 북한의 유엔 제재 결의 위반을 비판하는 안보리 차원의 공식 성명 채택은 결국 무산됐다. 한반도를 둘러싸고 한·미·일과 북·중·러 간 대결 구도가 고착화하고 있어 유엔 차원의 대응도 힘을 쓰지 못하고 있다. 2월 12일 하와이에서 예정된 한·미·일 3국 외무장관 회담도 한국의 미지근한 태도로 특별한 대응책을 제시하기는 용이하지 않았다.

북한이 '품질검사'를 명분으로 중거리탄도미사일(IRBM)인 화성—12형을 4년여 만에 쏘아 올리면서 이른바 '임계치'로 여겨지는 대륙간탄도미사일(ICBM) 발사 가능성도 커졌다. 4월 15일 110회 김일성 생일(태양절)은 군사 도발의 무대가 될 수

있다. 베이징 동계올림픽에 2월 하순 패럴림픽까지 고려하면 임계치를 넘는 도발은 4월 한·미 연합훈련 전후가 될 가능성이 높다. 다만 국제사회 여론을 고려해 지구관측위성을 가장한 ICBM 발사를 모색할 것이다. 인공위성 발사와 ICBM 발사 기술은 동전의 앞뒤이기 때문이다.

넷째, 모라토리엄 종료 선언 이후 백마를 타고 백두산을 질주하는 김정은의 영상은 문재인 정부의 대북정책에 종언(終焉)을 고했다. 핵과 미사일로 무장한 평양과의 평화 논의는 애초부터 출발이 잘못됐다. 워싱턴과 평양의 동상이몽을 '운전자론'을 내세워 억지로 꿰맞추려는 한반도 평화 프로세스는 가면극에 불과했다. 남북 정상이 판문점 도보다리를 함께 걷고 평양 군중 앞에서 연설한 후 부부동반으로 백두산을 오르는 장면은 청와대와 국정원의 자칭 지북파(知北派)들이 연출한 화려한 볼거리였다. 하지만 드라마는 드라마일 뿐이다. 방송이 종료되고 광고가 나오면 냉정한 현실로 돌아와야 한다.

트럼프 전 미국 대통령과 김정은 위원장과의 3차례 회담 역시 호기심을 자극했던 길거리 야바위꾼들의 호객행위에 불과했다. 비핵화에 대한 평양의 근본적인 인식 변화가 없는 이상 어떤 형태의 정상회담도 대북제재를 해제하거나 혹은 핵 포기를 결정하는 제로섬 게임을 할 수는 없다. 사전에 실무자들끼리 충분히 합의해 최고지도자들의 서명만 남겨 놓지 않으면 3,000여 명의 미디어가 취재하는 세기의(?) 정상회담 이벤트는 현장 양보가 불가능하기 때문에 경험상 허상이다. 이제 돈과 시간이 절약되는 메타버스 형식의 회담을 하고 합의에 가서명이 이뤄지면 대면 정상회담으로 확인해야 한다. 더는 은둔의 지도자가 66시간의 기차여행으로 한바탕 세상을 흔드는 정상회담은 사절이다.

예산 수백억 원이 투입된 남북공동연락사무소가 폭파되고 우리 공무원이 총에 맞아도 묵묵부답인 4년간의 평화 쇼 미몽(迷夢)에서 깨어나야 한다. 9·19 군사합의로 비무장지대 초소(GP)는 철거됐다. 탈북자가 월북해도 무인 GP는 작동하지 않는다. 우리 군은 목전에 적이 사라지면서 싸울 의지도, 준비도 하지 않는 무장해제 수순을 밟고 있다. 허망한 평화 쇼가 막을 내리는 데 4년이 걸렸다. 임기 마지막까지 허망한 종전선언을 흔들며 외교력을 낭비하게 했지만 돌아온 것은 북한의 혹독한 대남 비판뿐이다.

세계 각국 북한 규탄하는데 우리 정부는 '유감'만

김정은 위원장이 2021년 4월 15일 김 주석의 시신이 안치된 평양 금수산태양궁전을 참배하고 있다. / 사진: 연합뉴스

2022년 문정부 당시, 문 대통령은 순방 중인 이집트에서 "2018년 9·19 군사합의로 군사적 긴장이 완화됐다"라며 "평화는 우리가 강하게 염원할 때 이뤄진다"라고 언급했다. 약자가 평화를 노래하면 오히려 전쟁을 불러온다는 것은 동서고금의 진리다. 오죽하면 마오쩌둥조차 1975년 중국을 방문한 닉슨 전 대통령의 딸과 사위에게 "적과 싸울 준비가 돼 있지 않은 사람은 평화를 주장할 자격이 없는 무능한 사람들이다"라고 일갈했겠는가.

비핵화 논의보다는 핵과 미사일의 고도화에 대한 철저한 방어체계를 재구축해야 할 시점이 다가왔다. 2분이면 서울 한복판에 떨어지는 미사일이므로 공격 조짐을 보이면 선제 타격은 불가피하다. 미사일에 대응하는 3축 방어체계 강화를 전쟁광으로 매도하는 것은 대중 선동 전술이다. 북한의 계속된 미사일 발사에 대해 청와대는 서훈 실장 주재로 1월 27일 국가안전보장회의(NSC) 상임위원회 긴급

회의를 개최했지만, 역시 "매우 유감스럽다"라는 입장을 밝히는 데 그쳤다. 반면 외국에서는 규탄이 이어진다. 유럽연합(EU)에 이어 독일, 스웨덴 등이 1월 27일 북한의 잇따른 미사일 발사 도발을 규탄하는 입장을 발표했다. 북한이 도발을 거듭하자 미국과 일본뿐만 아니라 유럽과 브라질, 아랍에미리트(UAE), 알바니아 등도 규탄 행렬에 동참했다. 반면, 북핵 위협의 당사자인 우리 정부는 '도발'이라는 표현을 쓰지 않았다. 정부는 유엔 안보리 규탄 성명 등에도 불참했다.

북한은 설 연휴가 시작된 2022년 1월 30일에는 최고 고도 2,000km에 달하는 탄도미사일을 발사했다. 문 대통령은 1년 만에 NSC 전체회의를 소집했지만, 결론은 특유의 알 듯 말 듯한 발언만 보도됐다. 문 대통령은 "유엔 안보리 결의에 위배되는 행위"라며 "중거리탄도미사일 발사라면 모라토리엄 선언을 파기하는 근처까지 다가간 것"이라고 지적했다. 파기면 파기지, 근처까지 다가간 것은 무슨 의미인가? 인정하고 싶지 않은 불편한 진실에 여전히 미련을 못 버린 것일까?

한반도 평화 시계가 거꾸로 돌아가는 현실을 인정하는 것은 모든 판돈을 평양에 걸었던 청와대에 있어 고통스러운 일일 것이다. 문 대통령은 지난 2017년 취임 100일 회견에서 "ICBM을 완성하고 거기에 핵탄두를 탑재해 무기화하는 것"을 '레드라인'으로 규정한 바 있다. 7번째 중거리미사일이 ICBM급으로 밝혀지고 ICBM이 태평양 상공을 비행한다면 문 대통령으로서는 퇴임 후에도 대북정책 실패에 대한 책임과 함께 무력감에서 벗어나기 쉽지 않을 것이다.

북한 미사일은 남한의 대선판에도 떨어지고 있다. 평양의 미사일 발사에 밤잠을 설치는 사람 중 하나가 이재명 더불어민주당 후보다. 당초 베이징동계올림픽을 계기로 남북정상회담 등으로 '평창 어게인'을 기획했던 청와대와 이 후보에게 연이은 미사일 발사는 마른하늘에 날벼락이 됐다. 국민의힘 윤석열 후보는 북한의 핵미사일 위협에는 선제타격이 불가피하다며 포문을 열었다. 반면 이재명 후보는 국민 불안감을 조장한다고 맹비난하면서 극명한 시각차를 드러냈다. 이 후보는 "마치 화약고 안에서 불장난하는 어린이를 보는 거 같은 불안감이 든다"라고 우려했다. 미사일 발사 횟수가 늘어나면서 중도층, 특히 공정과 상식에 민감한 '이대남'들은 북한의 행동에 민감하게 반응했다. 덩달아 상대적으로 북한에 호의

적인 이 후보에 대한 거부감이 늘어나자 공약을 긴급 수정하며 파편을 최소화하는 데 주력했다. 문 대통령이 2022년 1월 11일 "대선을 앞둔 시기에 북한이 연속해 미사일을 시험 발사한 데 우려가 된다"라고 한 것도 이런 맥락이다. 윤 후보는 "대북 관계를 그때그때 따라 일시적인 '평화 쇼' 같은 식으로 진행해서는 남북관계에 진전이 없다"라고 청와대를 비난했다. 이 후보는 북한의 도발과 같은 위기 상황에서는 더더욱 지속적인 대화 노력이 필요하다면서 당선되면 금강산 관광이나 남북 철도·도로 연결도 재추진하겠다고 목소리를 높였으나 미사일 발사에 빛이 바랬다. 중도층의 지지가 흔들리자 이 후보는 청와대 대북정책과 차별화 전략으로 급히 우회전 깜빡이를 켰다.

2022년 1월 27일 6번째 발사 이후 이재명 후보는 특유의 변신 전략으로 순식간에 방향을 틀었다. 대북 강경 메시지를 내며 문재인 정부의 대북 정책과 거리를 두는 데 주력했다. 북한의 연쇄 미사일 발사를 '도발'로 규정한 데 이어 '내정 간섭', '국론 분열용' 등 강한 비판을 이어가며 현 정부의 대응과 결을 달리했다. 이는 '불안한 안보관'을 가졌다는 보수는 물론 중도층의 합리적인 우려를 씻어내기 위한 외연 확장성 전략으로 읽힌다. 이 후보는 1월 28일 "안보에는 여야가 있을 수 없다는 차원에서 대선 후보분들에게 공동선언을 제안했는데 함께해주길 다시 한번 부탁한다"라며 야당 후보들에게 전날 자신이 제안한 대북 공동선언에 참여하라고 독촉하기도 했다.

대선판 흔드는 북한의 미사일, 조바심 내는 여권

북한의 연이은 미사일 도발에 여야 대선후보의 시각차가 극명하게 갈리고 있다. 이재명 더불어민주당 후보와 윤석열 국민의힘 후보가 2022년 2월 3일 서울 여의도 KBS에서 열린 방송 3사 합동 초청 토론에 앞서 기념 촬영을 하고 있다. / 사진: 뉴시스

이 후보는 경기 김포의 해병대 2사단을 찾아 "하필 대한민국 대선이 이뤄지는 시점에 집중적으로 미사일을 발사했다"라며 "이는 국론을 분열시키고, 한반도의 불안정을 초래하는 행위로 매우 유감스럽게 생각하고 강력히 규탄한다"라고 했다. 또 "이런 군사적 도발은 자중해야 한다. 대통령 선거에 매우 안 좋은 악영향을 미치고 있어서 대한민국 내정에 영향을 주려는 것 아니냐는 의심도 생기고 있다"라고도 했다. 이 후보는 북한이 1월 27일 단거리탄도미사일을 발사하자 △한반도 긴장 조성행위 중단 △대선 개입 중지 촉구 △한반도 평화와 안정을 위한 대화 재개 협력 등을 담은 대선후보 '대북 공동선언' 구상을 내놓기도 했다.

북한의 미사일이 쏟아지면서 후보들 간에 대응책을 놓고 불이 붙었다. 대응체계에 대한 여야 후보의 차별화도 가속하면서 뒷순위로 밀렸던 안보 분야가 후보

자 TV토론에서 단숨에 대표 주제로 떠올랐다. 윤 후보는 북한 미사일에 효과적으로 대응하기 위해 수도권 방어를 위한 사드 추가 배치를 공약했다. 반면 이 후보와 심상정 정의당 후보는 사드를 수도권에 배치하는 것은 어불성설이며 수도권에 날아오는 저고도미사일에는 한국형방어체계로도 충분하다고 반박했다. 심지어 수도권 사드 배치 장소를 둘러싸고 지역 갈등을 유발하는 발언까지 나왔다.

갑자기 후보들이 미사일 전문가가 됐다. 평소 외교·안보에 문외한이었던 여야 후보들이 안보 현장을 찾고 전문가들과 머리를 맞대고 학습에 집중하게 된 것은 이유 여하를 막론하고 평양의 미사일 덕택(?)이라는 것을 부인할 수 없다. 북한 변수가 대선 토론 판에 일자리 및 부동산 등과 함께 3대 중심 화두로 떠오른 것이다. 문재인 정부의 한반도 평화 프로세스에 의한 남북 정상 화상 회담 등 베이징에서 '어게인 평창'으로 중도층을 공략하려는 이 후보 측 복안은 완전히 실패로 돌아갔다. 득점은 고사하고 평양 돌발 변수로 표를 깎아 먹고 있으니 초박빙 선거에서 속이 타들어 갔을 것이다. 북한의 변심으로 오히려 역풍을 맞고 있는 격이다. 이 후보 입장에서는 원군이 될 줄 알았던 평양이 악재로 작용한 만큼 문재인 정부와의 차별화를 시도할 수밖에 없다.

초박빙 선거에서 북한 변수는 최대 3%의 영향을 미쳤다는 것이 필자의 판단이다. 김정은은 남한의 지도자가 누가 당선되든 미국과의 빅게임에서 승자가 되지 않으면 대북제재가 해제될 수 없다는 생각이다. 평양은 지난 5년간 문재인 정부와 다양한 거래를 해봤지만, 남한 단독으로 해결할 수 없다는 결론에 도달했다. 마침내 야당 후보가 당선되어도 강공으로 굴복시킬 수 있다는 전략을 구상하기 시작했다.

임기 말까지 정상회담 의지만 불태우는 문 대통령

문 대통령은 2022년 2월 임기 종료를 3개월 앞두고 세계 7대 통신사와 합동으로 진행한 서면 인터뷰에서 남북정상회담 방식까지 북한에 맞출 수 있다는 점을 명확히 했다. 임기 마지막까지 정상회담에 대한 성사 의지를 부각했다. 북한의 무력도발로 긴장감이 고조되고 있는 중에도 여전히 정상회담 등 과감한 톱다운 대화를 통해 한반도 평화 프로세스의 재가동 가능성을 타진해야 한다는 게 문 대통령의 판단이었다. 하지만 대통령의 대북정책은 이제 막을 내렸다. 오히려 정책의 시작부터 종결까지 무엇이 문제였는지를 복기하는 것이 필요한 시점이다.

여야 후보가 모두 법조인, 지자체장 경력만 보유하고 있어 외교 안보에 대한 이해가 낮을 수밖에 없다. 동네 구청장 선거 공약 수준의 대선판에서 역설적으로 북한의 미사일 세트 발사로 후보자들이 외교 안보에 대한 소양을 넓히는 계기가 됐다면 그나마 불행 중 다행이다. 아무리 외교 안보 참모들이 보고서를 올려도 최종 결정은 대통령이 내린다. 해리 트루먼 전 미국 대통령의 집무실 책상 위에는 'The buck stops here'라는 문구가 새겨진 명패가 놓여 있었다. '모든 책임은 내가 진다'는 뜻이다. 외교·안보 분야에서 고독한 결정은 온전히 대통령의 몫이다. 사전에 철저히 준비되지 않으면 2차 세계대전 직전 히틀러의 팽창에 대해 유화정책을 주장한 영국의 체임벌린 총리처럼 우왕좌왕하게 된다. 외교·안보 분야에서 대한민국 대통령은 참으로 결정해야 할 부분이 작지 않다. 지도자에겐 전쟁을 막아야 할 소명이 있지만, 적의 칼끝이 목전에 왔는데도 평화만을 노래하는 건 직무유기이다.

[남성욱의 평양리포트] 월간중앙 2022년 3월호

윤석열 정부 대북·외교 정책의
방향은?

'평양 바라기' 멈추고 안보동맹 재건해야 할 때
윤석열 당선인, 비핵화와 한·미 동맹 앞세워 대북정책 대수술 예고
안보 중심 자유민주 진영 동맹 재건해 북한의 고강도 도발 대비해야

윤석열 대통령 당선인이 후보 시절 국민의힘 중앙당사에서 외교·안보
관련 공약을 발표하고 있다. 윤 당선인은 비핵화와 한·미 동맹 강화를
기치로 내걸었다. / 사진: 임현동 기자

『늑대의 선거』는 유머러스하고 독특한 방식으로 책을 읽는 어린이들에게 생각할 거리를 던져주는 세계적인 작가 다비드 칼리의 우화 그림책이다. 선거철을 맞이한 농장의 동물들이 대표를 뽑는 선거를 치르면서 겪게 되는 이 흥미진진한 이야기는 어린이 독자의 상상력을 자극하며 선거의 개념이나 과정 등 유익한 정보를 제공한다. 하지만 현실의 선거는 동물농장의 선거보다 훨씬 더 복잡하고 격렬하며, 승자독식(winner takes all)이다. 누가 선거를 축제라고 했는가? 선거는 허약한 민주주의를 지키는 유일한 등불이다.

20대 대통령 선거는 0.73% 앞선 윤석열 후보의 당선으로 막을 내렸다. 초박빙 선거 과정은 동물농장에서 늑대, 돼지, 닭들이 대표가 되기 위해 뛰었던 경쟁보다 훨씬 치열했다. 5년 만에 정권이 교체된 만큼 '문재인 정책 제외(Anything but Moon)'라는 의미의 'ABM'이 새 정부의 정책 키워드가 되었다. ABM의 핵심은 소득주도성장과 부동산, 탈원전, 편향된 남북관계 및 외교·안보 정책이다. 복지혜택, 세금, 연금개혁, 노사관계, 코로나 지원 등은 여야 후보가 포장지만 달리할 뿐 내용물은 큰 차이가 없었다. 결국 남북관계와 외교·안보 정책에서 노선 변화가 불가피하다.

블룸버그 통신은 청와대에 '매파(hawkish) 정부'가 들어설 것이라고 보도했다. 조 바이든 미국 대통령은 현지 시각으로 업무가 종료된 저녁 7시 40분 당선 수락 후 5시간 만에 윤석열 당선인과 20분간 통화했다. 이처럼 역대 당선자 통화에서 가장 신속하게 소통한 점은 향후 한·미 동맹의 방향에 대한 기대감을 불러일으켰다. 미국 정상이 일과가 끝난 후에 해외 정상과 통화하는 사례는 흔치 않다. 당초 11일에서 미국의 요청으로 당겨졌다는 후문이다.

정상 간 통화의 핵심 키워드는 '린치핀(linchpin)'이다. 한·미 동맹이 인도·태평양 전략의 핵심축이라는 의미다. 그동안 핵심축이 느슨해져 수레바퀴가 제대로 작동하지 않았다는 것이 미국의 평가다. 워싱턴은 이제 다시 축을 연결하는 핀을 단단히 고정해 미·일 동맹의 코너스톤(corner stone, 주춧돌)과 함께 대(對)동북아 정책의 양 날개로 활용한다는 복안을 갖고 있다.

부작용만 낳은 文 정부의 일방적인 유화정책

2021년 10월 26일 경북 포항시 송라면 독석리 해안에서 한·미 두 나라 해병대가 참가하는 연합 상륙훈련이 진행되고 있다. / 사진: 송봉근 기자

윤석열 정부는 남북관계와 외교·안보 정책 나침반을 수리해야 했다. 국익의 자침이 평양에 고정돼 도무지 움직이지 않았던 나침반은 정비가 필요하다. 푸틴의 우크라이나 침공으로 국가 안보의 중요성이 부각된 만큼 한·미 동맹의 진정한 가치를 음미할 시대가 다가왔다. 문재인 정부 정책 중에서 계승 발전시킬 것은 지속해야겠지만, 절연해야 할 과제도 적지 않다. 우선 새 정부의 외교·안보 글로벌 비전을 전망하기 위해서는 현 정부 한반도 평화프로세스의 폐해부터 교정돼야 한다.

평양에 대한 무작정 대화와 끝없는 유화정책은 부작용을 유발했다. 판돈 전체를 평양에 베팅했던 문 정부의 남북관계는 과유불급 수준을 넘어 갑을, 주종 관계로 재편됐다. 북한의 압박으로 제정된 대북전단금지법과 9·19 군사합의 및 종전선언은 문 정부가 평양에 제공한 3대 종합선물세트로서 국민의 자긍심과 국격에 상처를 입혔다. 대북전단금지법은 일명 '김여정 하명법'이다. 2020년 6월 4일 김여정은 대북전단 살포를 막을 것을 청와대에 요구했고 북한에 대화를 구걸하던 정부여당은 국회 외교통일위원회에서 단독으로 법을 통과시켰다. 국제인권단체 휴먼라이츠워치는 지난해 7월 문재인 정부가 유엔에 보낸 대북전단금지법 관련 서한을 '상황을 모면하기 위한 변명'이라고 규탄했다. 또한 "대북전단금지법은 김정은 남매를 달래기 위한 조치"라며 인권변호사 출신 대통령이 북한 정권을 옹호하기 위해 자국민의 인권을 탄압하는 것은 '모순'이라고 강하게 비판했다.

지난 2월 한국을 방문한 토마스 오헤아 퀸타나 유엔 북한인권특별보고관은 "대북전단금지법(개정남북관계발전법)과 관련해 문제가 되는 부분은 처벌의 비례성"이라며 "처벌 수위가 국제법을 위반할 가능성이 있다"라고 강조했다. 접경지의 평화와 안전이 중요하지만, 북한 주민에 대한 정보 유입 가능성을 원천적으로 차단하고 국민의 표현의 자유를 과도하게 제한한 것은 자유민주주의 국가의 가치에 부합하지 않는다. 북한 체제의 변화는 한반도 평화통일의 토대로서 주민들의 인식 전환에서 시작된다. 대북전단은 그나마 주민들이 북한 내부 문제점을 인식할 수 있는 실마리다. 공산주의 독재자가 싫어한다고 자유민주주의 국가가 이를 수용하는 것은 북한 주민의 알 권리와 인권에 눈을 감는 처사다. 여대야소 정국이라 당장 법을 폐기하기는 어렵지만, 처벌 수위를 낮추는 개정안은 불가피하다.

다음은 무용지물로 변해가는 9·19 군사합의 조정이다. 그동안 GP 철수 등 남한의 일방적인 무장 해제 수준으로 진행됐던 군사합의는 비무장지대에 안보 취약점을 노출하고 군사훈련을 동결시킴으로써 대북 방어 태세에 구멍이 생겼다는 지적을 받았다. 군사합의 1조 2항은 다음과 같이 훈련 중단을 규정했다. '지상에서는 군사분계선으로부터 5km 안에서 포병 사격훈련 및 연대급 이상 야외기동훈련을 전면 중지하기로 했다. 해상에서는 서해 남측 덕적도 이북으로부터 북측 초도 이남까지의 수역, 동해 남측 속초 이북으로부터 북측 통천 이남까지의 수역에서 포사격 및 해상 기동훈련을 중지하고 해안포와 함포의 포구 포신 덮개 설치 및 포문 폐쇄 조처를 하기로 했다.' 또 2조 1항에서 '쌍방은 비무장지대 안에 감시초소(GP)를 전부 철수하기 위한 시범적 조치로 상호 1km 이내 근접해 있는 남북 감시초소들을 완전히 철수하기로 했다'고 합의함으로써 40여 개 이상의 GP가 철거되고 동해안 지역에서는 탈북자가 자유롭게 월북하는 지경에 이르렀다. 공중에서는 군사분계선 동서부 지역 상공에 설정된 비행금지구역 내에서 고정익 항공기의 공대지유도무기 사격 등 실탄 사격을 동반한 전술훈련을 금지하기로 함에 따라 총한 번 쏴보지 않은 병사들이 전역하고 있다. 유사시 북한의 기습 도발이 감행될경우 과연 대응 사격을 할 수 있을지 의문이다.

북한의 잇따른 도발로 군사합의 무용지물

2022년 3월 11일 김정은 북한 국무위원장이 대륙간 탄도미사일(ICBM)로 전용 가능한 장거리 로켓을 발사할 수 있는 서해위성발사장을 현지지도하고 있다. / 사진: 연합뉴스

시간이 지나면서 군사합의는 휴지 조각이 되고 있다. 선거를 하루 앞둔 3월 8일 북한 경비정이 서해북방한계선(NLL)을 7분간 월선하여 군사합의를 위반했다. 2019년 11월 25일에는 김정은 위원장이 '창린도'를 시찰하고 포사격을 진행함으로써 합의는 사실상 불능화했다. 당시 최현수 국방부 대변인은 "오늘 아침 북한 언론매체에서 밝힌 서해 완충구역 일대에서의 해안포 사격훈련 관련 사항에 대해서 유감스럽게 생각한다"라고 밝혔다. 훈련하지 않는 군대는 싸워서 이길 수 없다는 사실을 우크라이나 사태가 보여준다.

그럴싸한 포장지에 싸인 군사합의 속에는 무장해제라는 독극물이 들어 있는 만큼 자연스럽게 폐기 수순을 밟을 것이다. 북한도 역시 남한이 합의를 준수하면 좋고 그렇지 않아도 자신들은 합의를 지키지 않는 만큼 흐지부지될 거라고 예상할 것이다. 북한은 정초부터 8차례나 미사일을 발사했고 2017년 선언한 핵과 미사일 발사 유예 조치인 모라토리엄의 파기를 검토한 만큼 사문화된 군사합의 준수에 목숨을 걸지도 않을 것이다. 오히려 군사합의가 자신들의 계속되는 군사도발에 거추장스러운 걸림돌이 될 것이다.

한국전쟁 종전선언 주장도 접어야 한다. 지난 세 차례의 미·북 정상회담 이후 문 정부가 꺼내 든 종전선언은 맥락과 시점이 맞지 않는 자충수였다. 미국과 중국은 물론 당사자인 북한조차 설득하지 못한 현실성 없는 종전선언 카드로 인해 임기 말 외교를 통한 국익 실현에 치명적인 결과를 초래했다. 통일부, 국정원은 물론이고 외교부, 국방부 등 전 부처에서 평양 바라기에만 몰입해 북한 이외의 국익을 달성하는 데 무관심했다. 외교·안보 부처 장·차관들이 임기 말 청와대의 종전선언 미션을 수행하느라 전 세계를 쏘다녔다. 프랑스 상원을 대상으로 종전선언 지지를 유도하는 작업이 대가 없이 이뤄지지 않았다는 것은 불문가지다. 제한된 국력으로 스마트한 외교를 전개해야 할 중차대한 시기에 당사자인 북한조차 공허하게 평가하는 종전선언 올인 정책은 문 정부가 국력을 낭비한 사례로 기록될 것이다.

5년간의 대북정책에서 가장 큰 문제점은 대한민국의 자긍심을 격하시켰다는 것이다. 북한에서 문 대통령과 청와대를 향한 비난 수위는 역설적으로 역대 정부에서 최악이었다. 북한 조국평화통일위원회는 2019년 9월 문 대통령이 광복절 경축사에서 밝힌 '평화경제' 실현 구상에 대해 "남조선 당국자의 말 대로라면 저들이 대화 분위기를 유지하고 북남협력을 통한 평화경제를 건설하며 조선반도(한반도) 평화체제를 구축하기 위해 노력하고 있다는 소리인데 삶은 소대가리도 앙천대소할 노릇"이라고 비난했다. 이 외에 차마 입에 담기도 민망한 막말 퍼레이드는 어찌 보면 문재인 정부가 자초한 일이다. 북한이 요구하는 모든 것을 수용했다고 인식하는 문 대통령으로서는 애써 무시했지만, 속이 편치는 않을 것이다. 청와대는 유화정책은 더 큰 양보를 유발하고 이를 수용하지 않으면 갑자기 돌변하는 공산주의 정권의 야수적 본성을 망각했다. 새 정부는 국민의 자긍심을 세우고 선진국으로 진입하는 대한민국의 국격을 보여주는 대북관계 수립 과제를 안고 있다.

이제 새 정부 5년간의 외교·안보 비전을 전망해 보자. 윤석열 당선인은 2022년 2월 24일 '강한 국가 지도자'로서의 당당하고 튼튼한 자유·평화·번영의 외교·안보 글로벌 비전을 발표했다. 윤 당선인은 당시 대북정책, 외교정책, 국방정책 등으로 나눠 총 20가지 외교·안보 공약을 제시했다. 주요 공약은 △비핵·번영의 한반도 실현 △한·미 동맹 재건과 포괄적 전략동맹 강화 △경제안보외교 적극화 △AI 과학기술 강군 육성 △북핵·미사일 대응체계 구축 △국가를 위해 희생한 분들이 분노하지 않는 나라 실현을 담았다.

또 "북한의 완전하고 검증 가능한 비핵화를 실현해 한반도에 지속 가능한 평화와 안전을 구현하기 위해 예측 가능한 비핵화 로드맵을 제시하고 상호주의 원칙에 따라 협상하고 한·미 공조하에 비핵화 협상 재개를 위해 판문점에 남·북·미 연락사무소를 설치해 3자간 대화 채널을 상설화할 것"을 제안했다. 특히 "북한의 완전한 비핵화 전까지 국제적 대북제재는 유지하되 그 이전이라도 실질적 비핵화 조치 시 유엔 제재 면제 등을 활용하며 대북 경제지원을 할 수 있다"라는 입장을 밝혔다. 그러면서 "북핵 미사일 위협 억제를 위한 모든 수단을 강구할 것"이라며 "한·미 간 전구급 연합연습, 야외기동훈련을 정상 시행하고 환경영향평가를 완료해 성주 사드 기지를 정상화하겠다"라고 말했다.

이에 더하여 "한·미 외교·국방(2+2) '확장억제전략협의체(EDSCG)'의 실질적 가동과 전략폭격기·항공모함·핵잠수함 등 전략자산 전개, 정례적 연습 강화를 통한 한·미 확장억제(핵우산)의 실행력을 강화하고 문 정부에서 유명무실해진 '한국형 3축 체계'를 조기에 복원하겠다"라고 밝혔다. 또한 "킬 체인(Kill-chain)이라 불리는 선제타격능력 확보와 한국형 미사일 방어체계(KAMD) 및 대량응징보복(KMPR) 역량 강화를 위해 북한 전 지역을 감시할 수 있는 감시정찰 능력과 초정밀·극초음속미사일을 구비하고 레이저 무기를 비롯한 새로운 요격 무기를 개발할 것임을 밝히며 수도권 방어를 위한 '한국형 아이언 돔' 조기 전력화"도 약속했다.

한·미·일 동맹 복원해 비핵화 노선 강화

윤석열 정부는 북한의 미사일 위협에 대응해 사드(THAAD, 고고도미사일 방어체계) 추가 배치 가능성을 예고했다. 2019년 4월 평택 미군기지에서 미국 장병들이 사드 발사대 장착 훈련을 하고 있다.

주요 공약 외 14개 공약을 추가로 발표했다. △남북관계를 정상화하고 공동번영추진 △국민합의에 기초한 통일방안을 충실히 추진 △'북한인권재단' 조속히 설립 △상호 존중에 기반한 한·중 관계 구현 △한·일 '김대중 — 오부치 선언 2.0시대' 실현 △한·러 협력의 미래 지평 확대 △지역별로 특화된 '글로벌 협력 네트워크' 구축 △'국격에 걸맞은 글로벌 기여 외교' 실천 △총리실 직속 신흥안보위원회(ESC) 설치 △'재외동포청' 설치 △사이버안보 위협 대처 능력 제고 △원전 수출 외교에 적극 주력 △'미래세대에 맞는 병영체계' 구축 △'민군상생 복합타운' 건설 등이다.

요컨대, 외교·안보 공약의 핵심과 출발은 한·미 전략동맹의 강화다. 2022년 3월 10일 바이든 대통령과 윤석열 당선인 간의 통화 이후 백악관은 "두 사람은 인도·태평양의 평화, 안보, 번영의 중심축인 한·미 동맹의 강점을 확인했다"라며

"바이든 대통령은 한국의 방위에 대한 미국의 의지를 강조했다"라고 설명했다. 또한 "두 사람은 북한의 핵과 미사일 프로그램이 야기하는 위협에 대처하기 위해 긴밀한 조율을 유지하기로 약속했다"라고 밝혔다. 바이든 대통령은 5월 말 일본에서 열리는 '쿼드(Quad, 미국·인도·일본·호주 4국 안보협의체)' 정상회의 참석을 전후해 한국을 방문할 가능성이 높다. 이때 5월 10일 취임하는 윤 대통령과 첫 한·미 정상회담을 할 가능성이 높다. 양 정상은 정상회담을 통해서 B급으로 추락한 혈맹을 바로 세우는 데 주력할 것이다. 한국은 미·중 간의 줄타기 외교를 손질할 것이다.

윤 당선인 "사드 추가 배치 개방적 자세 보여야"

우크라이나 사태는 '낀 국가'의 불행한 현실을 여실히 보여준다. 러시아군의 공격으로 파괴된 다리 아래에서 우크라이나 국민들이 하천을 건너 피난하고 있다. / 사진: 연합뉴스

미국의 대선후보들은 선거 전 정치·외교 전문지에 기고문을 올려 자신의 정책과 공약을 설명한다. 바이든 대통령도 후보 시절 『포린 어페어즈(Foreign Affairs)』 2020년 3/4월 호에 「왜 미국이 다시 이끌어야 하는가(Why America Must Lead Again)」라는 제목으로 기고한 바 있다. 또한 한국의 대선후보들도 기고문을 올린

적 있다. 윤 당선인은 지난 2월 8일 『포린 어페어즈』 기고문을 통해 "문재인 정부가 대북 관계에만 집중하느라 한국의 국제적 역할이 축소됐다"라고 비판했다.

윤 당선인의 기고문 제목은 「대한민국: 한반도를 넘어 세계를 품는 글로벌 중추 국가로(South Korea Needs to Step Up Seoul Must Embrace a More Expansive Role in Asia and Beyond)」였다. 기고문에서는 이재명 후보와 토론에서 설전을 벌였던 '사드(THAAD, 고고도미사일방어체계)' 추가 배치 문제에 대해 "개방적인 자세를 보여야 한다"라고 강조했다. 이어 "북한의 위협에 대한 억지력을 확보하는 것은 주권의 문제이며, 서울은 북한의 미사일 위협에 비례해 사드 추가 배치에 개방된 자세를 보여야 한다"라고 했다. 또한 "한국은 자국의 안보 이익을 희생해 가면서까지 중국의 경제 보복에 굴복하고 있다"라고 지적했다. 문 정부가 중국의 경제 보복에 대해 사드 배치, 미국 미사일 방어망(MD) 참여, 미국·일본과의 3자 군사동맹 구축을 하지 않겠다는, 이른바 '3불 정책'을 거론하며 "이런 약속은 국민을 보호할 한국의 주권을 약화시킨다"라고 비판했다.

윤 당선인은 "현 한국 정부가 국익에 대한 근시안적인 시각과 북한과의 관계 개선에 외교정책을 맞추느라 국제적 역할이 축소됐다"라고 했다. 이어 "한국은 북한과의 협력에 주력하고, 미국은 북한의 핵 위협과 인권 침해에 우선순위를 두면서 한·미 동맹이 이견으로 표류하고 있다"라며 "북한을 대하는 것은 한국 정부의 중요한 과제이지만, 그것이 외교 정책의 전부가 돼서는 안 된다"라고 지적했다. 미·중 갈등 사이에서 '전략적 모호성'을 택하고 있는 문재인 정부의 외교 전략에 대해서도 비판적인 시각을 보였다. 특히 "한국이 다른 민주주의 국가들의 분노를 불러일으키고 있는 인권침해에 대해 침묵을 지키고 있다"라고 했다. 북한의 비핵화 조치에 따른 '단계적 보상 조치'도 언급했다. 윤 후보는 "한국이 북한에 비핵화 로드맵을 제시하고 북한이 응하는 각 단계에 상응하는 조치를 취해야 한다"라고 주장했다.

문 정부는 5년간 동맹을 거래 수단으로 격하시키고 깎아내림으로써 자유민주주의를 지키는 가치의 토대를 무너뜨렸다. 동맹의 정체성은 자유민주주의라는 가치다. 청와대는, 함께 피를 흘리고 싸웠던 동맹은 거래의 대상이 아니라는 사실을 망각했다. 어설픈 운전자론, 섣부른 중재자론을 내세워 동맹의 품격을 내팽개쳤다. 2021년 5월 미국은 백악관 한·미 정상회담에서 한국전쟁 참전 노병을 내세워 음수사원(飮水思源) 메시지를 전했다. 현재 대한민국의 자유와 번영의 뿌리가 어디에서 출발했는지 기억하지 않는 한국 지도자에게 던지는 무언의 이벤트였다.

▌보수 정권 출범할 때마다 도발로 위기 고조

러시아의 우크라이나 침공과 관련, 유엔이 2022년 3월 2일 긴급 특별총회에서 채택한 결의안에는 141개국이 찬성했다. 중국과 인도 등 35개국은 기권했고, 북한을 포함한 5개국은 반대했다. 김성주 UN 북한대사는 총회 연설에서 "우크라이나 위기의 근본 원인은 미국과 서방의 패권정책에 있다"라면서 "안보 보장을 해달라는 러시아의 요구는 합리적이고 정당하다"라고도 했다. 이것이 문 정부가 5년간 한반도 평화프로세스라는 미명 아래 모든 것을 양보했던 평양 지도부의 발언이라는 사실에 아연실색하지 않을 수 없다. 러시아의 우크라이나 침략을 미화하고 동조하는 북한의 주장은 결단코 수용할 수 없다. 탄도미사일 발사를 우주 정찰위성 시험이라고 주장하는 북한은 평화를 위협하는 도발자가 틀림없다.

스트롱맨의 시대에 안보는 미국, 경제는 중국이라는 안미경중(安美經中)과 같은 모호성은 지켜내기 쉽지 않다. 경제도 안보도 미국이라는 전략적 선명성이 부각될 것으로 예상된다. 우크라이나 사태는 한국에 외교의 현실을 직시할 것을 요구한다. 미국의 국제정치학자 즈비그뉴 브레진스키(Zbigniew Brzezinski)는 1998년 펴낸 『거대한 체스판(The Grand Chessboard)』에서 우크라이나를 '지정학적 중추국(pivot state)'으로 정의했다. 우크라이나 전쟁은 '낀 국가'의 불행을 예고했다. 한국이나 우크라이나처럼 지정학적 중추국은 강대국의 교량 역할을 할 수도 있지만, 열강이 충돌하는 현장이 될 수도 있다. 가치와 국익이라는 균형이 무너진 한국 외교를 정상화해 선진국형 외교 시스템으로 업그레이드해야 한다. 신냉전의 파고 속에서 한국의 국익을 수호하는 길을 고심해야 할 때가 왔다.

선거 승리의 축배는 순간이고 한반도 현실은 냉엄하고 복잡하다. 상대들도 만만치 않다. 대북정책은 리셋될 것이지만 과정은 성장통이 만만치 않을 것이다. 북한은 역대 보수 정당 대통령에 대해서는 취임 초반부터 강대강 전략을 택했다. 2008년 이명박 정부 취임 초부터 전임 노무현 대통령이 평양에서 김정일 위원장과 합의한 10·4 선언의 이행을 둘러싸고 긴장이 고조됐다. 임기 말 대선을 두 달 앞두고 진행한 무리한 정상회담이 초래한 후유증이었다. 전임 대통령이 약속한 식량 지원 등을 둘러싼 남북한의 갈등은 결국 2010년 3월 천안함 폭침과 11월 연평도 포격으로 이어졌다.

박근혜 정부 동안에는 2016년 1월 4차 핵실험과 2017년 11월 대륙간탄도미사일(ICBM) 시험 발사를 감행했다. 윤 당선인 취임 초반에도 북한은 과격한 도발 행보를 이어갈 가능성이 크다. 4월 10일 김일성 생일 110주년을 맞이해 ICBM 발사를 감행하면서 수위를 높일 것이다. 북한은 7차 핵실험 카드도 검토할 것이다. 김정은은 5년 내 군사정찰위성을 다량 배치하겠다고 천명했다. 한국 새 대통령이 확정된 날 김정은이 직접 ICBM 발사 재개를 공식화한 것이다. 우크라이나 사태로 신냉전 구도를 활용한 북한의 강공 정책은 윤석열 정부가 부딪치는 첫 외교·안보 과제가 될 것이다.

친미노선 강화 행보에 견제구 던지는 중국

대선후보 TV 토론에서 "대통령이 되고 나서 미국의 바이든, 일본의 기시다 후미오(岸田文雄), 중국의 시진핑(習近平), 북한의 김정은 이 네 정상을 만날 순서를 우선순위로 말해보라"라는 질문에 윤 당선인은 바이든, 기시다, 시진핑, 김정은으로 순서를 제시했다. 시진핑보다 기시다를 먼저 택한 것이 색달랐다. 윤 당선인은 한·미 동맹을 축으로 하는 한·미, 한·일 관계 복원을 강조했다. 실제로 2022년 3월 11일, 기시다 총리와 통화하며 양측의 미래지향적 관계 개선을 조심스럽게 언급했다. 이후 6월 29일, 한·미·일 정상이 함께 모이는 자리가 만들어졌다. 역설적으로 한·일 관계 개선에 방점을 둔 것은 문 정부의 대중국 저자세를 되풀이하지 않겠다는 의지로 보인다. 시진핑 주석의 방한에 연연해하지 않겠다는 것이다.

외교는 친구가 생기면 반대로 적이 생긴다. 수교 30주년을 맞는 한·중 관계는 다소 정체 국면을 맞았다. 중국의 기관지 『환구시보』는 대선 결과를 평가하면서 "한·중은 수교 30년 만에 양국의 경제적·정치적 상호 신뢰 구도가 형성됐고, 중국이 한국의 중요한 전략적 파트너이자 경제 파트너라는 데 이의를 제기할 한국 정치인은 없다"라면서 "한국은 자신의 정치적 이익과 경제적 이익을 지키면서 그에 맞는 외교 정책을 수립해야 미래의 지향점에 부합할 수 있다"라고 했다. 윤 당선인의 공약 중 한·미 동맹 강화 등 중국과 충돌 소지가 큰 것들에 주목하면서도 윤 당선인이 경제 등에서 깊이 엮인 한·중 관계를 흔들 수 있는 조치에는 신중할 것이라는 예상을 내놓았다. 이는 중국 정부의 기대를 반영하는 동시에 한국 새 정부 출범에 앞서 '견제구'를 던지는 의미도 있다. 대중 관계 앞날이 순탄치만은 않을 것이라는 전망이다.

지정학적으로 '낀 국가'인 한국의 외교·안보는 항상 긴장하고 깨어 있지 않으면 주변 열강들로부터 사달이 날 수밖에 없다. 다른 세상사와 같이 외교·안보도 희생 없이 관계를 업그레이드할 수 없고 이를 극복해야만 국가의 위상이 높아진다. 윤석열 정부는 고려 태조 집권 시기인 993년 외교적 담판으로 거란으로부터 압록강 동쪽 강동 6주를 획득한 서희(徐熙)의 스마트한 외교를 펼쳐야 하는 숙명적 과제를 안고 있다. 축배의 시간은 지나가고 고뇌의 시간이 다가오고 있다.

[남성욱의 평양리포트] 월간중앙 2022년 4월호

어민 북송·해수부 공무원
피살 부른 남북의 갑을 구조

허망한 北 최고지도자 답방 집착이 가져온 비극
진보 정권 들어설 때마다 평양 찾아 북한 지도자 '답방' 올인
노골적인 거절·면박에도 자세 낮추다 국민 보호 의무 저버려

북측 지도자의 답방을 성사시키려는 남측 정권의 과욕은 때때로 대등 외교의 본질을 해치는 결과를 초래하곤 했다. 왼쪽부터 2000년 6월 13일 평양 순안공항에서 만난 김대중 대통령과 김정일 국방위원장, 2007년 10월 2일 평양의 노무현 대통령과 김정일 위원장, 2018년 5월 26일 판문점 북측 통일각에서 회담을 마친 문재인 대통령과 김정은 국무위원장.

2000년 6·15 공동선언의 마지막 문장은 역대 진보 정부에 족쇄였다. 6·15 공동선언은 5개 항과 김정일 위원장의 서울 답방(答訪) 관련 부가적 문안으로 구성돼 있다. 마지막 부가 문장은 김대중 전 대통령의 초청으로 김정일 국방위원장이 앞으로 적절한 시기에 서울을 방문하기로 한다는 내용이다. DJ는 서울로 귀환한

이후 답방에 총력을 기울였다.

임기 말로 들어선 2002년 가을 당시 청와대 고위 당사자는 '김 위원장이 2002년 12월 대선 직후부터 내년 2월 사이에 답방할 계획'이라고 거론했다. 김대중 대통령의 임기가 남아 있고 차기 대통령 새 당선자가 나온 시점에 답방할 것이라는 얘기였다. 이는 김 대통령과 한 약속도 지키고 새 당선자와 상견례까지 할 수 있다는 점에서 일거양득 방안이었다. 특히 대선 결과를 알 수 없는 상황에서 청와대는 답방을 사전에 못 박으려 고심했다. 하지만 평양 최고지도자의 답방은 서울의 희망대로 진행되기에는 너무도 복잡한 현안이었다.

정몽준 의원과 단일화해 노무현 후보가 당선했지만, 김정일의 답방은 여전히 안갯속이었다. 2002년 말 대선을 앞두고 한나라당은 최초의 남북정상회담을 위한 대북 불법 송금 의혹을 제기했다. 이어진 대북 송금 특검으로 답방은 아예 동력을 상실했다. 2004년 3월 28일 대법원은 임동원 전 국정원장 등 4명에 대해 "피고인들이 재정경제부·통일부 몰래 북한 측에 4억 5,000만 달러를 보낸 행위 자체는 사법 심사의 대상이 된다"라고 밝혔다. DJ는 답방이 이뤄지지 않는 데 대해 답답한 심경을 토로하고 자신이 특사로 방북해서 김정일을 설득하고자 했다. 하지만 북한은 권력에서 물러난 DJ를 평양에 초청하지 않았다.

박근혜 전 대통령은 2002년 5월 11일~14일 한국미래연합 창당준비위원회 위원장 자격으로 평양을 방문해 김정일 위원장과 면담하는 자리에서 답방 이야기를 거론했다. 『워싱턴 타임스』는 2002년 5월 15일 자 외신을 인용해 "박 의원이 최근 북한을 방문, 김 위원장과 회동한 자리에서 지난 2000년 6월 남북정상회담에서 합의한 서울 답방 성사 여부를 묻자 김 위원장은 약속을 존중, 답방할 것이라고 밝혔다"라고 보도했다. 박 의원은 "김 위원장은 답방하겠다는 용의를 분명히 밝혔다"라면서 "그는 적절한 시점에 한국을 방문하겠다고 말했다"라고 신문은 덧붙였다. 여전히 '적절한 시기'가 핵심 표현이었다.

이후 노무현 정부는 평양의 최고지도자 답방에 올인했다. 2003년 노무현 정부 시절 대북 송금 특검으로 박지원 전 장관 등이 처벌되면서 김정일 답방은 수면 밑으로 가라앉았다. 대선 2달 전인 2007년 10·4 정상회담으로 마지막 불씨를 살리려고 주력했으나 정권이 교체되면서 답방 공작은 끝이 났다.

2007년 10월 평양을 찾은 노무현 대통령이 서울 답방을 요청했을 때도 김정일은 "우선 김영남 최고인민회의 상임위원장이 답방하는 방안을 추진하자"라며 완곡하게 거절했다. 김정일은 답방에 대해 "자신은 분위기가 더 무르익으면 하도록 하겠다"라고 말했다고 노 대통령은 전했다. 분위기가 무르익는다는 표현이 정확히 어떤 의미인지는 가늠하기 쉽지 않으나 분명한 점은 지난 2000년부터 요청했고 합의문에 포함되기도 했던 김 위원장의 서울 답방이 당분간 쉽지 않을 것이라는 점을 시사했다. 이로써 지난 2000년 제1차 남북정상회담 공동선언 때와는 달리 2007년 2차 공동선언에서는 김 위원장의 답방 부분이 빠지게 됐다. 사실상 북한이 답방이라는 단어조차 거론하기를 기피한 셈이다.

남측 답방 요구마다 '적절한 시기' 반복

평양을 방문한 김대중, 노무현, 문재인 역대 대통령들이 서명한 공동선언문에는 북한 최고지도자의 답방을 암시하는 대목이 있었지만, 답방은 이뤄지지 않았다.

2017년 5월 출범한 문재인 정부 대북정책의 종착지도 답방이었다. '적절한 시기'를 만들려고 당시 자칭 국정원 지북통(知北通)은 혈안이 됐다. 답방 성사라는 대북 미션이 정보기관의 존재 의의냐는 자조적인 한탄이 세곡동 내부에서 나올 정도였다. 공개적인 논의가 어려우니 정보기관이 물밑에서 끈질기게 평양 통전부라인을 구애했다. 미션 임파서블을 미션 파서블로 바꾸려는 과정은 무리수의 연속이었다. 평양의 심기를 거스르는 일은 무조건 금기였다. 올 마음이 없는 사람을 억지로 오게 하는 과정은 남북관계를 갑을(甲乙) 관계로 전락시켰다. 왜 진보 정부는 온갖 무리수를 두어가며 평양 지도자의 답방을 성사시키려고 했을까?

첫째, 대북 불신 해소의 도깨비방망이로 간주했다. 북한 지도자가 약속을 지킨다는 이미지를 구축하는 데 서울 답방만 한 것이 없다는 판단이었다. 민족 공조라는 키워드를 국민에게 각인시키고 평양에 대한 긍정 여론몰이를 하는 데 답방은 최적의 소재였다. 순서상으로도 서울에서 해야 하는데, 상대방의 홈그라운드인 평양에 가서 연속 정상회담을 하니 오해도 많이 받고 지금까지 대한민국에 불리한 일들만 벌어지고 있다는 보수 진영의 비판을 불식시킬 수도 있었다.

둘째, 6·15 공동선언 제2항은 묘한 말장난이었다. '남과 북은 나라의 통일을 위한 남측의 연합제안과 북측의 낮은 단계의 연방제안이 서로 공통성이 있다고 인정하고, 앞으로 이 방향에서 통일을 지향시켜 나가기로 했다'는 알 듯 말 듯한 조항을 발전시키려면 답방이 필수적이었다. 공허한 통일 논의를 촉발하기 위한 사전 정지 작업이었다. 1961년 남북 학생회담 요구 집회에서 나왔던 '가자 북으로! 오라 남으로! 만나자 판문점에서'라는 구호처럼 감성적인 통일론을 확산시키기에 필수적이었다.

마지막으로 비무장지대의 대북 방어 태세를 이완시키는 전략이다. DMZ를 무력화시키는 최고지도자의 초법적 행태가 평화를 가져온다는 망상이었다. 9·19 군사합의로 경계 태세가 흐지부지된 상태에서 김정은의 답방이 이뤄지면 종전선언으로 유엔사를 해체시킬 수 있다는 판단이었다. 유엔사의 해체는 주한미군 철수로 연결할 수 있다는 시나리오가 성립한다.

하지만 김정일, 김정은 부자는 남한 답방에 무관심했다. 현금 4억 5,000만 달러를 들고 와서 겨우 성사된 6·15 정상회담이었지만, 김정일은 남한 방문에 뜻이 없었다. 상호 호혜적으로 공동선언에 답방 단어를 넣었지만, 애당초 서울에 가봐야 얻을 것이 없다는 판단이었다. 서울에 가본들 추가로 돈을 더 수령할 것도 아니었고, 환영 일색도 아닌 상태에서 최고지도자의 신비성과 위상만 저해할 것으로 판단했다. 특히 평양의 지도자는 "통일대통령이 되어 경의선을 타고 남으로 갈 것"이라고 주민들에게 선전해 왔다. 평양 입장에서 서울은 적화통일의 목표이지 화해 협력의 대상이 아니다.

남측 답방이 북한 체제 유지에는 실익 없어

평양은 항상 경호 및 신변 안전도 서울 답방에 부정적인 이유라고 비공개적으로 설명했다. 하지만 최고의 안전 보장을 약속한다고 해도 답방이 남측과 통일전선 전술을 형성하는 것은 득이지만, 실질적인 이득은 없다는 것이 핵심이었다. 또 북한을 폐쇄적으로 통치하는 것이 3대 세습 유지에 유리한데, 서울에 가서 남측의 잘사는 모습이 북한 주민들에게 알려지면 통치에 부정적이다. 1945년 분단 이후 서울과 평양에 각각의 정부가 수립될 무렵인 1948년 김구 등 민족주의자들은 평양을 방문했지만, 북측에서는 고위 인사가 내려오지 않았다. 북한은 자신들이 정통성이 있고 통일의 주도권을 행사하려면 서울에서 평양으로 와야지 서울을 방문하는 것은 의전상 맞지 않다는 속내를 오래전부터 갖고 있던 것이다.

2017년 집권한 문재인 정부는 다시 평양에 올인했다. 과거 물밑에서 공작을 담당했던 선수들이 다시 나섰다. 1단계로 판문점과 평양에서 정상회담을 하고 2단계로 김정은이 답방하는 그랜드 로드맵을 수립했다. 평창올림픽을 계기로 출발은 복안대로 진행됐다. 4·27 판문점 공동선언으로 도보다리 밀담이 이뤄졌고 2018년 6월 싱가포르 미·북 정상회담으로 분위기가 고조됐다. 그해 9월에는 남측의 대통령이 세 번째로 평양을 방문하고 공동선언에 서명했다. 이로써 남측 대통령이 평양에 가서 북측 최고지도자를 만나는 것이 결과적으로 관례화했다. 9·19 공동선언 마지막 6항에서 "김정은 국무위원장은 문재인 대통령의 초청에 따라 가까운 시일 내로 서울을 방문하기로 했다"라고 했다. '적절한 시기'에서 '가까운 시일 내'로 용어가 바뀌었다. 답방에 대한 문 정부의 강력한 요청이 반영된 셈이다. 문 전 대통령은 평양 5·1 경기장에서 북한 인민을 대상으로 대중 연설을 했다. 부부 동반으로 등정한 백두산 천지에서 김정은을 초청하는 야심 찬 포부를 밝혔을 것이다.

남북 군사합의까지 이뤄져 비무장지대의 무장해제는 자연스럽게 진행됐다. 1단계 계획은 차근차근 진행됐다. 최종 목표는 퍼즐을 완성하는 김정은의 답방이었다.

하노이에서 개최된 2차 미·북 정상회담은 김정은 답방과 긴밀하게 연결돼 있었다. 서울은 긍정적인 회담 결과를 기대했다. 일부 외신에는 트럼프–김정은 합의문의 구체적인 초안까지 유포됐다. 아마 서울에서 유포한 것으로 추정된다. 회담 타결 분위기를 최대한 고조시키는 데 주력했다. 하지만 하노이 현장 분위기는 서울의 시나리오와는 거리가 멀었다.

영변 비핵화와 유엔 안보리 대북제재 11건 중에서 민생 관련 5건의 해제를 교환하자는 김정은의 제안에 트럼프 전 대통령은 "당신은 회담할 준비가 되어 있지 않다(You are not ready for a deal!)"라며 노딜을 선언했다. 트럼프와 김정은의 점심 및 기자회견 일정도 취소됐다. 당초 평양은 자신들의 제안이 미국에 의해 수용될 것이라는 확신을 갖고 66시간 동안 평양에서 기차를 타고 중국을 거쳐 하노이에 왔다. 하지만 영변 핵이 북한 전체 핵의 50%에 불과한 상황에서 대북제재 5건의 해제는 결과적으로 모든 제재의 무력화로 이어지기에 빅딜은 요원했다.

관례화한 평양 방문에 대등한 관계 무너져

청와대가 애초 양측이 거부하는 합의안을 마치 수용할 것처럼 잘못된 중재를 한 것인지 북한 스스로 판단인지는 명확하지는 않다. 세기의 2차 미·북 정상회담은 싱겁게 끝났다. 평양으로 귀환하는 특별 열차에서 회담을 총괄 준비한 김영철 중앙정무국부위원장이 무릎 꿇고 김정은에게 사죄했다는 뉴스마저 나왔다.

기대를 모았던 하노이 회담이 '노딜(no deal)'로 끝나자 문 정부는 당황하기 시작했다. 김정은–트럼프 정상회담 직후인 3월 초 서울광장에서 대규모 통일 축제를 기획했으나 물거품이 됐다. 통일부 등 각 부처는 예산 수십억 원을 투입해 각종 통일 이벤트를 기획했다. 김정은 답방을 위한 '적절한 시기' 조성 작전은 한순간에 신기루처럼 사라졌다. 이후 문 정부의 답방 공작은 정상궤도를 이탈했고 기이한 향북(向北) 정책의 연속이었다. 임기 중반을 넘어섰으나 김정은의 답방 가능성은 미지수였고 초조함에 무리수를 두기 시작했다.

문 정부는 한·아세안 정상회의를 평양 답방과 연결 짓는 전략을 수립했다. 2019년 11월 27일 부산에서 열린 한·아세안 특별정상회의에 김정은을 초청하기 위해 청와대는 평양에 수차례 친서를 보내는 등 총력을 기울였다. 11월 5일에는 북측에 어민 강제 북송을 통보하고 2시간 간격으로 김정은을 부산에 초대하는 친서도 보냈다. '김정은 초청장'에 '어민 북송문'을 동봉한 격이다. 비밀 초청 공작은 2주 뒤인 11월 21일 북한이 남북 간 물밑 접촉 과정을 일방적으로 공개하며 드러났다. 당시 북한 조선중앙통신은 "11월 5일 남조선의 문재인 대통령은 조선민주주의인민공화국 국무위원회 위원장께서 이번 특별수뇌자회의에 참석해주실 것을 간절히 초청하는 친서를 정중히 보내왔다"라고 보도했다.

文 정부, 북한 어민 넘겨주고 '남한 답방' 요청

2019년 11월 문재인 정부는 월남한 북한 어민들을 강제로 북측에 인계했다. 당시 문 정부는 한·아세안 특별정상회의에 김정은의 참석을 성사시키는 데 총력을 기울이고 있었다.

당시 문 정부가 김정은의 부산 초청에 얼마나 공을 들였는지는 역설적으로 조선중앙통신 보도가 확인해 주었다. 통신은 "(남조선이) 몇 차례나 (김정은이 못 온다면) 특사라도 방문하게 해달라는 간절한 청을 보내왔다"라며 "남측이 (김정은의) 부산 방문과 관련한 경호와 의전 등 모든 영접 준비를 최상의 수준에서 갖춰놓고 학수고대하고 있다는 것도 모르지 않는다"라고 했다. 하지만 북한은 "도대체 북과 남이 만나서 무엇을 할 수 있으며 그런 만남이 과연 무슨 의의가 있겠는가"라고 초청을 공개 거부했다. 북한의 보도가 없었다면 답방과 어민 북송 사건의 연계성을 찾기 어려웠을 것이다. 문 정부는 합동심문조사도 하기 전에 어민까지 북송하며 답방을 간청했으나 북한은 냉담했다.

범법자라도 대한민국 주권이 미치는 지역에 들어온 이상 정상적인 조사를 마쳐야 하고 처벌은 실정법에 따라 이뤄져야 한다. 정상적인 조사는 3단계 합동심문으로 이루어진다. 심문에 최소 4주가 소요되는 것은 탈북민들의 발언이나 행태를 검증하는데 한계가 있기 때문이다. 3일 만에 합동심문조사를 마쳤다는 것은 청와대 안보실의 지시로 사실상 조사에 착수하지 않았다는 의미다. 자유가 없는 북한으로 탈북민을 송환할 경우 기다리는 것은 살아서 나오지 못한다는 요덕수용소행 등 극단적인 처벌뿐이다. 북측은 스토킹에 가까운 남측의 구애를 보고 혀를 찼을 것이다. 오죽했으면 친서까지 공개했을까! 임기 말 뜬금없는 종전선언 카드를 들고 워싱턴이고 파리를 쏘다니는 남한 당국자들의 행태에 평양조차 할 말을 잃었을 것이다.

문 대통령은 '마지막 비책'으로 2020년 7월 아침마다 방송과 트위터에서 자신을 비판하던 박지원 전 의원을 전격적으로 국정원장에 임명했다. 여권의 권력 구조를 안다는 사람조차 고개를 갸우뚱하던 인사였다. 박지원이 대통령을 연일 비판하는 바람에 '문모닝'이란 말이 나올 정도였지만, 그래도 북한을 움직일 인물로 그만한 사람이 없다는 판단이었다. 과거 물밑에서 대북 송금을 추진했던 노하우를 살려 김정은의 답방을 성사시키는 미션이 임명의 핵심 이유였다. 하지만 대북 송금으로 곤욕을 치렀던 그에겐 위험을 무릅쓰고 불법 거래를 할 필요도 없고 할 여건도 되지 않았다. 서훈 국정원장이 직접 청와대 안보실장을 맡아 진두지휘하게 됐다. 안보실장을 3년 맡았던 정의용은 이제 홀가분하게 본래 희망 요직이었던 친정인 외교부 장관으로 부임했다. 답방 등 골치 아픈 문제에서 한 발짝 벗어나게 됐고 최종건 차관 등이 미국과 북한을 설득해 종전선언을 성사시키는 데 주력했다.

2020년 9월 해수부 공무원 피격 사건 역시 북한의 심기를 고려해 월북 조작으로 사건을 전격 종결시켰다. 판단력을 상실해 조금이라도 북한의 뜻을 거스르지 않으려는 가스라이팅이 초래한 비극적 행태다. 임기 말로 갈수록 문 정부의 평양에 의존하는 행태가 심화됐다. 애초에 불가능한 평양 무지개를 잡으려고 문 정부는 국민의 자긍심을 훼손하고 국격을 추락시켰다.

공무원 피살당했는데 대통령은 '종전선언' 제안

2020년 9월 22일 해양수산부 공무원이 북한군에 피격당하는 사건이 발생했지만, 문재인 대통령은 다음 날 새벽 공개된 유엔총회 연설에서 사건에 대한 언급 없이 종전선언을 제안했다.

왜 남한이 북한 최고지도자의 답방을 두루미처럼 목을 빼고 간절히 기다려야 하는가? OECD 가입국 대한민국이 식량 문제 하나 해결 못 하면서 핵 개발에만 목을 매는 북한 최고지도자의 답방을 애걸복걸할 필요는 없다. 일부 지북통의 이상한 집착과 망상은 자유민주주의 기본 질서에 대한 도전이었다. 공무원이 피격

당하고 우리 영토에 들어온 북한 주민을 강제 송환한 사태는 답방에 올인했던 비극의 종착지였다.

2020년 9월 유엔총회 연설에서 당시 문재인 대통령은 종전선언을 다시 제안했다. 서해상에서 실종된 해양수산부 공무원이 북한군에게 피격당한 사실을 정부가 인지한 시점은 2020년 9월 22일이다. 그다음 날인 23일 새벽 1시 30분 문재인 대통령의 유엔총회에서 연설을 담은 영상이 공개됐는데, 우리 국민이 북한군에 피격된 상황에서 남북 평화를 강조하는 문 대통령 연설이 적절했는지를 두고 당시에도 공방이 오갔다.

이후 유엔 주재 북한 김성 대사는 "미국이 한국전쟁 당시 평화 유지를 구실로 유엔의 이름을 악용해 유엔사를 불법으로 설립했고, 유엔사를 유지해 미군 점령을 정당화하고 있다"라고 주장했다. 북한은 2019년에도 유엔사를 '유령'이라고 부르며 해체를 요구한 적이 있다. 이후 문 정부 임기 말까지 정부, 여당 핵심 인사들은 '남북관계의 가장 큰 장애물은 유엔사, 족보 없는 유엔사' 등으로 노골적으로 북한을 두둔했다. 김정은 답방과 종전선언은 정전협정을 휴지 조각으로 만들고, 북한은 유엔사 해체 및 주한 미군 철수 공세를 펼치는 것이 지북통의 구상이었다.

유엔사는 1950년 6·25전쟁 발발을 계기로 유엔안전보장이사회 결의에 따라 설치된 미국 주도의 다국적군 사령부다. 유엔사는 전쟁 당시엔 국군을 비롯한 유엔군에 대해 작전통제권을 행사했고, 1953년 정전협정 체결 땐 북한·중국과 함께 당사자로서 서명했다. 유엔사는 이후 1978년 창설한 한미연합사령부에 국군에 대한 작전통제권을 이양한 뒤 현재는 △판문점 공동경비구역(JSA) 경비대대 파견·운영 △북한과의 장성급 회담 등 정전협정 관련 임무만 맡고 있다. 그러나 북한은 그동안 주한미군사령관이 유엔사령관을 겸하는 등 유엔사가 사실상 미국의 관할 아래 있다는 이유로 유엔사 해체를 지속해서 요구해 왔다.

요컨대 김정은 답방 → 종전선언 → 유엔사 해체 → 주한미군 철수의 단계적 논리가 성립된다. 귀순 의사를 밝힌 북한 어민의 강제 송환과 해수부 공무원 피살 사건은 어쩌면 유엔사 해체와 김정은 답방을 위해 물밑 작업을 벌여온 지북파들이 자초한 비극은 아니었을까.

04

윤석열 정부의 대북 화전양면 전략

핵 포기하면 '담대한 계획' 준비돼 있다

'대화 우선' 文 정부와 달리 '비핵화 우선' 원칙론으로 선회

물밑 실질적 협상 가능성 열어놓고 남북관계 주도권 노려

윤석열 대통령이 2022년 5월 10일 서울 여의도 국회 앞마당에서 열린 취임식에서 거수경례하고 있다.

마침내 윤석열 정부가 출범했다. 대통령 중심제 국가인 대한민국은 국정시스템보다 제왕적 권한을 가진 대통령의 판단과 결단이 우선이다. 대통령의 성공은 국민의 성공이고 대통령의 실패는 국민에게 고스란히 부담이 된다는 것은 역대

정권의 교훈이다. 0.73%의 승리로 대통령직을 수행하지만, 국정 수행에 성공을 기대하는 것은 국민 모두에게 절대적 영향을 미치기 때문이다. 특히 단임제 5년 국정에서 3년 반이 지나면 관료들은 차기 정부를 의식하기 시작한다. 초반 국정 수행의 무난한 출발이 중요한 이유다.

경제는 유능한 전문가 그룹들이 담당하면 관리할 수 있다. 제5공화국 시절 전두환 대통령이 김재익 경제수석에게 "경제는 당신이 대통령이야"라는 하명으로 인플레이션을 잡고 성장을 유지하던 일화를 참고하면 경제는 대과가 없다. 부동산 문제도 정치적 도그마에서 벗어나 시장을 아는 관료들에게 맡기면 된다. 하지만 외교·안보는 지도자의 국제적 감각에 기초한 정무적 판단이 중요하다. 특히 남북관계는 외교도 아니고 그렇다고 전적으로 내치도 아닌 특수 사안이다. 어떤 외교·안보 관료도 남북관계나 국제정세에서 경제 분야의 관료 역할처럼 매끄럽게 수행하기가 쉽지 않다. 북한과 4강 외교는 상대가 있는 게임이라 외교·안보 담당자들도 결정을 지도자에게 미룰 수밖에 없다.

정권 인수위는 정부 출범을 앞두고 110대 국정과제를 최종 확정 발표했다. 향후 5년간 정부의 국정 방향을 가늠하는 정책들이다. 6대 국정 목표 중에서 5번째가 '자유·평화·번영에 기여하는 글로벌 중추 국가'다. 외교·안보 정책으로서 △남북관계를 정상화하고, 평화의 한반도를 만들겠습니다 △자유민주주의 가치를 지키고, 지구촌 번영에 기여하겠습니다 △과학기술 강군을 육성하고, 영웅을 영원히 기억하겠습니다 세 부분으로 구성돼 있다. '약속 18'은 통일부가 추진하는 남북관계 정상화 정책으로 △북한의 완전하고 검증 가능한 비핵화를 통해 한반도에 지속 가능한 평화를 구현하는 북한 비핵화 추진(외교부) △남북관계 정상화, 국민과 함께하는 통일 준비(통일부) △남북 간 인도적 문제 해결 도모(통일부) 등 세 분야다.

윤석열 대통령 취임식에 중국 국가부주석 참석

중국은 2022년 5월 10일 열린 제20대 대통령 취임식에 예전보다 격상된 왕치산(오른쪽, 선글라스) 국가부주석을 파견했다. / 사진: 공동취재단

새 정부는 원칙과 일관성에 기초한 비핵화와 평화체제 구축을 추진하고 한·미 간 긴밀한 조율하에 예측 가능한 비핵화 로드맵을 제시하며 상호주의 원칙에 따른 대북 비핵화 협상을 추진한다는 방침을 세웠다. 북한 비핵화가 실질적으로 진전될 경우 평화협정 체결을 위한 협상을 개시하며 우방국·국제기구와 공조를 통해 국제사회의 단합된 대북정책을 주도해 강력하고 실효적인 대북제재 유지와 안보리 결의의 철저한 이행을 확보한다는 입장이다.

이와 함께 북한 비핵화를 위한 중·러의 건설적인 역할을 견인하며 원칙 있는 대북 관여를 통해 국제사회와 함께 북한 주민의 인권과 인도적 상황의 개선을 모색하며 북한의 비핵화 진전 시 국제사회와 함께 대북 경제·개발 협력 구상을 추진했다. 판문점 또는 워싱턴에 연락사무소 설치 등 남·북·미 3자 간 안보 대화 채널의 제도화를 시행하고자 했다.

또 남북 대화를 통해 긴장을 완화하고 상호주의와 실사구시적으로 공동 이익을 실현하며 분야별 남북 경제협력의 로드맵을 제시해 북한 비핵화를 견인하고

자 했다. 남북 간 상호 개방과 소통·교류 기제를 활성화해, 북한의 점진적 변화를 유도하며 통일에 대한 국민적 공감대를 강화하고 미래 통일국가의 청사진을 제시했다.

인수위가 제시한 외교·안보 정책은 대한민국의 외교·안보를 지키는 데 부족함이 없어 보였다. 문제는 윤 대통령이 언급한 대로 과제의 실천이 문제다. 한반도 주변 여건은 복잡 미묘하다. 대통령 취임식에 중국은 과거 참석하던 부총리급보다 고위급인 왕치산(王岐山) 중국 국가부주석이 참석했다. 역대 중국의 축하 사절로는 최고위급이다. 새 정부의 국방정책에 사드의 추가 배치가 포함되지 않은 점은 중국의 반발을 고려한 것이다.

역대 취임식 참석 전례와 비교할 때 주요국 외교사절의 격이 높아진 것은 한반도에 대한 관심이 높아졌다는 의미다. 미·중이 첨예하게 대립하는 상황에서 한·미 정상회담이 2022년 5월 20일~22일 예정돼 있었다. 높은 관심에 비례해서 과제도 녹록지 않다. 한·미 동맹으로 안보를 강화해야 하는 한국 입장에서 중국의 반발을 관리해야 하는 숙제도 안았다.

북한은 7차 핵실험을 자행할 태세였다. 김정은 북한 국무위원장은 2022년 4월 열병식에서 육성으로 '선제 핵사용'을 선언했다. '국가의 근본이익 침탈'이라는 모호한 기준을 '핵사용 전제조건'으로 제시한 핵독트린을 발표했다. 방어용 입장에서 공격용으로 전환해 사용 문턱을 대폭 낮췄다. 윤 대통령은 당선인 시절 외신 인터뷰에서 북한이 비핵화 조치를 할 경우를 가정해 '대북 투자 활성화', '기술 관련 중요 정보 제공'을 밝혔다. 하지만 김정은은 비핵화 요구에 화답하는 대신 '핵 선제 사용' 선언과 올해에만 14번째, 15번째 미사일 발사로 응답했다. 김정은의 공격용 핵무기 사용 발언은 핵이 대외정책의 제1수단이라는 점을 선언한 것이다. 2006년 1차 핵실험 이후 총 6차례 실험 때마다 국제사회의 제재를 회피하기 위해 내걸었던 '비핵화가 김일성의 유훈'이라는 위 장막을 걷어냈다. 우크라이나의 비핵화가 가져온 비극, 윤석열 정부 출범 이후 한·미 동맹 강화, 중국과 러시아를 등에 업고 대북제재를 무력화시키려는 평양의 의도가 복합적으로 작용했다.

국제공조 통해 비핵화 압박 예고

김정은 국무위원장이 2022년 4월 16일 신형 전술유도무기 시험발사를 지켜본 뒤 북한군 관계자들에게 지시를 내리고 있다.

해발 2,200m인 함경북도 길주군 풍계리 만탑산 지하 2번과 3번 암반 갱도에서 핵실험 준비를 끝냈다. 핵탄두와 탄도미사일의 양탄과 인공위성이 결합된 북한식 '양탄일성(兩彈一星)' 전략이 가시화됐다. 7차 북핵 실험은 정무적 판단만 남아 있다. 5월 20일~22일 바이든 대통령 방한 전후가 D-day가 될 것이라는 예측이 많았다. 변수는 제재 해제를 위한 대미 압박 타이밍이었다.

다시 침공 석 달째를 맞이하는 우크라이나 사태는 핵실험에 영향을 미치는 외부 독립변수였다. 북한은 동유럽까지 전선이 확대된 미국을 압박해 대북제재를 무력화할 최적 시점을 포착하려고 한다. 일단 북한이 윤 대통령 취임 직후 7차 핵실험을 감행한다면 남북관계는 최소 6개월은 개점휴업이다. 유엔의 안보리를 통한 대북제재 압박이 중·러의 반대에도 불구하고 논의될 수밖에 없고, 미국의 전략자산이 한반도 상공을 선회하면서 확장억제를 과시할 수밖에 없었다.

윤 대통령은 취임사를 통해 "북한이 핵 개발을 중단하고 실질적인 비핵화로 전환한다면 국제사회와 협력해 북한 경제와 북한 주민의 삶의 질을 획기적으로 개선할 수 있는 담대한 계획을 준비하겠다"라고 밝혔었다. 이어 그는 "전 세계 어떤 곳도 자유와 평화에 대한 위협에서 자유롭지 못하다. 지금 한반도와 동북아의 평화도 마찬가지"라며 "한반도뿐만 아니라 아시아와 세계의 평화를 위협하는 북한의 핵 개발에 대해서도 그 평화적 해결을 위해 대화의 문을 열어놓겠다"라고 약속했다.

윤 대통령은 이날 북한의 반발 가능성을 염두에 둔 듯 '경제적 보상' 대신 '담대한 계획'이란 표현을 썼다. 윤 대통령의 '담대한 계획'에 해당하는 경제적 유인책은 이날 취임사에서 구체적으로 제시되지 않았지만, 앞서 국정과제에서 밝혔던 △인프라 △투자·금융 △산업·기술 등 '남북 공동경제발전 계획' 구상에서 크게 벗어나지 않을 것으로 보인다. 윤 대통령은 또 "한반도뿐만 아니라 아시아와 세계 평화를 위협하는 북한의 핵 개발에 대해서도 그 평화적 해결을 위해 대화의 문을 열어 놓겠다"라며 북한 비핵화 협상에 나서겠다는 의지를 밝혔다. 북한을 대화·협상의 상대로 보고 일단 대화의 문을 열어놓겠다는 뜻으로 풀이된다. 북한을 향해 대화의 문은 열어놓되, 비핵화 협상은 '상호주의 원칙'에 따라 추진하겠다는 게 윤 대통령이 추구하는 대북정책의 기본 방향인 셈이다.

취임사에서 '북한'이라는 단어는 5차례 언급됐다. 우선 문재인 정부와 차이점은 그동안 평양이 주장해 온 '한반도 비핵화'에서 '북한 비핵화'로 용어가 달라졌다. 윤 대통령은 비핵화 대상을 평양으로 한정했다. 비핵화의 대상은 북쪽이지 남쪽이 아니라는 입장이다. 북한은 남한에 미군의 핵무기를 사용한 확장억제 전략을 봉쇄하기 위해 '한반도 비핵화' 용어를 사용해 왔다. 요컨대 '핵 위협하에서 비대칭 전쟁(asymmetric war)'을 위한 핵전략이다.

하지만 윤석열 정부의 대북정책 추진은 평탄치 않을 것이다. 진보 정부에서 보수 정부로의 정권 교체를 평양은 달가워하지 않는다. 북한은 보수 정부도 진보 정부처럼 민족 공조 우선 정책으로 평양을 상대해야 한다고 주장한다. 하지만 남한은 정권을 담당할 정책과 인물이 교체된 터라 북한과 대화 재개에 어려움을 겪을 수밖에 없다. 이런 혼란은 2008년 출범한 이명박 정부가 절실하게 경험했다. 노무현 전 대통령은 2007년 대선 두 달 전 평양을 방문해 온갖 지원을 약속한 10·4 선언에 합의했다. 정권이 교체되자마자 북한과의 합의는 역사의 기록으로 남게 됐다. 새 정부 누구도 과거 정부의 합의를 이행하는 데 관심이 없었다.

이명박 전 대통령은 2008년 2월 25일 취임사에서 "'비핵·개방·3000 구상'에서 밝힌 것처럼, 북한이 핵을 포기하고 개방의 길을 택하면 남북 협력에 새 지평이 열릴 것입니다. 국제사회와 협력해 10년 안에 북한 주민 소득이 3,000달러에 이르도록 돕겠습니다"라고 역설했다.

보수 정부의 북한 문제 해법은 이명박 정부나 윤석열 정부나 구조와 논리가 유사하다. 북한이 비핵화하면 1인당 국민소득을 현행 1,000달러에서 10년 내 3,000달러가 되도록 적극 지원한다는 선언이나 북한이 핵 개발을 중단하면 북한 경제와 주민들의 삶을 획기적으로 개선한다는 공약이나 대동소이하다. 반면 북한이 비핵화하지 않는다면 앞으로 한 발짝도 나아갈 수 없는 딜레마에 직면한다. 역대 보수 정부가 직면하는 남북관계의 난관이다. 2008년 당시 북한은 비핵화 진전을 전제로 한 '비핵·개방·3000' 구상에 대해 크게 반발했고, 결국 이 구상은 실현되지 못했다.

文 정부가 되살린 남북 통신선, 북한이 단절할 수도

2018년 1월 3일 통일부 관계자가 2년 만에 재개된 남북 판문점 연락관 통신선을 점검하고 있다. / 사진: 통일부

모든 정부가 비핵화가 대북지원의 선결 조건이라고 주장했다면 북한 역시 대남전략을 수정하겠지만, 5년마다 남측의 정권이 교체되면서 진보 정부는 비핵화를 슬그머니 뒤로 돌리고 비핵화를 위해서는 대화를 해야 한다는 반대 논리로 평양에 접근했다. 접근 과정에서 한·미 동맹을 약화하고 대북전단방지법 제정 등 북한의 요구를 맹목적으로 수용하다 보니 보수 정부의 대등한 남북관계 요구를 도저히 받아들일 수 없게 된다. 박지원 국정원장은 최근 "이명박 전 대통령이 김대중·노무현 전 대통령의 변화된 10년을 인정하지 않고 시계를 돌린 뒤 임기를 시작하면서 박근혜 정부까지 힘들어지지 않았느냐"라며 "윤석열 정부도 (남북관계에 있어서는) 문재인 정부에서 변화된 5년을 인정하고 거기서 출발하며 대화해야 한다"라고 강조했다.

보수 정부가 들어서면 남북 통신망이 단절된다. 북한은 남한의 보수 정부 대통령이 취임하면 남북 간 통신선부터 단절한다. 박 원장은 윤석열 정부에게 하고 싶은 조언이 무엇이냐는 언론의 질문에 "각종 소통을 중단하지 않는 것"이라며 "통신선은 단절하지 말라는 것"이라고 강조했다. 남북 통신선은 새 정부 초기에도 북한과 연락할 사안이 있을 수 있기 때문에 반드시 필요하다는 것이다. 하지만 통신선은 북측이 관계 중단을 상징하며 단절해 왔지 남한이 먼저 단절하지는 않는다. 결국 박 원장은 북한의 요구를 수용해 통신선을 유지하라는 주장인 셈인데, 보수 정부에서 수용할 수 있을지는 미지수다.

남북 사이에는 개성 남북공동연락사무소(연락사무소) 통신선, 동·서해지구 군 통신선, 남북통신시험선, 청와대와 노동당 중앙위 본부 간 직통통신선, 국가정보원과 노동당 통일전선부 사이의 핫라인 등 5개 소통 채널이 존재한다. 과거 이명박 정부 때는 제재와 압박에 무게를 둔 대북정책을 추진하며 국정원-통일전선부 간 핫라인은 단절됐고 이것은 박근혜 정부에서도 이어졌다. 그러다 2018년 북한이 평창동계올림픽 고위급 대표단으로 김여정 노동당 제1부 부장을 파견한 것을 계기로 이 핫라인이 복원된 바 있다.

대북정책의 핵심 '물밑 거래' 주도권은 북한에

2018년 9월 5일 문재인 대통령의 특사단장인 정의용 국가안보실장이 북한 평양에서 김정은 국무위원장에게 문 대통령의 친서를 전달하고 있다. / 사진: 연합뉴스

남북관계는 물 위와 물밑으로 나뉜다. 물 위 관계는 통일부 담당이며 당국 간 회담이나 대북 지원 등이 해당한다. 하지만 눈에 보이는 것이 전부가 아니다. 핫라인을 통해 비선에 의해 움직이는 물밑 관계가 핵심이다. 물밑 관계는 1972년 7·4 남북공동성명 이후 50년 동안 은밀히 유지돼 왔다. 1994년 7월 김일성 사망 직전까지 김영삼 전 대통령의 남북정상회담 추진, 2000년 김대중 전 대통령의 최초 남북정상회담 성사와 이후 노무현·문재인 정부까지 다섯 차례의 남북정상회담은 핫라인을 통한 특사 등 비선이 움직인 막후 협상의 결과다. 은밀한 거래는 특급 비밀이며 정상 간 친서로 협상을 보증한다. 간혹 박지원 국정원장의 사례처럼 사후에 불법 대북 송금 등으로 재판을 받으면서 전후 내막이 알려진 경우는 드물다.

비선의 남북관계가 다른 국가 간 외교 관계와 다른 점은 은밀성이다. 일반적으로 외교는 합법성의 견지에서 국익을 교환한다. 비공개 거래를 할 필요성도, 당위성도 크게 없다. 외교 의전대로 진행하면 된다. 그러나 서울·평양 간의 관계는 특수하다. 물밑 협상이 공개되면 당사자들이 '굴욕적'이라는 비판을 받을 수밖에 없는 주고받기가 이뤄진다.

언어가 동일하고 협상 관련자의 친인척을 추적하면 남북한에 모두 연고가 있다. 현금 지원도 매력적인 유인 수단이다. 남북한 핫라인으로 실시간 소통도 가능하다. 야밤의 판문점 긴급 접촉도 서울에서 2시간이면 성사된다. 청와대와 주석궁 간에 '누이 좋고 매부 좋은' 거래가 진행된다. 중국과 동남아 등 제3국 접촉도 전광석화처럼 이뤄진다. 경제적 지원에 목말라하는 평양 주석궁과 통일과 평화 대통령을 갈구하는 서울 청와대의 이해가 맞으면 정상회담도 대선 두 달 전에 가능하다. 평양의 종신 지도자는 5년 임기인 남측 대통령을 주무르며 대화를 갈망하는 청와대의 친서를 유도한다. 대화를 원하면 친서를 보내라는 메시지다. 남북 정상의 친서는 대부분 남측에서 먼저 보내고 북한이 응답한다. 상황이 특수한 경우에는 남측에서 친서 초안을 평양에 보내 이런 내용으로 보내달라고 요청한다. 외부에서는 이해할 수 없는 빅딜이 성사된다. 자연스럽게 주종(主從)의 남북관계가 형성된다.

2016년 이후 세 차례 핵실험과 탄도미사일 발사 이후 채택된 유엔 대북제재안은 물밑 거래를 어렵게 만들었다. 문재인 정부 내내 지속된 김정은의 대남 독설은 청와대의 대북지원이 '푼돈 수준'으로 통 크게 이뤄지지 못한 데 대한 불만의 표시였다. 채무자 신세에 몰렸던 청와대는 임기 한 달을 앞두고 부도처리는 하지 않겠다는 평양의 14번째 친서를 받고 한숨을 돌렸다.

"체제경쟁으로 관계 전환"… 제3 대북정책 두각

문 전 대통령은 판문점 도보다리 밀담 등 비하인드 스토리를 밝히지 않고 청와대를 떠났다. 서훈 청와대 안보실장이 윤석열 정부에게 얼마나 구체적으로 채권 채무를 인계했는지는 미지수다. 전후 맥락을 알 수 없는 상황에서 곧 한반도에 다시 탄도미사일이 발사되고 핵실험의 요란한 소음이 진동할 것이다. 새 정부의 외교·안보 라인은 북한의 모호한 도발 의도를 파악하는 데 에너지를 소모할 것이다. 평양은 용산의 새 정부를 압박하며 남북관계 경색의 책임을 돌릴 것이다. 문 대통령 시대 김정은의 마지막 친서는 새 정부 역시 문재인 정부의 전철을 따르지 않을 경우 후과가 있을 것이라는 5년 대남 관계의 예고편이다.

윤석열 정부의 대북정책 과제는 북한 비핵화를 추진함과 동시에 어떻게 북한과 대화 채널을 유지하며 관리할 것인지 여부였다. 북한이 비핵화를 거부한다고 해서 5년간 남북이 아프리카의 먼 국가처럼 서로를 외면하며 지내기도 쉽지 않다. 홍준표 대구광역시장이 대선 기간에 '제3의 대북정책'을 세워야 한다고 주장한 바 있다. 당시 홍 시장은 "남북 군사력 균형을 바탕으로 서로 불가침, 불간섭을 하고 조급한 통일론보다 동·서독의 교훈대로 각자 체제 아래서 어떤 체제가 국민과 인민을 위한 것인지 체제경쟁 정책으로 전환해야 할 때"라고 강조했다. 특히 홍 시장은 페이스북에 "DJ(김대중 전 대통령), 노무현의 햇볕 정책은 북의 핵 능력 강화만을 가져왔고, 문재인의 종북정책은 (북한의) 핵 능력 완성만을 가져왔다"라며 이같이 밝혔다.

하지만 국경을 맞대고 있는 남북한이 체제경쟁에만 머물 수 없는 노릇이다. 서울을 겨냥한 다양한 전술핵무기를 투발 수단인 각종 미사일과 결합해 위협하는 상황에서 먼발치에서 방관자적 입장을 고수하기는 쉽지 않다. 윤 대통령은 당초 취임사 초안에 포함된 포괄적이고 검증 가능하며 불가역적인 비핵화 용어인 CVID(comprehensive, verifiable, irreversible denuclearization)가 북한을 자극할 우려가 있다고 보고 삭제했다. 결국 관여(engagement)와 개입(intervention)이라는 정책을 구사할 수밖에 없다. 북한의 친서와 도발에 대응하는 윤석열 정부의 화전(和戰) 양면 카드는 무엇일까?

[남성욱의 평양리포트] 월간중앙 2022년 6월호

제5장

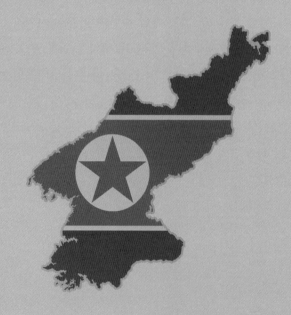

세계는 정보전,
대북정보 수집력 강화해야 할 때

국가정보학이란 무엇인가?
- 수미 테리 사건이 남긴 것

국가정보학의 역사와 정보실패
미국 CIA와 FBI는 우방이라고 봐주지 않는다
전면 조사해야 할 정보기관 보안 참사

국가정보학의 역사와 정보실패

수미 테리 사건은 대한민국 정보기관의 아마추어리즘이 만들어낸 정보참사다. 이 사건은 특히 '정보실패'를 막기 위한 '비노출 간접활동'의 ABC를 지키지 않을 때 엄혹한 대가를 치르게 된다는 교훈을 일깨워주었다.

인류의 역사는 정보활동의 역사다. 구약성서 민수기 13장에는 모세가 이스라엘 백성을 이집트에서 탈출시킨 후 가나안 땅을 정복하기 위해 12명의 정탐꾼을 보낸 기록이 있다. 기원전 600년 중국의 손자병법에도 정보의 중요성이 강조된다. 13세기 칭기즈칸이 단시간에 아시아를 넘어 유럽을 정복할 수 있었던 배경에는 비밀 정보활동이 있었다.

르네상스 시대 들어 유럽에 상주 대사 제도가 시행되면서 정보활동의 변화가 일어났다. 외교관 직함을 갖고 공식적인 외교와 비공식적인 정보활동을 병행했다. 대사관에는 비밀 정보 요원이 상주했으며 대사는 허가받은 스파이로 통했다. 절대 왕정국가들은 비밀조직을 설립해 국내외 정보활동을 전개했다. 특수기관을 설립해 해외 우편물을 은밀히 개봉하고 암호를 해독하기도 했다.

제1·2차 세계대전을 치르며 열강들은 체계적이고 전문적인 정보기관의 필요성을 절감했다. 1921년 영국의 비밀정보국(MI6)을 시작으로 오늘날과 같은 현대적 정보기관이 설립됐다. 인간정보와 함께 첨단장비를 활용한 기술정보 활동이 본격화됐다. 동시에 '국가정보학'이라는 이름으로 정보활동에 대한 학문적 차원의 체계적 연구가 시작됐다. 2차 대전 중 미국 중앙정보국(CIA)의 전신인 전략정보국(OSS)에서 근무했던 셔먼 켄트가 1949년 발간한 『미국 외교정책을 위한 전략정보』는 현대 국가정보학의 효시로 평가된다.

정보 선진국들이 정보활동을 체계적이고 학술적인 기록으로 남기는 이유는 치명적인 정보실패를 예방하기 위해서다. 1962년 발간된 R. 월스테터의 『진주만 기습: 경고와 정책 결정』은 미국 역사상 대표적인 정보실패 사례로 지목되는 진주만 기습을 규명해 학계의 주목을 받았다. 이후에도 정보실패의 반면교사로 삼기 위한 논문들이 지속적으로 출간됐다. 국가정보학의 콘텐츠가 무엇으로 구성돼 있으며 선진 정보기관들은 이론과 실무를 어떻게 조화시키고 있는지를 파악하는 작업은 중요하다.

정보원에 따른 정보의 종류

오신트(OSINT) 공개 출처 정보

휴민트(HUMINT) 인간 정보

시긴트(SIGINT) 신호 정보

매신트(MASINT) 계측·기호 정보

테킨트(TECHINT) 기술 정보

지오인트(GEOINT) 지리 공간 정보

정보실패

워싱턴과 서울의 정보가를 뜨겁게 달군 수미 테리 기소 사건 역시 그 원인과 교훈을 제대로 복기해야 더 큰 정보참사를 예방할 수 있다. 정보활동 이론·기법·첩보 수집, 정보 분석, 비밀공작, 방첩 등을 세부적으로 살펴봐야 한다.

첩보 수집의 주요 소스로는 인간정보인 휴민트와 기술정보인 테킨트 등이 있다. 인간정보를 수집하는 간첩의 영어 표현은 다양하다. spy, espionage, agent, source, the Fifth Column, fraktsiya 등이 있다. 미국 연방수사국(FBI)은 수미 테리 기소장에서 'handler(조종자)'라는 단어를 사용했다. 여러 단어가 사용되는 것은 그만큼 역할이 의미심장하고 위장이 필요하기 때문이다. 정보관들이 수미 테리를 직접 접촉해서 첩보를 수집하는 방법은 인간정보다.

인간정보 요원들은 주재국의 감시를 피하기 위해 신분을 공식 혹은 비공식으로 '가장(cover)'한다. 공식은 외교관이나 해외 공직 직함을 사용하는 백색(white) 요원이며, 비공식은 상사 주재원, 언론인 등으로 활동하는 흑색(black) 요원이다. 전체 31쪽 분량의 수미 테리 기소장에 따르면 FBI는 우리 국가정보원 요원들을 합법적인 명함을 사용하는 '공식 가장'으로 판단했다.

각국의 방첩기관은 외국 대사관에 근무하는 직원들의 원래 소속을 파악해 업무 방향을 가늠한다. 공식 가장을 사용하는 백색 요원이라도 주재국 정보기관들은 정보 요원들의 행태를 철저하게 감시한다. 상대국에서 백색 요원의 진짜 신분과 활동을 모를 것이라고 생각한다면 순진한 발상이다. 방첩기관의 감시망을 피하는 것은 쉽지 않다. 특히 주재국에서 정보관이 첩보원과 직접 접선하는 것은 금기사항이다. 제3국에서나 혹은 제삼자를 통한 간접 접선이 안전하다. 그런 점에서 수미 테리와 한국 정보 요원이 수천 대의 CCTV가 돌아가는 워싱턴 한복판의 고급 식당이나 쇼핑몰에서 만난 것은 미스터리다.

비노출 간접활동

정보원들이 자신의 활동 흔적을 없애는 것은 '비노출 간접활동'의 기본이다. 면세품 적용을 위해 신분을 등록하고 영수증을 챙기는 등 자신을 노출시키는 정보 요원의 행위는 이해하기 힘들다. 수미 테리 사건에서 정보관들의 부주의한 행태가 '상대국이 우방국이고 우리는 공식 직함을 가지고 있으니 감시하지 않을 것'이라는 아마추어적 판단에서 비롯됐다면 정보실패를 넘어 정보참사에 해당한다.

FBI가 수미 테리와 정보관들을 도·감청하고 미행 감시한 것은 영상 및 통신을 활용한 기술정보에 해당한다. 지난해 미 정보기관들의 용산 국가안보실 도·감청은 신호정보와 전자정보시스템이 활용됐다. 수미 테리 사건을 계기로 다양한 논란과 부작용이 예상된다. 한·미 정보 당국 간 정보협력은 전반적으로 약화할 것이고, 한국 정보관들은 당분간 접촉 기피 대상이 될 것이다. 2024년 7월 사임한 정 박 미 국무부 부차관보 연루 가능성 때문에 한국계 전문가들의 활동도 위축될 것이다.

사건에서 교훈과 해결책을 찾지 않으면 문제는 더 크게 반복된다. 우선 국정원 파견 요원 선발부터 정상화돼야 한다. 5년마다 정권이 교체되며 국정원 지도부가 바뀌니 요원 파견 선발의 기준도 흔들린다. 영어 실력이 부족하니 워싱턴에서 한국계 인사만 만나는 일이 빈번하다. 체계적이고 조직적인 교육과 철저한 훈련이 필수적이다. 국정원 입사시험 과목으로 과거 폐지된 국가정보학이 다시 추가돼야 할 이유다.

나아가 정보활동 방식과 행태에 대한 획기적인 변화가 필요하다. 백주에 감시시스템이 작동하는 현장에서 한국계 인사를 직접 만나 금품을 제공하고 디브리핑을 받는 구태의연한 방식은 주재국 방첩 활동에 반드시 단속된다. 1996년 워싱턴에서 한국 무관 백동일 대령에게 미 군사기밀 자료를 넘겨준 혐의로 9년간 수감 생활을 한 로버트 김 사건이 이를 말해준다.

정보활동의 국격

2019년 이후 달라진 미국의 외국대리인등록법(FARA) 적용 방향을 연구하고, 이스라엘·일본 등 정보 일등국 정보기관의 고급 정보활동을 분석하는 일도 시급하다. 21세기 국익정보 시대에 정보활동은 불가피하다. 하지만 정보참사는 주재국에서 한국계 인사들을 어렵게 하고 대한민국의 국격을 추락시킨다.

■ 용어 설명

'국가정보학'은 국가정보기관의 정보활동과 국가안보·테러리즘 등을 연구하는 학문. 정보원은 인간정보(휴민트), 신호정보(시긴트), 기술정보(테킨트), 지리·공간정보(지오인트) 등으로 나뉨.

'정보실패'는 정보력을 제대로 운용하지 못해 국가적 재앙을 부르는 것. 알카에다에 의한 미국 9·11테러(2001년 9월), 하마스의 이스라엘 기습(2023년 10월) 등이 대표적 정보실패 사례.

■ 세줄 요약

국가정보학: 인류의 역사는 정보활동의 역사. 선진국들이 정보활동을 체계적이고 학술적인 기록으로 남기는 이유는 치명적인 정보실패를 예방하기 위함. 수미 테리 사건은 한국 정보기관의 아마추어리즘이 만든 정보참사.

정보실패: 정보원들이 자신의 활동 흔적을 없애는 것은 국가정보학에서 강조되는 '비노출 간접활동'의 ABC. 수미 테리와 접촉한 한국 요원들은 이를 무시한 것. 당분간 동맹 미국과의 정보협력이 전반적으로 위축될 것.

정보활동의 국격: 정보실패는 주재국에서 한국계 인사들을 어렵게 하고 대한민국의 국격을 추락시킴. 국정원의 해외 파견 요원 선발을 정상화하고 어학 능력을 제고하며 정보활동 방식과 행태의 획기적인 변화를 꾀해야.

미국 CIA와 FBI는 우방이라고 봐주지 않는다

정보전쟁에서 살아남기 위해서는 전문성과 고차원 정보활동이 필요하다. 과거 남북당국 간 협상을 위해 방문했던 평양의 고려호텔 숙소는 냉기가 가득했다. 11월 말이고 장기간 비워 놓아 객실 문을 여는 순간 나도 모르게 '아 추워'라는 말이 나왔다. 회의를 마치고 들어오니 객실에 난로가 비치되어 있었다. 가수 백지영도 2018년 평양 공연 당시 비슷한 경험을 했다고 유튜브에서 밝혔다. 수건이 없다고 중얼거렸더니 수건을 가져다 놓았다고 한다.

국가안보전략연구원장 시절 중국 정보기관인 안전부 산하 현대국제연구원과의 정례 세미나를 위해 베이징 공항에 내려 숙소에 도착하면 어김없이 중국 측 인사로부터 전화가 왔다. 베이징에 오신 것을 환영하며 불편한 일이 있으면 연락하고 호텔로 찾아가겠다는 안부 인사를 한다. 중국을 방문한다는 사실을 사전에 통보하지 않았는데도 귀신같이 알고 전화를 한다.

휴대전화 도·감청이 상시화되고 각종 CCTV로 감시한 결과다. 도·감청과 미행 감시는 사회주의 국가만의 전유물이 아니다. 자유민주주의 국가 역시 사회주의 독재국가보다 더하면 더했지 결코 덜하지 않다. 오히려 어느 부분에서는 더 치밀하다. 누가 더 첨단장비를 사용하고 세련된 정보활동을 수행하는가의 차이만 있을 뿐이다. 관음증이나 선악의 차원에서 판단할 사안이 아니다. 본래 첩자(諜者)라는 단어에서 첩(諜)은 몰래 엿 본다는 의미다. 상대의 동태를 파악하고 대응책을 마련하는 일은 조직이나 국가에 사활의 문제다. 스파이라는 직업은 매춘부와 함께 인류 역사상 가장 오래된 직업이라는 것을 구약성경은 시사한다.

서방 정보기관에서 단연 압권은 미국의 중앙정보국(CIA)과 1908년 루스벨트 대통령이 설립한 연방수사국(FBI)으로 방첩(counter espionage)이다. 이민자 사회인 만큼 미국 정부에서 일하는 인사들이 자신들의 모국이나 조상과 연계된 국가를 위해서 정보를 빼돌린다면 혼란은 명약관화하다. 이민자 국가인 만큼 오래전에 관련 법을 제정했고 위반자에 대해서는 여·야 및 지위고하를 불문하고 철저한 수사가 불가피하다.

미국의 한반도 전문가 수미 테리 기소의 법적 근거인 '외국대리인등록법 (FARA)'은 1938년 나치의 선전 활동을 차단하기 위해 제정되었다. 상원의원을 노리는 한국계 이민 2세대 앤디 김 뉴저지주 미 하원의원의 최대 경쟁자였던 밥 메넨데스 상원의원 역시 대가를 받고 기밀을 넘긴 혐의로 지난해 9월 기소되었고, 카타르, 이집트의 대리인 역할을 했다는 혐의도 받고 있다. 18년 이상 활동한 뉴욕주 상원의원조차 법 위반 혐의로 조사를 받는 나라가 미국이다. 2017년 트럼프 캠프의 러시아 스캔들도 FARA 위반 혐의로 기소되었다.

31쪽에 달하는 미연방 검찰의 기소장에는 '수미 테리가 한국 정부의 요원 (agent)으로 활동했다'는 다양한 물적 증거를 확실하게 적시했다. 요원 여부는 분명치 않으나 면세점 영수증을 포함하여 '빼박 증거'를 완벽하게 적시한 것은 장기간 미감과 도·감청의 산물이다. 국장 임기가 10년인 FBI는 과거 워싱턴 주재 모든 외국 대사관을 불법 도청하고 무단 침입했던 사례는 비일비재하다(전웅, 『현대국가 정보학』, 2015). 수 만여 명의 요원과 엄청난 예산을 바탕으로 대(對) 스파이 활동은 각급 정보기관의 방첩 활동을 총괄 조정한다.

수미 테리 사건에 대해 소 잃고 외양간이라도 고쳐야 할 당사자는 우리 정보기관과 외교부다. 정보활동과 공공외교의 근본적인 보완이 필요하다. 우선, 정보활동의 기본원칙은 정보관(handler)들의 비노출 간접활동이다. 대사관 번호판을 단 공용차량으로 국무장관과의 미팅을 마치고 나오는 수미 테리를 바로 픽업해서 디브리핑을 받는 허술한 동선(動線)은 국가정보학 ABC 원칙에 맞지 않는다.

다음은 우리 공관원들은 워싱턴을 비롯해서 해당 국가의 한국계 인사를 최소한으로 접촉해야 한다. 지한파를 격려해야 하지만 그들을 직접 활용하는 수집 활동은 하지하책(下之下策)이다. 어설픈 정보활동은 그들의 입지를 위태롭게 하고 종국적으로 우리 정보기관 역시 몰락하는 길이다.

정보관의 현지 언어가 유창하지 못해 해외에서 한국어가 가능한 인사만을 대상으로 첩보를 수집하는 구태의연하고 아마추어적 정보활동은 안 하는 것이 바람직하다. 파견 요원 선발부터 적격자를 선발하지 않으면 예산 낭비이자 사달의 근원이 된다. 화창한 봄날 저녁 워싱턴의 벚꽃놀이 속에서 전개되는 일본의 고급 정보활동을 체계적으로 벤치마킹해야 한다.

셋째, 인식의 전환이 필요하다. 한미동맹이 혈맹이고 핵동맹이지만 국익 수호에 예외는 없다. 지난해 4월 발생한 용산 국가안보실장 도·감청 시도는 빙산의 일각이다. 역대 대통령들 역시 외국 정보기관들의 청와대에 대한 정보수집 시도에 고심했던 사례는 비일비재하다. 한미관계가 좋다고 해서 워싱턴을 서울 시내로 착각해서는 곤란하다. 정보요원 선발에서 국가정보학이 필수과목이 되어야 하는 이유다. 정보 마인드에 대한 교육과 훈련은 CIA 사례를 벤치마킹해야 한다.

이번 정보 파동은 곧 잠잠해질 것이다. 양측이 물밑에서 재발 방지를 다짐하면서 관련자의 귀국 등으로 조용히 마무리할 것이다. 기소장에는 신분을 가장한 정보요원 5명, 외교부 소속 3명의 이름이 등장한다. 미국은 워싱턴에서 활동하는 다른 국가들의 정보기관에 경고장을 날리는 확실한 시범을 보였다. 수미 테리에 대한 법정에서 유죄 판단 여부는 부차적인 문제다. 지난 정부에서 발생한 일이건 아니건 미국은 구별하지 않을 것이다.

FBI 뉴욕지부는 '국가안보에 심각한 위협이 됐으며 외국 스파이와 협력해 국가안보를 위협하는 자는 누구든지 끝까지 추적해 체포할 것이라는 분명한 메시지를 전달한다'고 했다. 매우 주관적인 입장이지만 워싱턴 시내 중심지 듀폰 서클(Dupont circle)에서 FARA의 위반 여부의 기준은 미 국익 침해 여부다. 귀에 걸면 귀걸이, 코에 걸면 코걸이 식으로 법 적용이 매우 자의적이다. 수미 테리는 한국계이지만 미국법의 적용을 받는 미국인이라는 사실도 망각해서는 안 된다.

10년간 수미 테리가 제공했던 협력과 정보는 공식적으로 진행하는 것이 바람직했다. 미국의 한반도 정책 및 미·북 간의 접촉 동향과 세미나 개최, 언론 기고 등은 FARA가 예외로 인정하는 학술연구로 접근할 수 있다. 구태여 단순 팩트 수집에 한국계 미 전문가를 끌어들여 금품을 전달할 필요도 없다. 투명하고 전문적인 학술 및 공공외교로 일부는 해결이 가능하다.

인간정보(CHUMINT)를 수집하는 주먹구구식의 고전적인 정보활동에도 변화가 필요하다. 유대인들과의 연대를 활용하는 이스라엘은 제외하더라도 일본의 공공

외교용 정보활동 네트워크를 형성하는 방식은 벤치마킹이 필요하다.

위안부 왜곡 논문으로 유명한 하버드대 로스쿨의 존 마크 램지어(John Mark Ramseyer) 교수는 일본 정부의 훈장까지 받으며 미쓰비시 연구 기금을 받아 친일 학술 활동을 합법적으로 활발하게 전개한다. 심지어 제2차 세계대전 당시 미국의 일본군 학살설까지 주장한다. FARA를 넘어 학문적 접근으로 미국 학계에 파급력이 적지 않은 고차원적 활동이다. 최소 10년~20년에 걸쳐 미국 전역에 일본 국익을 옹호하는 인적 네트워크를 구축하는 전략이 일본의 정보활동이자 공공외교의 목표다. 국격에 맞는 품격 있는 정보활동이 필요하다.

▌전면 조사해야 할 정보기관 보안 참사

정보와 공작, 이 용어는 일반인에게는 금기(禁忌)된 단어로 오랜 세월 정보기관들의 전유물이었다. 그런데 판도라의 상자가 열렸는지 영화가 아닌 현실 언론에서 등장하기 시작했다. 국가정보원에 이어 군 정보의 '심장부' 격인 국군정보사령부(정보사)의 해외 요원 신상 정보까지 북한에 유출돼 '정보안보'에 비상이 걸렸다. 정보사 소속 군무원이 해외에서 신분을 위장해 활동하는 다수의 '블랙 요원'과 전체 부대원 현황 등이 담긴 2급, 3급 기밀을 중국 동포(조선족)에게 파일 형태로 유출했다. 블랙 요원 리스트가 북한에 유출될 경우 해외 군 정보망은 '궤멸' 수준의 타격이 불가피하다. 비밀주의로 일관한 방첩사의 초동 수사 부실 여부도 도마 위에 올랐다. 정보 유출의 고의성과 접촉 경로 및 내부 공모 여부 등을 철저히 추적해 발본색원해야 한다.

미 정보당국에 포착된
수미 테리와 국가정보원 요원들.
미 연방 검찰

보안 참사(慘事)는 이번이 처음도 아니다. 근본적인 보완책을 수립하지 않으니 심각한 사고가 재발한다. 2018년에도 해외 요원 신상 정보 109건을 수년에 걸쳐 외국 정보 요원에게 팔아넘긴 사건이 있었다. 대북 첩보 전문기관인 정보사에서 정보 유출이 재발한 것은 개탄스럽다. 국가정보원도 최근 수미 테리 사건에서 드러났듯이 해외 요원의 엉성한 활동으로 논란을 빚은 바 있다. 철저한 원인 진단과 대책이 필요하다.

우선, 정치의 정보기관 영역 침해다. 정권이 교체될 때마다 대북 정보 수집 역량이 훼손됐다. 문재인 정부는 국군기무사령부를 국군안보지원사령부로 바꾸면서 요원 30%를 감축하고, 국정원의 대공수사권까지 박탈해 방첩 역량과 기강을 무너뜨렸다. 10년~20년 이상 헌신해 온 공작관들의 자긍심은 추락했다. 정보 문외한이 갑자기 조직에서 승진하고 비전문가가 조직에 감투를 쓰고 낙하산으로 날아온다. 서훈 전 국가안보실장은 국정원장으로 재직하던 2017년 8월 문 전 대통령의 대선 후보 시절 캠프 인사였던 조모 씨가 채용 기준에 미달하는데도 국정원 관계기관인 국가안보전략연구원 연구기획실장으로 특혜 채용한 혐의로 조사를 받았다.

다음은, 요원들의 기강 해이와 안보의식 저하다. 군 장성들조차 함부로 볼 수 없는 해외 블랙 요원 신상 등을 군무원이 개인 노트북에 저장하고, 해외로 유출될 때까지 군 내부에서 감지하지 못한 것은 철저한 정보 관리 실패다. 내부 요원들의 정보 관리는 정보기관의 생명이다. 내부조차 관리하지 못하면서, 외부 정보 수집은 어불성설이다. 과거엔 금기시됐던 정보 요원의 방송 출연 등이 사회적으로 주목받는 등 조직 내 기강 해이가 가속했다. 실제로 2022년 지상파 예능 방송에 정보사 요원 출신이 직접 출연하고 일부 요원은 유튜브 방송으로 수익을 올린다. 직무상 비밀을 무덤까지 가져간다는 입사 선서와 행동 지침은 어디로 갔는지 이해 불가다.

끝으로, 사명감만 가지고 정보 요원들을 퇴직 후에도 현직처럼 관리하는 것은 한계가 있다. 미국 중앙정보국(CIA) 퇴직 직원 관리 매뉴얼을 벤치마킹해 무덤까지는 아니더라도 퇴사 이후 최소 10년간은 관리해야 한다. 무명의 헌신에 대해서는 보상이 필요하다. 다만, 일탈은 사전에 철저하게 차단하는 시스템 구축이 최우선이다. 정보기관에 대한 고강도 점검은 불가피하다.

북한 정찰위성 발사가 부를
'도·감청 전쟁' 대비책

시긴트(SIGINT, 통신·통화 도·감청) 강화로 대북정보 수집력 높여야
김정은 "해커를 양성할 때" 지시 후 북한 해킹 능력 급성장
특수 장비 활용한 도·감청은 전 세계 정보기관의 수집 방식

조선중앙TV는 2023년 4월 19일 보도에서 김정은 북한 국무위원장이 국가우주개발국을 현지지도하고 "4월 현재 제작 완성된 군사정찰위성 1호기를 계획된 시일 안에 발사할 수 있도록 비상설 위성발사 준비위원회를 구성하고 최종 준비를 다그쳐 끝냈다고 밝혔다. / 사진: 연합뉴스

　　과거 평양과 판문점에서 개최된 남북 회담은 물밑에선 도·감청과의 전쟁이었다. 숙소인 평양 고려호텔이나 백화원초대소 등에서는 아예 몰래카메라로 일거수

일투족을 감시했다. 호텔 객실이 춥다고 혼잣말로 읊조렸는데도 나갔다 오면 특별 난방이 돌아갔다. 실내 대책 회의는 포장을 치고 필담(筆談)으로 진행하는 등 추적을 뿌리치는 데 필사적이었다. 하이라이트는 평양 회담장과 서울 종로구 삼청동 대화사무국 간의 교신 내용을 둘러싼 창과 방패의 대결이었다. 보안요원들이 통신 비화기를 사용해 주파수를 수시로 바꿔가며 방어에 나서지만, 가끔은 한계를 보이기도 했다. 남북한 정보통신 기술력 간의 진검승부였다.

북한은 국민소득 1,000달러(약 132만 원)의 가난이 덕지덕지 내려앉은 체제지만, 해킹과 도·감청 기술은 최첨단 수준이다. 평양 권부는 1990년대 중반부터 미림대학 등에서 10대 수재 학생들을 전문 해킹 프로그래머로 육성하는 군사용 정보통신(ICT) 정책에 주력했다. 외부 공격에 주력하면서도 한편으로 자체 보안망 구축에는 극도로 예민하게 대응한다. 가상화폐에 대한 국내외 해킹으로 최근에만 최소 1조 원 이상의 자금을 탈취하고 있다. 2022년 북한이 발사한 71발의 미사일 도발에 사용된 재원이다. 필자의 학교 이메일은 무엇이 궁금한지 연간 몇 차례 북한 측 소행으로 추정되는 해킹을 당했다고 국정원으로부터 주의를 받는다.

전 세계 가상화폐 탈취 43%가 북한 해커 소행

표 5-1 2022년 '사이버국력지수(NCPI)' 남북비교

위치	한국			북한		
영역	능력 (최대치=100)	의도 (최대치=1)	능력x의도	능력 (최대치=100)	의도 (최대치=1)	능력x의도
금융(Financial)	0	0.05	0	100	0.5	50
감시기술 (Surveillance)	45	0.45	20.25	28	0.6	16.8
정보·첩보 (Interlligence)	25	0.95	23.75	8	0.6	4.8
상업(Commerce)	35	0.45	15.75	8	0.6	4.8

방어력(Defense)	40	0.38	15.2	45	0.08	3.6
정보통제 (Information Control)	40	0.45	18	5	0.65	3.25
공격력(Offense)	35	0.35	12.25	30	0.6	18
규범(Norms)	30	0.65	19.5	10	0.15	1.5
총계	250		124.7	234		102.75

출처: 미국 하버드대 케네디 스쿨 벨퍼센터 평가 점수, Voo et al.(2022) 활용하여 계산

김정은 북한 국무위원장은 "해커를 양성할 때 출신 성분을 따지지 말고 실력 좋은 인재는 무조건 뽑으라"라고 지시했다. 북한은 그간 해킹으로 가상자산을 탈취해 핵·미사일 개발 자금을 충당해 왔다. 정권 유지의 버팀목인 셈이다. 이제 김정은이 직접 선발에 관여할 정도로 해커 확보에 공을 들이고 있다. '3대 계층과 51개 성분'에 따라 거주지·직업 등 사회적 신분이 결정되는 북한에서 김정은의 지시는 '실력'에 따른 기용이라는 측면에서 매우 이례적이다. 해커에 대한 김정은의 관심은 남다르다. 앞서 2013년 김정은은 "사이버전은 핵·미사일과 함께 우리 군대의 무자비한 타격 능력을 담보하는 만능보검"이라며 치켜세웠고, 이후 북한의 해킹 능력은 급성장했다.

세계적인 블록체인 분석업체 체이널리시스의 에린 플랜트 조사총괄 부사장은 한 언론 인터뷰에서 "북한 해커들이 금융기관과 투자회사, 중앙 집중식 가상자산 거래소 등을 가리지 않고 표적으로 삼고 있다"라고 언급했다. 체이널리시스는 매년 초 「가상화폐 범죄 보고서」를 공개하고 있는데, 지난해 전 세계의 가상화폐 탈취 규모 38억 달러(약 5조 원) 가운데 43%가량인 16억 5,050만 달러(약 2조 1,200억 원)가 북한 연계 해커의 소행으로 추정됐다.

플랜트 부사장은 "북한은 5단계의 복잡한 과정을 거쳐 훔친 돈을 세탁해 현금으로 인출해 간다"라고 설명했다. △이더리움 등 훔친 가상자산을 모으고 △이를 쪼개 흔적을 없앤 뒤 △쪼갠 이더리움 등을 비트코인으로 교환하고 △비트코인을 다시 섞어 △달러나 위안화로 바꿔 가져간다는 것이다. 돈세탁 과정이 매우 복잡해 꼬리를 잡기가 쉽지 않다. 이 과정은 북한 정찰총국이 운영하는 라자루스 등

해킹부대가 총괄한다.

외교안보연구소가 최근 작성한 「북한의 사이버 위협 실태와 우리의 대응」 보고서에 따르면, 하버드대 케네디 스쿨 벨퍼센터가 제공하는 '사이버 국력지수(NCPI)'를 통해 파악된 북한의 사이버 역량은 2022년 기준 세계 14위다. 같은 기준으로 한국은 세계 7위였다.

북한 정찰총국 해킹조직 라자루스의 우리 중앙선거관리위원회(이하 선관위) 해킹 여부를 둘러싸고 국정원과 선관위가 진실 공방을 벌이고 있으나, 선관위 역시 국내 통신망의 일부로서 예외가 될 수 없다. 용산 안보실도 공격당하는 판국이니 안전한 곳은 없다고 봐야 한다. 소 잃고 외양간이라도 고쳐야 재발을 막을 수 있다.

DJ정부 들어 스파이 활용하는 휴민트 중단

2023년 4월 18일 서대문구 경찰청에서 경찰청 안보수사국 관계자가 '보안인증 S/W 취약점 공격 사건' 경찰 수사 결과를 발표하고 있다. / 사진: 연합뉴스

반면 우리의 대북 통신정보 수집은 갈 길이 멀다. 김정은의 핵과 미사일 도발이 심화하는 상황에서 첨단 정보 수집의 중요성은 절대적이다. 대면접촉 정보 수

집인 휴민트(HUMINT)는 2000년 6·15 정상회담 이후 서서히 자취를 감췄다. 김대중 정부 들어 휴민트를 중단했고, 이후 중국 공안들의 감시로 동북 3성을 통한 인적 정보 수집은 정보 요원이 감금되는 등 한계에 부딪혔다. 한번 무너진 휴민트 네트워크는 좀처럼 복원되지 않았다. 서울의 정권 교체로 한·미 공조가 여의찮을 때는 국정원과 미국중앙정보국(CIA) 간에 정보 공유가 순탄치 않았다. 핵과 미사일에 대한 최고급 군사정보는 말할 필요도 없고 김정일 사망, 장성택 처형, 김정은 방중(訪中) 등 굵직한 대북 현안이 발생해도 우리 첩보망은 좀처럼 적시에 비상벨을 울리지 못했다.

가끔은 일본 정보 부서가 구축한 거점 협조자들이 훨씬 효율적으로 움직였다. 2010년대 중반 일본의 TV아사히 방송사 등은 북한의 미사일 발사 정보를 사전에 입수해 중국 다롄(大連) 등 해안지역에서 방송 장비를 설치하고 일주일간 일명 뻗치기(?) 끝에 서해로 날아간 미사일 발사 장면을 실시간으로 촬영하는 데 성공했다. 반면 KBS를 비롯한 우리 방송사들은 'TV아사히 exclusive(독점)'라는 자막을 상단에 삽입하는 조건으로 해당 화면을 사용했다. 이는 한·일 대북정보 수집 경쟁에서 완패한 사례였다.

이명박 정부 첫해인 2008년 8월 광복절 즈음 심근경색으로 김정일이 쓰러졌으나, 초기 일주일간 전혀 상황 파악이 되지 않았다. 평양 의료진의 치료에 불안을 느낀 수뇌부는 프랑스 당국에 명의(名醫) 지원을 요청했다. 평양은 뇌 사진을 파리로 보냈고, 비밀리에 프랑스 의사들이 정보 요원들과 평양에 도착하면서 김정일의 건강 이상설이 외부에 노출됐다. 프랑스 정보당국(DGSE)은 미국 CIA와 정보를 공유했다. 우리 정보당국이 CIA로부터 프랑스 뇌신경외과 전문가가 평양을 방문했다는 정보를 전달받은 것은 8월 29일이었다. 미국과의 정보 공조로 겨우 북한 최고지도자의 위중 상태를 파악한 것이다. 한·미 정보공동체의 중요성을 실감한 순간이었다.

2011년 12월 17일 김정일 사망 당시의 첩보 수집 능력과 상황도 2008년과 별반 다르지 않다. 북한은 김정일 사망 51시간 만에 유고(有故)를 공식 발표했다. 1994년 7월 김일성 사망 당시와 비교하면 17시간이 더 걸렸다. 평양 기온이 영하 12도를 기록한 겨울날 아침 특별열차 편으로 현지 지도에 나선 김정일이 심근경색으로 사망하자 12월 18일 새벽 1시 북한 국경경비대가 두만강과 압록강 국경을 봉쇄했다. 당시 베이징 외교가에선 사망 당일 북한이 중국 측에 중대 사건이 일어났음을 통보했다는 전언이다. 하루 뒤 사망 관련 억측을 차단하기 위해 평양은 김정일을 부검했고, 조선중앙TV는 "2011년 12월 18일에 진행된 병리해부 검사에서는 질병의 진단이 완전히 확정됐다"라고 보도했다. 모든 조치를 마치고 평양은 232명의 장의위원과 영결식 일정까지 발표했다.

하지만 한·미 양국의 신호정보인 시긴트(SIGINT)와 휴민트는 작동하지 않았다. 정보당국이 북한의 공식 발표 전까지 김정일 사망을 전혀 모르고 있었다는 사실은 국정원장의 국회 증언을 통해 이틀 후에 알려졌다. 과거 정보 실패(Intelligence Failure) 사례를 장황하게 복기하는 것은 유사한 사태가 발생할 가능성이 크기 때문이다.

국익 위한 도·감청은 어느 나라나 불문가지

북한은 가상화폐에 대한 국내외 해킹으로 최근 5년간 최소 1조 원 이상의 자금을 탈취했고, 이는 북한의 미사일 도발 재원이 되고 있다. / 사진: 연합뉴스

정보기관이 기밀정보를 수집하는 방법은 크게 휴민트(HUMINT)와 테킨트(TE-CHINT)로 나뉜다. 휴민트는 휴먼 인텔리전스(Human Intelligence)의 약자로, 스파이 활용이나 내부자 직접 접촉을 통해 정보를 모으고 분석하는 전통적 방식이다. 정보망 구축에 시간이 걸리고 적발 위험이 크지만, 기술·신호정보로는 얻기 힘든 고급 정보를 얻을 수 있다. 기술 첨단화에 맞춰 기술(Technical)과 정보(Intelligence)를 결합한 테킨트는 갈수록 정보 수집에서 차지하는 비중이 커지고 있다. 테킨트는 시긴트(SIGINT)와 이민트(IMINT)로 나뉘는데, 시긴트는 특수 장비를 활용해 통신이나 통화 내용을 도·감청하는 방법을 주로 의미하고, 이민트는 사진이나 위성으로 영상을 촬영해 정보를 수집하는 방식이다. 시긴트는 통신수단을 감청해 수집하는 코민트(COMINT), 전파를 탐지해 수집하는 엘린트(ELINT)로 분류된다.

최근 온라인에 유출된 미국 기밀 문서에서 CIA가 한국 국가안보실장 주재 회의를 도청한 듯한 정황이 드러나면서 우리의 대응 능력이 도마 위에 올랐다. 일부에서는 미국의 행태에 사과를 받아내야 한다고 주장하지만, 이는 하책(下策)이다. 외교 채널을 통한 유감 표명으로 향후 도청이 중단된 사례는 없다. 도·감청에 대해 모든 국가는 이를 긍정도 부정도 하지 않는다는 NCND(Neither Confirm Nor Deny) 입장이다. 오히려 자국의 도·감청 대응 능력이 부실하다는 것을 전 세계에 각인시켜 주는 부작용만 가져올 뿐이다.

우리도 국익을 위한 도·감청에 나서는 것은 불문가지다. 2011년 2월 16일 방한 중인 인도네시아 특사단이 묵던 롯데호텔 객실 침입 사건이 대표적이다. 국정원 요원들이 특사단 객실에 몰래 들어가 노트북 자료를 빼내 오려다가 때마침 객실로 돌아온 특사단 일원에게 발각돼 외부에 알려졌다. 당시 치밀한 준비 없이, 경험도 부족한 직원들이 작전을 진행하다 발생한 희대의 정보 수집 실패 사례로 꼽힌다. 하지만 사절단을 이끌고 서울을 방문했던 하타라자사 인니 경제조정부 장관은 귀국 후 이 사건이 '오해'라고 무마했으며, 인도네시아 정부도 별다른 입장을 내놓지 않았다. 자신들도 유사한 정보 활동을 하기 때문에 로키(low-key)로 대응한 것이다. 현지 언론사들도 관련 기사를 다루지 않는 등 한국 정부에 예의를 갖췄다. 특정 언론사가 "KFX 공동개발 프로젝트 관련 자료가 도난당했다"

라고 보도했을 뿐이다. 오히려 당시 우리 언론들이 너도나도 "국정원 요원 3명이 T-50 초음속훈련기와 K-2 흑표전차 등 관련 인니 특사단의 협상 전략을 파악하기 위해 침입했다"라고 보도하며 국가 신인도(信認度)를 끝없이 추락시켰다.

국익을 위한 도청에는 아군과 적군의 구분이 없다. 1995년 미국과 일본 간 자동차 협상 당시 미국 CIA가 일본 측 기밀 회의를 도청한 사실이 밝혀진 적도 있다. 일본은 이 사실이 알려지자, 미·일 정상회담까지 취소하며 강하게 항의하는 등 양국 외교 문제로 비화했으나 곧 유야무야(有耶無耶)됐다.

미국의 동맹국 도·감청 논란은 알려진 것만 이번이 세 번째다. 2013년 미 국가안보국(NSA) 직원 에드워드 스노든이 NSA가 민간인 사찰 프로그램인 'PRISM'을 통해 우방국 정상 등을 감시하고 있다고 폭로하면서 전 세계적인 파문이 일었다. 당시 미국이 앙겔라 메르켈 독일 총리의 휴대전화까지 도청한 사실이 밝혀졌고, 그 사건 이후 미국은 동맹국 정상에 대한 감청 활동을 중단하겠다고 했다. 하지만 그 이후에도 미국이 유럽 국가들의 고위 인사들을 도청한 사실이 2021년 덴마크 언론의 보도로 알려졌다.

北, 광케이블 구축해 통신망 보안 주력

자타공인 최고의 정보 수집 능력을 자랑하는 미 정보 커뮤니티(IC)는 독립정보기관인 CIA와 국가정보국(ODNI)을 비롯해 국방부 산하 국가안보국(NSA), 국방정보국(DIA), 국가정찰국(NRO), 국가지리정보국(NGA), 국방방첩보안국(DCSA), 법무부 산하 연방수사국(FBI), 국토안보부 산하 국토안보수사국(HSI) 등 크게 18개 기관으로 구성되어 있다. CIA와 FBI, NSA, DIA, NRO, NGA가 6대 메이저 정보기관이다. 그중 세계 최대·최고 정보기관으로 공인된 CIA는 인력만 2만 명이 넘고 예산도 천문학적이다. 세계 곳곳에서 전방위 정보 업무를 담당한다. 용산 국가안보실의 논의 내용을 도·감청했다는 의혹을 받는 기관도 CIA다.

동맹국 미국의 '친구 도·감청' 논란은 역설적으로 대북 시긴트(SIGINT) 수집의 중요성을 깊이 새기는 계기가 되어야 한다. 싫든 좋든 남의 은밀한 이야기를 엿듣는 국익 정보전쟁의 시대다. 전 세계 정보기관이 수집하려는 고급 정보는 거의 시긴트에 의존하고 있다. 정부의 주요 보직자와 산·학계 핵심 인력의 전화와 이메일 등은 100% 첩보 수집의 대상이 된다.

대북 휴민트를 통한 정보 수집이 벽에 부딪힌 이상 시긴트에 의존할 수밖에 없다. 중국 공안의 거친 단속과 스파이에 대한 강력한 처벌 등으로 북·중 국경은 접근 불가다. 북한도 판문점에서 평양까지 광케이블을 구축해 통신망 보안에 주력하고 있다. 휴대전화 600만 대가 사용되는 북한 체제지만, 자체 도·감청은 완벽한 수준이라 전화기에 대고 최고지도자를 비판하는 것은 명을 재촉하는 일이다.

북핵이 고도화되는 상황에서 평양의 내부 상황과 의도를 정확하게 파악하는 정보 수집은 필수적이다. 최고의 창과 방패의 대결이라는, 모순(矛盾)의 유래처럼 최첨단 보안기술을 개발해 초격차로 도·감청을 막아내면서도 철저한 준비로 북한 내부 상황을 파악해야 한다. 우리 내부의 방화벽을 튼튼히 하는 동시에 평양의 방화벽을 뚫어야 하는 것은 정보전쟁의 냉엄한 현실이다. 한·미 정상회담 이후 김여정 북한 부부장은 '결정적 행동' 운운하며 다양한 도발에 나설 태세. 평양의 인사이드 스토리를 실시간으로 파악할 시급성은 갈수록 커지고 있다.

일찍이 니콜로 마키아벨리는 "기만행위는 혐오스럽기는 하지만, 전쟁에서는 매우 영광스럽고 칭찬할 만하다"라며 "힘으로 적을 제압하는 것만큼 기만책으로 적을 물리는 치는 것도 훌륭한 것으로 인정된다"라고 했다. 500년 전의 이야기지만, 오늘날에도 깊이 새겨야 할 격언이다.

[남성욱의 평양리포트] 월간중앙 2023년 6월호

이스라엘의 정보 실패로부터
얻어야 할 교훈

정치 분열에 세계 최고 정보기관마저 무력화됐다
네타냐후, 정권 유지하는 데 정부 역량 집중하다 하마스 공격 징후 간과
냉철한 정보 분석·판단·대응의 장애물인 '정보 분석의 정치화' 경계해야

2023년 10월 7일 팔레스타인 무장단체 하마스가 수천 발의 로켓포로 이스라엘을 기습 공격했다. 이후 반격에 나선 이스라엘군의 조명탄이 가자지구 서쪽 하늘을 밝게 비추고 있다. / 사진: 연합뉴스

지난 2001년 9·11 테러를 조사한 미국 의회 진상조사 보고서는 정보당국이 기습 공격을 저지할 기회가 10회나 있었다고 결론 내렸다. 뉴욕의 무역센터 쌍둥이 빌딩과 국방부 건물을 공격해 3,000여 명의 인명피해를 냈던 항공기 자살테러 사

건을 무산시킬 수 있는 사전 징후를 정보당국이 여러 차례 놓쳤다는 것이다. 미국 국가안전보장국(NSA)은 테러 발생 9개월 전 항로를 답사하기 위해 쿠알라룸푸르를 방문한 테러리스트 세 명의 통화를 감청했으나 이를 각 정보기관에 전파하지 않았다. 중앙정보국(CIA)은 6개월 전에 태국으로부터 테러범이 로스앤젤레스행 비행기에 탑승했다는 정보를 연방수사국(FBI)과 공유하지 않았다. FBI는 의심스러운 이슬람 비행 훈련생을 조사하지 않고 단순 추방해 용의자 추적에 실패했다.

요컨대 전대미문의 미 본토 테러는 통합된 정보 공유체제가 작동하지 않아서 벌어진 참사였다. 미국이 본토 공격을 당한 것은 역사상 처음이며, 미국 안보 정책의 근본적인 변화를 가져오는 계기가 됐다. 미국 본토를 대비하는 국가 안보체계는 9·11 테러 전후로 구분된다.

전쟁은 기습 공격으로 시작된다. 전쟁 개시를 선언했을 때 이미 최전방은 쑥대밭이 되어 있다. 예고된 공격은 필패다. 손자병법의 철학은 기만과 기습이다. 상대를 속이고 기습하는 것이 승리의 법칙이다. 전쟁 전략은 전·평시로 구분된다. 평시에는 정보전으로 상대의 동향을 파악하는 데 주력한다.

정보 수집 · 분석 역량이 안보전략 성패 좌우

3,000여 명의 희생자를 낸 2001년 미국 9·11 테러는 정보 실패의 대표적 사례로 꼽힌다. 미국 의회 조사 결과 여러 정보기관이 수집한 첩보를 제때 공유하지 않았던 것으로 드러났다.

정보기관은 기술정보(TECHINT)와 인간정보(HUMINT)를 활용해 상대의 인사이드 스토리를 파악하는 데 주력한다. 특이 동향이나 징후 관련 첩보(information)는 분석관들의 체계적이고 깊이 있는 분석 평가 및 해석을 통해 정보(intelligence)로 전환되어 사용자에게 보고된다. 첩보와 정보를 구분하는 과정은 매우 전문적인 중간단계를 거쳐야 한다. 자료(Data) → 첩보(Information) → 정보(Intelligence) 과정에서 정교한 분석 과정은 필수적이다.

선진국들은 우수한 대학 졸업자를 선발해 분석관과 수집관을 양성한다. 선진국들은 제1·2차 세계대전 이전부터 전문 정보기관 설립에 주력했고 제2차 세계 대전 이후 오늘날의 형태를 구축했다. 미국은 CIA, 영국은 MI5, 프랑스는 DST, 독일은 BfV, 러시아는 KGB를 개편한 FSV와 SVR 등이 대표적이다. 전문 정보 세계에서는 두 개의 국가만 존재한다. 전문 정보기관을 가진 나라와 그렇지 않은 나라다.

정보기관의 업무는 평시에는 국익을 수호하기 위한 방첩과 상대국에 대한 첩보 수집 활동이 핵심이다. 특히 위해를 가할 적의 기습이나 동향을 파악하는 것은 핵심 업무다. 적의 동향을 파악해서 적시성, 객관성 및 정확성을 기초로 해서 경고 보고를 하고 대응은 정부 전 부처와 군을 중심으로 이뤄진다. 9·11 테러는 사전 '경고 실패(warning failure)'로 인한 '정보 실패(intelligence failure)' 사례다.

위기 경고 실패 사례는 부지기수다. 멀리는 1941년 2차 대전 당시 일본의 진주만 공격, 1973년 이집트의 이스라엘 기습작전인 욤 키푸르 전쟁이 있으며, 최근 들어서는 1990년 이라크의 쿠웨이트 침공 등이 국가정보학 교과서에서 케이스 스터디로 다뤄진다. 막대한 예산과 인력을 토대로 전문성을 갖춘 정보기관이 적의 기습을 사전에 경고하지 못하고 군과 당국은 무방비로 있다가 꼼짝없이 기습 공격에 당했다.

사전 경고도 최종적으로 휴민트(HUMINT)가 결정하기 때문에 일정 부분 실패는 불가피하다. 원인은 다양하다. 학계에서 가장 설득력 있는 주장은 정보 실패는 정책 실패(policy failure)이며 결국 정부 실패(government failure)에서 비롯된다는 논리다. 일차적인 원인은 우선 정보 분석의 정치화 현상에서 비롯된다. 정책 결정권자의 구미에 맞게 분석 보고서를 맞춤형으로 작성한다. 2002년 CIA는 이라크의 사담 후세인이 대량살상무기를 보유하고 있다는 보고서를 발표했다. 하지만 부시

대통령의 이라크 공격 의도에 맞춘 오판 보고임이 훗날 드러났다.

정보조직 체계의 결함이나 관료조직의 경직성도 정보 실패의 원인으로 작용한다. 정부 부처 간 경쟁, 관료들의 타성이나 경직된 사고 등은 정보 예측의 허점을 불러온다. 정보기관의 불합리한 인사관리가 정보 왜곡이나 실패에 영향을 주는 요인으로 작용하기도 한다. 정보수집과 분석의 전문성을 경시한 결과다. 냉전시대 소련의 군사력에 대한 미국 정보기관의 과대평가 등이 그 사례다.

2023년 하마스는 이스라엘을 기습해 1,400여 명의 민간인과 군인을 살해하고 220명의 인질을 납치했다. 이스라엘은 가자지구에 대한 보복 시가전을 개시했다. 물러설 수 없고 결코 끝나지 않을 전쟁이 시작됐다. 이스라엘과 팔레스타인의 2국가 병립체제를 미국이 해결책으로 제시하고 있지만, 실현 가능성은 요원하다. 전쟁이 2단계로 접어들면서 사망자는 벌써 4만 명을 넘어섰다. 미국 외교 전문지 『포린폴리시(FP)』는 전쟁의 원인을 '영역에 대한 싸움'이라고 진단했다. '누가 요르단강과 지중해 사이에 있는 땅에 살 권리가 있는가(Why Israel Has No 'Right to Exist'? 2019년 5월호)'다. 이스라엘과 팔레스타인 및 중동 국가들은 발을 딛고 사는 땅에 대한 소유권을 둘러싸고 100년 넘게 갈등과 충돌을 지속하고 있다.

이스라엘-아랍 분쟁의 씨앗은 영국의 일구이언(一口二言)

세계 최고 수준의 정보력을 자랑하는 이스라엘의 정보기관은 3개로 나뉜다. 왼쪽부터 해외 정보를 주로 다루는 모사드, 국내 방첩 및 보안을 담당하는 신베트, 군 정보기관인 아만이다.

분쟁의 씨앗은 1차 세계대전으로 거슬러 올라간다. 독일 편을 든 오스만 제국 제압을 위해 영국은 오스만 제국 지배에 저항하는 아랍 민족주의 세력과 자본을 보유한 유럽 유대계 세력의 동시 지원이 필요했다. 영국은 1915년~1916년 오스만 제국에 봉기하는 조건으로 전후 팔레스타인에 아랍 독립국가 건설을 약속하는 '맥마흔 선언(McMahon Declaration)'을 작성한다. 2년 뒤에는 유대계 자본을 받는 조건으로 팔레스타인에 유대 독립국가 건설을 약속하는 '밸푸어 선언(Balfour Declaration)'도 발표한다. 1916년 맺어진 사이크스피코 협정과 팔레스타인 내 유대 민족 국가 건설을 지지하는 밸푸어 선언은 맥마흔 선언과 모순됐다. 1962년 개봉된 실화를 바탕으로 한 영화 '아라비아의 로렌스'는 이러한 중동 상황의 배경을 이해하는 데 도움이 된다.

영국의 모순된 외교 정책은 후에 이스라엘-팔레스타인 분쟁 중 팔레스타인이 이스라엘 건국을 부정하는 근거로 인용되고 있다. 영국의 계획대로 패전한 오스만 제국은 해체되고 영국은 팔레스타인을 위임 통치한다. 하지만 영국은 유대인과 아랍 민족에게 모순되는 약속을 지킬 방법이 없었다. 일구이언(一口二言)에 따른 두 민족의 무력 충돌을 우려한 영국은 1939년 백서(White Paper)를 통해 밸푸어 선언의 효력을 사실상 폐기하지만, 갈등의 불씨는 이미 크게 타오르기 시작했다. 1930년대 들어 독일 나치 정권의 박해와 홀로코스트를 피해 지금의 요르단강 서안으로 이주한 대규모 유대인들은 땅을 매입해 정착촌을 확대했고 점차 유대 국가가 성립되기 시작했다.

이스라엘과 팔레스타인 및 이집트, 시리아, 요르단, 이라크 등 주변 아랍국들은 1956년 수에즈 운하 위기, 1967년 6일 전쟁, 1973년 욤 키푸르 전쟁 등으로 충돌했다. 대체로 서방의 지원과 우수한 무기를 앞세운 이스라엘의 승리로 끝났다. 6일 전쟁으로 이스라엘은 가자지구, 서안지구, 시나이반도, 골란고원을 손에 넣었다. 가자지구 등으로 유대인 집단 이주가 시작되자 반발하는 팔레스타인 세력은 테러를 비롯한 유혈 투쟁으로 맞섰고 현재 진행형이다.

중동의 갈등은 너무나 깊고 복잡해서 도덕적 기준이나 선후 공격 여부를 둘러싸고 책임 소재를 논리적으로 가리는 것은 바닷가 백사장에서 잃어버린 반지를 찾는 격이다. 세계 각지에서 팔레스타인과 이스라엘에 대한 찬반 시위가 동시다발적으로 일어나는 것은 범지구적 차원에서 사태의 복잡성을 방증한다.

필자는 중동의 무력 충돌을 정보전 관점에서 판단하고자 한다. 관심의 초점은 아이언 돔(Iron Dome)으로 무장하고 첨단 ICT 방공방 시스템을 구축한 이스라엘이 어째서 하마스의 공격에 사전 대응하지 못했느냐는 점이다. 전쟁은 상대를 파괴하려는 의지의 발동이므로, 최고의 전략은 기습 공격이다. 상대 또한 이를 억지하고 효과적으로 방어, 격퇴하기 위해 방첩 전략을 수립한다. 적의 기습 징후를 사전에 파악해 대응하면 정보 성공(intelligence success)이고 그렇지 않고 심각한 피해가 발생하면 정보 실패(intelligence failure)다. 정보 성공은 외부에 공개되지 않지만, 정보 실패는 고스란히 외부에 노출된다. 정보기관의 대응은 여론의 도마 위에 오를 수밖에 없다.

하마스의 위장 평화 전술에 넘어간 이스라엘

하마스 기습공격 이전부터 네타냐후 이스라엘 총리에 대한 불신 여론이 컸다. 그가 추진한 사법부 무력화 정책에 대한 반감에 하마스 공격을 사전에 대응하지 못한 책임까지 더해 퇴진 여론이 거세지고 있다. / 사진: 연합뉴스

'국가정보학'이라는 학문적 견지에서 이스라엘 정보기관이 2년에 걸쳐 준비된 하마스의 침공 계획을 왜 놓쳤는지는 여전히 미스터리다. 가자지구 병원 폭격에 관해 하마스의 통화를 감청해 실시간으로 공개하는 세계 최강의 정보기관 모사드(Mossad)가 중요한 S급 첩보를 입수하지 못한 원인을 치밀하게 분석해야 할 필요성은 우리에게 충분하다. 북한의 기습 공격에 대비해야 하는 한반도 상황을 고려할 때 강 건너 불구경하듯 할 수는 없는 노릇이기 때문이다.

필자는 2023년 1년 동안 『뉴욕타임스』 국제 면에 이스라엘 네타냐후 총리 관련 기사가 빈번하게 보도되는 것을 유심히 지켜봤다. 미국 하버드에서 박사 과정까지 수학하고 귀국해 1988년 국회의원에 당선된 후 2022년부터 세 번째 총리직을 수행한 네타냐후가 강경 극우 정책을 추진했지만, 재임 기간 부패 혐의로 기소되고 대규모 퇴진 시위가 벌어졌다는 부정적인 뉴스도 심심찮게 나왔다. 네타냐후의 사법부 무력화 정책은 그의 부패 혐의에 대한 '방탄용 입법'이라는 비판도 받았다. 전쟁 중에 총리 퇴진 시위가 전개되는 것은 이스라엘 역사상 매우 이례적이다.

특히 지난 7월 이스라엘의 저명한 역사학자 유발 하라리 교수가 네타냐후의 사법부 권한 무력화 법안 재추진을 극렬 비난하는 것에 매우 놀랐다. 유발 하라리 교수는 "헌법도, 상원도, 연방 구조도 없는 이스라엘에서는 중앙정부 권력 견제 방안은 대법원뿐"이라면서 "정부의 대법원 장악이 성공한다면 이를 제한하는 메커니즘은 없게 된다"라고 우려했다. 그의 명저 『사피엔스』는 필자에게 미래 예측의 큰 울림을 주었기에 그의 비난에서 이스라엘 내부의 심상치 않은 균열을 느꼈다. 이스라엘 예비군 4,000여 명은 사법 조정안에 반대해 예비군 복무 거부 서한에 서명하는 등 시민들의 저항이 거셌다.

외부의 적은 멀리 있어도 존재가 파악됐으나, 내부의 적은 가까이 있어도 가늠하기 어렵다. 유대인 공동체의 본산인 텔아비브 내부에서 터져 나오는 파열음을 극단주의 무장세력 하마스가 놓치지 않았다. 첨단 AI 기술에 의한 영상정보와 감청 등을 피하기 위해 가장 아날로그적인 땅굴 메트로를 활용하는 뉴 하이브리드 작전을 구사했다.

대외적으로는 철저한 위장 평화 전술을 구사해 이스라엘의 의심을 피했다. 모사드뿐만 아니라 국내 정보기관인 신베트(Shin Bet), 군 정보기관인 아만(Aman) 등의 창끝을 무디게 했다. 이스라엘 정보기관은 정보력과 군사력을 과신했고 하마스의 메트로 위장 전술을 완전히 오판했다. 사실 이스라엘 정보기관의 정보력은 미국 CIA, 영국 MI5, 프랑스 DST, 독일 BfV, 러시아의 KGB 등과 비교해도 최상급이었다.

물론 이스라엘의 3대 정보기관은 하마스의 공격 가능성을 최고 정보 사용자에게 보고했을 것이다. 하지만 빈번한 공격 가능성 경보에 무덤덤해지는 '늑대소년효과(Cry Wolf Effect)'도 작용했을 것이다. 무엇보다 국내 정치의 분열에 따른 정보당국의 보고 혼란이 치명적이었다. 네타냐후 총리는 아예 가자지구로 진격해서 하마스의 근거지를 발본색원하는 점령 작전에 관심이 많았다. 적의 기습 공격 대비보다 가자지구 점령에 초점이 맞추어지면서 정보의 주관적인 정치화 현상이 발생했다. 동시에 이스라엘의 모든 정보자산 역량이 '친이란 헤즈볼라'에 집중됐다. 정보자산의 레이더 방향이 하마스의 성동격서(聲東擊西) 전략에 휘둘려 정반대에 집중됐다.

국내 정치 현안에 매몰돼 공격 징후 판단 소홀

하마스의 기습 공격을 제때 막지 못한 이스라엘의 정보 실패는 북한의 위협에 항상 노출된 우리에게 깊은 교훈을 준다. 2010년 11월 23일 북한의 기습 포격을 받은 연평도에서 검은 연기가 솟구쳐 오르고 있다.

최근 『뉴욕타임스』는 "2023년 10월 7일 새벽 하마스가 이스라엘을 공격해 올 때까지 네타냐후 총리를 깨울 만큼 심각한 상황이라고 생각한 참모는 아무도 없었다"라고 참사 당일 이스라엘 정보기관의 정보 실패를 묘사했다. 그러면서 모사드를 비롯한 모든 정보기관이 하마스의 공격 능력을 과소평가해 무전 도청을 1년 전에 중단했다고 보도했다. 암호해독, 첩보 신호 등 신호정보인 시긴트(SIGINT) 분야에서 이스라엘 8200부대가 7일 밤 하마스 대원들의 무전 소통 상황에 관심을 기울였다면 사태는 다르게 전개됐을 거라는 추론도 있다. 이스라엘 정보기관은 하마스가 국지적으로 이스라엘 남부 국경에 침투를 시도하는 것에 대해서도 야간 훈련으로 판단했다고 한다. 마지막 판단은 휴민트(HUMINT)가 결론을 내리나, 도둑 맞으려면 평소 사납던 개도 안 짖는다는 속담처럼 주관적 선입견이 고착됨에 따라 어떤 징후도 있는 그대로 분석한다는 정보 수집과 분석의 원칙이 무시됐다.

네타냐후 총리는 "하마스의 전쟁 의도에 대해 어떤 보고도 받은 적이 없고, 모든 정보기관이 하마스가 도발을 단념한다는 의견을 제시했다"라며 책임 회피성 입장을 'X'(옛 트위터)에 올렸다가 여론의 뭇매를 맞았다. 그는 "내가 한 말(정보기관 책임론)은 해서는 안 되는 말이었다"라며 서둘러 사과했지만, 정보기관 책임론은 최고 정보 사용자가 해서는 안 될 발언이었다. 최근 텔아비브 시내에서 네타냐후 총리의 퇴진을 요구하는 대규모 시위가 벌어진 것도 이와 무관하지 않다. 국민의 무려 76%가 총리의 퇴진을 원한다는 여론조사 결과도 나왔다. 하마스의 기습 공격을 막지 못한 책임에 대해 44%가 네타냐후 총리를 지목했다. 전쟁 중에 장수를 교체하지 않는다는 병법의 불문율에도 불구하고 이스라엘의 총리 퇴진 요구는 점점 거세지고 있다.

네타냐후가 사법부 무력화에 매몰되어 외부 위협에 무관심했으며, 이스라엘의 느슨한 정보 판단에 따라 미국 CIA조차도 하마스 관련 정보를 수집하는 데 소홀했다는 지적도 나온다. 네타냐후 주도의 초강경 우파 연정이 사법부 무력화 법안을 가결하기 직전인 2023년 7월 24일 이스라엘 고위 관료 2명이 의회를 방문해 하마스와 헤즈볼라 등의 공격 가능성을 경고했지만, 이들의 안보 브리핑에 참석한 의원은 2명뿐이었다고 한다.

훗날 하마스 기습 공격에 대한 객관적인 조사가 이뤄지면 기습에 대한 감시체계가 사전에 작동되지 않은 원인이 밝혀지겠지만, 정보 안테나의 방향이 잘못됐던 것은 분명하다. 정보 실패에 대한 책임은 최고 정보 사용자에서부터 실무자까지 광범위하게 걸쳐 있을 수밖에 없다. 에얄훌라타 전 이스라엘 국가안보보좌관은 지난달 워싱턴에서 열린 토론회에서 "이번 전쟁에 관여하는 사람 중에 책임을 면할 수 있는 사람은 없다"라고 했다.

북한의 기습공격 역량과 피해 규모는 상상 이상

이제 눈을 한반도로 돌려 보자. 북한의 기습 공격 위험성은 하마스 못지않다. 기습 공격의 질과 양적 측면에서 한반도는 중동에 버금간다. 멀리는 1950년 6월 남침부터 수많은 기습 공격해 왔다. 1999년과 월드컵이 한창이던 2002년의 제1·2 연평해전, 2010년 천안함 폭침과 연평도 포격 등 예측 불가의 공격은 부지기수였다. 최근 군사 결탁에 나선 김정은과 푸틴은 하마스의 기습 공격에 내심 회심의 미소를 지었을 것이다. 푸틴은 전선이 분산되면서 미국의 우크라이나 지원이 축소될 것으로 예상했을 것이고, 김정은은 중동에서 무기 수요가 급증하는 기회를 놓치지 않고 무기 세일즈에 나설 것이다. 벌써 중동 국가에 넘어간 북한산 '방현 122mm' 포가 하마스 진영에서 사용됐다는 전언이다.

9·19 남북 군사합의 폐기를 둘러싸고 여야의 대립이 적지 않았다. 서울에서 40km가량 떨어진 북측 지점에서 방사포 1,000문이 수도권을 겨냥하고 있다. 하마스의 공격 거리와 크게 다르지 않다. 텔아비브의 국내 정치 분열에 따른 정보 실패를 교훈 삼아 서울의 정보 실패 가능성을 늘 예의주시해야 한다. 한반도에서 기습 공격이 벌어질 경우 서울의 피해는 이스라엘과 규모가 다를 것이다. 1,000만 명이 사는 서울은 북한의 직접 공격 사정권 안에 있다.

국가정보원은 물론 국군 정보사령부 및 경찰 등 국내 부문 정보기관들이 정보의 정치화에 휘둘리지 않고 전문 역량을 발휘하도록 정치권이 종합정보 대응시스템을 구축해줘야 한다. 최근 이철우 경북지사는 안동을 방문한 윤석열 대통령에게 서애 류성룡이 임진왜란의 문제점과 교훈을 정리한 징비록(懲毖錄)을 선물했다고 한다. 우리가 이스라엘판 9·11 테러에서 새겨야 할 징비록은 적의 동향을 촘촘하고 치밀하게 객관적으로 점검하고 대처하는 멸사봉공(滅私奉公)의 정보기관이 24시간 깨어 있어야 한다는 사실이다. 최고 정보 사용자 역시 편견 없이 정보기관의 보고를 확인하는 것이 책임 있는 자세다. 최고 정보 사용자와 정보기관이 동상이몽으로 제각각 작동한다면 국력 낭비와 함께 이스라엘판 9·11 테러가 우리에게도 닥칠 수 있다는 사실을 잊어선 안 된다.

[남성욱의 평양리포트] 월간중앙 2023년 12월호

간첩단 사건과 국정원 대공수사권 폐지 논란

간첩 못 잡는 국정원, 이러다 '간첩 천국' 될라
문재인 정부 때 강행 처리한 국정원 대공수사권 폐지 2024년에 시행
남한 내 자생 간첩에 속수무책, 대공수사권 경찰 이관 원점 돌려야

국가정보원과 경찰청이 2023년 1월 18일 오전 서울 중구 정동 민주노총
본부 사무실에서 압수 수색을 시도하고 있다. / 사진: 민주노총 트위터

인류에게 가장 오래된 직업은 첫째가 매춘, 둘째가 스파이라고 한다. 구약성서에 따르면 유대인들이 약속의 땅으로 들어가기 전 그들의 지도자 여호수아는 정보를 수집하기 위해 2명의 첩보원을 파견했는데, 이들은 당시 매춘부였던 라합

의 집에 갔다.

매춘과 스파이를 인류와 함께 시작된 유서 깊은 직업으로 끄집어내는 이유는 21세기에 간첩이 있냐고 묻는 이들이 주변에 의외로 많기 때문이다. 간첩은 싫든 좋든 인류와 함께 존재해 왔고 미래에도 사라지지 않을 것이라는 점은 분명하다. 특히 분단 한반도에서 간첩은 코로나바이러스처럼 발병과 잠복을 반복할 것이다.

중·고등학교 재학 시절 냉전 시대 반공교육을 받았던 50대 이상이라면 중앙 정보부나 안기부가 배포한 포스터를 기억할 것이다. 새벽에 이슬을 맞고 산에서 내려오는 사람, 밤에 이불을 뒤집어쓰고 단파방송을 듣는 사람 등 남한 사람과 다른 행색을 보이는 이를 발견하면 무조건 112로 신고하라는 내용의 홍보물 말이다. 하지만 세상 만물 멈춰있는 것은 없다는 진나라 시인 도연명(陶淵明, 365~427)의 시구처럼 간첩의 모습도 세월처럼 변해갔다.

간첩 수사에는 최소 5년, 길면 10년이 소요된다. 수사는 장기전이고 인내력을 요구하기 때문에 "요즘 세상에 간첩이 어디 있습니까?"라는 유명 정치인의 발언이 진실인 것처럼 보인다. 하지만 현실은 냉엄하다. 냉전 시대에는 평양에서 최소 20년 이상 집중 교육을 받은 특수공작원이 직접 남한으로 내려오는 간첩 형태였다. 말투나 직업, 행색을 완전히 바꿔 서울에서 활동할 수 있게 했다. 영화 '007'에 나오는 수준의 교육을 받고 제주도나 남해안에 상륙해 옷을 갈아입고 평양에서 점찍은 친북 좌경 인사들을 접촉해 지하당 구축 명령을 수행하는 형식으로 진행됐다.

필자가 원장으로 근무(2008~2012)했던 국정원 산하 국가안보전략연구원에도 북한에서 직파된 간첩들이 완전히 귀순해 연구원으로 근무한 사례가 있었다. 1990년대 중반 충남 부여에서 안기부와 경찰에 체포된 간첩 K는 서귀포 해안 10km 해상에서 보트로 갈아타고 해안에 상륙했다. 야자수를 보고 대만 해안에 잘못 상륙했는지 고민하다가 우리말을 듣곤 남한이라는 사실에 안도하며 상륙했다.

과거에는 간첩 수사도 이미 잠입한 남파 간첩을 통해 남한 내 접촉자나 평양에서 파견할 간첩을 예상해 일망타진하는 방식이었다. 1980년대 중반 부산 다대포에서 체포한 L 간첩단 사건은 안기부가 이미 포섭된 국내 인사들로부터 이들이 부산으로 상륙한다는 첩보를 입수해 유인 공작 끝에 일부를 사살하고 L을 체포한 사건이다.

냉전 시대에는 정예요원 남파해 지하조직 건설

1983년 12월 3일 부산 다대포 앞바다로 침투하다 격침된 북한 무장간첩선을 해군이 인양하는 장면. 정보통신기술이 발달하지 않았던 1990년대까지 북한에서 훈련받은 간첩을 직접 남파하는 전술이 주로 쓰였다.

1990년대 대표적인 남파 간첩은 전설적인 '할머니 간첩' 리선실(1916~2000)이다. 제주도 출신의 리선실은 4·3 사건 이후 남로당에 가입하고 1950년 4월 한국전쟁 직전 월북했다. 이후 수차례 서울에 나타났고 일본을 오가며 간첩 활동을 전개했다. 1990년 북한으로 돌아갈 때까지 남한의 지하당 구축 공작을 주도했다. 이후 1991년 김일성과 재독 친북 음악가 윤이상의 면담에 배석하는 등 정치국원 서열 22위에 올라 북한에서 실세로 불렸다. 2000년 8월 사망한 그는 평양 애국열사릉에 안치됐다.

1992년 10월 6일 안기부 발표에 따르면, 리선실이 대남공작 지도총책으로 주도한 남한조선로동당은 중부·경인·영남·호남 등 4개 지역당으로 분할돼 있으며,

이 중 충북과 강원도를 포괄하는 '중부지역당'이 조직돼 있다. 안기부는 리선실 등의 관리하에 포섭된 황인오, 최호경, 은재형, 정경수 등 네 명이 1991년 7월 강원도 호산해수욕장에서 중부지역당을 구성했다고 밝혔다. 이때 황인오는 책임비서 겸재야 종교 담당, 최호경이 강원도당 지도책 및 농촌 군사 담당, 은재형이 충북도당 위원장 및 노동중소 기업 담당, 정경수가 충남도당 위원장 및 청년학생 담당 등으로 역할 분담을 했으며, 리선실이 민중당 지하 지도부인 손병선을 '단선연계 복선 포치(조직원끼리는 모르게, 상부선과는 각자 따로 연계)'라는 지하당 조직의 기본 원칙에 따라 별개 조직으로 구성했다고 안기부는 밝혔다.

당시 사건이 과장됐다는 지적이 있었으나 노무현 대통령 시절인 2006년 '국정원 과거사건 진실규명을 통한 발전위원회(위원장 오충일)'는 재조사를 벌여 실체를 인정했다. 당시 위원회는 '실체는 있으나 확대·과장된 사건'이라며 남파 간첩 리선실이 남한의 재야 민주화 운동가들을 포섭해 지하 조직망을 구축한 것은 명백한 사실이라고 밝혔다. 다만 '민족해방애국전선', '조국통일애국전선' 등은 별개의 조직으로, 안기부가 남조선로동당이나 북한과 관계없는 별개 사건들까지 엮어서 과대 포장해 대선 전 북풍몰이를 했다고 부연했지만, 존재 자체는 부인하지 못했다.

2000년대부터 직파 대신 남한 내 자생 간첩 키워

전설적인 간첩으로 꼽히는 리선실의 묘비. 제주도 출신인 리선실은 4·3 사건 이후 남로당에 가입해 한국전쟁 이후 1990년 북한으로 돌아갈 때까지 남한의 지하당 구축 공작을 주도했다.

2000년 들어 북한의 대남 통일전선전술도 변신을 시도했다. 평양에서 훈련받은 직파 간첩을 보내기보다 남한의 친북 인사를 육성하는 공작이 효과적이었다. 평양 통전부는 남측의 반정부 및 좌경화된 세력을 예의주시하다가 제3국에서 포섭해 무인기 조종하듯 원격으로 컨트롤한다. 국내 자생 및 토착 간첩이 주류를 이루기 시작한 배경이다. 북한은 남한의 감시를 피하기 위해 소프트한 위장 활동을 전개한다. 노동당 산하 문화교류국이 담당기관이다. 민족 공조라는 감성적인 구호가 가장 적합하게 연계된 단어는 '문화'로서 남한 인사를 포섭하는 데 효율적인 문화교류국으로 간판을 바꿔 달았다.

문화교류국은 남한의 시민·노동 단체 인사들을 포섭해 지하조직을 만들고 이를 통해 기밀 수집, 북한 체제 선전 등을 목표로 삼았다. 간첩을 남파시켜 유사시 무장봉기를 유도하거나, 반(反)김정은 인사에 대한 테러와 암살 등 임무도 맡고 있다. 문화교류국은 북한의 대남공작 기관 중 가장 역사가 오래된 조직이다. 북한 정권 초기인 1946년 북조선노동당 산하 '서울공작위원회'가 모태가 됐으며 이후 문화연락부, 사회문화부, 대외연락부, 225국 등으로 이름을 바꾸다가 2015년 4월 문화교류국이 됐다.

문화교류국 산하에는 공작원을 양성하는 '봉화정치학원', 공작에 필요한 장비 등을 개발하는 '314연락소' 등이 있다. 한국의 거리나 시설과 비슷한 환경을 구현해 놓은 '남조선 환경관', 외화벌이와 공작금 조달을 위한 '무역상사'도 운영한다. 북한에서 '선생'이라는 호칭을 듣는 문화교류국 공작원들은 뼛속까지 공산주의 이념으로 무장한 정예요원 중에서 선발되며 한국의 정치·경제·문화에 해박하다. 이들에 의해 포섭된 국내 좌경 인사들은 남북이 한민족으로서 문화교류를 통해 민족 동질성을 회복하는 활동이 무슨 불법이냐고 법정에서 항변한다. 자신들이 어떤 위법 활동을 했는지 모른 채 부지불식간에 평양의 충성스러운 투사가 되는 것이다.

통상 자생 및 토착 간첩은 3단계 과정을 거치며 반정부 투사로 변신한다. 잘못된 국가관으로 남한 정부를 부정하고 북한의 주장에 동조하는 게 첫 단계다. SNS 등을 통해 자신들의 주장과 활동을 공유하면서 북한의 공작망에 의해 포섭 대상으로 선정된다. 2단계는 북측 공작원과 접촉을 시작하는 단계다. 북측 공작원으로부터 남북 문화교류라는 명목으로 제3국에서 회합을 제안받고 비행기를 탄다. 제3국에 가서 북한 공작원들에게 충성 맹세를 하고 향응과 공작금을 받으면서 투사가 된다. 지하조직을 결성하고 북한 공작 부서의 지령에 따라 활동 방향 등을 정하면서 고정간첩으로 변신한다. 문화교류국 소속 공작원 김명성은 2016년 창원 총책을, 2017년엔 제주 총책을 각각 동남아에서 접촉해 지하조직 건설을 지시했다. 이후 '윤석열 규탄' '민노총 침투·장악' 같은 지침을 하달했다. 진보정당 간부는 2017년 중국 등지에서 북한 공작원을 만나 제주에 'ㅎㄱㅎ'라는 지하조직을 만들고 농민단체 관계자 등과 함께 북측 지령을 받아 활동했다.

마지막 3단계에는 단순히 국내 정보를 수집해 북한에 전달하는 하급 수준에서 벗어나 노조 및 정치권 등의 간부로 신분을 세탁해 거점을 구축하고 공식 활동을 전개한다. 정당 등 제도권에 진입해 남한 상층부를 대상으로 고도화된 공작을 전개한다. 합법적이고 객관적인 신분으로 위장해 여의도 정치권을 대상으로 고급정보를 수집하고 포섭 범위를 확대한다. 정치권 인사가 연루된 대표적인 사례는 2006년 일심회 사건이다. 일심회 조직원은 중국 등지에서 북한 공작원과 접촉한 뒤 군, 행정부 및 국회 등을 통해 수집한 국가기밀을 북측에 전달한 혐의로 기소됐다. 일련의 사례는 노조 간부, 정당원 등 합법적인 신분으로 위장하기 때문에 수사가 어려운 '그럴듯한 직장인 간첩' 스타일이다. 우리 사회에 만연한 친북 좌파 분위기와 일부 좌경 정치권이 간첩 활동에 방어막을 형성해 준다. 간첩 수사가 내사에만 최소 5년이 걸리는 이유다.

국정원은 2022년 말부터 그간 비공개 내사 단계였던 여러 사건을 압수 수색을 통해 공개수사로 전환했다. 간첩 혐의 실체가 어느 정도 파악됐다는 의미다. 국정원과 경찰청이 1월 국가보안법 위반 혐의가 있는 민주노총 등 기관을 압수 수색하는 과정에서 해당 노조원들이 보인 반응은 무소불위였다. 압수 수색을 강제로 막고 욕설로 공권력 집행관들을 모욕하고 유튜브로 생중계했다. 명백한 증거로 법원이 발부한 영장을 제시하는데도 막무가내다. 구속된 간첩 혐의자들은 조사 과정에서 무조건 묵비권을 행사한다.

대공수사 뒷전이었던 文 정부의 국정원

2006년 정치권을 뒤흔든 일심회 사건은 자생 및 토착 간첩을 육성해 남한 사회 상층부에 거점을 구축하고 고도화된 공작을 전개하는 북한의 대남 공작 전술의 변화를 보여준 사건이었다.

　　2023년 간첩 수사는 대공수사권이 어디에 있어야 하는지를 단적으로 시사했다. 문재인 정부는 국정원을 간첩 수사나 대북 정보 수집 기관이 아닌 남북 대화 창구로 변질시켰다. 지난 정부 국정원은 남북정상회담 성사에만 매달렸다. 2011년~2017년 26건이던 간첩 적발 건수는 문재인 정부 때 3건으로 급감했다. 문재인 정부 때 북한의 손길이 제도권 노조에까지 미치는 등 간첩이 활개를 쳤지만, 이를 색출해 내기는커녕 수사를 무마한 정황도 드러났다. 수사팀이 '압수 수색해야 한다'고 보고서를 올리자, 국정원 고위 간부는 휴가를 내고 며칠간 나오지 않았다고 한다. 결재를 안 하면 직무 유기가 되고, 수사하지 말라고 지시하면 문제가 되기 때문에 아예 자리를 비운 것이다. 국정원이 민주노총 인사들과 북한 공작원의 접촉을 확인한 시점이 2017년~2018년인데도 무려 6년이 흐른 2023년에야 본격적인 수사가 이뤄졌다.

국정원과 경찰 등 방첩 당국은 2017년~2019년 민주노총 전·현직 간부 4명이 북한 대남 공작원들과 해외에서 접선해 '노동당 입당, 충성서약'을 하고 간첩 교육을 받은 사실을 파악했다고 한다. 이들은 베트남 하노이와 캄보디아 프놈펜 등지에서 리광진 공작조를 만나 공작금을 수령하는 한편 암호화 프로그램인 '스테가노그래피', '사이버 드보크' 등을 교육받고 국내로 돌아와 지령과 보고를 주고받으며 본격적인 간첩 활동을 수행했다.

노동 · 사회단체 침투해 친북 · 반정부 여론 조성

2018년 평창 동계올림픽 이후 서울 남북정상회담이 논의될 시기에 김정은 위원장의 서울 방문을 환영하는 활동이 활발히 전개됐다. 그해 11월 26일 오후 서울 광화문광장에서 열린 위인맞이 환영단 발족 기자회견에서 참가자들이 발언하고 있다. / 사진: 연합뉴스

2018년 초에는 소위 '청주간첩단' 혐의 관련 증거를 확보했지만, 서훈 당시 국정원장이 재가하지 않아 재판에 넘기지 못했다고 한다. 대공 분야 관계자에 따르면 "서 전 원장이 '남북관계가 개선 중인데 간첩 사건이 터지면 악영향을 미치니 보류하자'고 말했다"라고 한다. 물론 서 전 원장은 수사 결재 보류를 부인하고 있

다. '청주간첩단'은 간첩단 혐의를 받는 '충북동지회'가 청주를 중심으로 2017년부터 북한 지령에 따라 F-35 스텔스기 도입 반대 운동을 벌이다 2021년 4명 중 3명이 기소돼 재판받고 있는 사건이다.

국정원 수사가 중단된 사이 민노총 간부들은 3년간 북한 공작원과 수차례 접촉했다. 2018년 6월 싱가포르, 2019년 2월 하노이 미·북 간 비핵화 협상이 진행되는 동안에는 중국 다롄에서 만났다. 이들은 민노총 내부에 세력을 넓혔고, 창원, 진주, 제주 등 전국에 지하조직을 만들었다. 2018년 평창 동계올림픽 이후 서울 남북정상회담이 논의될 시기엔 북한 지령에 따라 김정은 위원장의 서울 방문을 환영하는 여론 공작 활동을 전개하기도 했다. 2018년 11월 창원에선 '서울 남북정상회담 창원시민환영단'이 발족했고, 같은 시기에 13개 진보단체가 참여한 '백두칭송위원회' 주최로 서울 시내에서 김정은 서울답방을 환영하는 집회가 열리기도 했다.

문 정부는 2020년 국정원의 대공수사권을 폐지하는 국정원법 개정안을 민주당 단독으로 통과시켰다. 2024년부터 경찰이 대공수사권을 독점하게 되는 근거다. 경찰은 해외방첩망도 없고, 최소 5년이 소요되는 수사를 지속할 수 있는 근무체계도 없다. 전문성과 특수성에서 국정원과 경찰의 대공수사력은 비교 불가다. "국내정치 개입 가능성을 완전히 차단하기 위해서"라는 민주당 주장은 어불성설이다. 역설적으로 국정원의 대공수사를 차단해 북한 공작원들이 국내 정치에 개입할 여지가 생길 수 있다. 창원·제주 간첩단의 전모가 밝혀지면 대공 수사권의 경찰 이관 문제를 원점에서 논의해야 한다.

대공수사권 경찰 이관을 앞두고 국정원은 연말까지 검·경과 대공합동수사단을 상설 운영하기로 했다. 국정원은 합수단을 통해 자신들의 대공수사 기법을 경찰에 공유하겠다고 했다. 하지만 임시기구인 대공합수단은 '한식에 죽으나 청명에 죽으나'라는 속담에서 크게 벗어나지 않는다. 내년이면 간첩이 활개 치는 세상이 올 것이다. 우리 안보를 지키는 근본적인 대책이 되지 못하는 이유는 다음과 같다.

우선, 간첩의 활동 행태를 간파하지 못한 대응책이다. 2000년대 이후 간첩은 더는 평양에서 장기간 훈련받고 내려온 직파(直派) 공작원이 아니다. 북한 통전부는 남한 출신의 자생 및 토착형 인물이 평양 남파 간첩보다 훨씬 효과적이라고 판단하고 있다. 접선 및 활동무대가 한반도를 넘어섬에 따라 간첩 내사 및 수사는 반드시 글로벌 협력 기반이 구축돼야 한다. 세계 정보기관은 그들만의 정보 협력 체계를 구축한다. 한국은 세계에서 여섯 번째로 해외여행을 많이 하는 나라다. 코로나19 확산 전인 2019년 해외여행객은 2,871만 명이었다. 재외공관에 근무하는 경찰 영사들은 교민과 해외여행객 보호 업무만으로도 일이 벅차다. 간첩 수사 여력도, 국제공조 네트워크도 부재하다.

합동수사단으로는 '21세기 간첩' 못 잡는다

둘째로 대공수사권 경찰 이관은 간첩 수사의 장기성과 고충을 외면한 졸속 대책이다. 지금은 '새벽이슬 맞고 산에서 내려오는 사람'을 간첩으로 잡아가던 1960년대가 아니다. 요즘 간첩은 양복에 넥타이를 매고 합법적인 신분으로 움직인다. 심증은 있으나 물증을 확보하는 데 적어도 5년은 걸린다. 민간이고 정부기관이고 모든 조직원은 승진 인사 속에서 움직인다. 강산이 변하는 10년 동안 인내심을 갖고 수사할 조직은 현재 국정원밖에 없다. '음지에서 일하고 양지를 지향한다'는 정보부의 태생적 기조 때문에 가능한 일이다.

마지막으로 윤희근 경찰청장은 출입기자 간담회에서 "과도기적으로 경찰과 국정원이 합동수사단을 만들어 주요 사건 몇 개를 같이 해볼 계획"이라고 했다. 수사 몇 건 같이 한다고 수사 역량이 생긴다고 판단하면 21세기 간첩에 대한 이해가 부족한 것이다. 휴민트(인적 정보) 등 수십 년간 축적된 무형의 정보자산이 하루아침에 새벽배송처럼 전달될 수는 없는 노릇이다.

수사보안과 전문성은 분단과 함께 시작된 북한의 대남공작 기법을 간파하고 대응한 유구한 역사에서 비롯됐다. 임시방편의 합수단 구성은 '간첩 천국'으로 가는 미봉책에 불과하다. 대공수사권 이양은 경찰이 스스로 요구한 사항이 아니고 문재인 정부와 민주당이 밀어붙인 것이다. 2020년 강행 처리된 국정원법 개정안에 대해 당시 국회 정보위 전문위원은 아래와 같은 검토의견을 달았다.

"우리나라는 남북분단이 지속되고 있는 특수한 안보 상황으로 북한이 지속적으로 핵·미사일 실험, 사이버 공격, 외국인·탈북자를 위장한 간첩 활동 등 도발을 시도하고 있고, 그 수법도 첨단화·국제화되고 있으므로, 해외·대북정보 네트워크 및 안보 수사 노하우와 전문성을 보유하고 있는 국정원이 수사권을 가질 필요가 있음. 우리와 같은 통합형 정보기관 체제인 캐나다·오스트리아·중국 등의 경우 수사권을 보유하는 등 수사권 폐지에 부정적인 의견도 있음."

세계 어디에도 간첩이 활동하도록 내버려두는 나라는 없다. 상대국과 대화하면서도 정보기관은 치열하게 스파이와 전쟁을 치른다. 그게 정상적인 나라다. 내년 총선 이후 국정원법은 다시 개정돼야 한다. 안보 수사에 공백을 메울 특단의 조치가 한시적으로 필요하다.

[남성욱의 평양리포트] 월간중앙 2023년 3월호

제6장

북한의 미래는?

피폐한 얼굴의 김정은
북한 국무위원장, 그 이유는

야심차게 추진한 정찰위성 발사 실패가 원인일 것

식량난 속 우주개발⋯ 내부 단속 위해 올드보이들 앞세웠지만 효과는 '글쎄'

발사체 부품 인양한 한국군⋯기회 잡았지만 대북정책 신구 권력 충돌은 부담

2023년 5월 17일 군사정찰위성 1호기를 시찰하는 김정은 북한 국무위원장의 손에 담배가 들려 있다. 그 옆에는 딸 김주애도 있다. / 사진: 조선중앙통신·연합뉴스

2023년 1월 전원회의 이후 5개월 만에 다시 전원회의를 소집한 김정은 북한 국무위원장은 지친 모습이었다. 조선중앙통신이 공개한 사진에 따르면 김정은의 얼굴은 심하게 부었고 눈 주위에는 다크 서클이 생겼다. 볼에는 큰 뾰루지도 난

것으로 보인다. 의사들은 스트레스와 과도한 음주, 수면 부족 등이 겹칠 때 나타나는 증상이라고 한다. 외부에서 파악할 수 있는 일차적 스트레스는 5월 31일 야심 차게 추진한 정찰위성 발사가 실패함으로써 체면을 완전히 구겼기 때문일 것이다.

북한이 동창리 서해위성발사장에서 발사한 '천리마−1형'은 1단 추진체 분리 뒤 2단 추진체 고장 탓에 전북 군산 어청도 서쪽 200여km 바다에 떨어졌다. 액체 연료를 사용한 천리마−1형은 3개의 추진체로 구성돼 있다. 1단부터 3단까지 단계적으로 점화돼야 정찰위성을 정상적 궤도에 올릴 수 있는데, 1단 로켓 연소가 끝난 뒤 2단 로켓이 점화되지 않아 발사체가 추진력을 잃고 추락한 것으로 보인다. 2단계 로켓이 점화된 뒤 공중에서 폭발한 것이 아니라 점화 자체가 안 됐다. 결국 2·3단계 로켓과 함께 탑재했던 군사정찰위성 '만리경−1호'도 그대로 바다에 떨어졌다. 새로운 엔진의 점화와 연소가 불완전한데도 지상에서 충분한 연소 시험을 하지 않은 결과다.

서해에 추락해버린 북한 발사체

김정은은 불혹이 안 된 젊은 나이임에도 북한에서 무소불위의 권력을 행사한다. 그런 그도 세상일이 자기 뜻대로만 되지 않는다는 것을 절감했을 것이다. 일이 꼬여도 너무 꼬여 야심 찬 의도가 자충수가 됐다. 천리마−1형이 서해상에 추락한 뒤 이례적으로 북한 우주발사국이 발사 실패를 공식 인정했다. 우리 해군이 보름 동안 사투 끝에 발사체 잔해를 인양하는 장면을 보고 다혈질인 김정은이 평정심을 유지하기 어려웠을 것이다. 와인에다가 독한 양주를 한잔하며 잔뜩 화를 냈을지 모른다. 기술적 완성도를 높이고, 시간을 갖고 차근차근 준비했더라면 이런 참패가 없었을 턴데, 후회막급일 것이다. 성질 같아서는 미사일개발총국 책임자 등을 노동단련대나 교화소에 보내 문책해야 하지만 본인이 서두른 책임도 있으니 일단 재발사 준비에 주력할 것이다. 하지만 재발사에는 상당한 시간이 걸린다. 북한은 2012년 은하로켓 발사에 실패한 뒤 재도전에 나서 8개월 이후에나 성공했다.

김정은은 2022년 하반기 이후 국가우주개발국을 네 차례나 방문해 정찰위성 개발을 강조했고, 서해 위성발사장을 찾아 현지지도를 했다. 김정은의 독려와 지시로 2022년 12월 국가우주개발국은 군사정찰위성 1호기 준비를 2023년 4월까지 끝낼 것이라고 발표했다. 성급한 발사가 이뤄졌다는 분석이 가능한 근거다. 김정은은 정찰위성 발사 실패를 계기로 세상일이 본인의 의중대로만 진행되지 않는다는 사실을 절감한 만큼 군사력 과시에 있어 절제의 미덕을 어느 정도까지 발휘해야 할지 앞으로 고민이 적지 않을 것이다.

반면 한국군은 고군분투 끝에 천리마-1형의 2단 추진체와 만리경 등 각종 부품을 인양하는 데 성공했다. 정찰위성 발사에 긴장하던 우리 군으로서는 뜻하지 않은 횡재성 인양으로 부가적 성과를 거뒀다. 우선 한국군의 인양 능력이 실시간으로 시현돼 글로벌 구조전력에 대한 국제사회의 관심도가 높아졌을 것이다. K-방산의 시너지 효과도 적지 않았다. 이번 인양 작전에 투입된 청해진함, 통영함, 광양함 등 K-구조함들의 작전 수행 능력도 검증이 된 셈이다.

합동참모본부는 2023년 7월 5일, 총 36일간의 탐색과 인양 작전을 종결하면서 "위성체가 군사적 효용성이 전혀 없다"라고 발표했다. 다만, 어떤 부품을 인양해 그런 결론을 도출했는지에 대해서 함구한 채 일절 설명하지 않았다. 군은 인양 물체가 '위성체 주요 부분'이라고만 할 뿐 구체적 부품이나 장비 내역을 전혀 공개하지 않고 쉬쉬했다. 또한 군은 당분간 잔해 분석 결과를 발표하지 않을 것으로 알려졌다. 북한이 우리 군의 인양 결과와 탐색 작전 역량을 파악하지 못하도록 하는 보안상 조치다.

하지만 이 같은 단정적 분석 결과라면 광학카메라 등 핵심 부품이 인양됐을 것으로 추정된다. 군이 북한 위성체에 장착된 카메라 등 광학장비 부품을 인양해 분석하지 않고서는 이런 단정적 결론을 내릴 수 없기 때문이다. 군 소식통은 "인양된 위성체의 주요 부분이 어떤 것인지 구체적으로 말할 수 없지만 분석할 만한 근거가 있다"라고 언론에 전했다. 한·미 합동 감식을 거쳐야만 최종 결론에 도달할 것으로 예상된다. 분석 작업에는 국방부, 합참, 한국 국방과학연구소(ADD)뿐만 아니라 미국 국방부 산하 국방정보국(DIA) 등도 참여했다.

군이 이 인양 작전에서 건져낸 잔해물에는 위성체에 달린 카메라 등 광학장비나 부품, 광학카메라가 들어간 경통 등이 일부 포함됐다. 군 관계자는 "(해상에 추락하면서) 온전한 것(장비)은 없지만 의미 있는 것(부품)이 많다"라며 "북한 위성체가 군사적 효용성이 없다고 판단할 근거가 충분하다"라고 말했다. 통상 500km~600km 저고도에서 운용하는 위성이라고 해도 해상도가 좋아지려면 경통이 길어야 하는데, 북한 위성체 경통은 짧아 해상도가 구글 위성사진 수준에도 미치지 못한다.

자충수가 된 김정은의 조급함

북한이 2023년 5월 31일 평안북도 철산군 동창리 발사장에서 쏜 첫 군사정찰위성 '만리경 1호'를 실은 위성운반로켓 '천리마-1형'의 발사 장면을 조선중앙통신이 공개했다. 이 로켓은 엔진 고장으로 서해에 추락했다. / 사진: 조선중앙통신·연합뉴스

정찰위성이라면 해상도가 최소 1m는 되어야 하는데, 북 위성체는 해상도 10m~20m로 웬만한 상업 위성보다도 성능이 크게 떨어지는 수준으로 파악됐다.

위성의 해상도는 위성 카메라 등으로 지표상 물체를 얼마나 정밀하게 파악하는지 나타내는 척도다. 해상도 1m는 가로와 세로 1m의 물체가 위성 사진에서 한 점으로 나타난다는 뜻이다. 정찰·첩보 위성으로 쓰려면 1m 이하 해상도를 뜻하는 '서브 미터(sub meter)'급은 돼야 한다. 미국이 1976년 처음 쏘아 올린 KH-11 위성은 해상도 13cm~45cm급으로 알려졌으며, 비스듬한 각도에서도 촬영이 가능하다고 한다.

중소형급 위성발사체인 천리마-1형은 전체 길이가 30m로 한국의 누리호 47.2m보다 작다. 우리 군이 북한 ICBM 기술의 퍼즐을 맞출 수 있는 추진체를 확보한 것은 초유의 일이다. 위성체와 1·3단 추진체 등 추가 잔해물에 대한 정밀 분석이 가능하다. 연결단에 1·2단 엔진 제어, 원격 명령 및 계측, 유도제어, 배터리 등의 전장품이 남아 있다면 발사체 및 ICBM 기술 수준, 국산화 수준, 해외 부품의 구매 여부 등의 진단이 가능하다. 카메라 등 광학장비 부품을 조사해 보면 북한이 자체 제작했는지, 외국에서 수입했는지를 알 수 있고, 이를 통해 해상도까지 파악할 수 있다. 위성체에 들어간 광학장비 부품을 자체 제작하는 것은 한계가 있고 러시아와 중국 등 외국산 제품일 가능성이 크다. 특히 관련 부품을 어느 나라에서 수입했는지를 밝히면 해당 국가와 기업에 대한 유엔 안보리 제재 적용도 가능할 것이다.

핵심 관전 포인트는 정찰위성이 대륙간탄도미사일(ICBM)을 가장한 미사일 발사였는지를 들여다보는 일이다. 북한은 군사정찰위성 만리경-1호를 우주 공간에 쏘아 올리기 위해 우주발사체를 발사했다고 주장했지만, 우주발사체와 ICBM은 발사 각도만 다를 뿐 구조와 원리가 동일하다. 향후 국방과학연구소(ADD) 등에서 추진체에 대한 정밀 분석으로 ICBM의 설계 방식, 연료체계 등 전반적 기술 수준이 드러날 전망이다. 고각 발사로 진행됐던 ICBM의 실제 사거리 등도 파악할 수 있는 '스모킹건(결정적 증거)'을 찾은 만큼 북한 미사일 체계의 설계도를 해부할 수 있을 것이다. 북한이 재차 정찰위성의 발사를 예고했지만, 해상도와 궤도가 성공 여부의 관건이 될 것이다. 궁극적 목적은 ICBM 발사 기술의 진전이다. 소득 1,200달러 최빈곤 국가가 지구상의 물체를 정밀하게 촬영할 필요는 없다.

천리마-1형은 은하-3호와 비교해 발전된 기술이 적용됐지만 역설적으로 철저한 준비에도 불구하고 여전히 실패할 가능성을 열어놨다. 수심이 얕은 서해 상공에 함부로 위성을 발사하는 것을 주저하게 만든다는 측면에서 '묻지마 도발'에 대한 내부적 억제 효과도 크다.

북한은 전반적으로 정찰위성 기술개발보다는 ICBM 발사 능력의 외부 과시 등 정책적 판단에서 미사일을 발사한 것이다. 시어도어 포스톨 매사추세츠공대(MIT) 명예교수는 자유아시아방송(RFA)에서 "정찰위성은 카메라가 지상의 목표물을 촬영할 수 있도록 방향을 잡도록 해야 하는데 이것이 매우 어렵다"라고 지적했다. 그는 북한의 위성 발사는 "기술적으로 발전된 국가라는 것을 보여주기 위한 것"이라며 '종이 인형'에 불과한 위성으로 전 세계를 정찰할 수 있는 능력이 있다고 위협하려는 의도라고 봤다.

브루스 베넷 미국 랜드연구소 선임연구원도 RFA에서 발사 목적이 "한국이 누리호 발사에 성공하자 김정은은 북한이 열등하게 보이기를 원하지 않았다고 본다"라고 말했다. 이어 "심각한 식량 부족 등의 문제 앞에서 김정은이 위성발사 성공을 통해 지도자의 이미지를 강화하려는 목적도 있었을 것"이라고 덧붙였다. 독일 미사일 전문가 마커스 실러 박사는 "정찰위성 1개로 중요한 군사 역량을 수행하는 것은 역부족"이라며 "북한은 자체 정찰위성을 발사하기보다는 상업위성 사진을 사는 것이 낫다"라고 말했다. 해외전문가들도 대체로 정찰위성 발사가 기술적 측면보다는 정치적 측면에서 이뤄졌다고 평가한 것이다.

내부 결속 나섰지만 묘수 못 찾아

북한이 탄도미사일 기술을 이용해 발사한 우주발사체 '천리마- 1형'의 잔해가 서해에 추락한 지 15일 만인 2023년 6월 16일 인양돼 경기도 평택시 포승읍 해군 제2함대 사령부로 이송, 언론에 공개되고 있다.

북한은 6월 18일부터 2박 3일간 노동당 전원회의를 개최하는 등 향후 돌파구 마련에 애를 쓰고 있다. 상반기 경제난이 심화된 상황에서 변화된 정세와 외교·국방전략을 토의한다는 입장으로, 경제난 해결 대책과 함께 2차 정찰위성 발사 등에 대한 미래 비전을 발표했다.

이번 전원회의에는 김정은이 참석하긴 했지만, 그의 별도 연설이나 주요 발언은 나오지 않았다. 전원회의 이후 방영된 조선중앙TV 화면을 봐도 김정은이 연단에서 연설하는 장면은 없다. 김정은이 집권 이후 노동당 전원회의에서 연설을 하지 않은 것은 이번이 처음이다. 구병삼 통일부 대변인은 정례브리핑에서 "김 위원장의 연설 내용이 보도되지 않았던 사례는 당대회와 겹쳐서 개최했던 전원회의를 제외하고는 사실상 처음"이라고 말했다. 김정은은 이번 전원회의에서 주석단 중앙에 앉아 있었지만 연단에 오르지는 않았고, 다만 혼자 이어폰을 끼고 있었다. 다른 사람들은 보고 내용을 듣고 있던 데 반해 김정은만 오른쪽 귀에 검은색 이어

폰을 끼고 있었다. 연설을 하지 않은 것이 건강상 이유인지 아니면 정찰위성 발사 실패 뒤 성과가 없는 상황에서 연설이 여의찮았기 때문인지 예단하기는 어렵다.

또 다른 특이점은 전원회의 보고를 정치국과 당중앙위원회 비서들이 나눠서 한 것이다. 특정 간부가 아닌 정치국을 첫째 의정 보고자로 적시하는 등 집체적 (集體的) 결정이 강조된 것은 과거와 다른 점이다. 노동신문에 따르면 이번 전원회 의의 첫째 안건은 '올해 주요 정책집행을 위한 투쟁을 더욱 과감히 전개해나갈 데 대하여'였다. 이 문제에 대해 정치국이 보고를 하고 이어 김덕훈 내각총리, 리일 환·전현철 당 중앙위 비서가 토론 발표를 했다. 둘째 안건인 교육 문제에 대해서 는 박태성 중앙위 비서가 보고했고, 셋째 안건인 '인민위원회 일꾼' 문제에 대한 보고는 조용원 비서가 했다. 과거 노동당 전원회의와 비교해 보면 상당히 이례적 이다. 과거에는 김정은이 연단에 나와 핵 문제와 남북관계, 국방, 경제, 사회, 교 육 분야에 대해 몇 시간씩 보고와 평가 그리고 지시를 하면 참석자들이 이를 받아 적는 것이 관례였다.

주목되는 부분은 올드보이들의 귀환이다. 과거 남북, 미·북 정상회담을 주도 했던 77세 김영철 전 노동당 대남 비서와 76세 오수용 전 경제부장 등 노병이 이 번 노동당 전원회의를 통해 복귀했다. 대남 강경 목소리가 커질 것이라는 전망과 함께 심각한 경제난을 관리하기 위해 올드보이들을 구원투수로 등장시킨 것으로 보인다.

2022년 해임됐던 오수용 경제부장은 1년 만에 복귀했다. 대북제재와 코로나19 로 최악의 식량난과 경제난을 겪고 있는 북한은 다시 베테랑(?) 오수용을 구원투 수로 등장시켜 급한 불을 끄려고 하고 있다. 현재 경제 분야의 실적 부진은 코로나 3년에 따른 국경 봉쇄와 유엔의 대북제재 등으로 심각한 수준이다. 특히 식량 부 족은 5월~7월 춘궁기에 절정에 달하고 있다. 김정은 입장에서는 일시적으로 난국 을 타개하는 데는 역시 노화하고 산전수전 다 경험한 인물이 적임자라고 판단했을 것이다. 하지만 돌려막기 회전문 인사에 불과하다. 최근 3년 동안 노동당 부장급 에서 경제부장은 김두일→오수용→전현철→오수용으로 계속 돌려막기를 하고 있 다. 전권을 부여받지 않은 월급 사장이 할 수 있는 일은 관리뿐이다. 내일모레 80

대를 바라보는 이들은 과거 김정은 지시대로 움직이다가 보직 해임된 인물들이다. 1년~3년 만에 다시 자리로 돌아왔지만, 근본적 개혁과 개방은 언감생심이다. 관료들 충성 경쟁의 간판 인사가 될 뿐이다. 세대교체와 근본적 정책 변화는 없고 회전문 인사를 통해 '그럭저럭(muddle through)' 버티기 전략에 집중하고 있다.

올드보이의 귀환과 피곤한 김정은

문재인 전 대통령이 2023년 4월 26일 경남 양산시 하북면 자신의 '평산책방' 에서 계산 업무를 하며 책을 손님에게 건네고 있다. 문 전 대통령은 최근 "아직도 냉전적 사고에서 헤어나지 못한 사람들이 많다"라며 사실상 현 정부의 대북 정책을 비판하고 나섰다. / 사진: 연합뉴스

주목할 점은 77세 김영철 전 노동당 대남 비서의 복귀다. 30여 명의 정치국원 가운데 고문 자격은 그가 유일하다. 그는 2018년과 2019년 미·북 정상회담과 남북정상회담 당시 김정은을 바로 옆에서 보좌했던 최측근이다. 대남 강경파이자 원칙주의자로 2010년 천안함 폭침 때 정찰총국의 수장이었고, 2006년~2007년 남북 장성급회담에서는 북한 단장으로 남측 대표와 신경전을 벌이기도 했다. 김영철은 2009년 군 총참모부 정찰총국장에 올랐다. 2010년 3월 26일 '천안함 피격

사건'이 발생하자 우리 정부는 정찰총국을 그 배후로 지목했다. 미국은 같은 해 8월 말 발표한 대북제재 대상에 북한의 정찰총국과 김영철 당시 정찰총국장을 포함했다. 김 고문은 2018년 4월 남측 예술단 평양공연의 취재 제한을 사과하기 위해 한국 취재진과 만난 자리에서 "남측에서 천안함 폭침 주범이라는 사람이 나 김영철"이라고 말한 것으로 전해진다.

하노이 미·북 정상회담이 성과 없이 끝나면서 그의 위상은 급락했다. 2021년 대남 비서 자리가 없어지면서 통일전선부장으로 사실상 강등됐다가 2022년에는 통전부장 자리마저 후배인 리선권에게 넘겨줬고, 이어 상임위원회 위원 자리에서도 물러났었다. 한때 처형설까지 돌았지만 사실이 아닌 것으로 드러났고, 이번에 노동당 정치국 후보위원이자 통전부 고문으로 복귀했다. 다시 대남 업무를 책임질 것이며, 경색 국면인 남북관계에서 강경한 목소리를 낼 것이다.

이런 상황에서 북한은 현정은 현대그룹 회장 측이 고(故) 정몽헌 회장 20주기를 계기로 추진했던 금강산 방문을 허용하지 않겠다고 못 박았다. 북측은 이를 남북 교류협력 조직이 아닌 외무성을 내세워 발표하면서 남측을 적대적 관계의 외국처럼 다루겠다는 뜻을 내비쳤다. 남북관계를 특수관계로 판단하던 과거 행보에서 탈피하고 남한을 일반 외국과의 관계처럼 대하겠다는 의도로, 윤석열 정부에 대한 불만을 우회적으로 표명했다.

김성일 북한 외무성 국장은 2023년 7월 1일 조선중앙통신에 낸 담화를 통해 남측 언론매체에 보도된 현 회장 방북 추진 계획을 언급하며 이같이 강조했다. 김 국장은 담화에서 "남조선 그 어떤 인사의 방문 의향에 대하여 통보받은 바 없고 알지도 못하며 또한 검토해 볼 의향도 없음을 명백히 밝힌다"라고 했다. 그는 "금강산관광지구는 조선민주주의인민공화국 영토의 일부분"이라며 "우리 국가에 입국하는 문제에서 조선아시아태평양평화위원회는 아무런 권한도 행사할 수 없다"라고 덧붙였다.

대북 강경 기조에 '남남갈등'마저 심화

윤석열 대통령은 김영호 성신여대 교수를 통일부 장관으로 지명한 것과 관련해 2023년 7월 2일 "그동안 통일부는 마치 대북 지원부와 같은 역할을 해왔는데 그래서는 안 된다"라고 강조했다. 윤 대통령은 참모들에게 "이제 통일부가 달라질 때가 됐다"라며 이같이 밝혔다고 김은혜 홍보수석이 이날 서면 브리핑을 통해 전했다. 윤 대통령의 이 같은 발언은 최근 통일부장·차관, 대통령실 통일비서관 등 통일 분야 주요직을 동시에 교체 임명한 것에 대한 배경 설명이다.

윤 대통령은 "앞으로 통일부는 자유민주적 기본질서에 입각한 통일이라는 헌법 정신에 따라 통일부 본연의 역할을 수행해야 할 것"이라고도 했다. 이어 "우리가 지향해야 하는 통일은 남북한의 모든 주민이 더 잘사는 통일, 더 인간답게 살 수 있는 통일이 돼야 한다"라고 강조했다. 이와 관련해 대통령실 고위관계자는 "통일부가 북한 동향 분석과 대응, 북한 인권 관련 업무 등을 주로 맡게 될 것"이라고 전했다. 통일부는 그간 집중해 온 대북 교류·협력에서 대북 압박과 인권 개선으로 그 역할이 전환될 것으로 보인다. 북한의 핵·미사일 도발이 날로 고도화되고 있는 상황에서 대북정책 패러다임도 바뀌어야 한다는 메시지로 읽힌다. 당분간 남북관계는 각자의 이해와 관심에 따라 대화 없이 소 닭 보듯이 개점휴업에 들어설 것으로 전망된다.

한편, '남남갈등'도 심화되고 있다. 문재인 전 대통령은 2023년 7월 3일 "아직도 냉전적 사고에서 헤어나지 못한 사람들이 많다"라며 사실상 현 정부의 대북정책을 비판하고 나섰다. 윤석열 대통령이 남북 종전선언 필요성을 강조해 온 이들을 가리켜 "반정부 세력"이라고 말해 야권이 강력히 반발하는 가운데 나온 문 전 대통령의 첫 메시지다. 삼복 무더위에 정권 교체에 따른 대북정책 기조의 변화를 계기로 신구 권력이 맞붙은 모양새다.

문 전 대통령은 이날 사회관계망서비스(SNS)에 "역대 정부가 평화를 위한 정책에서 일관성을 가지고 이어달리기를 했다면 남북관계와 안보 상황, 그리고 경제까지도 얼마나 달라졌을까 생각해 본다"라고 적었다. 문 전 대통령의 글은 최종건 전 외교부 1차관이 펴낸 책『평화의 힘』에 대한 일종의 '추천사' 형식을 취했지만, 사실상 윤석열 정부의 대북정책을 겨눈 '비판문'으로 해석됐다. 종전선언은 남북 평화를 강조해 온 문 전 대통령의 핵심 대북정책 기조였다. 그런데 윤 대통령이 종전선언을 강조한 이들을 반(反)정부 세력으로 몰아세운 데 이어 통일부를 향해 "대북 지원부와 같은 역할을 해왔다"라고 질책하자 더 이상 침묵을 유지할 수 없다고 판단한 것으로 보인다. 대북정책을 둘러싼 신구 권력의 갈등과 대립은 철학과 가치관의 충돌인 만큼 정권 내내 지속될 수밖에 없을 것이다.

[남성욱의 평양리포트] 월간중앙 2023년 8월호

월북 미군 병사 킹,
그는 어떻게 됐을까?

북한에도 골칫덩이… 순순히 돌려보낼 가능성 거의 없어
숱한 문제 일으킨 '관심병사'… 美 송환 앞두고 안보관광객 가장해 기습 월북
지금까지 월북한 미군 5명 중 돌아온 건 한 명뿐… 북한 체제 선전 도구 불과

유엔사령부 소속 미군과 한국군이 판문점 공동경비구역(JSA)을 지키고
있다. 주한미군 트레비스 킹 이등병은 이곳에서 안보관광객으로 위장해
월북했다.

그는 왜 2023년 7월 18일 판문점 공동경비구역(JSA)을 훌쩍 넘어갔을까? 저 너
머에 무지개가 있다고 생각한 걸까? 징계를 앞두고 판문점 군사분계선을 넘어 월
북한 23살의 미 육군 이등병 트레비스 킹은 이제 어떻게 되는 걸까? 과연 그의 희

망대로 징계를 받지 않고 미제 조국을 배반한 대가로 영웅 대접을 받으며 평양에서 행복한 삶을 영위할 것인가?

분명한 것은 이제 그의 인생은 자기 뜻대로 움직일 수 없다는 점이다. 공동경비구역 북측으로 넘어가는 것은 자유의지였지만, 사실상 돌아올 수 없는 강을 건넌 것이다. 조선민주주의인민공화국(DPRK)의 관할권이 미치는 한반도 북측에서 그는 더는 자유인이 아니다. 그는 이제 3대 세습의 공산주의 유일 수령 체제에서 한 발짝도 벗어날 수 없다. 그가 현실도피처로 인식한 북한이 감옥이라는 것을 깨닫는 데는 그리 오래 걸리지 않을 것이다.

이제 먹고, 자고, 움직이는 행동 중에서 그의 의지대로 할 수 있는 것은 숨 쉬는 것 이외에는 없다. 그는 자신이 무슨 행동을 한 것인지 현실로 돌아와 고통 속에서 하루하루를 보낼 것이다. 순간의 잘못된 선택으로 평생을 후회하며 자신의 조국인 미국과 미군이 얼마나 천국이었던가를 절감할 것이다. 그는 미군 헌병들의 감독이 미치지 않는 특수지역으로 탈영해 미군의 관리에서는 벗어났으나 본인의 23년 평생 전혀 경험하지 않은 공산주의 독재체제라는 낭떠러지로 추락한 것이다. 드라마에 나오는 사랑의 불시착이 아니라 지옥의 불시착이 시작된 것이다.

킹 이병의 월북 다음 날 국내에서 번역 출간된 한국계 미국인 작가 한요셉(조지프 한, 32)의 장편 소설 『핵가족(원제 Nuclear Family)』에는 미국인의 월북 스토리가 나온다. 하와이 한인 이민 2세대 주인공 '제이컵 조'는 북한의 고향이 그리워 DMZ 관광 중 월북을 시도한다. 뿌리가 북한 출신인 한국계 미국인의 월북과 미국이 고향인 킹의 월북은 차원이 다르다.

"하하하 웃더니 달려 나갔다"라는 스웨덴 견학객의 증언이 있었지만, 그는 이제 웃을 일이 없을 것이다. 금지선을 넘어가는 데에는 1초가 걸렸지만, 가족이 있는 미국 위스콘신으로 돌아올 확률은 과거 사례로 볼 때 1%도 안 된다. 당시 판문점에서 킹 이등병과 함께 안보 견학 중이던 외국인들의 목격담은 당시 상황을 짐작할 수 있게 했다.

월북한 23세 미군 앞에 놓인 건 지상낙원이 아니다

2023년 7월 18일 판문점에서 월북한 트레비스 킹 이등병의 마지막 모습. 이 사진이 찍힌 직후 군사분계선을 뛰어넘어 갔다.

뉴질랜드 매체 1뉴스에 따르면 뉴질랜드에서 관광 온 사라 레슬리는 군인들의 감시 속에 다른 관광객 무리에 섞여 이리저리 옮겨 다니던 중 킹 이등병이 나타나며 사건이 시작됐다고 회상했다. 레슬리는 "갑자기 검은 옷을 입은 한 남자가 북쪽을 향해 전속력으로 달려가는 것이 보였다"라고 말했다. 그는 "당시 사복 차림이었던 킹 이등병을 보고서는 군인이라는 생각은 하지 못했고 단순히 '틱톡' 영상을 촬영하는 줄 알았다"라며 "처음 떠오른 생각은 완전히 바보 같은 놈이라는 것이었다"라고 했다. 상황을 파악한 군인들이 킹을 뒤쫓았지만, 그는 재빨리 모습을 감춰버렸다고 한다. 사건 직후 레슬리를 포함한 단체 관광객들은 인근 건물로 안내되어 들어갔다. 레슬리는 "다들 흥분한 상태였고, 건물에 들어가서는 '하느님 맙소사'라는 말이 절로 나왔다"라고 했다.

또 다른 관광객인 스웨덴의 미카엘라 요한손은 "킹은 우리가 온종일 함께 다녔던 바로 그 단체에 있던 사람이었다"라며 "우리 오른쪽에서 시끄럽게 '하하하' 하고 웃는 소리가 들리더니, 그 남자가 두 건물 사이로 달려가서는 반대편으로 넘어가 버렸다"라고 설명했다. 그는 "모든 사람이 이에 반응하고, 실제로 무슨 일이 발생했는지를 깨닫기까지 1초 정도 걸렸다", "우리는 '자유의 집'으로 들어가라는 지시를 받고는 군용 버스를 향해 뒤돌아 뛰었다"라고 말했다. 검문소에 들어갈 때는 43명이었으나 나올 때는 42명이었다.

필자는 판문점 JSA를 여러 차례 방문한 바 있다. 2000년 상영작인 이병헌, 이영애 주연의 영화 '공동경비구역 JSA'를 관람했던 학생들은 판문점을 남한의 안보관광지 정도로 여긴다. 필자는 학생들에게 방문 전에 긴장하라는 정신교육을 한다. 현실의 JSA는 단순 관광지가 아니며 영화 속 JSA와는 천양지차다. 2017년 11월 13일 판문점을 통해 귀순한 오청성 하사 사건은 비무장지대의 위험성을 상징했다. 그는 북한 쪽 북방한계선을 출발해 지프를 몰고 판문점까지 달려와 귀순하려 했으나 수로에 빠지는 바람에 뛰어서 군사분계선(MDL)을 넘었다. 이 과정에서 북한군은 무려 100발 이상의 자동소총을 발사했고 그중 5발이 명중했으나 극적으로 생명을 구할 수 있었다. 양측 경비 병력은 실탄이 장전된 경화기로 무장하고 있어 언제든지 순식간에 총격전이 벌어질 수 있다.

2007년 5월 당시 이명박 서울시장이 대선 출마를 선언하고 대북·통일 정책의 상징성 차원에서 공동경비구역 내 회담장을 방문했다. 관례와 달리 북한군 경비병들이 창문으로 들여다보는 순간 필자는 등골이 오싹했던 경험이 있다. 양측이 시간을 달리해 북측 관람객이 내려와서 견학할 때는 남측 관람객이 견학하지 않는다. 서울과 평양에서 온 관람객이 섞이는 것을 사전에 방지하기 위해서다. 통상 판문점 견학에 맞춰 회담장 북측 출입구에 우리 군 경비병 1명이 북한군의 돌발행위에 대비한다. 또 1명은 회담장 한가운데 MDL이 지나는 테이블에 배치되어 경비를 선다. 하지만 코로나19 이후 북한군은 현장에 인력을 배치하지 않고 판문각에서 망원경으로 감시하고 있다. 북한은 망원경으로 남측 동태와 관람객의 일거수일투족을 관찰한다.

JSA에서 남북을 나누는 것은 쉽게 뛰어넘을 수 있는 경계석뿐이다. 경계석을 기준으로 북측과 남측은 다른 세상이 펼쳐진다. 유엔군사령부는 평소 일주일에 4회(화·수·금·토), 한 번에 40명씩 한국인과 미국인 등을 대상으로 JSA 견학 프로그램을 운영해 왔지만 사건 직후 이 프로그램을 취소했다.

본국 송환 후 징계 전역 두려워 월북했을 가능성 높아

2007년 5월 11일 한나라당 대선 예비후보이던 이명박 전 서울시장이 판문점 JSA를 방문했을 당시 모습. 이 전 시장 뒤로 북한군 장교가 창문을 통해 동향을 관찰하고 있다.

킹 이병은 문제가 많은 관심병사였다. 그는 미국 송환 이후 불명예제대가 예상되는 후속 조치에 두려움을 느끼고 대형 사고를 쳤을 것이다. 그의 계급은 군 생활이 순탄하지 않았다는 증거다. 미 군사 전문 매체 밀리터리닷컴은 2년 동안 복무한 킹의 계급이 이병인 것은 징계 등으로 진급이 보류됐음을 시사한다고 분석했다. 미 육군에서 12개월 복무한 이병은 특별한 경우가 아니면 자동으로 일병으로 진급한다고 매체는 전했다.

미군은 모병제지만 부적응 관심병사는 강제 전역시키고 군 복무 이후 연금, 의료 등 각종 혜택을 박탈한다. 예를 들어 △대형 사고를 일으킨 병사의 경우 강등에 이은 강제 전역(OTH) △범죄사실로 기소돼 실형을 받은 인원에 대해 제대군인 혜택을 일부 박탈하는 징계 전역 △기밀 고의 누설, 중범죄 등으로 중형을 선고받은 경우 제적, 군 경력 말소, 이등병 강등, 제대군인 혜택 완전 몰수는 물론 총기 소지 등 시민의 권리 일부를 박탈하는 불명예 전역 제도를 시행하고 있다.

킹 이병은 한국에서 공용 물건 손상 등 혐의로 벌금형을 선고받은 만큼 징계 전역이 기다리고 있었다. 킹은 2022년 10월 8일 마포구의 한 클럽에서 한국인과 시비가 붙었고, 이후 출동한 경찰차를 파손한 혐의로 벌금 500만 원을 선고받았지만, 벌금을 내지 못해 국내 수용시설에서 노역했다. 그는 지구대 호송 과정에서 '망할 한국인, 망할 한국군'이라고 난동을 부렸다.

킹은 2021년 1월 정찰병으로 미군에 입대했다. 그는 과거에도 주둔지를 무단 이탈한 적이 있다고 한다. 2022년 9월 4일에도 복무지를 이탈했고, 소재 파악이 된 후에도 기지로 돌아가거나 본국으로 송환되는 것을 거부했다고 미국 ABC 방송이 보도했다. 당시 캠프 보니파스에서 수색병으로 복무했던 킹 이병은 캠프에서 40km 떨어진 경기 의정부에서 발견됐다. 캠프 보니파스는 비무장지대(DMZ)에서 남쪽으로 400m, 군사분계선에서는 2.4km 떨어진 경기 파주시 문산읍에 위치한 기지로 한국 육군과 주한미군이 함께 근무한다. 캠프 보니파스에는 판문점 지역 경비를 맡는 한·미 공동경비 중대도 포함됐다.

킹 이병은 월북 전날인 7월 17일 인천공항에서 텍사스주 댈러스행 비행기를 타고 귀국해 주한미군 지위협정(SOFA)에 따라 한국에서 유죄 판결을 받은 행위에 대한 행정처분을 받을 예정이었다. 호송 인력이 인천공항 입국장까지는 킹을 가이드했지만, 출입국 검색대를 통과한 후 킹은 미군의 통제를 받지 않았다. 킹이 정상적으로 미국행 비행기에 탔더라도 텍사스에 도착한 뒤에야 미군 장교들을 만날 예정이었다. 킹이 비행기에 탑승했는지 확인하는 순간까지 호송 인력이 동행했다면, 그가 비행기에서 내려 공항을 벗어나기는 어려웠을 것으로 보인다.

자발적 월북 미군 5명 중 돌아온 건 한 명뿐

북한에 건너간 미군들. 이들은 북한에서 체제 선전 도구로 활용됐다. 자진 월북한 5명 중 살아서 돌아온 사람은 찰스 젠킨스(가운데 노인)가 유일했다.

킹이 인천공항 입국 수속을 받아 입국장에 도착한 후에 어떻게 다시 검색대를 통과해 밖으로 나왔는지는 의문이다. 여권을 분실했다고 출입국 직원에게 이야기해 다시 나왔다는데 이해하기 어렵다. 킹은 7월 10일 47일간의 한국 내 수형시설 구금에서 풀려난 뒤 JSA 견학을 신청했다. JSA 견학은 일주일 전에 신청을 받는다. 미군이 주도하는 유엔군사령부가 킹의 견학을 허가했는데도 미군이 이를 알지 못한 점은 의문이다. 견학 행사를 민간업체가 진행하더라도 명단은 사전에 미군에 통보되기 때문이다.

킹의 가족들은 오토 웜비어와 같은 피해가 발생할까 우려스럽다며 미국 정부의 적극적인 개입을 요청했다. 킹의 외삼촌인 마이론 게이츠는 미 NBC 뉴스 인터뷰에서 "그가 미국을 위해 싸우기 위해 군에 갔을 때 미국은 그를 위해, 그가 집으로 올 수 있게 싸워야 한다"라고 주장했다. 현재 킹의 가족들은 웜비어 가족과 연락을 주고받으며 도움을 받는 것으로 알려졌다. 게이츠는 "최악의 두려움은 내 어린 조카가 그렇게 돌아오는 것"이라며 "킹이 갔을 때처럼 (무사히) 돌아오기를 바란다"라고 말했다. 버지니아대 경영학부 소속 대학생이었던 웜비어는 2016년 북한 여행 중 억류되어 2017년 6월 혼수상태로 석방됐다. 그는 미국으로 돌아왔지만, 얼마 지나지 않아 사망했다. 일각에서는 웜비어가 북한 억류 중 고문을 당한 게 아니냐는 의혹을 제기했다.

과거 미군 병사들의 자발적인 월북 사례는 총 5건이다. 이 외에도 1건이 더 있으나 미국은 납치라고 주장했고 북한은 자발적인 월북이라고 반박해 논란의 소지가 있다. 1962년 5월 월북한 래리 앱셔 일병이 원조다. 같은 해 8월 월북한 제임스 드레스녹 일병은 앱셔가 "한국에서 대마초 관련 문제가 있었고, 군법회의에 회부돼 군에서 쫓겨날 상황이었다"라고 설명했다. 드레스녹 자신도 상관의 서명을 흉내 내 외출증을 위조했다가 처벌받게 되자 월북을 선택했다. 3년 뒤에는 제리 패리시 상병과 찰스 젠킨스 병장이 월북했다. 패리시는 개인적 이유로, 젠킨스는 베트남 전쟁에 차출될 것이 두려워 월북했다고 한다.

북한 간 미군 고된 사상교육 뒤 체제선전 도구로 쓰여

2020년 유엔사령부가 페이스북을 통해 공개한 '핑크폰'. 유엔군사령부는 판문점 내 유엔사 연락장교 사무실에 있는 이 전화기로 북측과 하루 두 번씩 연락한다고 한다. / 사진: 유엔사령부

북한은 미군 병사들이 서방의 자본주의적 삶을 버리고 사회주의 낙원을 택했다며 대대적으로 선전했다. 그러나 북한 생활에 적응하지 못한 이들은 1966년 주

북한 소련 대사관을 통해 망명을 시도했다가 거부당했고, 결코 북한을 떠날 수 없다는 현실을 받아들여야만 했다. 이들은 이후 북한 선전영화에서 악역 배우를 맡아 활동했고, 북한 내 외국어 교육기관에서 영어를 가르치기도 했다. 이들은 첫 몇 년의 상당 부분을 자아비판으로 보냈으며, 하루 10시간 넘게 김일성의 가르침인 주체사상을 강제로 배워야 했다.

월북한 미군 병사 중 유일하게 2004년 고향으로 돌아올 수 있었던 젠킨스는 일본의 납치자 송환 정책의 혜택을 받았다. 2002년 9월 당시 고이즈미 준이치로 일본 총리는 수개월간의 물밑 접촉 끝에 평양을 전격 방문했다. 당시 아베 신조 관방부 장관이 고이즈미를 수행했고, 고이즈미는 총리가 된 뒤 납치 문제에 올인했다. 고이즈미와 김정일 위원장은 북·일 평양선언에 서명했다. 고이즈미는 식민지 시절 한반도 주민들에게 입힌 '엄청난 피해와 고통'에 대해 '깊은 유감과 마음으로부터의 사과'를 표명했다. 김정일은 일본인 13명을 납치하고 일본 영해에 간첩선을 침범시킨 데에 대해 사과했다. 1977년부터 1982년 사이 일본의 외딴 해변에서 여학생, 요리사 및 데이트 중이던 3쌍의 커플에 대한 납치 사실을 인정했다.

1965년 비무장지대를 도보로 월북한 당시 25세였던 미군 찰스 로버트 젠킨스는 북한 공작원들에게 납치된 일본인 여성과 결혼해 살다가 2004년에 일본으로 귀환했다. 그는 약 40년간 북한에 체류하며 정권 선전 전단 및 영화에 출연해 체제 선전 도구로 활용됐다. 젠킨스의 부인인 소가 히토미는 1978년 일본에서 납치됐다. 젠킨스와의 사이에서 두 딸을 낳은 히토미는 2002년 다른 납북 일본인 4명과 함께 귀국했고, 젠킨스도 2년 뒤 풀려날 수 있었다. 생전에 젠킨스는 "나는 너무나도 무지했다"라면서 "임시 피난처로 찾았던 나라(북한)가 말 그대로 거대하고 정신 나간 감옥이었다는 걸 이해하지 못했다. 누군가 그곳에 가면 거의, 절대로 나오지 못한다"라고 했다. 그는 일본인 부인 덕택에 지옥에서 탈출할 수 있었다.

앱셔와 패리시는 1983년과 1998년 각각 병사했고, 드레스녹도 북한에서 2016년 사망한 것으로 알려졌다. 일본에 정착한 젠킨스는 2017년 노환으로 숨을 거뒀다. 1982년에는 조지프 화이트 일병이 월북했으나 젠킨스 등과는 접촉한 적이 없고 3년 뒤 익사했다. 북한 측은 1979년 재미교포 출신인 로이 정 일병도 월북했다고 주장하지만, 가족들은 납치라고 반박했고 2004년 전후 사망한 것으로 보도됐다.

크리스틴 워무스 미국 육군 장관은 2023년 7월 20일 킹 이등병이 "북한 당국의 손에 있다는 것이 매우 우려스럽다"라며, 미국 대학생 오토 웜비어가 북한에 구금됐을 때를 거론하며 월북 미군 병사의 안위에 중대한 우려를 표했다.

미군 월북은 사실상 '자진 투항', 활용 가능성 조사 후 송환 여부 검토

미국 정부는 월북한 킹의 정보를 파악하려고 북한에 연락했지만 평양은 별다른 반응을 보이지 않았다. 미 백악관도 미군 월북 사건을 주시하고 있으며 바이든 대통령도 사건을 보고 받았다고 밝혔다. 토니 블링컨 미국 국무부 장관은 2023년 7월 21일 킹의 월북과 관련해 "우리는 그의 행방을 알고 싶고 그 정보를 얻기 위해 북한에 연락했다. 불행하게도 더는 공유할 정보가 없다"라고 말했다.

7월 24일 앤드루 해리슨 유엔군 부사령관이 외신 상대 기자회견에서 "휴전 협정하에 확립된 장치를 통해 북한군과 대화가 개시됐다"라고 밝혔다. 해리슨 부사령관은 이날 킹 이병 월북 경위 등을 두고 조사가 여전히 진행 중이라고 했다. 또 "최우선 과제는 킹의 안위"라고 했다. 다만 협상 세부 내용에 관해서는 민감성을 이유로 말을 아꼈다.

그가 말한 휴전 협정하에 확립된 장치란 이른바 '핑크폰'이라고 불리는 JSA 판문점 남측 유엔사 일직 장교 사무실의 전화기를 가리키는 것으로 보인다. 해당 전화기는 양측 연락 담당자를 직통 연결한다. 밝은 분홍색에 숫자 버튼이 달린 옛날 전화기 모양으로, 유엔사가 지난 2020년 사진으로 공개한 적이 있다. 유엔사는 매일 하루 두 차례씩 해당 전화기를 사용한다. 통상 핑크폰 외에 그간 킹 이병 관련 논의가 이뤄질 수 있는 대북 채널로는 뉴욕 주재 북한대표부 및 스웨덴 대사관 등이 거론된다.

지금까지 월북 미군 장병들의 사례를 보면 월북 미군 장병의 존재는 북한에도 장기적으로 가성비가 낮아 관리에 어려움이 있을 것이다. 월북 미군이 오면 그한 사람을 위해 전문 경호 및 감시팀이 꾸려지고 통역관을 배치해야 하며 전용 차량과 기사, 그가 머물 숙소 등을 챙겨야 한다. 킹의 경우 일부 군사정보는 얻을 수 있겠지만, 직급이 낮아 큰 정보는 없을 것이다. 만일 평양이 그를 송환하지 않고 북한에 남겨 두기로 결정한다면 그를 북한체제에 적응시키기 위한 세뇌 교육이 필요해서 전문 교사팀과 교육 커리큘럼도 짜야 한다.

북한이 북·중 국경을 통해 밀입북한 미국인들을 돌려보낸 사례가 있으나, 자진 월북 미군은 '기술적으로 전쟁상태'에서 적군에 자진 투항한 사건이어서 돌려보내기가 쉽지 않다. 최근 북한이 한·미의 대북정책에 강력히 반발하고 있어 월북한 미군을 당장 돌려보낼 가능성은 작다. 그는 평양에서 무기징역에 가까운 삶을 살 것이다. 미국은 평양에 있는 외국 대사관을 통해 그에 대한 영사 접근도 시도하겠지만, 성사 여부는 불투명하다. 세계 최강의 미군도 할 수 있는 것은 매우 제한적이며 그를 전쟁포로로 관리할 명분도 없다. 한국군이나 미군 모두 관심병사는 늘 골칫덩어리다.

그러나 결국 북한은 "해당 기관에서는 공화국 영내에 불법 침입한 미군병사 트레비스 킹을 공화국법에 따라 추방하기로 결정하였다"라고 공표했다. 킹 이병은 북한−>중국 단둥−>선양−>오산기지−>미국, 텍사스로 이동하였다가 텍사스 브룩 육군병원에서 PISA(Post Isolation Support Activities), 즉 구금 후에 나타나는 이상 징후 지원 활동 점검을 받았다. 북한은 망명을 신청했지만 트레비스를 잡아둘 가성비가 없기 때문에 추방을 결정했다. 트레비스 킹 이병이 북한에서 체류하기를 원했다고 해도 북한에서 그 요청을 들어줄 가치가 없다고 판단했을 것이다. 영화 및 TV 등 각종 선전매체에 출연하여 반미(反美) 홍보 활동을 하기에는 그의 능력이 미흡하고 흑인으로서 활용성이 백인보다 낮다고 평가했을 수도 있을 것이다. 그를 활용하기 위해서는 최소 1년 정도의 사상 개조 교육을 시켜야 하고 주택 및 통역과 감시 인원 등의 북한 당국의 부담을 고려할 때 71일 만에 송환이 이뤄진 것은 당연한 귀결이었다. 미군은 송환된 킹 이병을 탈영 및 아동포르노 소지 등 8개 혐의로 기소하였고 군사재판이 그를 기다리고 있다.

[남성욱의 평양리포트] 월간중앙 2023년 9월호

금강산 관광 시설 철거와
남북 경협의 미래

경협이 이끄는 '남북의 봄'은 허상이었나
2008년 관광 중단 이후 남측 정부·기업 투자금 손실 2조 원 넘어
폐쇄적 사회주의 체제와 비정치적 협력의 위험성 교훈 삼아야

2019년 10월 23일 김정은 북한 국무위원장이 금강산 관광지구를 현지 지도하고 있다. 북한은 김 위원장 지시로 금강산에 있는 남측 시설을 몰수하거나 동결한 뒤 직접 개발을 추진하고 있다. / 사진: 연합뉴스

금강산 아난티 골프장의 마지막 쇼트 홀은 주말 골퍼들에게 꿈의 홀이었다. 그린에 공을 올리기만 하면 자동으로 홀로 굴러 내려가는 깔때기 구조였다. 하지

만 남측 주말 골퍼들이 깔때기 홀에 공을 올려 마지막 버디를 기대하는 장면은 물 건너갔다. 북한이 금강산에 있는 남측 시설인 아난티 골프장(18홀)과 리조트(96실) 단지를 모두 철거했기 때문이다. 미국의 소리(VOA) 방송이 위성사진을 근거로 2022년 4월에 이 사실을 보도하면서 알려졌다.

건설 당시 골퍼들에게 기대를 모았던 아난티 골프장과 리조트는 국내 리조트 기업 아난티가 850억 원을 투자해 건설했다. 대한민국 민간에서 자본을 투자해 북한에 만든 유일무이한 골프장이다. 2004년 11월 착공해 강원도 고성군 온정리 금강산 관광특구 160만㎡ 부지에 완공됐다. 투자는 에머슨퍼시픽(주)에 의해 진행됐다. 에머슨퍼시픽(주)은 현대아산으로부터 금강산 골프장 및 개성공단 개발 사업권을 받아 리조트 사업을 진행했다.

골프장은 전장 7,547야드, 18홀 규모로 조성됐으며 세계 최장 홀(1,014야드)인 3번 홀과 14번 깔때기 홀이 유명했다. 리조트 부대시설인 노천 온천을 겸비한 자쿠지 빌라는 코스 중 가장 높은 곳에 있어 금강산과 관동 8경의 하나로 꼽히는 삼일포를 한눈에 바라볼 수 있다. 2007년 한국프로골프대회가 열렸으며, 2008년 5월부터 7월까지 정회원들이 시범 라운딩을 하면서 정식 개장을 앞두고 있었다. 일부 골퍼는 금강산 일만 이천 봉을 바라보며 공을 날리는 기분이 최고였다고 회고했다.

2조 원 넘는 금강산 관광 투자금 허공으로

골프·레저 기업 아난티가 2004년 850억 원을 들여 개발한 금강산 골프장은 2008년 7월 개장을 앞두고 터진 박왕자 씨 피격 사건 때문에 정식 개장조차 못 하다가 2022년 8월 북한 당국에 의해 시설이 철거됐다.

아난티 금강산 골프장은 2008년 여름 오픈을 앞두고 7월 11일 박왕자 씨 피격 사건으로 관광이 중단돼 정식으로 개장하지 못했다. 2010년 4월에는 북한이 자산을 동결하면서 남측 관계자들을 추방하고 문을 잠가버렸다. 북한은 금강산 골프장이라는 이름으로 개명하고 중국인에게만 개방하는 리조트 사업을 추진했다. 하지만 그 먼 데까지 골프를 치러 오는 중국인이 있을 리 만무하다. 중국에는 해남도, 마카오 등 세계적으로 알려진 골프 도박 리조트가 있다. 교통이 불편하고 놀거리도 부족한 금강산까지 와서 골프를 칠 이유가 없었다. 몇 차례 대만 관광객이 단체관광을 오기는 했으나 골프보다는 폐쇄적인 북한에 대한 호기심으로 주변을 둘러보느라 시간을 보냈다. 철조망 관광, 통제 관광이라는 별칭이 붙은 금강산에서 구태여 골프까지 즐길 여유는 없었다. 마침내 금강산 골프장은 내장객이 없어 결국 철거되는 비운의 골프장이 됐다. 요즘 남측의 골프장이 코로나19 영향으로 내장객이 폭발적으로 증가해 금값인 것과 대조적인 현상이다.

2000년에 개장한 해금강호텔 등 7,800억 원이 투입된 현대아산의 금강산 관광 사업도 좌초됐다. 한국관광공사에서 1,000억 원을 들여 건설한 문화회관, 온천장은 물론 대한적십자사가 남북협력기금 540억 원을 투입해 건설한 12층 규모의 이산가족면회소 등 21개 시설물도 철거 및 개조됐다. 이곳에 투자한 마트, 주유소 등 49개 중소업체도 1,933억 원을 손실 처리할 수밖에 없다. 이 외에 소방서 건립, 도로 개설, 사업권 대가 등 부대비용은 계산하기도 어렵다.

1998년 현대그룹과 북한 조선아시아태평양평화위원회 간에 '합의서'가 체결돼 11월 해로관광으로 시작된 금강산 관광은 2003년 9월 육로관광이 시작됐고, 2007년에는 내금강 지역으로 관광 지역이 확대됐다. 남한 사람 175만 명이 금강산을 찾았다. 하지만 관광 중단 후 2조 원 상당의 적지 않은 투자금이 허공으로 날아갔다. 공산주의 이념을 간과하고 민족만을 앞세운 무모한 비즈니스에 대한 값비싼 수업료였다.

금강산 투자 기업인들의 어려움도 가중되고 있다. 14년째 중단 상태인 금강산 관광은 더는 지속 가능한 사업이 될 수 없다며, 차라리 '남북경협청산특별법'을 제정해 자산과 부채를 청산해달라고 주장하고 나섰다. 사단법인 금강산기업협회(회장 전경수)와 금강산투자기업협회(회장 최요식)를 비롯한 기업인들은 관광 중단 14년째인 지난 7월 12일 광화문 정부서울청사 앞에서 기자회견을 열고 '투자금 전액 지원과 대출금 및 이자 전액 탕감'을 요청했다.

이제는 청산이 필요하다는 것이 기업인 대다수의 의견이다. 역대 정부가 주장하는 통치행위로 투자기업의 잘못 없이 정부가 중단시켰으니 투자금과 대출금, 이자에 대해서도 정부가 책임져야 한다는 것이다. 북측의 투자자산 몰수 조치에 대해서는 남북한 당국이 공동으로 책임져야 한다는 입장이다. 기업인들 자체 추계로 북한이 몰수한 남측 자산은 1조 4,000억 원에 달한다.

기업인들은 정부가 관광 중단 14년 동안 세 차례에 걸쳐 지원한 운영자금 명목의 대출금과 이자를 100% 탕감해달라고 거듭 요청했다. 금강산 관광 당시 경협보험제도가 없어 가입이 원천적으로 불가능한 사정이 있는데도 개성공단 기업과 마찬가지로 경협보험 미가입 기업에 대한 투자자산 확인 피해액의 45% 지급 기준을 적용한 것은 공정과 상식에 반한다는 것이다. 이들은 기자회견문에서 "△

2008년 7월 12일 관광 중단 △2010년 5·24 조치 △2016년 2월 10일 개성공단 폐쇄 등으로 모든 남북 경협이 중단됐고, 북측은 2016년 3월 금강산을 포함한 대북 투자기업들의 투자자산을 몰수했다"라며 "지난 20년 넘게 피와 땀으로 쌓아 올린 남북 민간 경협의 뿌리가 송두리째 날아가 버렸다"라고 허탈감을 표시했다.

북한은 왜 멀쩡한 금강산 관광 시설을 전격 철거했을까? 2019년 10월 김정은 위원장은 갑자기 눈 덮인 백두산에 백마를 타고 나타났다. 리설주와 군 간부를 대동한 요란한 백두산 등정 쇼는 항일 빨치산을 연상케 해 우상화 극대화를 노렸다. 김정은의 백마 탄 사진이 『노동신문』에 게재되자 대북 전문가들은 긴장했다. 북한의 관영 매체들은 김정은이 백두산에 오를 때마다 새로운 '전략적 노선'들이 제시되고 '세상을 놀래우는 사변'들이 일어났다고 밝혔기 때문이다.

선대의 결단에 "너절한 시설" 이례적 비판

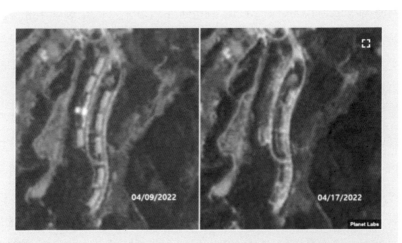

금강산 골프장 숙박단지를 촬영한 2022년 4월 9일(왼쪽)과 17일(오른쪽) 위성사진. 9일까지 온전했던 숙박단지의 중심 건물과 건물 6개 동이 17일 대부분 사라진 것으로 나타났다. / 사진: 플래닛랩스 캡처

일주일 만에 드러난 폭탄선언은 금강산 관광 시설 철거였다. 북한은 금강산 관광 등 남북 경협 사업에 대해 '김정일 위원장의 결단'이라고 선전해 왔다. 하지만 김

정은은 남북 경협의 상징인 금강산 사업에 대해 "잘못된 정책"이라고 혹평하면서 "보기만 해도 기분이 나빠지는 너절한 남측 시설들을 싹 들어내라"라고 지시했다. 그는 "금강산에 대한 관광 사업을 남측을 내세워 하는 일은 바람직하지 않다. 우리 식으로 새로 건설해야 한다"라고 지적했다. 김정은이 선대의 정책을 대남 의존적이라고 정면 비판한 것은 북한에서 이례적이다. 김정일이 합의한 사업이기 때문이다.

김정은의 지시 이후 20개월 만에 금강산은 원위치 됐다. 금강산 관광 당시 멀리서 바라본 온정리 북한 마을은 가난이 덕지덕지 붙은 모습 그대로였다. 온정리 협동농장에서 일을 마치고 귀가하는 농민들의 허름한 차림은 조선 제일의 명산이라는 금강산의 경치와 맞지 않았다.

그들로서는 금강산 관광에 나선 남조선 관광객들이 매우 낯선 존재였을 것이다. 당시 관광객을 실어 나르던 버스 기사는 연변에서 온 조선족들이었다. 북한 기사들이 남측 관광객과 밀접 접촉하는 것이 불순(?) 정보 확산의 창구가 될까 우려한 북한 당국의 조처였다. 당시 안내원들은 통일전선부 소속으로서 남측 관광객을 대상으로 1998년과 2003년 대선에서 이회창 후보의 당선 가능성을 탐문하는 등 북한으로서는 남한 여론 파악 창구로 활용하기도 했다. 수많은 사연을 뒤로 한 채 민간인 관광객이 군인의 총격으로 피살된 사건에 대한 진상 규명도, 북한의 사과도 없이 금강산 관광은 종료됐다.

문을 닫는 것은 한순간이지만 이제 다시는 금강산에 거액을 투자할 기업은 나타나지 않을 것이다. 기업의 존재 의의는 수익 창출에 있다. 실패한 사업에 상황이 급변하지 않으면 무모하게 다시 손을 대지는 않을 것이다. 사회주의 국가들은 자본주의 국가의 돈에 정확한 꼬리표가 달려 있다는 사실을 망각한다. 1978년 중국 지도자 덩샤오핑은 개혁 개방을 선언하고 상하이 등 14개 항구를 개방하며 외국 자본을 유치하는 데 주력했다. 하지만 사회주의 체제가 선언한 개혁 개방의 진정성을 의심하던 외국 자본이 실제로 움직이는 데는 상당한 시간이 걸렸다. 외국 자본 10억 달러를 유치하는 데 거의 10년이 소요됐다.

돈벌이가 될 것이라는 확신이 서지 않으면 자본은 움직이지 않는다. 돈을 버는 데 확신이 서면 자본가들은 전쟁터라도 투자를 감행한다. 하지만 통제와 규제 등 교조적인 이념으로 무장한 불확실하고 경직된 체제에서는 이윤에 민감한 자본이 움직일 수 없다. 약 20년 만에 막을 내린 금강산 시설 철거에서 얻을 수 있는 교훈은 다음과 같다.

우선 남북 신뢰 구축은 물론 경제협력도 언제든지 무너질 수 있는 사상누각이라는 점을 각인시켜 주었다. 아난티 측은 "금강산 사업이 종료돼 안타까운 마음도 있다. 하지만 현재 보유 중인 전체 자산이 1조 3,000억 원이 넘고, 운영 중이거나 새롭게 추진하는 플랫폼이 7개나 된다"라며 "507억 원 자산에 의해 브랜드 가치와 신뢰도가 지속해서 손상되는 것보다 깨끗하게 정리하고 미래에 집중하는 것이 올바른 길이라고 판단했다"라고 했다. 아난티는 계속해서 금강산 사업에 관심을 두고 있었으나 남북관계가 급격하게 나빠진 이후 사업 지속에 고심했다.

정치 상황 무시한 비정치적 협력의 한계 보여줘

2003년 9월 금강산 육로 관광이 개시될 당시 철책선을 건너는 남측 관광버스들. 2008년 금강산 관광이 중단된 이래 남측 공공·민간의 투자비 손실은 2조 원이 넘는다.

아난티 남해, 아난티코브, 아난티 코드 등의 이름으로 리조트를 운영하는 아난티는 당초 자연환경이 잘 보존된 금강산 골프장 및 리조트 방문에 대한 홍보 마케팅으로 회원권 모집을 대규모로 진행해 왔다. 이중명 아난티 회장 겸 대한골프협회 회장은 2021년 6월 이인영 통일부 장관을 만나 '2025년 골프 세계선수권 남북 공동유치 사업'을 제안하기도 했다. 그러나 금강산 골프장과 리조트 사업이 좌초하면서 먼저 회원권을 구매했던 회원들 사이에서 불만이 제기됐다.

마침내 아난티는 대북사업이 국내 및 해외 사업의 발목을 잡지 않도록 전격 정리했다. 장부상의 기록으로만 존재하는 자산이 역설적으로 미래 사업에 부정적인 영향을 미치지 않도록 청산하는 것이 현실적이었다. 향후 어느 기업이 북한에 투자할 것인지는 불투명하다. 어떤 정부라도 왜곡된 정보를 기반으로 북한에 투자하도록 무리하게 기업의 등을 떠미는 데 신중해야 한다. 잘못된 장밋빛 전망으로 기업을 사지로 몰아넣어서는 안 된다.

둘째, 남북한 당국 간의 합의서도 평양의 변심으로 한순간에 휴지 조각으로 변할 수 있다는 점이다. 2003년 발효된 투자보장, 이중과세 방지, 상사 분쟁조정 및 청산결제 등 4대 경협 합의서는 국제규범을 모방했지만, 무용지물이 됐다. 경제협력이 정치적 화해를 가져온다는 유럽통합 방식의 기능주의(functionalism) 접근은 한계에 도달했다. 전쟁과 분단의 상흔이 가득한 한반도에서 정치와 비정치 분야를 엄격하게 분리한다는 사고는 비현실적이다. 역시 비정치 분야의 통합이 오히려 정치 상황에 영향을 받을 수밖에 없다. 특히 6·25전쟁의 심각한 피해가 여전히 남아 있는 한반도에서 미트라니(David Mitrany)가 주장하는 기능주의 이론은 벽에 부딪힐 수밖에 없다. 역시 남북한 경제 통합에 있어서는 정치 분야의 협력을 중시하는 신기능주의(new functionalism) 접근이 더 현실적이다.

북한의 관광지 자체 개발 주장은 비현실적

표 6-1 금강산 관광지구 내 남한 자산 현황

조치 상태	자산	소유자
몰수	문화회관, 면세점(일부 동결), 온천장, 소방서, 이산가족면회소	관광공사, 정부
동결	금강패밀리비치호텔·해금강호텔 등 숙박 시설, 눈썰매장·편의점 등 부대시설	민간
미동결	골프장, 가스·유류 충전소, 병원, 현대아산 사무실	민간
제외	금강산호텔, 외금강호텔	북한

아무리 윈윈(win-win)하는 경제협력도 교조적이고 경직된 사회주의 이념 앞에서는 작동할 수 없다. 경계선을 넘어왔다고 군인들이 민간인 관광객에게 총격을 가하고, 선군정치하에서 군인들의 행위에 대해 절대 사과할 수 없다는 북한의 교조적인 자세로는 관광을 지속할 수 없다. 평양에 관광 갔다가 식물인간으로 돌아와 열흘도 안 돼 사망한 미국 대학생 오토 웜비어의 불행과 박왕자 씨 피격 같은 비극이 주기적으로 일어나는 곳이 북한이다. 관광은 평화산업이다. 생사가 위태로워지는 지역에서 관광은 지속할 수 없다.

셋째, 향후 금강산에는 남측을 대신할 투자기업은 물론 관광객도 나타나지 않을 것이다. 조선중앙통신은 김정은의 금강산 현지지도 뒤인 2019년 11월 "온 세상 사람들이 와보고 싶어 하는 세계 제일의 명산은 명백히 북과 남의 공유물이 아니며, 북남 화해 협력의 상징적 장소도 아니다"라며 "금강산을 우리식으로 훌륭하게 개발할 것이고, 거기에 남조선이 끼어들 자리는 없다"라고 주장했다.

공개적으로는 '우리식 개발'을 주장하지만, 북한 경제에는 금강산을 개발할 자본이 없다. 70억 달러를 투자해 금강산과 원산 일대를 최고급 관광지로 개발하려는 구상은 몽상일 뿐이다. 금강산에 막대한 자금을 투자할 국제기업은 더더욱 없다. 찾아올 관광객도 없다. 세계 제일의 명산은 한국인에게만 해당한다. 스위스 알프스 등 세계적인 관광지의 가장 큰 특징은 체계적이고 선진적인 관광 인프라와 자유로운 레저 활동이다. 무장 군인들이 감시의 눈길을 보내는 지역은 세계적인 관광지가 될 수 없다.

북한과 남한의 관광 개념은 차이가 있다. 북한에서 관광은 '외국인을 위한 것'이다. 한마디로 외화벌이 수단이다. 국내 주민은 '견학'이라는 단어를 쓰고, 교통이 열악해 주말에 자기가 거주하는 곳의 관광지를 가거나, 지역이나 단체에서 사상 교양 위주로 하는 백두산(김정일 고향집), 묘향산(국제친선전람관), 금강산(삼일포−김일성·김정숙 권총 사격 장소) 등의 전적지를 조직적으로 견학하는 게 고작이다.

북한 관광산업은 1980년대 초반까지만 해도 굉장히 폐쇄적이었다. 당시 북한 정책의 목적은 '국가후생사업의 집중'이었고, 방향은 '대외 체제선전'이었다. 1985년에는 투자유치를 위한 5대 합작 분야 중 하나로 관광을 설정하기도 했다. 1985년~1990년대 중반에는 조심스럽게 투자유치 정책을 펴면서 외화획득, 대외 투자 유치 및 체제선전용으로 방향을 전환했다. 1985년 5월 관광업도 국가재정 사업의 하나이기 때문에 관광을 전문으로 하는 국가관광총국이 정무원 직속으로 설립됐다. 1987년 7월에는 세계관광기구(WTO)에 가입하면서 전환점을 맞았다. 하지만 체제의 폐쇄성을 고수한 채 돈벌이에만 치중하는 행태는 장기적으로 지속할 수 없다. 철조망 관광은 이른바 사회주의 이념을 강조하는 홍색(紅色) 관광 개념이다. 과거 중국과 소련 등지에서 반짝 유행했었다.

북한이 중국 관광객을 유치해 금강산 관광을 활성화한다는 전략은 착각이고 오판이다. 금강산은 한국인이 애호하는 명산일 뿐이다. 금강산에 무관심한 중국인들이 교통도 복잡한 지역까지 대규모 관광을 올 가능성은 크지 않다. 중국은 연초가 되면 우리의 백두산을 장백산이라고 부르며 10대 명산이라고 선전하고 있다. 국수주의가 기승을 부리는 중국은 금강산에 특별한 관심을 보이지 않는다. 금강산의 고객은 남측 관광객 외에는 없다고 해도 과언이 아니다.

윤석열 대통령은 광복절 경축사에서 '담대한 구상'을 밝히며 북한 비핵화에 당근을 제시했다. 식량부터 금융까지 경제의 전 분야에 걸친 종합선물 세트에 가까운 경제협력이다. 금강산 시설 철거는 북한의 비핵화 행동을 누가 담보하며 보장할 것인지 의문을 던진다. 민간기업과 합의한 관광사업조차 일방적인 철거로 계약을 파기하는 평양과 비핵화 논의를 추진하는 것은 참으로 지난한 과제다.

북한 입장 두둔 말고 따끔히 지적해야

북측에 마지막으로 남은 우리 자산은 안동대마방직 등이 평양에 투자한 시설과 개성공단에 123개 기업이 건설한 공장들이다. 최근 개성공단 무단 가동과 자재 훼손 등이 위성사진을 통해 감지되고 있다. 남북관계 최후의 보루인 개성공단 시설의 운명도 금강산 관광의 전철을 밟지 않을까, 투자기업인들은 노심초사하고 있다. 2020년 300억 원이 투자된 개성공단 남북공동연락사무소도 하루아침에 폭파되는 현실이니 걱정이 태산이다. 협상에서 입만 열면 큰소리치던 민족 공조는 어디로 사라진 것인가. 김여정이 나서서 남측 대통령에 대해 인신공격만 할 게 아니고, 평양은 이 질문에 답을 해야 한다.

국내에서 북한과 경협을 주장하고 북한의 입장을 대변하는 인사들도 북한의 비정상적인 상거래 행태를 지적해야 한다. 북한의 상황 논리를 대변한다는 내재적 접근을 강조하는 전문가들도 평양의 일방적인 철거에 대해서는 문제를 제기해야 한다. 북한의 잘못된 행동에 대해 침묵으로 일관한다면 북한의 행동은 바뀌지 않는다.

[남성욱의 평양리포트] 월간중앙 2022년 10월호

개성공단 무단 가동이 보여준
'경협 효과'의 허상

평양 백화점에 등장한 쿠쿠 밥솥, '메이드 인 개성'?

北 개혁·개방 기대감 모았지만, 10여 년 만에 개성공단 일방적 폐쇄로 실패

공단에 두고 온 국내 기업 자산·제품, 무단 반출돼 평양 시내 돌아다니기도

2004년 12월 15일 서울 소공동 롯데백화점에서 소비자들이 개성공단 입주기업
이 만든 냄비를 구매하고 있다. '통일 냄비'라고 불리며 남북 경제협력의 기대감을
키웠지만, 개성공단은 10여 년 만에 파국을 맞았다.

2004년 12월 15일 저녁 개성공단 시범공단에서 ㈜리빙아트가 생산한 '통일냄
비' 시제품 1,000세트가 서울 시내 백화점 판매대에 등장했다. 당일 완판돼 구매

하지 못한 소비자는 대기표를 받는 등 인기 폭발이었다. 라면을 끓여 먹는 평범한 냄비지만, '개성산(made in Gaesung)'인데다 '통일'이라는 브랜드에 소비자들의 관심이 집중됐다. 모자라는 물량은 서울에서 생산한 제품으로 충당하기까지 했다. 국민들은 냄비를 통해 남북 화해 협력과 통일의 이미지를 상상했다. 냄비는 쉽게 제조하면서도 전 국민에게 판매가 용이한 개성공단의 시그니처 제품으로 선정됐다.

만든 곳은 개성이지만 공장 건설은 물론 철판과 냄비 주조용 틀도 모두 서울에서 가져간 것이었다. 공장 가동의 핵심이었던 전력도 남측 문산변전소에서 10만kW를 송전했다. 인력과 토지만 북측이 제공하고 자본과 기술 및 설비 등은 남측에서 투자했다. 통신은 KT, 용수는 수자원공사 등 인프라를 조성하는 데 1조 원의 남북협력기금이 투자됐다.

평당 15만 원의 저렴한 토지 사용료와 100달러가 안 되는 근로자 월급이 고임금에 시달리던 남한 기업에 매력적으로 다가왔다. 봉제, 용기 등 시범단지 15개 입주업체는 초기 투자의 부담을 무릅쓰고 공장을 지었다. 남북 당국은 투자 보장, 이중과세 방지, 청산 결제, 상사 분쟁 해결 등 수백 쪽에 달하는 4대 경협 합의서에 서명하는 등 공단의 안전성 담보에 주력했다.

공단은 북한 영역에 위치한 관계로 동남아 등 다른 해외 공단과 달리 통제가 심했고 자유로운 출입이 어려웠다. 근로자들과 한국어로 소통하는 것은 장점이었지만, 보위부의 감시는 큰 걸림돌이었다. 매년 임금 상승 속도도 시간이 갈수록 당초 합의와 달리 빨라졌다. 현장에서는 공장의 효율적 가동보다 체제 수호가 우선이었다. 지리적 이점과 저렴한 인건비는 긍정적이었지만, 기업인들의 통행 제한과 평양의 무리한 요구는 중국이나 동남아 공단에서는 있을 수 없는 행태였다.

천안함 · 연평도 만행에도 개성공단 가동 지속

한쪽에서는 공장을 가동하면서도 북한 정찰총국은 2010년 천안함 폭침과 연평도 포격이라는 만행을 자행했다. 역대 정부는 위기 상황에서도 개성공단이 북한 개혁·개방의 신호탄이라는 기대감에 가동을 지속했다. 개성공단 입주기업들이 생산성을 높이기 위해 북측 노동자들에게 지급한 초코파이가 큰 인기를 끌면서 화제가 되기도 했다. 오후 3시에 5만여 명의 근로자 1인당 4개씩 제공한 초코파이 간식이 개성 장마당에 유통되면서 자본주의가 부활하기를 희망했다. 이 초코파이는 북한 장마당에서 당시 개당 500원~700원 정도의 비싼 가격에 팔려 노동자들의 적지 않은 부수입원이 됐다.

초코파이가 장마당에서 큰 인기를 끌자 남한에 대한 우호적인 분위기가 확산될 것을 우려한 북한 당국은 '초코파이가 지겹고 물렸다'며 2014년부터 초코파이를 다른 간식으로 대체해달라고 요구했다. 2015년부터는 초코파이를 모방한 '경단설기' 등의 간식을 평양기초식료품공장에서 생산해 평양시장과 개성공단에 공급했다.

필자는 개성공단 입주기업 심사위원을 하면서 이질적인 경제체제 아래에서 비즈니스를 한다는 것이 교과서 이론과는 다르다는 것을 절감했다. 개성공단은 1998년 10월 고 정주영 현대그룹 명예회장이 소 떼를 끌고 두 번째로 방북해 김정일 국방위원장을 만났을 때 처음 논의됐다. 당시 햇볕정책을 펼치고 있던 김대중 정부의 적극적인 지원으로 현대그룹과 북한은 서해안 공단 건설에 관한 합의서를 체결했다. 당시 공단 입지를 두고 현대는 해주를 요구한 반면, 북한은 신의주를 제시했다. 2000년 6월 정주영 회장이 평양을 방문했을 때 북한은 공단 후보지로 개성 지역을 제시했고, 두 달 뒤 방북한 정몽헌 현대아산 회장에게 개성특구 결정을 통보했다. 이 지역은 북한 6사단과 64사단, 62포병여단 등 수도권을 겨냥한 장사정포 부대가 배치된 군사지역이었기 때문에 개성공단은 이례적으로 받아들여졌다. 개성공단 조성으로 이 부대는 북쪽으로 15km 이상 뒤로 물러났다.

2000년 8월 현대아산과 북한 아시아태평양평화위원회, 민족경제협력연합회 3자는 '공업지구 건설·운영에 관한 합의서'를 채택해 개성공단 개발을 공식화했다. 2002년 11월 북한은 개성을 경제특구로 지정하는 '개성공업지구법'을 제정했다.

2003년 6월 330만㎡(약 100만 평) 규모인 1단계 단지 개발이 시작됐다. 2004년 시범단지 9만 3,000㎡를 분양했고, 6월 시범단지에 15개 입주기업이 계약을 체결하고 준공식을 열었다. 개성공단 생산액은 가동 첫해인 2005년 1,491만 달러로 시작해 2007년 1억 8,478만 달러, 2012년 4억 6,950만 달러로 증가했다. 입주업체도 2005년 18개 업체에서 이듬해 30개, 2011년 123개, 2016년 2월 폐쇄 시점 기준 124개로 늘어났다. 개성공단에 5만 명의 북한 노동자가 근무하면서 남측에서는 개혁·개방 및 자본주의 학습장이 되기를 희망했다. 북한 근로자 수는 2004년 10월 55명으로 시작해 2012년 처음 5만 명을 넘어섰다. 국내 중소 규모 공단에 버금가는 인력 규모였다.

개성공단은 해외 진출에 실패한 국내 중소기업의 활로가 됐다. 개성공단 입주업체는 노동 집약 산업인 봉제·섬유 산업과 생산·조립 산업이 대부분을 차지했다. 업종별로 보면 섬유업종이 73개 사로 58%를 차지했고, 기계금속(24개 사, 19%), 전기·전자(13개 사, 11%), 화학(9개 사, 7%) 순이었다.

北 당국 통제와 핵 위협으로 공단 가동 한계 도달

개성공단은 1998년 10월 고 정주영 현대그룹 명예회장이 소 떼를 끌고 방북해 김정일 국방위원장을 만났을 때 처음 논의됐다. 당시 햇볕정책을 펼치고 있던 김대중 정부의 적극적인 지원으로 현대그룹과 북한은 서해안 공단 건설에 관한 합의서를 체결했다.

중국이나 동남아 공단과 달리 현장에선 기업과 북한 당국 간 갈등이 작지 않았다. 북한 노동자는 입주 기업이 직접 고용하는 것이 아니라 개성시 인민위원회가 공급하는 방식이었다. 대부분 고졸(83.1%) 이상의 학력으로, 30대~40대 연령 비중(69.6%)이 가장 컸다. 노동자의 보수는 기본급, 성과급 등 각종 수당과 사회보험료 등이었다.

기본급은 관리위원회와 중앙특구개발지도총국의 합의로 월 최저임금이 결정되고 전년도 최저임금의 5%를 초과해 인상할 수 없도록 했다. 월 최저임금은 50달러로 시작해 2007년 8월 52달러, 2008년 8월 55달러, 2009년 8월 57달러, 2010년 8월 60달러, 2011년 8월 63달러, 2012년 8월부터 67달러로 인상됐다. 2014년 12월 기준 평균 임금은 약 141.4달러 수준이었다.

임금 지급 방식은 직불제가 아니라 기업이 매월 개별 노동자에게 임금 명세표를 보여주고 확인·서명을 받은 후 북한의 중앙특구개발지도총국에 달러로 지급하는 식이었다. 근로자가 누구에게서 급여를 받는지는 경영에 있어 매우 중요한 일이다. 직불제가 시행되지 않으면 근로자와 기업주의 관계는 한계가 있을 수밖에 없다. 입주기업들의 강력한 요구에도 불구하고 직불제는 시행되지 않았다.

총국은 기업이 건넨 임금에서 의료·교육·주택 등 공공서비스 비용을 의미하는 '사회문화시책비' 명목으로 30%를 공제하고 남은 70%는 '물표'라 불리는 현물 임금과 북한 원화로 계산한 현금 임금으로 개별 노동자에게 지급됐다. 대개 근로자 몫 중 80%가 물표로, 나머지가 북한 원화 현금으로 지급됐다. 물표는 개성 시내 10여 개 개성공업지구 전용 물품공급소에서 물건을 사는 데 사용됐다. 전용 물품공급소는 일반 상점보다 낮은 국정 가격으로 물품을 수령할 수 있었다.

2016년 1월 4차 핵실험과 2월 북한의 연이은 미사일 발사로 개성공단이 폐쇄될 때까지 우여곡절이 있었지만, 124개 입주기업은 온갖 불합리한 관행을 견디며 공장을 가동했다. 2007년 대선 당시 이명박 대통령 후보는 강화도 한강하구 모래사장에 나들섬 공단을 건설해 북한 근로자들을 출퇴근 방식으로 일하게 하는 구상으로 개성공단의 근본적인 리스크를 해결하는 방안을 검토했으나 성사되지 않았다. 북한이 근로자를 남측 공단에 송출하지 않을 것이라는 판단 때문이었다.

2013년 3차 핵실험 이후 북핵 위협이 실존적으로 깊어지는 상황에서 공단 가동은 점차 한계를 보였다. 남북관계의 부침에 따라 북한은 일방적으로 기업의 상주 인원을 제한하고 세 차례에 걸쳐 통행을 차단했다. 기업인을 억류하는 상황도 발생했다. 2013년에는 한·미 군사훈련과 최고 존엄 모욕 등의 문제로 5개월간 공단 가동이 중단되기도 했다.

핵무기 개발이 본격화됨에 따라 11건의 유엔 대북제재도 발동됐다. 공장 가동은 점차 한계상황에 다다랐다. 경제협력이 정치적 협력을 가져온다는 기능주의(functionalism) 접근은 한계를 보였다. 유럽연합(EU)에서 시현된 경협이 정치적 화해와 협력으로 확산된 파급효과(spillover)는 개성공단에서 나타나지 않았다. 2020년 6월 북한은 개성공단 내 235억 원이 투입된 남북공동연락사무소를 전격 폭파했다. 연락사무소 바로 옆에 있는, 2007년 참여정부 시기에 지어진 개성공단 종합지원센터도 심하게 훼손됐다.

공단에 남은 남측 자산 무단사용 정황 포착

현대자동차가 만든 개성공단 북한 노동자들의 통근버스(왼쪽)가 최근 평양 시내에서 운행되고 있는 모습(오른쪽)이 포착됐다. 북한이 개성공단 내 남측 자산을 무단 사용한 정황을 보여주는 사례다. / 사진: 중앙포토, 연합뉴스

2021년부터 북한이 개성공단 내 한국 자산을 무단으로 사용하는 정황이 위성사진과 북한 관영 매체를 통해 지속적으로 포착되고 있다. 최근 정부가 개성공단 무단 사용에 대해 강력하게 경고했는데도 북한은 오히려 공단 내 공장 가동을 확대하고 있다. 미국의 소리(VOA) 방송은 2022년 4월 20일 촬영된 위성사진을 분석한 결과 개성공단 내 21곳의 건물과 공터에서 버스와 인파, 자재 등이 발견됐다고 보도했다. 6월 들어 가동 공장은 30곳으로 늘었다.

특히 쿠쿠전자, 사마스전자, 명진전자, 제씨콤 등 기업에서는 전기·전자 장비 등 상대적으로 부가가치가 큰 제품이 생산되고 있다. 정보당국이 브로커의 활동 내역과 북·중 간 유통된 제품을 조사한 결과 이 중 일부는 평양백화점 등에서 자체적으로 판매하고, 나머지는 중국과 러시아 등으로 수출해 외화를 벌어들이고 있는 것으로 파악됐다.

개성공단 철수 때 쿠쿠전자는 밥솥 완제품 1만여 개와 42만여 개를 만들 수 있는 부품·자재를 두고 철수했다. 자유아시아방송(RFA)은 "생산 인력은 개성공단이 운영될 때 남조선의 쿠쿠전자 기업에 근무하던 개성 주민들"이라고 보도했다.

개성공단에서 만든 전기밥솥에는 '비음성 압력밥가마'라는 상표가 붙었는데

평양백화점에서 6인분 밥솥은 50달러(북한 돈 41만 원), 10인분 밥솥은 80달러(북한 돈 65만 6,000원)에 판매된다고 한다. 쿠쿠밥솥은 북한 주부들 사이에서 인기가 매우 좋다고 알려졌다. 공단 내 의류 공장 설비를 무단으로 가동해 학생 교복과 내수용 의류를 생산했다는 주장도 나왔다. 북한은 현재 개성공단 내 봉제 공장 위주로 전체 우리 설비의 10%~15% 정도를 사용하는 것으로 추정되고 있다.

최근엔 개성공단의 전자제품 생산 업체에 청색 버스 여러 대가 서 있는 모습이 위성사진에 포착되고, 통근용 버스가 평양 시내를 누비는 모습이 처음 확인됐다. 개성공단 가동 당시 운용하던 북측 근로자 출퇴근 버스는 현대자동차의 '에어로시티' 290대였다. 이 중 약 220대는 개성공단 내 버스 차고지와 공장 공터 등에서 위치가 확인됐지만, 나머지 약 70대는 행방이 불투명한 상태다.

'에어로시티'는 지붕에 하얀색 에어컨이 설치돼 있어 다른 중국제 버스와 달리 위성사진으로도 쉽게 판별된다. 위성사진을 통해 3대가 개성 시내 큰 도로를 주행 중인 모습이 포착됐고, 13대가 광장 혹은 차고지에서 주차된 형태로 발견됐다. 차고지로 추정되는 한 지점에 11대의 버스가 서 있었는데 이 중 9대가 하얀색 에어컨이 설치된 '에어로시티'였다. 북한이 공단 출입 근로자를 출퇴근시키거나 개성 시내에서 일반 승객들을 실어 나르고 있는 것으로 추정된다.

'통일 마중물'이라던 기대감은 허상이었나

표 6-2 개성공단 중단에 따른 기업 피해 내역 (단위: 억 원)

구분	신고금액	확인금액
투자(토지·건물·기계장치 등)	5654	5088
유동자산(원부자재 등)	2317	1917
위약금	1100	633
개성 현지 미수금	375	141
합계	9446	7779

자료: 통일부 '개성공단 전면중단에 따른 기업 실태조사결과' (2016)

북한이 개성공단을 무단 가동하기로 결정한 시점은 2019년 2월 '하노이 노딜'로 북·미 대화가 사실상 종료되고, 문재인 정부의 대화 재개 시도가 완전히 무산되면서 남북공동연락사무소를 폭파한 2020년 6월 이후로 파악된다. 2018년 6월부터 2020년 1월까지만 해도 남측 인력 50여 명이 공단 내 연락사무소에 상주하기도 했다.

2020년 11월부터는 개성공단 일대를 촬영한 위성사진을 근거로 북한이 개성공단을 무단으로 가동하는 정황이 외신을 통해 보도되기 시작했다. 문재인 정부는 임기 말까지 북한의 개성공단 불법 사용에 대해 공개적인 항의를 하지 않았다. 개성공단 불법 사용과 관련한 문재인 정부의 공식 메시지는 2022년 5월 9일 윤석열 대통령 취임식 전날이 돼서야 사실상 처음으로 나왔다.

북한의 개성공단 무단 가동은 소탐대실이다. 북한은 2012년 김정은 집권 이후 20여 개의 경제특구를 지정해 투자유치에 열을 올리고 있다. 수백 쪽에 달하는 경협 합의서를 휴지 조각으로 만드는 공장 무단 가동 행위는 비즈니스 관행에 맞지 않고 기업인의 발길을 끊게 할 것이다. 북한이 투자 분쟁 해결 절차도 지키지 않고, 스스로 사인한 '남북 사이의 투자보장에 관한 합의서'와 '개성공업지구법'을 대놓고 위반하는 상황에서 북한에 투자하겠다는 기업인이 나올 리 없다.

중국의 지도자 덩샤오핑(鄧小平)은 지난 1980년 개혁·개방을 선언하고 상하이 등 14개 항구를 개방했다. 그는 점을 선으로 연결하고 내륙으로 확대하는 점(点)·선(線)·면(面) 발전 전략을 야심 차게 추진했다. 하지만 100억 달러를 유치하는 데 만 5년 이상 소요됐다. 그는 꼬리표가 달린 돈은 의심이 많고 장기적으로 수익을 장담할 수 없으면 절대 움직이지 않는다는 사실을 절감하고 과감한 투자유치 전략을 구사했다.

통일의 마중물이라는 대의명분으로 출범했던 개성공단은 이제 통일 이후를 기약할 수밖에 없을 것이다. 통일 냄비처럼 순식간에 달아올랐던 개성공단은 일순간에 막을 내렸다. 북한의 주장대로 정치·군사 분야의 '근본문제' 해결 없이 경제협력을 성공적으로 진행하는 것은 한계에 직면했다. 정세가 안정되면 재가동되지 않을까 기대했던 기업인들의 가슴에 대못을 박았다. 북한은 중국 업체를 상대로 개성공단에 투자 및 일감을 유치하려고 시도하고 있다. 여의찮으면 우리 기업들의 시설을 무단 사용하는 것을 넘어서 중국에 팔아넘기려는 시도까지 검토한다는 소문이다. 개성공단 내 공장 건물과 각종 장비 및 설비는 모두 한국 측 자산이다.

감성에 매몰된 남북관계 개선 기대 경계해야

최근 금강산 지역에 투자했던 관광공사와 현대아산의 금강산호텔과 금강산역 등 시설물이 북측에 의해 완전히 철거돼 흔적도 없이 사라져 버렸다. 2019년 김정은의 현장 시찰에서 "너절한 남측 시설을 싹 들어내라"라고 지시한 결과다. 북한이 개성공단 출퇴근 버스 등 우리 자산을 무단 사용한다는 관측이 꾸준히 나오자 통일부는 2023년 4월 6일 북한에 개성공단 내 우리 측 시설의 무단 사용을 중단하라는 내용의 통지문을 발송하려 했지만, 북한은 수령을 거부한 뒤 남북공동연락사무소와 군 통신선 간 정기 통화를 끊어버렸다.

최근 통일부는 '개성공단 무단 가동'에 대해 북한에 손해배상 소송을 검토하고 있지만, 공단의 태생적인 한계로 실효성은 떨어진다. 개성공단 무단 사용에 대한 법적 조치의 실효성보다 북한의 불법적인 행위에 대해 가용한 모든 수단을 동원하겠다는 정치적 의지를 표현한 것으로 평가된다. 북한을 상대로 소송을 검토하고 있는 기관으론 남북협력기금 수탁기관인 한국수출입은행, 통일부 산하 개성공업지구지원재단 등이다. 수출입은행은 개성공단 가동 중단으로 피해를 본 기업들에 남북협력기금으로 조성된 경협보험금을 집행하면서 신청 기업들에 대위권 행사 관련 약정서를 받아 공단 내 일부 자산에 대한 법적 권리를 갖고 있다.

공단이 우리의 관할권 밖에 있다는 태생적 한계는 출발부터 심각한 문제였고 결국 발목을 잡았다. 모래 위에 세워진 사상누각의 운명은 이미 예견돼 있었으나 민족이 이념보다 앞설 수 있다는 환상으로 거액의 남북협력기금을 쏟아부은 후과(後果)다.

일찍이 조국 헝가리에서 사회주의를 체험하고 하버드대에서 강의했던 석학 코르나이(J. Kornai) 교수는 지난 1991년 그의 명저 『사회주의 정치경제이론』에서 체제와 권력의 본질적인 변화가 발생해야 사회주의 국가와 경제협력이 성공할 수 있다고 진단했다. 석학의 조언을 떠나 상식적으로도 판단할 수 있는 이야기다. 하지만 선거 때마다 민족이라는 감성에 매몰되고 표를 얻기 위한 포퓰리즘적 선동이 남북관계에서도 횡횡하면서 시행착오는 여전히 되풀이되고 있다.

[남성욱의 평양리포트] 월간중앙 2023년 7월호

교황 방북 가능성과 선결 조건

바보야, 문제는 날씨가 아니라 얼어붙은 북한 체제라고!
남·북·미 관계 개선 마지막 승부수 '교황 방북' 띄운 문재인 정부
정치·종교적 변수 많고 북한이 개혁·개방 의지 보여야 성사 가능

2021년 10월 29일 교황청을 공식 방문한 문재인 대통령이 프란치스코 교황에게 비무장지대(DMZ) 철조망을 잘라 만든 평화의 십자가를 설명하고 있다. 청와대는 문 대통령 임기 내 교황의 방북을 추진하였으나 실패하였다. / 사진: 연합뉴스

종전선언으로 부족했는지 2탄 교황 방북이 공론화됐다. 과연 제266대 교황 프란치스코는 언제 방북할 것인가? 아니 방북할 수 있을까? 방북한다면 평양 인민대

학습당에서 미사를 보고 신자들을 만날 수 있을까? 교황 방북은 북한 체제와 동북아 갈등 구도에 어떤 영향을 미칠 것인가? 등등 화두는 무궁무진하다. 예상과 달리 당장 임박한 현안은 아니다. 박경미 청와대 대변인은 2021년 11월 2일 브리핑에서 프란치스코 교황의 방북 시기와 관련 "교황님이 아르헨티나(라는) 따뜻한 나라 출신이기 때문에 겨울에는 움직이기 어렵다고 알고 있다"라고 했다. 청와대의 기대와 달리 올겨울은 아니라는 판단이다.

하지만 교황 방북이 어렵다는 이유가 날씨 때문이라는 박 대변인의 해명에 대해 즉각 반론이 튀어나왔다. 미국의소리(VOA)는 2021년 11월 3일 "(박 대변인은) 아르헨티나에 스키장이 있다는 것을 아느냐고 그레그 스칼러토이우 북한인권위원회 사무총장이 반문했다"라고 보도했다. 아르헨티나의 관광도시 바릴로체에는 파타고니아 스키 리조트가 있고 2017년 7월에 이 지역은 영하 25.4도를 기록했다. 박 대변인이 교황의 방북 가능성이 낮은 이유로 교황 고향의 기후를 꼽은 게 사안의 본질을 왜곡했다고 꼬집은 것이다. 필자는 2012년 6월 민주평통 사무처장 재임 시절 아르헨티나를 방문했다. 교민들이 수도 부에노스아이레스에서 개최되는 평통 자문위원 행사에 참석하기 위해 1,000km 이상의 거리에서 20시간 넘게 운전을 하고 왔다는 이야기를 듣고 아르헨티나 국토가 상상 이상이라고 느꼈다. 6월인데도 한국의 초겨울처럼 추웠다. 한여름 서울에서 출발하느라 겉옷을 준비하지 못한 탓에 교민들이 이튿날 야외 공원에서 개최된 기념식수 행사를 위해 두툼한 외투를 가져다준 기억이 난다.

'교황 방북' 띄운 청와대, 정작 실현 가능성은 거리 두기

북한의 종교 활동은 극히 제한적으로 이뤄진다. 북한의 유일한 성당인 장충성당에서 2015년 12월 3일 방북주교단이 조선가톨릭교협회 관계자 및 신자들과 미사를 봉헌하고 있다.

교황의 해외 순방은 개별 국가 정상과 그 나라 주교단이 초청하고 교황이 수락해야 가능하다. 북한은 주교회의가 없으니 일단 김정은 위원장의 초청이 필요하다. 우선 'Y(교황 방북)＝f(X1, X2, X3, X4…)'라는 방정식에서 Y(교황 방북)라는 종속변수는 외부 독립변수, X1…에 의해 결정된다. 따라서 독립변수를 분석해 교황 방북이라는 메가톤급 주제를 해부해 보자.

우선 첫번째 외부 독립변수는 북한의 초청이다. 아무리 청와대에서 군불을 때고 분위기를 조성해도 평양이 불허하면 일은 성사되지 않는다. 종교를 아편으로 간주하는 북한으로선 세계 14억 신자가 믿는 가톨릭 수장인 교황의 방북은 결정하기 쉽지 않은 이슈다. 자칫 후폭풍이 평양에 몰아닥칠 수 있다. 세계에서 가장 오래된 직책 중 하나인 교황직을 맡고 있는 그리스도 대리자(Vicarius Christ)의 방북은 1948년 조선민주주의인민공화국(DPRK) 수립 이후 한 번도 '가보지 않은 길(The Road not taken)'에 발걸음을 내딛는 것이다.

북한 당국은 1970년대 주체사상을 확립하는 과정에서 모든 이데올로기와 종교 이념을 탄압했다. 1984년 요한 바오로 2세의 방한을 계기로 북한은 종교 탄압이 국제사회로부터 외면당할 수 있다는 두려움에 조선천주교협회를 결성하고 평양에 장충성당을 건립했다. 1988년 평양시 선교구역에 건립된 장충성당은 북한의 유일한 성당이다. 부지 2,000㎡에 건평 1,852㎡ 규모로 지어진 장충성당은 총 수용인원이 200여 명으로 평양시 주변 신자들이 매주 일요일 이곳에 모여 미사를 올린다고 홍보한다. 장충성당에는 로마 교황청에서 파견한 상주 신부가 없어 신자 대표 2명이 돌아가며 매주 일요일 3차례 미사를 개최한다고 선전하고 있으나 역시 미지수다.

지난 2005년 필자는 평양 방문 당시 일요일을 맞아 동행한 목사들과 함께 북한의 2대 교회인 칠골교회에서 아침 예배를 보았다. 아무래도 교회의 분위기는 남한과 달랐다. 조선기독교협회 소속 북한 목사가 예배를 집전했으나 내용은 상당히 형식적이었다. 담임목사의 강론은 없었으며 간단한 성경 낭독과 찬송가를 부른 후에 조국의 평화적 통일을 위해 기도하는 형식이었다. 예배 시간 동안 북한 목사의 행태와 일부 멀리 떨어져 앉은 북한 신자 10여 명의 모습을 힐끔힐끔 살피느라 한 시간이 순식간에 지나가 버렸다.

평양이 교황의 초청에 고심하는 이유는 북한 체제에 득이 될지 여부 때문이다. 북한의 정책 결정을 SWOT 분석으로 접근해 보자. 우선 장점(strength)이나 기회(opportunity) 요인은 실질적인 경제적 이득이다. 2016년 4차 핵실험 이후 채택된 5건의 유엔 안보리 대북제재로 숨이 막혀 질식 수준인 평양으로서는 돌파구를 찾아야 하는 긴박한 상태에 있다. 3차례에 걸친 김정은 위원장과 트럼프 전 대통령의 회동도 동상이몽으로 끝나 제재 완화를 끌어내지 못했다. 2020년 1월부터 시작된 코로나바이러스 위기는 수령 지위에 등극한 김정은조차도 감당하기 어려운 국면으로 빠져들고 있다. 아무리 문재인 전 대통령이 종전선언 카드를 들고 뉴욕과 로마로 뛰어다니지만 조 바이든 미국 행정부가 쉽게 결단을 내릴 것 같지는 않다. 무리한 워싱턴 설득 전략으로 인해 한·미 간 이견만 노출되고 있는 상황에서 제3의 카드가 불가피한 상황이다.

교황이 방북해 장충성당에서 미사를 집전하고 세계 천주교인을 상대로 북한에 대한 인도적 지원과 유엔 안보리 제재 해제의 불가피성을 선언한다면 평양으로서는 난국 돌파에 매우 긍정적일 것이다. 로마 교황청과 이탈리아 북한 대사관의 사전 협상에서 교황 방북 시 연출할 환상적인 그림을 논의하는 것이 핵심이다.

다른 장점 2번은 북한 체제의 정당성 확보다. 미국 CNN 보도는 교황 방북의 양면을 보여준다. 문 전 대통령이 2021년 10월 18일 바티칸을 방문해 전달한 김정은의 교황 방북 요청 메시지를 두고 미국 뉴스 채널 CNN은 리드를 이렇게 뽑았다. "오늘 찬란한 바티칸 교황청에서, 악랄한 독재자가 뻔뻔한 제안을 했다(In the exalted halls of Vatican today, an audacious gesture made by brutal dictator)." 앞서 CNN은 2018년 10월 18일 자 방송에서도 '김정은, 프란치스코 교황에게 뻔뻔한 제안을 하다(Kim Jong Un's audacious gesture to Pope Francis)'라는 제목으로 브라이언 토드(Brian Todd) 기자의 방송을 내보냈다. 산천과 인걸은 변한 것이 없는 상태에서 3년 만에 문 전 대통령이 교황 방북 카드를 재점화시킨 것이다. CNN은 "김정은의 의도는 명확하다"라며 "(교황을) 정권 홍보에 활용할 것(More Good PR for the Regime)"이라고 단언했다. 이어 "김정은의 교황 초대는 또 다른 형태의 북한 '평화 공세(charm offence)'이며, 그동안 연속으로 개최된 북한과 한·미 정상회담의 연장선상에서 봐야 한다"라고 지적했다.

교황 방북 시 국제적 파급효과 상당해

북한은 미국과의 관계 개선을 위해 종교 지도자를 활용하곤 했다. 북핵 위기가 고조되던 1994년 2월 김일성 북한 주석이 평양에서 빌리 그레이엄 목사를 맞이하고 있다.

CNN은 미국의 빌리 그레이엄(Billy Graham) 목사도 1990년대에 두 번 방북했으나 독재체제를 정당화하는 데 활용됐던 사실을 상기시켰다. 북한은 과거부터 교황의 방북을 통해 '정상국가의 정상 지도자' 이미지를 국제사회에 홍보하고, 비핵화 의지를 과시할 기회를 모색했다. 김일성·김정일 시절에도 교황의 방북을 성사시키기 위한 시도가 있었다. 태영호 전 공사는 그의 책 『3층 서기실의 암호』에서 1991년 한국과 소련, 중국의 외교관계가 개선되자 "김일성은 김영남에게 관련 조치를 지시했고, 1991년 외무성 내에 교황을 평양에 초청하기 위한 상무조(TF)가 편성됐다"라고 했다. 초청 시도 배경에 대해선 "(김일성은) 교황이 다른 나라를 방문할 때마다 열광적인 환영을 받는 뉴스를 보면서 교황 요한 바오로 2세를 북한에 오게 한다면 외교적 고립에서 벗어날 수 있다고 기대했다"라고 했다. 김정일 위원장도 2000년 남북정상회담 때 김대중 전 대통령의 권유로 교황 초청 의사를 밝혔지만, 두 시도는 모두 무산됐다. 교황청과 주석궁 양측의 복안이 동상이몽이었기 때문에 총론에서는 합의가 이뤄지지만, 각론에서는 이야기는 달라진다. 김정은도 같은 고민에 직면하고 있다.

교황 방북을 미국과의 협상 카드로 활용하려는 북한

코로나19 영향으로 북한은 국경을 폐쇄하는 등 확산 방지에 총력을 기울인다. 교황 방북이 성사되더라도 집단감염 위험이 높은 대규모 군중 동원이 가능할지는 미지수다. 2021년 7월 북한의 러시아 근로자들이 구급차를 타고 귀국길에 오르고 있다. / 사진: 연합뉴스

둘째 외부 독립변수는 방북에 대한 교황의 의지다. 프란치스코 교황은 가톨릭교회 수장이 되기 전 고국 아르헨티나에서 빈민을 위한 목회자로 이름을 알렸다. 그래서인지 취임 초부터 북한에 대한 인도적 지원에 적극적이었다. 하지만 교황의 해외 방문은 개인적인 취향을 넘어 명분에 있어서도 전 세계 가톨릭 신자의 묵시적 지지를 받아야 한다. 교황의 권위와 위상에 걸맞지 않은 행보는 기획할 수도, 실제 추진할 수도 없다.

청와대는 이번 교황청 방문 전후에 프란치스코 교황의 방북이 성사될 수 있도록 지원하겠다는 뜻을 밝혔다. 2018년 김정은과 트럼프 간 정상회담 중개처럼 중

매쟁이 역할을 적극적으로 하겠다는 의미다. 당시는 김정은이 트럼프와 2018년 6월 1차 싱가포르 회담과 2019년 2월 하노이 회담을 앞두고 미국의 양보를 끌어내는 데 골몰하던 시기였다. 2018년 9월 평양 남북정상회담에서 문 전 대통령이 "교황님이 평양을 방문하면 좋지 않겠느냐"라고 묻자 김정은 위원장이 "평양에 오신다면 열렬히 환영하겠다"라는 의례적인 답변을 했다. 다음 달인 2018년 10월 교황을 만난 자리에서 문 전 대통령이 "김정은 위원장이 초청장을 보내도 좋겠냐"라고 묻자 교황은 "초청장이 오면 응답을 줄 것이고, 나는 갈 수 있다"라며 "(북한이) 공식 초청장을 보내주면 좋겠다"라고 말했다. 국정원은 즉시 평양 통일전선부에 교황의 발언을 전달하고 사업 추진을 제안했다. 북한 통전부와 외무성은 호락호락하게 움직이지 않는 트럼프를 공략하기 위해 교황 방북 카드를 검토했다. 하지만 교황의 방북이 미국의 양보를 끌어내는 득보다 체제 유지에 실이 많다고 판단했다.

일각에서 교황의 방북을 두고 이라크 방문 카드를 대비시키기도 한다. 하지만 교황이 코로나에도 불구하고 2021년 3월 사상 첫 이라크를 방문한 것과 북한 방문은 결이 다르다. 교황이 이라크 땅을 밟은 것은 2000년 가톨릭 역사상 처음이다. 교황은 이슬람 시아파 최고지도자인 알시스타니와 만나 종교 간 공존과 화합의 메시지를 전달했다. 프란치스코 교황은 2013년 즉위 이래 여러 차례 이라크를 방문하고 싶다는 뜻을 피력해 왔고, 이라크 내 치안 불안과 코로나 확산에도 불구하고 약속을 지키겠다며 이라크 방문을 강행했다. 기독교와 이슬람교, 유대교의 공통 조상인 아브라함의 고향을 찾아 종교 분쟁을 교황이 중재하겠다는 종교적 통합(New World Religion Order)의 소명이 깔렸다. 하지만 북한은 통합해야 할 종교 자체가 사실상 존재하지 않는다. 교황의 방북이 사진 찍기용으로 끝날 가능성을 배제할 수 없다.

문재인 정부는 한반도 평화 프로세스의 진전을 도모하기 위해 교황의 방북을 추진했다. 하지만 교황은 평양에 가서 무엇을 하고 이후에 어떤 것을 끌어낼지에 관심이 집중되어 있어 청와대와 교황청 간 생각의 괴리가 작지 않다. 북한과 교황청의 동상이몽 못지않다. 교황청은 단순히 북한에 가는 것보다 종교적으로 가장 '음지'인 그곳에 가서 무엇을 할 수 있을지를 고민한다. 2010년대 이후 북한에 억류된 것으로 공식 확인된 한국 국민은 김정욱 등 선교사 3명과 탈북민 3명 등 총 6명이다. 교황 방북에도 이들이 풀려나지 못한다면 역풍을 맞을 수밖에 없다. 평양이 교황 방북 시 이들을 석방하고 얻을 수 있는 실질적인 혜택은 무엇인가? 이들이 서울에 귀환한 후 북한 실상을 폭로할 경우 자칫하면 인권 유린 국가의 이미지만 부각될 가능성이 있다는 판단이다. 2019년 2월 금강산에서 열린 새해맞이 공동 행사에 참석한 김희중 천주교 대주교가 만찬장에서 강지영 조선가톨릭협회 위원장과 이야기를 나눴다. 김희중 대주교는 "올해 교황께서 11월에 일본 방문 일정이 예정돼 있다"라며 "북한도 방문하셔서 판문점에서 남북 정상과 함께 만날 수 있으면 좋겠다"라는 바람을 전했다. 교황의 일본 히로시마 방문은 성사됐지만, 방북은 아직까지 성사되지 못했다. 교황의 행보는 국제정치와 종교적 함의가 갖는 복합적인 검토가 필요하다. 오다가다 들리는 행보는 말처럼 가능하지 않다.

청와대, 교황청, 북한의 동상이몽 좁히기 쉽지 않아

박지원 국가정보원장은 2021년 7월 5일 전남 목포시 산정동 성당에서 열린 준대성전 지정 감사 미사에 참석해 "프란치스코 교황 평양 방문을 추진 중"이라고 밝혔다. / 사진: 연합뉴스

박지원 국정원장은 지난 7월 5일 전남 목포 산정동 성당에서 열린 준(準)대성당 지정 감사미사에 참석해 "프란치스코 교황의 평양 방문을 추진하고 있다"라고

밝혔다. 당시 미사엔 광주대교구장 김희중 대주교와 주한교황대사인 알프레드 슈에레브 대주교가 참석했다. 축사 형식이기는 했지만, 국가정보기관장이 천주교 미사에 참석해 '교황 방북 추진'이란 화두를 꺼냈다. 이후 7월 9일에는 박병석 국회의장이 다시 '교황 방북' 이야기를 꺼냈다. 바티칸을 방문해 교황청 이인자인 파롤린 국무원장을 만난 자리였다. 파롤린 추기경은 교황 방북과 관련해 "북한의 초청장이 오길 바란다"라고 말했다.

당시 로마 가톨릭 교황청 성직자성 장관인 유흥식 대주교는 교황 방북과 관련하여 '북한 측 인사와 접촉한 적이 있는가'라는 물음에 "제가 직접 접한 적은 없다"라면서도 "기회가 되면 만났으면 좋겠다는 얘기는 이뤄졌다"라고 답했다. 유 대주교는 "북한이 어려운 상황에 처했다. 이 위기는 기회가 될 수 있다"라면서 "어렵다고 손 놓고 있는 게 아니라 (교황의 방북 등을 위해) 노력하고 있다"라고 말했다. 해결해야 할 과제가 많고 여건이 조성돼야 가능하다는 원론적이고 우회적인 답변이다. 아무리 지략가 정보기관장이 나서도 사실상 7월 이후 새롭게 진전된 사항은 없다는 분석이다.

방북의 마지막 변수는 교황의 건강이다. 이탈리아 일간신문 『라 레푸블리카』는 2021년 7월 8일 교황이 수술 후 회복 중에도 방북 가능성을 검토하고 있다고 보도했다. 프란치스코 교황은 2021년 7월 4일 로마 가톨릭 게멜리 종합병원에서 결장협착증 수술을 받았다. 프란치스코 교황이 장 절제 수술 후 입원 중 실제 콘클라베(Conclave, 교황 선출 투표)를 준비하는 움직임이 있었다는 사실을 털어놨다. 예수회가 발간하는 가톨릭 매거진 『라 치빌타카톨리카(La CiviltaCattolica)』는 7월 12일 슬로바키아 수도 브라티슬라바에서 자리를 함께한 교황과 예수회 신부 53명과의 대화 내용을 공개했다. 교황은 이 자리에서 자신과 가톨릭교회를 '가십'의 대상으로 삼거나 합당한 이유 없이 공격하는 교계 내 전통·보수주의자에 대한 불편한 심정을 가감 없이 드러냈다. 1936년생으로 85세인 교황은 퇴원 이후 순조롭게 회복했으나 최근 대중 행사에서 다소 약해진 목소리에 수척한 얼굴이 공개되며 건강 이상설이 제기됐다. 고령에 장거리 비행은 모든 정치적 여건을 떠나 여전히 큰 장애물이다. 첩첩산중의 마지막 걸림돌이다.

사실 교황 방북이 논의된 건 이번이 처음이 아니다. 멀리는 김대중 정부 때부터 진보와 보수 정부는 각기 다른 목적으로 교황의 방북 카드를 검토했다. 진보 정부는 북한과의 교류 협력과 정당성 확보를 위해서다. 보수 정부는 평양의 개혁 개방이 목적이었다. 박근혜 정부 시절 국정원은 당시 북한의 개혁·개방을 유도하기 위해 교황 방북 카드를 검토했다.

북한이 먼저 문 열어야 교황 방북 가능

2015년 9월 20일 프란치스코 교황이 쿠바를 방문해 피델 카스트로 전 국가평의회 의장을 만났다. 당시 만남은 쿠바가 1961년 미국과 국교를 단절한 이후 54년 만에 적극적으로 관계 정상화에 나서면서 이뤄졌다.

교황은 2015년 9월 평양을 방문한 미겔 베르무데스 쿠바 국가이사회 제1부위원장을 통해 김정은 위원장에게 메시지를 전했다. 김정은은 쿠바 대표단에 "미국과의 관계 개선을 원한다"라며 "기회가 된다면 교황의 방북을 희망한다"라고 말했다. 프란치스코 교황이 2014년 미국과 쿠바의 국교 정상화에 중재자 역할을 했기 때문에 북한은 미국을 움직이기 위해 교황을 언급했다. 당시 이병호 원장

(2015.3~2017.6)의 국정원은 교황의 방북이 북한의 개혁 개방을 유도하는 데 기여할 수 있다고 평가했다. 하지만 북한의 거부로 서류상 프로젝트는 추진되지 않았다. 특히 2016년 북한이 핵실험을 하면서 교황 방북 논의가 더는 진전되지 못했다.

3년 만에 재점화한 교황의 방북은 '아르헨티나 날씨 문제'로 일단 막을 내리고 있다. 사전에 조율되지 않은 북한 이슈는 2019년 하노이 노딜에서 보듯이 '혹시나에서 역시나'로 귀결된다. 특히 교황은 트럼프가 아니다. 하늘의 사도인 그의 해외 방문은 전 세계 천주교인의 관심이며 언론의 관심이다. 1998년 요한 바오로 2세가 피델 카스트로 당시 쿠바 국가평의회 의장의 초청으로 처음 방문했다. 2013년 3월 베네딕토 16세가 두 번째로 방문한 데 이어 프란치스코 교황이 2015년 9월 세 번째로 쿠바를 방문했다. 교황의 방북 의전은 최소한 쿠바 방문 수준이 돼야 교황청도 초청에 응할 수 있다. 평양이 쿠바 아바나 수준의 열린 마음을 보여줘야 한다.

북한의 문을 열기 위해 교황이 방북하는 게 아니라 북한이 개방됐다는 사실을 확인하기 위해 교황이 방문한다. 교황은 하늘의 대리인이기는 하지만, 전지전능한 신(God)이 아니다. 교황청을 방문해 방북을 채근하고, 평양에는 교황이 방북하면 큰 선물을 줄 거라고 오도하는, 정직하지 못한 거간꾼 역할은 한계가 있다. 때가 되면 서울에서 교황의 방북을 제안하지 않아도 교황청이 직접 북한과 협상할 것이다. 하지만 아직은 평양의 하늘이 가톨릭 전체의 영적 지도자인 교황의 방문을 맞이할 준비가 부족하다. 교황과 북한체제에 대한 독특한 입장과 전후 관계에 대한 이해가 선행되어야 한다. 그렇지 않으면 평양은 물론 교황청까지 포함된 메가톤급 이슈가 고작 아르헨티나 날씨 탓으로 끝나 국제적인 가십거리가 되고 말 것이다.

[남성욱의 평양리포트] 월간중앙 2021년 12월호

06

'일본 안의 작은 북한' 조총련의 실체

'지상낙원'이라며 동포 등 떠민 대민족 사기극 잊었나
해방 후 재일동포 북송 앞장, 해외 자금줄 역할도 자처
조총련 행사 무단 참석은 법 무시한 재야 영웅주의일 뿐

1959년 12월 14일 북송 제1진 233가구 975명을 태우고 일본 니가타(新潟)항
을 떠나는 최초의 북송선인 소련 선박 투보르스크호.

2010년 5월 국가정보원 산하 국가안보전략연구원장 자격으로 일본 교토(京都)의 사학 명문 리쓰메이칸(立命館) 대학에서 '최근 북한 동향과 한반도 정세분석'을 주제로 특별 강연을 했다. 반한(反韓) 성향이 강한 서승 교수가 코리아연구센터 연

구원으로 있는 등 평화학을 강조하며 진보적인 대학이라 강연 수락에 고심했다. 평소 친분이 있던 국제관계학과 나카토 사치오(中戸祐夫) 교수가 직접 방한해 강연을 요청했다. 나카토 교수가 1년에 한 번 정도는 평양을 방문함에 따라 관련 사정을 파악하고, 일본의 대북정책 연구 실태 등을 논의하기 위해 3박 4일 일정으로 교토를 방문했다.

예정된 강연은 한국 정부의 대북정책을 체계적으로 설명하며 순조롭게 진행됐다. 소동은 90분에 걸친 강연을 마치고 추가 질의 응답시간에 벌어졌다. 일반 학생들의 단순한 질문이 끝나고 60대로 보이는 인물 둘이 자기소개도 없이 한국 정부의 대북정책을 비난하고 장황하게 친북 성향의 질문을 했다. 예를 들어 북핵 개발은 미국의 공격에 대응한 정당한 자위권의 발동이며, 북한의 주체사상은 최고의 이념이고, 대한민국은 한반도에서 미제(美帝)의 속국으로 정통성이 없다며 이에 대한 필자의 의견을 문의했다.

20여 분에 걸쳐 요점 정리식으로 답변했으나 그들의 질문은 계속됐고 사회자인 문경수 교수가 마감 시한을 이유로 두 시간에 걸친 강연회를 종료시켰다. 하지만 그들의 반발은 세미나 이후에도 계속됐다. 학교 만찬장은 물론 저녁에 호텔 숙소 앞에서 기다렸다가 필자에게 대화를 요청하는 등 광신도처럼 집요하게 접근했다. 나카토 교수는 조총련 교토 지부 소속 조직원이니 신경 쓰지 말라고 했지만, 그들의 집착은 사상범 수준이었다. 교토 체류 3일간은 숨바꼭질의 연속이었다.

그들은 필자의 주장은 처음 들어보는 논리로서, 자신들은 김일성의 항일정신과 김정일을 추앙한다며 지속해서 논쟁을 걸어왔다. 그들이 평양을 가본 적이 있다고 하길래 언제 기회가 되면 서울을 방문해서 비교하고 다른 시각을 갖고 한반도 정세를 보기 바란다는 말로 매듭지었다. 하루 이틀간의 대화로 의식을 수정할 단계가 아니었다.

조총련이 세운 초·중·고·대학까지 주체사상 주입

재일교포였던 문세광은 1972년 조총련에 포섭된 뒤 주체사상에 심취했다가 2년 뒤인 1974년 광복절 기념식장에서 박정희 대통령을 시해하려다 육영수 여사를 살해했다. 사형선고를 받은 뒤 문세광은 "나는 바보였다"라는 말을 남겼다.

일본에서 태어나 심한 민족 차별과 멸시를 받다가 조총련이 세운 조선학교에 입학해서 편향된 교육을 받은 굴곡진 재일교포의 어두운 단면이다. 초·중·고 및 조선대학교로 이어지는 조총련의 교육기관이 2, 3세대 재일교포들에게 잘못된 역사의식과 세계관을 주입한 결과였다. 이들 조총련계 학교의 학습조 조직은 민족교육이라는 명분으로 김씨 일가의 주체사상 등을 가르치고 한국의 발전을 미제 종속이라고 비판했다.

오사카, 교토 등 일본 관서(關西) 지방은 재일교포가 다수 거주해 과거부터 조총련의 활동이 왕성한 곳이었다. 필자의 강연을 방해하라고 본부에서 지시가 내려왔으나 리쓰메이칸 대학에서 사전에 행사 방해 금지에 대한 경고를 해 항의성 질문을 하는 선에서 끝난 것이라고 일본 교수에게 후문을 들었다.

조총련의 전신은 1945년 세워진 재일본조선인연맹이다. 이후 1955년 북한의 '해외 공민단체'로 조총련이 출범했다. 조총련은 결성 이후 일본의 북한 대표부 역할을 대행해 북한 방문자의 비자 발급 등을 처리하며 동시에 대남공작기관 기능을 수행한다. 평양은 한덕수 전 의장, 허종만 현 의장 등 지도부를 원격조종해 조총련을 조선노동당 일본 지부로 만들었다. 역대 조총련 의장과 부의장은 사망 후 공로를 인정받아 북한의 애국열사릉에 매장됐다.

1974년 광복절 경축식장에서 영부인 육영수 여사를 살해한 문세광도 조총련에 포섭됐다. 박정희 대통령에게 총구를 겨누다 실패해 육 여사를 숨지게 한 문세광은 당시 23세였다. 신장 180㎝, 몸무게 80㎏의 거구에 지독한 근시이며 권총 사격 경험이 전무했던 그는 일본 오사카에서 나고 자란 재일교포였고 1972년 조총련에 포섭됐다. 어려서부터 공산주의 서적에 심취했다. 1974년 12월 17일 대법원에서 사형이 확정됐다. 사형선고를 받은 문세광은 법정에서 "사형이 진행되는 겁니까"라고 묻더니 1분~2분 동안 고개를 숙이고 있다가 "알겠다"라는 말과 함께 흐느꼈다고 한다. 12월 20일 오전 7시 30분 서대문구치소에서 사형이 집행됐다. 사형되는 날 입회했던 이들이 전한 그의 마지막 말은 "와타시와 바카데시다(나는 바보였습니다)"였다.

박 대통령은 문세광 배후에 대한 일본의 소극적인 수사에 분노했다. 한·일 관계가 수교 10년 만에 단절되기 일보 직전까지 치달았다는 정황이 2005년 1월 20일 공개된 사건 관련 외교문서에서 드러났다. 일본 정부는 '문세광은 김대중 납치에 분개해 박정희 독재를 무너뜨리려 했다'며 문세광을 두둔하는 듯한 묘한 수사 결과를 발표했다. 일본 측의 사건 공동정범에 대한 수사 부진과 조총련에 대한 단속 미흡으로 한·일 간에 외교적인 갈등이 심화했다. 한국 정부는 일본 측 수사 협조를 위해 미국에까지 협조를 요청했었다. 당시 시나 에쓰사부로 자민당 부총재가 총리 특사로 방한해 박 대통령에게 사과의 뜻을 전했다. 박 대통령은 특사를 접견한 자리에서 "일본 측 태도는 한국을 너무나 무시한 태도"라며 "만약 불행하게도 이런 사건이 재발할 시 양국의 우호 관계에 다시는 돌이킬 수 없는 불행한 사태가 일어날 것을 지극히 우려하지 않을 수 없다"라고 조총련에 대한 단속을 촉구했다. 그러나 일본은 끝내 조총련에 대해 아무런 조치도 취하지 않았다.

육영수 여사 저격한 문세광도 조총련에 포섭

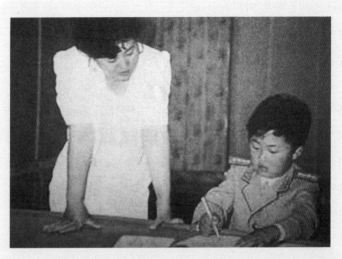

마이니치신문이 입수한 북한 기록영화 '위대한 선군 조선의 어머님'에 등장하는 어린 시절의 김정은 북한 국무위원장과 그의 어머니로 알려진 고영희의 모습. 일본에서 태어난 고영희는 1962년 만경봉호를 타고 부친과 함께 북한에 들어갔다. / 사진: 연합뉴스

조총련의 가장 큰 과오는 재일교포의 북송사업이다. 북송사업은 평양 정보기관에 의해 기획 및 진행됐으며, 일본에서 북송사업 실행은 조총련을 통해 이뤄졌다. 조총련은 평양의 지령을 받아 9만 3,340명의 재일교포를 북한으로 송환했다. 1959년 북한과 일본이 체결한 '재일교포 북송에 관한 협정'에 따라 이른바 '자본주의에서 사회주의로 민족의 대이동'이라고 불리는 북송사업이 시작됐다.

북송은 북·일 양측의 이해가 일치한 사업이었다. 6·25 전쟁 이후 노동력이 부족했던 북한은 재일교포 송환으로 인력을 보충하고자 했고, 일본은 부담스러운 재일한국인을 강제 퇴거시키는 방법으로 북송사업에 합의했다. 초기에는 다른 배를 이용했지만 1971년 3,500톤 규모의 화객선 만경봉호가 취항하면서 재일교포의 북송을 전담했다.

김정은의 친모인 재일교포 출신 고용희(일명 고영희)도 이 배로 북한에 들어갔다. 고용희는 평양에서 만수대예술단 무용수 시절 김정일 국방위원장의 눈에 들었다. 그가 낳은 아이들이 김정철, 김정은, 김여정이다. 북한이 고용희 띄우기에 나서지 못하는 건 북송 재일교포에 대한 주민들의 편견 때문이다. 북한에서는 북송 재일교포를 '째포'라며 비하해 왔다.

1952년 오사카에서 태어난 고용희는 10살 때인 1962년 만경봉호를 타고 부친과 함께 북한에 들어갔다. 제주 출신 아버지 고경택(1913~1999)은 1929년 일본으로 건너가 조총련 중간 간부가 됐다. 이런 배경에서 일부 북한 간부층과 주민 사이에서는 김정은의 출생과 관련해 "원수님(김정은)은 백두혈통이 아니라 후지산 줄기와 한라산 핏줄"이라고 수군대는 소리가 흘러나온다.

고용희의 아버지 고경택이 일제강점기 육군성이 관할하는 히로타 군복공장 간부로 일한 경력도 껄끄러운 대목이다. 조총련 등이 고용희와 관련한 일본 행적 지우기에 나섰지만 군수공장의 비공개 자료가 몇 해 전 공개되면서 관심이 쏠리게 됐다. '수령의 항일투쟁'을 선전하는 북한의 논리대로라면 김일성과 빨치산 세력을 토벌하기 위해 나선 일본군의 군복을 만들어준 게 고용희의 부친이란 얘기가 된다.

1984년까지 25년 동안 총 187회에 걸쳐 북송선이 일본 니가타항에서 북한의 원산항으로 향했다. 당시 북송선에는 일본인 6,800여 명도 포함돼 있었다. 만경봉호는 1992년 김일성의 80회 생일을 맞아 조총련이 소속 상공인들의 지원을 받아 북한에서 건조한 만경봉 92호로 대체됐다. 9,700톤급으로 커졌으며 탑승 인원도 350명에 달한다. 2018년 평창동계올림픽 때 북한예술단을 싣고 입항했고, 일본과 북한을 오가며 조총련계 현금과 물자를 북한에 전달했다.

25년간 만경봉호에 재일교포 실어 북송 주도

조총련 기관지 『조선신보』는 2023년 9월 2일 일본어판에 전날 도쿄에서 열린 조총련 주최 간토대지진 100주년 행사 기사와 사진을 게재했다. 무소속 윤미향(오른쪽 원) 의원의 모습이 보인다. / 사진: 연합뉴스

조총련은 '북조선은 차별이 없는 지상낙원'이라고 재일교포들을 선동하는 행동대장이었다. 재일교포 북송은 1937년 소련의 지도자 스탈린이 자행했던 연해주 동포 17만 명의 대규모 중앙아시아 강제 이주와 유사했다. 재일교포 북송은 조총련이 앞장섰고, 스탈린의 강제 이주는 소련공산당의 만행이었다.

교포들은 원산항에 발을 내딛는 순간 지옥에 도착했다고 탄식했지만 이미 배는 일본으로 출항했다. 편지 검열 등 일본과의 연락이 금지됨에 따라 조총련의 허언에 속아 지속적으로 교포들이 생지옥으로 들어갔다. 일본에 남아 있는 교포들은 북한 땅에서 고생하는 친척들에게 매년 상당액을 송금하지 않을 수 없었다. 지금도 많은 당사자가 북한에서 인고의 세월을 보내고 있고, 일부는 탈북해서 북한의 만행을 고발하고 있다.

재일교포 양영희(59) 씨가 쓴 『북한에서 오빠는 죽었다(北朝鮮でオッパは死ん

た)』는 만경봉호를 탔던 일가족의 비극을 적나라하게 소개하고 있다. 조총련 열성 간부였던 양씨의 부모는 "북한이 지상낙원"이라는 말만 믿고 10대 아들 셋을 만경봉호에 태웠다가 평생을 자책했다. 조총련은 조선학교와 지역별 기관 등을 총동원해 "무상 교육, 무상 의료 보장되고 차별 없는 공화국으로 가자"라고 집요하게 교민들을 설득했다.

복잡한 서류 절차를 조총련이 모두 대리해 줬기에 까막눈 동포들도 대거 만경봉호를 탔다. 북송 교포는 인질이 됐고, 일본에 남은 가족들은 조총련에 거액 충성 헌금을 내야 했다. 양씨의 부모도 30년간 북한의 아들들을 밑 빠진 독에 물 붓기처럼 뒷바라지했다. 밥은 굶어도 베토벤 없이는 못 산다던 장남은 끝내 우울증으로 죽었고, 차남과 삼남은 뭘 하든 "김일성, 김정일 만세"를 외치게 됐다.

북송 재일교포 중에서 약 200명만이 탈북했다. 가난과 차별에 질려 일본을 떠났는데, 북한에선 차원이 다른 빈곤과 박해가 그들을 괴롭혔다. 식량난, 물자난은 예사였고 평생 '쪽발이', '째포' 등의 소리를 들으며 숨죽이고 살았다. 조총련의 북송사업은 현대판 노예무역이었으나 조총련은 북송 64년이 되도록 단 한 번도 사과한 적 없다.

(사)통일아카데미는 지난 2016년 한국과 일본 도쿄, 오사카 등지에서 북송 재일교포 출신 탈북자 40명을 대상으로 북송 과정과 북송 후 북한에서 겪은 인권 실태에 대한 조사를 진행해 보고서를 발표했다. 보고서는 "북한과 일본 정부는 북송사업에 대해 재일교포들이 자발적으로 고향을 찾은 인도적 사업이라고 주장하고 있다"라면서 "하지만 실제 북한으로 송환된 당사자들은 조총련의 거짓 선전과 설득으로 빚어진 유인·납치라는 입장을 취하고 있었다"라고 밝혔다.

일제강점기 시절 일본으로 건너간 조선인들이 일본에서 겪은 소수자 생활과 교육, 취업 등 분야에서 겪은 차별이 만연한 상황에서 북한의 선전에 속아 북송을 결심했다는 것이다. 특히 북송된 재일교포들은 재일교포라는 이유만으로 북한에서 일상적인 차별과 불이익을 받아왔던 것으로 조사됐다. 조사 대상자 가운데 33명(82.5%)이 차별과 불이익을 겪은 것으로 조사됐으며, 이들은 당국의 감시, 결혼, 직장 배치, 승진 및 거주지 이동에서의 불이익을 겪었다고 답했다.

북송 교포들 맞이한 건 지상낙원 아닌 차별과 감시

1959년 12월 첫 북송선 출항을 보도한 일본 신문들의 기사에는 '희망'이란 단어가 등장한다. / 사진: 도쿄 재일한인역사자료관 전시물.

　북송자들이 북한으로 들어가게 된 계기는 '조총련의 선전 및 권유(30명, 75%)'가 가장 많았다. '북한의 선전(14명, 35%)'과 일본을 거주하면서 느낀 '민족적 차별(10명, 25%)'이 그 뒤를 이었다. 북한 당국은 자유체제를 경험한 북송 재일교포들이 간부급으로 지위가 높아질 경우 체제 불안정 요소로 작용할 가능성이 있다고 판단해 일반 주민들과 북송 교포들을 차별대우했다. 보고서는 다음과 같이 구체적인 차별 사례도 발표했다.

"와세다 대학에 예비합격한 아버지가 조총련으로부터 김일성종합대학 입학을 약속받아서 북한에 들어갔는데, 학교에는 못 들어가고 회령 탄광기계공장에 배치돼 용접공으로 근무했어요. 아버지께서 일본 귀국 의사와 생활 비관 등으로 전거리 교화소에 수감되기도 했는데 '간첩', '종파분자' 등의 욕설과 모욕을 받으셨어요."(김순희 씨, 2003년 탈북)

"생활이 어렵다는 것을 안 조총련에서 저희 집에 찾아와 북한에 알몸으로 가도 잘 살 수 있다고 선전했어요. 급식비를 못 내던 상황이었고 어머니도 아파서 무상치료를 받을 수 있다고 해서 북한으로 들어갔어요. 하지만 어머니는 제대로 치료받지 못하시고 6년 뒤 돌아가셨고, 아버지는 1년도 안 돼 정신병에 걸리셨어요."(김소자 씨, 2003년 탈북)

모 야당 국회의원은 지난 9월 1일 조총련이 주관한 간토 대학살 100주년 행사에 보란 듯이 참석했다. 그는 재일본대한민국민단의 행사는 무시하고 반인권적 참사인 북송사업을 조직적으로 진행한 조총련을 마치 평범한 시민단체인 듯 호도했다. 역사의 진실을 외면하거나 무지한 것이다. 간토 대학살 추도식에서 조총련 간부는 '경애하는 김정은 원수님'을 입에 올리면서 북한체제를 옹호하고 한국은 '남조선 괴뢰도당'이라고 비난하더니 행사에 참석한 야당 국회의원 등에게 '이남의 미더운 겨레들'이라고 칭했다.

어떤 야당 최고위원은 방송에서 1970년 대법원이 반국가단체라고 판결한 조총련을 "'약간 다소 친북' 성향이 있다. 이 정도인데 그걸 가지고 문제 삼느냐"라고 언급했다. 해당 조총련 사이트에 자신들을 홍보하는 문구가 있으니 꼭 읽어보기를 제안한다. 조총련 강령 제1조는 "우리들은 모든 재일 조선 동포들을 조선민주주의인민공화국 정부의 주위에 총결집해 조국 남북 동포와의 연계와 단결을 긴밀하고 강고하게 한다"라고 명기돼 있다. 조총련 사이트는 '북한의 국가적, 법적 보호를 받는 해외동포 단체'라는 설명으로 평양의 해외 공작기관임을 자인하고 있다. "북한을 열렬히 사랑하고 옹호하며 합병 합작과 교류 사업을 강화해 나라의 부강 발전에 이바지한다"라는 등 평양을 흠모하는 문구로 가득한 강령은 입에 담기도 민망하다.

우리 국회의원 격인 북한 최고인민회의 대의원 687석 가운데 5석을 조총련이 차지하고 있다. 역대 조총련 의장들은 김정은을 원수님, 김일성과 김정일을 대원수님이라고 부르며 충성을 맹세한다. 허종만 조총련 의장은 2020년 2월 국기훈장 1급과 로력영웅 칭호를 받기도 했다.

조총련은 한때 '일본 안의 작은 북한'이라고 불릴 정도로 세가 대단했었다. 전성기에는 조직원이 53만 명을 넘기도 했다. 조총련은 재일교포들이 파친코, 주류 판매 등으로 어렵게 번 돈을 설립 초기부터 북한에 지원해 왔다. 그러다 북한 핵실험 이후 일본 정부의 대북제재로 조직이 크게 위축됐다. 특히 2016년 북한의 4차 핵실험 이후 북한 국적자 입국 금지, 북한 선박 상륙 금지 등 추가 제재가 실시되면서 조총련의 입지도 좁아졌다. 50만 명이 넘었던 조총련 회원 수는 현재 8만여 명으로 추산된다. 일본 총무성 통계에 따르면 이 가운데 북한 국적(조선 국적)은 2015년 말 3만 3,939명에서 2022년 말 2만 5,358명으로 9,000명 가까이 줄었다. 북한 국적이 아닌 나머지는 일본 국적이거나 대한민국 국적이다.

전성기에 조직원 53만 명… 현재는 8만 명 추산

2022년 5월 28일 조총련 제25차 전체대회에서 도쿄조선문화회관 연단에 인공기와 김일성·김정일 대형 초상화가 걸려있다. 조총련 간부가 김정은 북한 국무위원장이 보낸 서한을 대독하고 있다. / 사진: 연합뉴스

우리 국민이 조총련과 무단 접촉하는 것은 남북교류협력법과 국가보안법 위반이다. 국가보안법 적용 대상인 조총련의 구성원을 접촉하려면 남북교류협력법에 따른 사전 접촉 신고가 필요하다. 굳이 50년 전 판결문까지 거슬러 올라가지 않아도 남북교류협력법 제30조에는 '북한의 노선을 따르는 국외단체 구성원은 북한 주민으로 본다'고 되어 있다. 사실상 조총련을 염두에 두고 만든 조항이다. 조총련이 북한과 동일한 노선의 활동을 하고 있기 때문이다.

반대로 조총련 인사가 한국에 올 때도 남북교류협력법 절차에 따라 정부 허가를 받아야 한다. 북한 사람이 한국에 오는 것과 마찬가지기 때문이다. 이래도 조총련이 야당 최고위원의 말대로 "약간 친북 성향이 있는 단체"인지 되묻지 않을 수 없다.

야당 의원은 "이번 방일 행사와 관련해 일본에서 조총련 관계자를 만날 의도나 계획이 없었고, 정보나 메시지를 주고받는 접촉을 할 이유도 없었기 때문에 별도 접촉신고 대상도 아니다"라고 주장했지만 궁색한 변명이다. 야당 의원의 조총련 행사 참석은 헌법 위반으로 잘못된 국가관에서 비롯됐다. 속내가 무엇인지는 모르겠지만 국회의원 자격으로 최초로 조총련 공식 행사에 참여하는 기록을 세운 것은 대한민국 국회의원이 평양의 통일전선전술에 동조하는 것이다. 대한민국의 정통성을 부정하는 해외 반국가단체 행사에 국민의 세금으로 운영되는 국회의원이 대사관의 각종 지원을 받아 참석하는 행태는 어떠한 명분으로도 용인될 수 없다.

김대중 전 대통령은 회고록에서 1989년 문익환, 1988년 서경원의 평양 밀입국 사건을 재야(在野) 영웅주의라고 폄하했다. 통제되지 않는 친북 운동권 인사들의 무분별한 위법 행태는 분명 실정법 위반이라고 평가했다. 조총련 행사에 무단 참석하는 국회의원의 행태는 재야 영웅주의의 복사판으로, 반복해서는 안 될 국기 문란 행위다.

[남성욱의 평양리포트] 월간중앙 2023년 11월호

07

김정은, 이보다 더 좋을 수 없다?

북한의 반미(反美) 외교전략 연대 성공할 수 있을까
러시아 비호 속 중국과 협력 강화하고 국제 연대 확대
"대북제재 무력화 동시에 '미국 저항의 축' 구축" 시도

왼쪽부터 김정은 북한 국무위원장, 시진핑 중국 국가주석, 블라디미르 푸틴 러시아 대통령.

이보다 더 좋을 수가 없다. 6·25 남침 이후 북한에 이러한 국제정세는 없었다. 러시아의 우크라이나 침공으로 북한의 재래식 무기가 인기 상품이 됐다. 재래식 무기 생산국인 조선민주주의인민공화국(DPRK)의 전략적 가치가 급등해 북한외

377

교의 만조기가 형성됐다. 러시아는 2024년 5월 8일 북한과 가능한 모든 분야에서 관계를 더욱 발전시키고자 한다고 밝혔다. 드미트리 페스코프 크렘린궁 대변인은 이날 브리핑에서 "우리는 북한과의 양자 관계를 소중히 여기고 있으며 그들과 가능한 모든 분야에서 더욱 관계를 발전시키고자 한다"라고 했다. 북한에 대해선 "우리의 훌륭하고 매우 유망한 파트너"라고 평가했다. 북한의 무기는 북·러를 결합시키는 최고의 아이템이다.

그동안 중국은 물론 러시아와도 관계가 여의치 못했던 북한은 동북아 국제정치에서 이단아였다. 2006년 10월 1차 핵실험 당시 북한은 핵실험 20분 전 중국에 관련 통보를 했다. 이에 중국 외교부 대변인은 '제멋대로(悍然)'라는 단어를 사용해 북한을 비난했다. 이 단어는 냉전 시대 중국이 적국인 '미 제국주의'를 비난할 때 사용한 비외교적인 단어였다.

하지만 세상이 달라졌다. 국제정치에서 영원한 관계는 없다. 북한을 야단치던 중국과 러시아가 북한의 전략적 가치가 올라감에 따라 자세를 바꾸고 있다. 북한으로서는 좌 러시아, 우 중국을 등에 업고 한·미·일에 대응하는 신냉전 구도의 형성이 최선의 외교 전략이 됐다. 소련 공산당 서기장 중에서 평양을 방문한 정상은 없었다. 하지만 지난 2000년 처음으로 평양을 방문한 블라디미르 푸틴 대통령이 5월 15일~16일 베이징 방문 이후 무더위 속 적절한 시점에 14년 만에 평양을 다시 찾는다면 1961년 '조·소(朝蘇) 우호 협력 및 상호원조조약' 체결 이후 북·러 간 최대의 빅 이벤트가 될 것이다.

국제정치 이단아에서 협력 대상으로 부상

지난 1989년 미국의 상업 정찰위성에 의해 영변 핵시설이 탐지돼 북한은 비핵화의 압박과 국제 제재 속에서 죽지 않을 만큼 '그럭저럭(muddle through)' 버텨왔다. 그동안 북한의 최고지도자 김정은 위원장은 허리띠를 졸라매며 핵 개발을 해왔기 때문에 2022년 눈물까지 흘리며 핵무력 법제화와 비핵화 불가 입장을 밝혔다. 김정은은 핵무기 개발 목표는 물론이고 그 방향성까지 헌법에 상세하게 명문화해 향후 비핵화 협상 불가 원칙을 분명히 했다. 핵무기 고도화 의지를 노골적으로 드러낸 동시에 비핵화 문제는 영구적으로 한·미 등과 흥정할 대상이 아님을 시사했다.

그동안 북한은 핵무기 개발 대가를 톡톡히 치러왔다. 2016년 4차 핵실험 이후 채택된 11건의 유엔안보리 제재결의안 중 민생에 관련된 5건은 확실하게 김정은의 금고를 압박했다. 2019년 하노이 미·북 정상회담에서 김정은이 트럼프 전 대통령에게 영변 비핵화 조건으로 5건의 해제를 요구할 정도로 북한에 치명적인 타격을 줬다.

하지만 북한 정권의 목줄을 조여 왔던 유엔 대북제재도 서서히 나사가 풀리고 있다. 3월 28일 러시아의 거부권 행사로 유엔 안전보장이사회 산하 대북제재 위원회 전문가 패널의 임기는 4월 30일 종료됐다. 전문가 패널은 대북제재 분야에서 가장 권위 있는 전문가 집단으로 제재 위반 혐의를 추적하고 조사하는 데 특화됐다. 일각에서는 대북제재를 감시할 카메라를 러시아가 부쉈다고 해석했다. 사실상 범죄자가 CCTV를 파손한 격이다. 지난 2009년 설치된 전문가 패널 보고서는 북한과 우방국들이 유엔 제재를 위반하며 핵 개발을 하고 불법적 수출입 및 금융 거래 등을 해온 사례를 폭로했다. 2022년 위성 사진을 판독해 북한이 2018년 파괴된 풍계리 핵시설을 복원하는 정황과 2020년 북한 정보기술(IT) 노동자들의 '외화벌이' 및 사이버 해킹 등을 밝혀내 국제사회의 경각심을 높였다. 각종 제재를 위반하고 김정은의 고급 외제 차, 김여정 노동당 부부장의 명품 가방 등이 북한으로 유입되고 있다는 사례도 발표함으로써 김정은과 측근들을 압박하는 역할도 했다.

대북제재는 조태열 외교부 장관의 표현대로 북한의 발목을 잡는 '모래주머니'다. 모래주머니가 풀어질 경우 거침없는 북한의 행보는 핵무기를 앞세워 한반도는 물론 동북아의 안정과 평화를 흔들 것이다.

러시아가 전문가 패널 임기를 종료시킨 것도 이처럼 패널의 혁혁한 감시 역할 때문이다. 북한과 제재 위반에 해당하는 불법적 무기 거래를 지속해야 하는 러시아로서는 사사건건 발목을 잡는 '눈엣가시' 같은 기구를 없앨 필요성이 높아졌다. 북한은 2023년 9월 러시아와 정상회담을 개최하고 우크라이나 전쟁에 러시아가 사용할 포탄 100만 발, 최신 미사일 수십 발 등 무기 지원을 강화하고 있다. 북한과의 모든 무기 거래는 유엔안보리 결의의 정면 위반이다. 전문가 패널은 3월 20

일 러시아와 북한의 무기 거래를 자세히 파악해 알림으로써 안보리 상임이사국인 러시아의 제재 위반을 지적했었다. 매슈 밀러 미 국무부 대변인은 브리핑에서 "오늘의 거부권 행사는 러시아가 우크라이나 공격을 이어가는 데 사용할 무기를 확보하기 위해 북한과 결탁했다는 패널 보고를 덮기 위한 이기적인 행동이었다"라고 비난했다.

물론 패널이 없어진다고 해서 대북제재위까지 사라지는 것은 아니다. 하지만 제재가 제대로 지켜지는지 감시하는 공신력 있는 기관이 사라져 북한의 제재 위반에 대해 명확한 실상을 파악하기가 어려워질 전망이다. 전문가 패널은 객관성 유지를 위해 미국·중국·영국·프랑스·러시아 등 상임이사국과 한국·일본·싱가포르 등 총 8국이 파견한 전문가 8명으로 구성해 운영됐다. 전문가 패널이 해체되면서 한국과 미국이 자체적으로 파악한 제재 위반 현황을 발표하는 방안도 검토된다. 하지만 북한과 러시아 등에서 '일방적 주장에 불과하다'고 치부해 버릴 가능성이 큰 상황이라는 점에서 대응 방안으로는 부족하다는 평가를 받는다.

서서히 나사 풀리는 유엔의 대북제재

김정은 북한 국무위원장이 블라디미르 푸틴 러시아 대통령이 선물한 전용차 '아우루스'를 이용하는 모습. / 사진: 조선중앙통신TV

한·미·일 등 유엔 50개 회원국은 유엔 안전보장이사회 대북제재위원회 산하 전문가 패널의 활동이 끝난지 하루 만에 5월 초 공동성명을 발표했다. 요지는 북한의 대량파괴무기(WMD) 및 탄도미사일 개발문제를 해결하기 위해 객관적이고 독립적인 분석에 계속 접근할 수 있는 방법을 고려해야 한다는 것이다. 핵심은 한·미·일 주도로 국제사회의 대북제재 이행 여부를 감시할 수 있는 대체기구 설립이다. 그린필드 주유엔 미국대사는 "현재 한국, 일본과 긴밀히 협력하고 나머지 회원국들과도 의견을 나누고 있다"라며 "매우 긴급하게 작업하고 있다"라고 말했다. 대체기구의 공신력을 높이기 위해 중·러가 다른 말을 할 수 없도록 북한이 제재를 어기고 있다는 확실한 팩트를 수집하고 이를 바탕으로 국제사회의 공감대를 확대해야 한다. 확실한 물적 증거 확보를 위한 한·미·일의 정보협력 공동체 가동은 매우 중요하다.

한편 북·러의 군사와 정보협력의 밀월은 가속화되고 있다. 러시아 정보당국 수장인 세르게이 나리시킨 대외정보국(SVR) 국장이 3월 25일~27일 평양을 방문해 리창대 북한 국가보위상과 회담했다. 양국의 군사협력을 한 단계 강화하는 과정에서 북한이 요구하는 군사정찰위성과 전투기 개량 기술 등을 협의했을 것으로 추정된다. 북한은 곧 4차 군사정찰위성 발사를 시도할 가능성이 있으며 러시아의 기술지원이 협의되고 있다. 우리 정보당국은 북한의 3차 위성 발사 성공은 러시아의 기술 지원에 따른 것이라고 평가했다. SVR은 러시아 대통령 직속의 해외 첩보 기관이고 국가보위성은 북한의 공안·첩보기관이다. SVR은 연방보안국(FSB)과 함께 러시아의 양대 정보기관으로 미국의 중앙정보국(CIA)과 유사한 역할을 수행한다. 북한이 나리시킨 국장의 방문을 전격 공개한 것은 2011년 이후 13년 만이다. 통상적으로 정보기관 수장의 방문은 비공개가 원칙이나 긴밀한 양국 관계를 과시하기 위해 나리시킨 국장이 평양을 떠난 지 하루 만에 공개했다. 조선중앙TV는 3월 16일 김정은과 김주애가 푸틴이 선물한, 개발비만 1,700억 원이 들었다는 '아우루스'를 타고 온실공장으로 이동하는 모습을 공개했다. 러시아판 롤스로이스로 불리는 아우루스는 무게가 7톤이고 방탄유리와 화학 공격 방어 시스템을 갖추고 있다. 북·러 밀월을 상징적으로 과시하는 장면이었다.

정보기관 수장의 방북은 양측의 군사협력 강화 이외에 푸틴 대통령의 향후 방북 및 무기 추가 거래와 관련이 있을 것으로 추정된다. 푸틴 대통령이 이미 방북을 약속한 만큼 구체적인 방문 일정 등을 협의했을 것으로 추정된다. 사전 정지 작업으로 북한 경제대표단이 3월 27일 모스크바를 방문해 알렉산드르 코즐로프 러시아 천연자원부 장관 등과 회담하는 등 북·러의 협력이 다양한 분야에서 이뤄지고 있다.

한 · 미 · 일에 대항하는 북 · 중 · 러 공조 가능성

북한이 새로 개발한 극초음속 활공비행 전투부를 장착한 새형의 중장거리 고체탄도 미사일 '화성포-16나' 형의 첫 시험발사 모습. / 사진: 연합뉴스

다음은 중국과의 협력 강화다. 북·중 관계는 우크라이나 전쟁 이후 뜨거운 북·러 관계에 비해 다소 소강상태였다. 평양과 베이징의 관계는 평양·모스크바 관계와 비교해 온도 차가 있다. 2023년 7월 전승절 70주년 기념행사 때 김정은이 세르게이 쇼이구 러시아 국방장관과는 거의 모든 일정을 함께하면서도 리훙중 중국 전국인민대표대회 상무위원회 부위원장이 이끄는 중국 당정 대표단은 이동 중에 시진핑 주석의 친서를 전달받는 등 상대적으로 소홀히 대하는 모습을 보였다.

지난 5년간 정상 교류가 끊기면서 양국 간에는 풀어야 할 과제가 적지 않다. 겉으로는 북·중 정상이 축전 등을 주고받으며 좋은 관계를 유지하는 것으로 보이지만, 실질적으로는 북한이 중국으로부터 얻는 것은 거의 없다. 코로나19 사태가 진정되면서 북한이 국경의 문을 열자마자 중국은 자국에 체류 중인 북한 노동자를 돌려보냈는데, 이들을 대체할 인력을 중국 정부가 수용하지 않고 있다. 북한은 외화를 벌어들이기 위해 노동자 파송이 필요하지만, 중국은 북한 노동자를 받지 말도록 한 유엔의 대북제재 결의와 국제사회의 요구를 의식할 수밖에 없다. 2017년 북한이 잇단 미사일 발사와 핵실험으로 국제사회의 우려를 키워 대북제재가 강화됐고 이듬해인 2018년 중국 정부는 북한에 대한 직접 투자를 금지했다.

김정은과 시진핑 중국 국가주석의 상호 방문 5주년을 기념하는 행사가 베이징 댜오위타이 국빈관에서 3월 26일 열렸다고 조선중앙통신이 보도했다. 리 부위원장은 연회 연설에서 올해 북·중 수교 75주년을 계기로 "전통적 친선을 발양시키고 전략적 의사소통을 강화하며 실무적 협조를 확대하고 친선적 교류를 심화시켜 나갈 것"이라고 말했다고 통신은 전했다. 양국은 수교 70주년이었던 2019년 각급에서 다양한 교류를 진행한 바 있다. 특히 1월 김정은이 방중하고 6월엔 시 주석이 답방하면서 한 해 두 차례 정상회담을 진행했다.

북한은 중·러를 사이에 두고 시절인연(時節因緣)에 따라 시계추 외교를 해오고 있다. 문제는 삼국이 하나로 뭉쳐 한·미·일에 대응하는 신냉전 구도를 형성할 것인지가 외교가의 관심 포인트다. 중·러 양국은 동북아 전체 차원에서 큰 그림 외교를 전개하기 때문에 북한을 두고 경쟁한다는 관점은 현실과 거리가 있다. 북·러의 밀착이 중국의 심기를 불편하게 한다는 추론은 한계가 있다. 다만 북·중·러의 밀착은 한·미·일 밀착과 거울에 비친 그림자처럼 비례적으로 확대될 가능성은 배제할 수는 없다. 북·러 정상회담이 무기 거래를 넘어 북·중·러 연합 훈련과 군사 공조 확대 논의로 이어질 가능성도 있다. 국정원은 러시아가 북한에 중·러 군사훈련 참가를 요청했다고 밝혔다. 2023년 7월 전승절 행사 참석 후 세르게이 쇼이구 러시아 국방장관은 북·러 연합훈련 가능성을 두고 "왜 안 되겠는가"라며 "우리는 이웃"이라고 언급했다는 러시아 언론 보도도 있지만 아직은 러시아의 희망 사항이나 향후 중·러와 북한의 이익이 공유하는 지점은 반미(反美)가 될 것이다. 미국의 압력을 피하고 워싱턴에 반격해야 할 필요성이 높아진다면 3국의 공조는 강화될 수밖에 없다.

북·중·러 연합훈련 시나리오를 마련하는 과정에서 북한의 전략핵을 한·미·일에 대항할 핵심축으로 공식화할 가능성도 있다. 이 경우, 북한은 중·러로부터 사실상 핵보유국 지위를 인정받는 동시에 재진입 기술 등 실제 작전 수행에 필요한 기술 이전을 보다 적극적으로 요구할 명분을 확보할 수 있게 된다. 북한이라는 변수가 능동적으로 움직이기 시작하면서 동북아 체스판이 완벽한 '강대강' 경쟁 구도로 변질되고 있다. 하지만 북한 입장에서 북·중·러 합동 군사협력은 양날의 칼이다. 중·러의 큰 형님들과 움직이는 것이 장점이 있지만 주체 외교의 독자노선 상실로 이어질 경우 득보다 실이 커질 수 있다. 평양 외교가는 적당한 등거리 외교가 실익이라는 판단도 배제하지 않는다.

한 · 미 · 일 삼각 협력 이완 위해 일본과 물밑 접촉

도널드 트럼프 전 대통령이 2024년 1월 22일(현지시각) 뉴햄프셔주 라코니아에서 유세하고 있다. / 사진: 연합뉴스

한편 북한은 한·미·일 삼각 협력의 이완을 위해 일본과도 물밑 접촉을 이어가고 있다. 평양이 갑(甲)이고 일본이 을(乙)인 형국으로 김여정의 발언으로 볼 때 도쿄가 물밑에서 평양에 북·일 정상회담을 요청하는 형국이다. 김여정은 일본이 전향적인 결단을 한다면 일본 총리가 평양을 방문할 수도 있는 등 북·일 관계가 급진전할 수 있다고 밝혔다. 새해 초 김정은이 일본 지진과 관련해 위문 전문을 보내며 북·일 간 관계 개선 의지를 보인 데 이어 2탄이다. 생뚱맞아 보이는 김여정의 제안은 시간상으로는 한국과 쿠바 수교에 대한 외교적 고립을 타개하기 위한 물타기 전략일 수도 있지만, 오랜 기간 물밑 접촉의 산물이다. 2월 5일 기시다 후미오 총리는 중의원에 출석해 김정은의 전문에 대해 "일본인 납치 문제 해결을

위한 북·일 협상을 진행한다는 관점에서 김정은의 의도를 신중하게 분석할 것"이라며 긍정도 부정도 아닌 묘한 반응을 보였다. 김여정은 2월 25일 한술 더 떠 기시다 총리가 김정은에게 만남을 제안했다고 돌연 공개했다. 그러더니 바로 다음날 "조·일(북·일) 수뇌 회담은 우리에게 있어 관심사가 아니다"라며 말을 바꿨다.

양측이 외교적인 수사로 입장을 포장하지만 밀당을 시도하는 도쿄의 속내는 국내정치에서 불가피한 납치 문제의 해결이다. 북한이 일본과의 핫라인을 가동하는 것은 한·미·일 3각 협력 고리를 약화시키고 국제적 고립을 탈피하기 위해서다. 특히 납북문제 해결을 원하는 일본을 통해 워싱턴 선언 구상에 균열을 시도한다. 북핵 용인과 북·일 수교에 따른 일본으로부터의 경제적 지원 등도 검토한다.

양측의 연결고리인 납치 문제의 쟁점은 숫자 맞추기다. 일본의 공식 납치 피해자 수는 12건에 17명이지만 일본 민간단체들은 '700명 이상의 실종 사건'이 북한과 관련이 있다고 의심해 왔다. 반면 북한은 13명의 납치를 인정하면서 이 중 8명은 사망하고, 5명을 일본으로 돌려보냈으며, 4명은 북한에 입국한 적이 없다는 입장이다.

일본은 메이지 유신(1868년) 이후 어느 국가를 상대로도 '결코 늦지 않는 외교'를 추진해 왔다. 일본은 1972년 닉슨의 핑퐁 외교 이후 신속하게 대만과 단교하고 중국과 국교를 정상화해서 시장 선점에 주력해 왔다. 4월 선거 패배로 입지가 더욱 좁아져서 겨우 20%대의 지지율을 유지하는 기시다 총리의 돌파구 전략은 가속화할 것이다. 일본 벚꽃 외교의 특성상 평양과의 물밑 접촉은 지속할 것이다. 한·쿠바 수교 및 외교공관의 축소로 노선 변경을 모색하는 북한외교는 일본 후지산을 통해 대북제재의 철책을 흔들려고 시도하고 있다.

니카라과 등 제3세계 국가와 '반미 연대' 형성

북한의 반미 연대 외교는 중·러를 넘어 제3세계 국가들과도 보폭을 넓히고 있다. 중남미의 니카라과가 재정난을 이유로 서울에 있는 주한 대사관을 폐쇄하기로 하면서도 평양에 새로 대사관을 개설하기로 했다. 북한과 니카라과가 '반미 연대'로 손을 잡을 것이다. 도쿄에 있는 주일 니카라과 대사관에서 한국 관련 업무를 보기 때문에 한국과 단교는 아니다. 인구 661만 명의 니카라과는 중남미에서 베네수엘라와 함께 대표적인 반미 국가다. 특히 오르테가는 2021년 야권 탄압으로 5선 가도에 오른 인물로 종신 집권을 노린다는 평가가 나온다. 북한은 2017년 최룡해 국무부위원장을 오르테가의 네 번째 대통령 취임식에 보냈고, 지난해 7월 산디니스타 혁명 44주년을 맞아 김정은 명의의 축전을 보내기도 했다.

북한으로서는 '형제의 나라' 쿠바가 지난 2월 한국과 전격 수교한 것이 '또 다른 형제의 나라' 니카라과를 더욱 끌어당기는 계기가 됐다. 북한과 니카라과 관계 개선은 1970년대~80년대 이뤄진 군사·인적교류 재개로 이어질 것이다. 이는 러시아·중국·북한·이란 등을 주축으로 한 '반미 권위주의 사슬'이 확대된다는 의미다. 한편 북한은 이란에 대외경제상 윤정호 동지를 단장으로 하는 경제사절단을 파견했다고 4월 24일 조선중앙통신이 보도했다. 북한 고위급 인사가 이란으로 향하는 것은 2019년 박철민 최고인민회의 부의장 이후 처음이다. '반미 연대'로 외교적 고립을 탈피하는 한편 러시아에 이어 중동에서도 '어둠의 무기상'으로 활동을 강화하고 있다. 중동의 '이스라엘 – 하마스' 전쟁에서 배후의 무기 공급자 역할을 시도한다. 이란과의 군사협력을 기반으로 레바논 헤즈볼라, 예멘 후티 반군, 시리아 정부군 등 친이란 세력 등이 무기 고객이 될 것이다. 반미 연대하의 거래 고객을 대담하게 확보하고 있다.

북한은 우크라이나 전쟁을 계기로 반미 연대를 확대하며 대북제재를 무력화하는 동시에 과거 1970년대 비동맹 외교 시절의 제3세계 외교를 연상시키는 '미국 저항의 축(axis of protest)'을 구축하고 있다. 반미 연대의 최종 목적은 일차적으로 대북제재 해제다. 다음은 핵보유국의 위치에서 한·미·일 3국으로부터 다양한 양보를 받아내는 것이다. 김정은의 복안이 현실이 될지 여부의 일차 분수령은 우선 미국의 11월 대선이 될 것이다. 트럼프의 당선 시나리오는 동북아 안보에서 판도라의 상자를 여는 것이고 호리병에서 탈출한 램프의 요정 지니가 될 것이다. 그 다음에 발생할 복잡한 시나리오는 여러 차례 글을 써야 할 것 같다.

08

트럼프 대통령의 MAGA 시대와
한반도 안보

1 블랙스완의 지도자: 슈퍼 트럼피즘과 한반도 안보

본 서를 마무리할 즈음에 미국 대선이 있었다. 2024년 동안 미국 대선의 결과는 세계의 관심사였기 때문에 미국 뉴스에 촉각을 곤두세우지 않을 수 없었다. 미국 대선 당일인 11월 5일 자 조간인 『뉴욕타임스』 1면 오피니언에 게재된 글을 보고 트럼프의 당선을 조심스럽게 전망했다. 제목은 「이기든 지든 트럼프는 이미 승자다(Win or lose, Trump has already won)」였다. 미국 시사잡지 콤팩트(Compact)의 편집장인 매튜 스미츠는 무역과 이민문제에 대한 트럼프의 정책이 상당한 타당성을 갖고 있다고 주장했다. 승패와 관계없이 트럼프의 미국 우선주의 정책은 미국인들의 팍팍한 살림살이를 개선하는 데 타당하다는 입장이다.

해리스 후보를 지지하는 진보 성향의 『뉴욕타임스』 입장에서도 매튜의 주장은 설득력이 있다는 판단인 것 같았다. 자유무역과 불법 이민이 미국 사회의 핵심 화두라는 점을 지적한 것은 주목할만했다. 트럼프의 이례적 압승으로 그의 주장이 정확하게 미국의 현실을 반영했다는 점이 드러났다. 트럼피즘은 이제 미국의 뉴노멀이 되었다. 그는 세계화와 자유무역주의에 따라 저임금 국가에서 생산한 물건을 수입해서 저렴하게 소비했지만, 미국인의 일자리를 빼앗는다고 강조했다. 감당할 수 없는 불법 이민자들의 수용은 한계에 도달했다. 심지어 불법 이민자의 2세조차 후속 불법 이민자들이 자신들의 일자리를 차지하고 있다는 주장에는 실소를 금할 수 없다.

미국에서 일하는 아들·딸, 지인들과 통화할 때마다 코로나 기간을 지나며 물가가 너무 올랐다는 이야기를 자주 들었다. 연봉 10만 달러를 받아도 대도시의 높은 주거비와 식비를 지불하면 지갑은 어느새 빈털터리가 된다. 외식의 경우 3인 식사를 하면 높아진 팁 때문에 항상 4인의 비용을 지급해야 한다. 당국이 코로나 보조금으로 돈을 헬리콥터로 살포하다시피 한 결과다. 금년도 전반기 미국의 1인당 국민소득이 8만 5천 달러 넘어섰지만 3억 3천만 인구 중에서 30% 내외로 추산되는 서민들의 삶은 만만치 않다. 일자리는 있지만 높은 인플레이션으로 쓸 돈이 없다. 높은 물가에 밀려드는 불법 이민자와 자유무역에 지쳐버린 중하위층과 백인 저소득층은 트럼프의 귀환을 선택했다. '바보야, 문제는 경제야(It's economy, stupid.)'라는 과거 클린턴 대통령의 구호가 유권자들의 표심을 잡은 것처럼 먹고 사는 문제가 결정적인 선택의 기준이었다. 막말 논란, 중동과 우크라이나 전쟁 등 국제정세는 특별한 연고가 있는 유권자를 제외하고는 부차적인 이슈였다.

이번 선거가 지난 4년 바이든 정부에 대한 평가 성격을 띠고 있기 때문에 부통령이었던 해리스 후보로서는 현직의 프리미엄보다는 유권자들의 불만을 달래기에 어려움이 컸다. 미국 사회가 여전히 여성 정치인에게는 유리천장의 벽이 있다는 것도 해리스 후보에게는 핸디캡이었다. 남녀를 구분하는 낙태권 등 젠더 이슈만으로는 백악관에 입성하는 것에 한계가 있었다. '돈에 의한, 돈을 위한, 돈의 동맹을(for the money, by the money, of the money)'을 강조하는 트럼프가 불사조처럼 살아왔다. 깊은 동맹(deep alliance)의 시대는 가고 거래 동맹(easy alliance)이 도래했다. 기존에 없던 블랙스완(black swan)이 나타났다. 상호거래에 따른 이득의 관점에서 한미관계를 재정립해야 한다. 윤 대통령이 트럼프 후보와 통화하고 협력 관계를 이어가자고 했지만, 동상이몽은 불가피하다. 한미동맹 조약 체결 72주년을 맞는 내년 을사년은 새로운 한미관계의 원년이 될 것이다. 한국의 외교 안보를 미국의 배려에만 의탁할 수 없는 시대가 다가오고 있다. 초격차 기술의 우위와 냉정한 외교적 통찰력을 바탕으로 한 자강불식이 필수적이다. 대한민국의 국력 신장만이 트럼프의 존중을 끌어낼 수 있을 것이다.

2 MAGA 2기 외교안보 정책 전망

바이든 지우기 정책(ABB)

불사조 트럼프가 귀환했다. 그의 정책은 바이든 정부 정책 지우기(ABB: Anything but Biden)가 될 것이다. 개입주의(engagement)보다는 극단적이고 편협한 고립주의(narrow-minded isolation)로 회귀하면서 국제질서를 유지하는 세계 경찰로서 미국의 역할은 종료된다. 미국의 전통적인 국제질서 정책과는 거리가 멀다. 1823년 미국 6대 대통령 먼로가 주장했던 고립주의 정책인 먼로 독트린(Monroe doctrine)이 21세기에 변형되어 나타난 것이다. 트럼프 당선자는 '미국을 다시 위대하게(Make America Great Again)'라는 구호에 걸맞게 미국 우선주의를 강조한다. 그는 지난 7월 19일 밀워키에서 열린 공화당 전당대회 후보 지명 수락 연설을 통해 중국을 포함한 수입품에 대한 관세를 인상하고 자동차 및 기타 제조업 일자리를 미국으로 되돌리겠다고 약속했다. 기후변화 협약 탈퇴 등 국제협약은 중요하지 않다. 또한, "러시아의 우크라이나 침공과 이스라엘-하마스 전쟁 등을 현 행정부가 일으켰다고 비난하며, 모든 국제적 위기를 종식시키겠다"라고 다짐했다. 특히 "지금 유럽과 중동에서 전쟁이 벌어지고 있다"라며 "대만, 한국, 필리핀, 그리고 아시아 전역에 분쟁의 유령이 떠오르고 있다"라고 말했다.

북한에 대해 트럼프는 자신이 재임 시절 김정은 위원장과 "매우 잘 지냈고" 그의 행정부가 북한의 미사일 발사를 막을 수 있었다고 자랑했다. 그는 "지금 북한은 다시 도발적인 행동을 하고 있지만, 나는 김 위원장과 잘 지내고 있다. 북한 지도자 김정은도 내가 돌아오면 보고 싶어 할 것이다"라고 말해 지지자들의 웃음과 박수를 이끌어냈다. 모든 국내 및 외교안보 공약이 바이든 정부의 정책과는 결이 다르다. 황야의 무법자 카우보이처럼 모든 현행 정책에 칼질이 들어갈 것이다.

원점에서 새로 시작하는 외교안보 공약: Zero base approach
안보 불확실성 심화: 한미동맹과 주한미군

트럼프 당선으로 한미동맹 조약(since 1953)이 체결된 이후 가장 심각한 도전과 시련기가 다가올 것이다. 그의 대외 정책은 예측 불가능성으로 기존 틀을 흔들어 놓을 것이다. 동맹국들은 그의 일방적인 주장과 정책으로 심각한 어려움을 경험할 수 밖에 없을 것이다. 주한미군 철수 카드는 대한(對韓) 정책에서 트럼프의 전가보도가 될 것이다. 미 국방수권법 차원에서 주한미군 규모를 현 수준으로 유지해야 하는 항목이 있지만, 결코 안심할 수 없다. 트럼프 대통령의 해외주둔 미군에 대한 개인적 철학과 신념, 지난 1기에 지속적인 주장에도 참모들에 의해 완수하지 못했던 부분을 미완의 과제처럼 인식할 수 있다. 충성파들로 채워진 2기 트럼프 행정부 각료들은 경쟁적으로 MAGA 정책을 추진해서 트럼프의 신임을 얻으려고 할 것이다. 또한 의회 모두 공화당이 장악하여 주한미군 철수 관련 법안 개정이 가능하며, 행정명령을 통해 철수, 감축 등을 포함한 상징적·실질적 조치를 할 가능성을 주목해야 한다. 그는 △국익을 위해 파리 기후변화협정, 유네스코 등 여러 국제기구에서 탈퇴하며, 미국의 주권을 강조한다. △중국과의 무역전쟁을 통해 중국몽을 견제하고, 남중국해 문제 등에서 강경한 입장이다. △이란 핵협정 탈퇴와 이스라엘 지지를 선언했다.

트럼프는 북한 김정은 국무위원장과의 정상외교 복원 의지도 시사했다. 그는 "김정은과 매우 좋은 관계이고, 오늘 김정은이 한국으로 가는 철도를 폭파했다는 소식을 들었다"라며 "이는 큰일이며, 한국은 러시아나 중국 등과 단절된 상태"라고 주장했다. 남북이 도로를 통한 육로 왕래는 실현된 적이 없는데도 이를 한국의 고립처럼 표현한 것이다. 이에 앞서 트럼프 후보는 소셜미디어에서도 북한의 철도와 도로 폭파를 언급하며 "오직 트럼프만이 해결할 수 있다"라고 주장했다.

GDP 대비 3.5% 방위비 인상

트럼프 당선자는 △동맹국과의 관계 재조정으로 NATO 동맹국에 방위비 분담을 강하게 요구한다. 방위비를 내지 않으면 보호하지 않겠다고 경고한다. 미국의 재정적자를 축소하기 위해 동맹국의 방위비를 인상할 것을 요구한다. NATO 국가들의 방위비를 GDP의 3% 선까지 인상을 요구하여 독일이 반발하는 등 동맹국과의 갈등은 불가피하다.[1] 그는 2020년 한국의 방위비를 연 10억 달러에서 50억 달러 선으로 인상을 요구했다. 트럼프 2기에서 국가안보좌관으로 거론되었던 로버트 오브라이언은 지난 9월 일본이 최근 방위비를 크게 올렸다며 한국도 미국처럼 GDP의 3%~3.5%를 방위비로 사용해야 한다고 주장했다.

트럼프는 10월 15일 자신이 재임 중이면 한국이 주한미군 주둔비용(방위비 분담금)으로 연간 100억 달러(약 13조 원)를 지불할 것이라고 밝혔다. 사실상 트럼프 전 대통령이 대선에서 승리해 재집권할 경우 방위비 분담금 재협상을 요구할 가능성이 높아 보인다. 그가 언급한 연간 100억 달러는 한국이 2026년 이후 지불할 액수의 9배 가까운 액수다. 한미는 10월 초 2026년 방위비 분담금을 전년도 대비 8.3% 인상한 1조 5,192억 원으로 정하고, 2030년까지 매년 분담금을 올릴 때 소비자물가지수(CPI) 증가율을 반영하는 내용의 방위비 분담금 협정(SMA) 문안을 타결했다. 트럼프는 "그들은 머니 머신(They are Money Machine)"이라는 극단적인 표현을 사용하여 과거 한국의 대우그룹과 트럼프타워 아파트 건축사업을 하며 돈을 벌던 기억을 끄집어냈다.

지난 2021년 퇴임한 앙겔라 메르켈 전 독일 총리는 국제무대에서 여러 번 부딪혔던 트럼프 미국 대통령 당선인을 혹평했다. 메르켈 전 총리는 조만간 출판될 회고록에서 트럼프 당선인의 첫 번째 임기 당시 경험담을 공개하면서 "부동산 개

---

1 리처드 그리넬 전 독일 주재 미국대사(58)는 유럽 주요국의 방위비 분담금 증액과 우크라이나 지원 축소 등을 외친다. 그는 트럼프 후보가 공화당 대선 후보 수락 연설을 한 8월 18일 외신 기자회견에서 "미국의 보호를 받고 싶으면 돈을 지불하라"라고 압박했다. 올 3월 팟캐스트에서도 "미국에는 강인한(tough) 수석 외교관이 필요하다"라고 했다.

발업자의 눈으로 세상만사를 판단하는 사람"이라고 규정했다. 메르켈은 2024년 11월 26일 출간된 회고록 『자유: '1954–2021'』에서 '특정 지역의 개발허가를 받을 기회는 단 한 번뿐이고, 자신이 그 허가를 받지 못한다면 경쟁자에게 기회가 돌아간다'는 것이 트럼프 당선인의 사고방식이라는 것이다.

트럼프 2기 행정부에서 국무장관으로 예상되는 오브라이언 전 국가안보보좌관은 지난 9월 26일 미국기업연구소(AEI) 대담에서도 "한국의 국방비는 국내총생산(GDP) 대비 2.5%인데, 미국처럼 3%~3.5%까지 올라가야 한다"라고도 주장했다. 오브라이언 전 보좌관은 특히 "트럼프 전 대통령은 동맹국인 한국에 매우 헌신적이며 과거에 한 일을 보면 앞으로 어떤 일이 일어날지 알 수 있을 것"이라며 "내 생각에 한국 내 우려의 일부는 없어질 것"이라고 강조했다. 도널드 트럼프 미국 대통령 당선자의 측근인 빌 해거티 상원의원은 11월 9일 인터뷰에서 한국이 미국과의 동맹 관계에서 군사적 기여를 강화해야 한다고 말했다.

북핵 군축 협상: nuclear parity approach

가치동맹(deep alliance)보다는 동맹관계를 거래로 인식하는 트럼프는 북핵 문제에서 기존의 비핵화 입장에서 이탈할 가능성이 적지 않다. 지난 30년간 동맹국들은 북한을 통제하지 못한 만큼 북핵 협상을 위해 제재 완화를 검토해야 하며 한국 정부는 좀 더 폭넓은 시각을 가져야 한다는 입장이다. 또한, 주한미군의 인계철선 역할을 바꿀 시점이나 아직은 한국 자체의 핵무장을 말할 단계는 아니라는 등 급진적인 정책 전환도 배제할 수 없다.

트럼프 2기 국방정책 보고서'를 총괄 집필한 크리스토퍼 밀러 전 미 국방성장관 대행은 "미북 간 군축 협상이 안 될 건 뭔가, 북핵은 호리병을 빠져나온 지니(genie out of battle)"라고 표현하며 바이든 행정부의 대북정책과는 결이 다른 이야기를 주장한다. 트럼프 당선자는 북한 김정은과 직거래 회담을 통해서 대북제재를 완화하고 핵동결에 합의하는 스몰딜을 가능성도 배제할 수 없다. 지난 9월 라파엘 그로시 국제원자력기구(IAEA) 사무총장은 북한은 사실상(de facto) 핵보유국이라고 주장한 것도 북핵 장기화에 따른 피로감을 반영한 발언이다. 워싱턴의 기류도 이와 무관하지 않다. 친한파 공화당 의원들이나 보수 연구소(think thank)에서 부분 비핵화는 없을 것이라고 주장하지만 희망적 사고에 그칠 가능성이 크다.

트럼프가 동맹 부담뿐 아니라 인도-태평양 지역에서의 대중(對中) 견제에 대한 역할과 기여를 강력히 요구할 가능성도 있다. 트럼프가 대중 고관세 조치를 단행하고 첨단 기술 분야의 경쟁을 심화하면 바이든 정부의 디리스킹(derisking)으로 수사적으로나마 완화된 듯 보였던 탈동조화(decoupling) 기조가 다시 강화될 것이다. 트럼프는 대중 견제에서 한국을 비롯한 주요 관련국들의 동참을 요구할 것이다. 특히 주한미군과 핵협의그룹(NCG)을 북한이 아닌 대중(對中) 견제를 위해 활용할 수 있다. 주한미군의 병력 이동을 통해 대만 방어에 나설 수 있다. NCG와 같이 바이든 행정부 시기의 성과를 희석하는 차원에서 그 기능을 중국 견제 중심으로 재편하거나 아예 NCG 자체를 무효화하거나 고비용 부담을 요구할 가능성도 있다.

미국의 고립주의 외교와 국제분쟁의 현상 동결

트럼프는 유세 기간 우크라이나 전쟁의 책임을 볼로디미르 젤렌스키 우크라이나 대통령 탓으로 돌렸다. 미 대선을 코앞에 둔 젤렌스키 대통령은 전쟁을 끝내기 위한 '승리계획'에 국제사회 지지를 호소하며 바삐 움직였다. 그는 바이든 대통령이 우크라이나-러시아 전쟁을 선동했다"라며 "내가 대통령이었다면 전쟁은 절대 일어나지 않았을 것"이라고도 했다. 또한 '푸틴이 트럼프를 마음대로 조종하고 있다'는 민주당 측 비판에 반박했다. 바이든 정부가 러시아와 독일을 잇는 가스관 '노르트스트림2'를 제재한 것을 두고는 "러시아가 지금까지 한 가장 큰 일을 끝내버렸다"라고 했다. 트럼프는 10월 17일 공개된 보수 성향 팟캐스트 인터뷰에서 "그(젤렌스키 대통령)는 전쟁을 시작하지 말아야 했다. (우크라이나는) 전쟁에서 패배자"라고 말했다. 2022년 2월 러시아의 우크라이나 침공 이후 전쟁이 지금까지 이어진 데 대한 책임이 우크라이나에 있다는 러시아의 주장을 뒷받침한 것이다.

그는 그동안 이번 대선에서 승리할 경우 우크라이나 전쟁을 하루 안에 해결할 수 있다고 주장해 왔다. 특히 그는 푸틴 대통령과의 친분을 종종 과시하거나 우크라이나에 대한 지원을 멈추겠다고 주장한 바 있다. 또 '21세기 중국과 전쟁을 어떻게 피할 것이냐?'는 질문에 "중국에 대해서도 확실한 아이디어가 있다"라고 답했다. 이어 "만약 우리가 (중국과 전쟁을) 한다면 우리는 많은 어려움을 겪게 되며 그들도 힘들어질 것"이라고 했다. 그러면서도 "하지만 (지금) 그 계획을 알려줄 수 없다"라며 "미리 알려주면 사용할 수 없게 될 것이고 실패할 수 있기 때문"이라고 덧붙였다.

해리스 부통령이 휴전 촉구와 이스라엘 지지로 줄타기하는 사이, 트럼프는 이스라엘 전폭 지지로 차별화를 시도했다. 미국 정치·경제에 막대한 영향력을 행사하는 유대계 표심을 노린 것으로 풀이된다. 미국 내 유대계와 아랍계 유권자를 향한 두 후보 간 득표 전략도 치열했었다. 아랍계 미 유권자들의 민심 이반이 뼈아픈 해리스로선 이스라엘을 마냥 압박할 수도, 지지할 수도 없는 딜레마를 보여주었다. 미국의 고립주의 외교에서 예외는 이스라엘에 대한 무한 지원이 될 것이다. 10월 12일 공개된 『월스트리트저널(WSJ)』 여론조사에 따르면, 트럼프 전 대통령은 7개 주에서 우크라이나와 러시아 전쟁 대응에 있어, 해리스 부통령을 50% 대 39%로 앞섰다. 또 트럼프 전 대통령이 이스라엘-하마스 전쟁을 더 잘 처리할 것으로 생각한다고 답한 응답자가 48%로 해리스 부통령 33%를 앞섰다.

트럼프, 푸틴 · 김정은 브로맨스

트럼프의 당선으로 '트럼프-푸틴-김정은' 3각 라인이 형성될 가능성이 짙어졌다. 한국이 이 3각 구도에서 '패싱(투명인간 취급)'될 가능성이 있다. 트럼프 전 대통령은 미국 우선주의를 내세워 동맹을 압박해 온 반면 권위주의 지도자들에 대해서는 각별한 친근감을 표시해 왔다. 트럼프는 미시간주 그랜드래피즈에서 피격 후 처음으로 열린 유세에서 북한 독재자 김정은과 잘 지낸 것이 미국을 더 안전하게 만들었다고 주장하는 등 전 세계 독재자들과의 관계에 대해 자랑했다.

AFP와 정치전문매체 폴리티코, 로이터 등에 따르면 트럼프 전 대통령은 시진핑 중국 국가주석과 잘 지냈다면서 9월 13일 자신을 겨냥한 암살 미수 사건 후 시 주석에게서 "아름다운 편지(note)"를 받았다고 소개했다. 트럼프는 "나는 시 주석과 매우 잘 지냈다"라며 "그는 대단한 사람이다. (시 주석은) 무슨 일이 일어났는지 듣고 며칠 전에 나에게 아름다운 편지를 썼다"라고 말했다. 공화당 대선후보 수락 연설에서도 동맹들에 대해서는 "오랫동안 동맹이 우리를 이용해 왔다. 소위 우리의 동맹이라고 불리는 국가들이 그렇게 했다"라고 날을 세우면서도 오르반 총리가 마러라고 회동에서 자신을 칭찬한 것을 자랑했고 김 위원장과도 잘 지낼 것이라고 말했다.

트럼프는 대선전에서 조 바이든 미국 대통령의 '취약함'을 비판하는 소재로도 스트롱맨들을 '활용'했다. 그는 김 위원장을 비롯해 푸틴 대통령, 시 주석을 거론하며 "바이든은 그들을 한 번도 압도하지 못했다"라면서 "그는 국제적 망신이고, 세계의 지도자들은 그를 존중하지 않는다"라고 주장했다.

강한 국력과 스마트한 외교로 트럼피즘 파고 넘어야

한국은 북러 군사 밀착 속에서 커지는 '트럼프 리스크'까지 걱정해야 하는 상황을 맞고 있다. 기존 한미동맹의 기조와는 결이 다른 흐름이 예상된다. 조 바이든 행정부가 출범했던 4년 전 최대 화두가 미·중 전략경쟁이었다면 차기 트럼프 행정부에는 중국과 러시아 북한 이란 등 반미 전선과의 관계 개선 및 압박이 중요해지고 있다. 우리 정부는 과거 트럼프 1기 행정부의 정책 혼선을 반복하지 않기 위해서 방위비 분담금 협상에 전술핵 재배치를 통한 확장억제, 원자력협정 개정 및 통상 등 모든 현안을 한 테이블에 올려놓는 시나리오도 검토해야 한다.

우선 북핵 위협에 대한 한미 공조 수준을 높여야 한다. 한미 양측은 북한의 핵 고도화를 최대한 저지해야만 하고, 적극적인 국제협력을 견인하는 데 뜻을 모으는 방법을 고민해야 한다. 북핵 고도화 무용론에 대한 전략적 메시지를 북한에 지속적으로 주지시켜야 한다. 트럼프 행정부가 들어서도 주한미군 주둔과 미국의 확장억제는 전혀 변화가 없음을 모색해야 한다.

다음은 대한민국 안보의 레드라인을 정확하게 설정하여 미국과 협상에 나서야 한다. 트럼프는 주한미군을 비용의 관점에서 평가하는 것과 더불어 북한이 아닌 중국에 대한 군사적 대응 차원에서 평가해 왔다. 오브라이언 전 국가안보보좌관과 콜비 전 국방부 전략·전력개발 부차관보 등 소위 트럼프 측근들도 주한미군의 역할 변화를 언급해왔다. 지난 7년간 북한의 핵능력도 증가했지만, 미국의 글로벌 전략에서 동맹국인 한국의 전략적 가치도 전례 없이 높아졌다. 트럼프는 한국과의 긴밀한 협력으로 미국의 국익을 증가시킬 카드가 다양해졌다. 트럼프와 그의 외교 안보팀에서 북한이 아닌 우리를 바라볼 수 있도록 해야 한다. 이를 위해서는 우리도 동맹 관리에 과감하게 자원을 투자해야 한다.

셋째, 미북 핵군축 협상에 대비한 확고한 대응 원칙이 필요하다. 북한이 군축 협상에 적극적일 가능성이 높은바, 확고한 원칙하에 한미 공조 체제를 구축하는 것이 중요하다. 한국의 핵무장을 위한 다양한 준비도 마련해야 한다. 1988년 미일 원자력협정 개정 당시와 같이 폐연료봉 재처리를 위한 한미원자력 협정 개정을 위한 한미 간의 전략적 소통과 대화도 시작해야 한다.

마지막으로 러-우 전쟁 이후의 한반도 안보 지형 변화 가능성에 대비할 필요가 있다. 북한의 러-우 전쟁 파병이 한반도 안보 및 통일 추진환경에 미치는 영향에 대한 합리적 전망과 실효적인 대응책 마련이 필요하다. 러·북 간 공군 및 해군력 분야 협력, 러시아 중고 핵 추진 잠수함 대북 제공, 전쟁 이후 러시아 방공망 북한 임시 배치, 북한 해군기지 러시아 활용, 러·북 합동 군사훈련 등의 분야에 주목할 필요가 있다. 주한미군처럼 북한에 러시아 군사력 일부가 배치되고, 양국 간 핵무기 고도화 기술 협력이 순조롭게 전개되는 시나리오도 검토될 수 있으며 이는 한반도 안정 및 우리의 자유 통일추진에 큰 장애가 될 것이다.[2]

트럼프 당선자는 조선업 분야에서 한국의 협력을 요청했지만 아마 한국의 방위비 인상분으로 비용을 부담시킬 것이다. 조약 체결 72주년을 맞는 내년 을사년

---

2 통일연구원 온라인시리즈, 트럼프의 귀환과 한반도: 시사점과 대응 방향, 2024-11-06, 정성윤, 김민성, 백승준.

(乙巳年)은 새로운 한미관계의 원년이 될 것이다. 한국의 외교 안보를 미국의 배려에만 의탁할 수 없는 시대가 다가오고 있다. 초격차 기술의 우위와 냉정한 외교적 통찰력을 바탕으로 한 자강불식이 필수적이다. 대한민국의 국력 신장만이 트럼프의 존중을 이끌어낼 수 있을 것이다.

해외 분쟁 불개입과 자국 우선주의, 극단적 보호무역과 미국 내 생산 압박 이슈가 커지면서 한국은 더욱 심각한 외교적 과제를 안게 될 가능성이 적지 않다. 트럼프 2기는 냉엄한 국제정치의 흐름 하에서 한국의 국익 확보에 차가운 겨울이 올 수도 있다(cold winter is coming)는 점을 예고한다.

3 북한군 우크라이나 파병과 러시아 군대의 한반도 진주

2024년 9월 초 러시아 함정이 청진항에 소리 없이 입항했다. 6월 푸틴 러시아 대통령의 평양 방문에서 합의한 군사동맹 조약에 따라 우크라이나 파병 병력과 무기를 수송하기 위한 목적이었다. 러시아 함정이 북한 항구에 입항한 것은 지난 1991년 구소련 해체 이후 33년 만이다. 러시아 함정이 북한 항구에 기항함으로써 소련의 한반도 개입 역사가 귀환했다.

소련군은 히로시마에 핵폭탄이 투하된 이튿날인 1945년 8월 7일 대일 참전을 전격 선언하고 소만(蘇滿) 국경을 돌파했다. 소련 육군은 빠르게 함경북도 웅기를, 해군은 한겨울에도 얼지 않는 천혜의 항구인 나남을 점령했다. 소련군은 일본의 항복 이후 일주일만에 청진에서 군정을 선언하고 포고문을 발표했다. 소련 제25군 사령관 치스차코프 대장이 평양 철도호텔에서 일본군 평양 사령관 다케시타 요시하루 중장에게서 항복문서를 받았다. 한반도 분단의 비극이 잉태된 시발점이었다. 소련 군정은 김일성의 북조선임시인민위원회가 결성된 1946년 2월 15일까지 135일간 지속되었다. 이후 김일성은 북조선을 설립하고 4년 동안 남침 준비에 주력했다. 일차적으로 1948년 2월 8일 조선인민군을 창설했다. 북한에 주둔한 소련군 88여단 병력과 준군사조직들을 통폐합해 정규군 형태로 조직했다. 만주 일대에서 활동하던 4만여 명의 항일 빨치산 병력을 단계적으로 인민군에 편입시켰다. 소련군이 쓰던 신형 무기를 물려받았고 군사고문단이 사단급 훈련을 담당했다. 이 과정에서 자연스럽게 소련군의 전투 교리 등이 북한군에 접목되었다. 당시 북한군의 전력은 한국군의 5배였다. 공격자가 방어자보다 3배의 전력이면 공격하는 전투 교리가 유효한 만큼 김일성의 군사력은 압도적이었다. 유엔군의 지원이 없었다면 남한의 공산화는 불문가지였다.

79년 전 한반도 분단 역사를 소환하는 것은 최근 동북아 국제정치가 한국전쟁 당시의 북한·소련 결탁 구도와 유사한 측면이 있기 때문이다. 최근 들어 과거처럼 연쇄적으로 러·북 최고지도자들이 회동하고 있다. 김일성은 1949년 3월 처음 소련을 방문했다. 당시 모스크바 야로슬랍스키 기차역에 도착한 김일성 일행은 안드레이 그로미코 소련 외상 등의 영접을 받았다. 최근 러시아는 김일성의 첫 소련 방문을 기록한 기념판을 설치하며 러·북 관계의 오래된 역사를 조명했다. 세르게이 라브로프 러시아 외무장관과 최선희 북한 외무상은 11월 1일 공식 회담에 앞서 야로슬랍스키 기차역에서 열린 김일성 소련 방문 기념판 제막식에 참석했다. 양국은 군사동맹과 파병의 역사적 의미를 부각하기 위해서 75년 전 낡은 역사를 박물관에서 끄집어냈다. 김일성은 1950년 4월에도 소련을 방문하고 이오시프 스탈린 소련 공산당 서기와 남침을 논의했다. 양측의 군사적 결탁은 스탈린이 사망하는 1953년까지 이어졌다.

양측은 상호 위기에 처할 때마다 흑기사 역할을 마다하지 않았다. 이번에는 러시아가 평양에 SOS를 보냈다. 김정은은 2023년 9월 러시아 보스토치니에서 푸틴과 정상회담을 했다. 2024년 6월 마침내 유사시 자동군사 개입 조항이 포함된 조약을 체결하고 양측 의회가 형식적으로 국내 비준을 완료했다. 지난 1991년 폐기된 조소 우호조약을 완벽하게 복원했다. 누구의 눈치도 보지 않고 군사협력의 범위가 확대될 것이다. 북한의 자주포와 신형방사포 등 일진일퇴 공방에서 위력을 발휘할 무기가 속속들이 쿠르스크 전선에 투입되고 있다. 북한군은 순환 배치 등을 통해서 현대전을 직접 경험할 것이다. 체격이 작다고 북한군을 폄하하고 희화화하는 행태는 적절치 않다.

그동안 베트남전, 1973년 제4차 중동전쟁 및 시리아 내전 등에 북한군의 파병이 있었으나 주로 전투기 조종사나 군사고문단 등으로 수백 명을 넘지 않았다. 사단급 병력의 지상군 파병은 우크라이나 전선이 처음이다. 각종 포와 드론 및 미군의 지대지미사일 에이태킴스(ATACMS) 등이 쏟아지는 전장은 대규모 피해가 우려되지만 한편으로 신무기를 실전에서 체험하는 만큼 김정은으로서는 파병이 군사력 강화에 도움이 된다고 판단했다.

우크라이나 침공 1,000여 일이 지나며 35만여 명이 사망하고 35만여 명이 부상한 러시아로서는 부분 징집제가 한계가 왔다. 모든 계층과 지역을 가리지 않는 전면 징집제는 푸틴의 권좌를 위험하게 할 상황에서 10만여 명의 북한군 파병은 쿠르스크를 회복하는 데 결정적이다. 올해 겨울 개마고원 등 각 지역에서 파병 병력이 순차적으로 이동할 것이다.

김정은은 젊은 북한군의 피 값인 파병 대가로 수억 달러에 이르는 용병 비용에 이어 대륙간탄도미사일(ICBM), 핵잠수함, 평양 방공망 등 각종 군사기술이 속속 이전되고 있다. 심지어 아프리카 사자와 불곰 등 70여 마리의 동물 등이 모스크바에서 평양 중앙동물원으로 보내졌다. 동물을 활용한 중국의 판다 친선 외교까지 모방하며 양국 동맹은 절정에 달하고 있다. 하지만 이런 미시적인 거래 이외에 거시적인 후폭풍이 깔려 있다. 가장 큰 중장기 우려는 향후 유사시 러시아군의 북한 내륙 및 항구에 진주 가능성이다. 러시아 측은 한국의 우려를 고려한 듯 한국이 북한을 공격하지는 않을 것이기 때문에 걱정할 필요가 없다는 반응을 보였다. 하지만 위기 상황은 북한의 도발로 시작하기 때문에 시나리오는 그렇게 단순하지 않다.

핵무기로 무장한 북한군의 대남 위협이 한미동맹의 확장억제 전략으로 큰 성과를 거두지 못할 경우 국지적 도발로 이어질 수 있다. 특히 우크라이나 최전선에서 북한군의 막대한 인명 피해는 김정은 체제의 균열을 가져올 가능성이 큰 만큼 대남 도발로 인민들의 불만을 호도할 가능성도 작지 않다. 러시아는 한반도 긴장의 틈새를 엿볼 것이다. 부동항을 찾는 전통적인 남하 정책의 일환으로 군사동맹을 내세워 북한에 진주하는 시나리오가 전개될 수 있다. 17세기 효종의 나선정벌

(羅禪征伐) 이후 한반도와 러시아는 역사의 고비마다 악연을 맺었다. 이런 개입 역사는 1896년 고종이 러시아 대사관으로 피신했던 아관파천(俄館播遷)으로 본격화되었다. 분단 이후 냉전 시대인 1980년대 소련은 미그-29를 무상으로 북한에 제공하고, 대가로 소련 함정이 1985년부터 청진, 나진, 웅기, 원산 등 거의 모든 항구를 자유 기항하고 소련 항공기의 북한 영공 통과도 허용했다. 소련은 1949년 3월 북한과 협정을 맺고 1979년까지 30년간 나진을 조차(租借)했다. 당시 소련은 부동항(不凍港)이던 나진을 자국 영토로 만들려는 욕심까지 보였다.

이래저래 북한군의 러시아 파병은 평양이 주장하는 속칭 '외세 개입'의 단초를 제공하여 우리의 평화통일 독트린 실현도 어려움이 예상된다. 현대전을 피로 체험한 북한군은 대남 위협에서 핵무기만큼이나 위협적이다. 마가(MAGA) 정책을 선언하며 워싱턴에 복귀한 블랙스완 스타일의 지도자를 유인하기 위한 새해 을사년 김정은의 도발은 명약관화하다. 우크라이나와 중동전쟁의 종전 이후에는 북한 변수가 부상할 것이다. 한중관계의 발전으로 북한을 견제하는 이이제이(以夷制夷) 외교전략도 필요하다. 불확실성만이 확실한 시대에 접어들었다.

참고문헌

제1장

1) 도널드 트럼프, 로버트 기요사키 저. 윤영삼 역. 2013. 『마이더스 터치』, 흐름출판.

2) 도널드 트럼프 저. 이재호 역. 2016. 『거래의 기술』, 살림.

   도널드 트럼프 저. 권기대 역. 2007. 『트럼프, 성공을 품다』, 베가북스.

3) 알렉산더 V. 판초프(Alexander V. Pantsov) 저. 스티븐 L. 레빈 영역, 심규호 역. 2017. 『마오쩌둥 평전』, ㈜민음사. 이 책은 판초프의 러시아 원저를 레빈이 영역한 『마오(Mao: The Real Story)』를 우리말로 번역한 책이다. 일종의 중역인 셈이나 영문판을 원저자가 역자와 공저로 출간한 것을 보더라도 원저에 손색이 없는 작품이다.

4) 리차드 닉슨(Richard Milhous Nixon) 저. 김기실 역. 1980. 『닉슨 회고록』, 한섬사.

5) 로널드 레이건(Ronald Wilson Reagan) 저. 고명식 역. 1991. 『레이건 회고록』, 문학사상사.

6) 미하일 고르바쵸프(Mikhail Gorbachev) 저. 이기동 역. 2013. 『선택』, 프리뷰. 류광모 편, 1989. 『고르바쵸프 연설문집 1』, 교보문고.

7) 데이비드 레이놀즈(David Reynolds) 저. 이종인 역. 2009. 『세계를 바꾼 6번의 만남』, 책과함께.

8) 도널드 트럼프 저. 안진환 역. 2008. 『승자의 생각법』, 시리우스.

9) 도널드 트럼프 저. 이은주, 도지영 역. 2017. 『트럼프, 강한 미국을 꿈꾸다』, 미래의창.

10) 후지모토 겐지 저. 신현호 역. 2003. 『김정일의 요리사』, 월간조선사.

11) 김태형. 2019. 『인도 파키스탄 분쟁의 이해: 신현실주의 이론으로 바라보는 양국의 핵개발과 안보전략 변화』, 서강대학교 출판부.

12) Charles Ferguson. 2015. 『Ferguson Report: (How South Korea Could Acquire and Deploy Nuclear Weapons)'』.

13) 한용섭. 2018. 『북한 핵의 운명』, 박영사.

14) Bruce W. Bennett. 2013. 『북한 붕괴 대비책(Preparing for the Possibility of a North

Korean Collapse』, Rand Corporation.

15) 통계청. 2023.『남북한 경제사회상 비교』.

16) 윌리엄 페리(William J. Perry) 저. 정소영 역. 2015.『핵 벼랑을 걷다: 윌리엄 페리회
    고록: My Journey at the Nuclear Brink』, 창비.

17) 박찬호, 김한택. 2016.『국제해양법』, 와이북스.

18) John Bolton. 2020. *The Room Where It happened*, Simon & Schuster.

19) 송종환. 2002.『북한 협상행태의 이해』, 오름.

20) 척다운스(Chuck Downs) 저. 송승종 역. 1999.『북한의 협상전략』, 한울아카데미.

21) 통일부. 2023.『북한 주요 인물정보 2023』.

22) 통일부. 2023.『북한 기관별 인명록 2023.』

23) 카알 폰 클라우제비츠 저. 맹은빈 역. 1990.『전쟁론』, 일신서적.

24) 에야 오사무(蕙谷 治), 세키가와 나쯔오(關川夏央) 외 저. 김종우 역. 1995.『김정일
    의 북한 내일은 있는가』, 청정원.

25) A. B. Abrams. 2021. *IMMOVABLE OBJECT: North Korea's 70 Years at War with
    American Power*, CLARITY PRESS.

제2장

1) 태영호. 2018.『3층 서기실의 암호』, 기파랑.

2) 윌리엄 페리(William J. Perry) 저. 정소영 역. 2015.『핵 벼랑을 걷다: 윌리엄 페리회
   고록: My Journey at the Nuclear Brink』, 창비.

3) Sung-wook Nam. 2020. *North Korean Nuclear Weapon and Reunification*, World
   Scientific.

4) 박휘락. 북핵 억제와 방어. 2019.『북핵 억제와 방어』, 북코리아.

5) 김경민. 2013.『북핵 일본핵을 말한다』, 가나북스.

6) 헬렌-루이즈 헌터 저. 남성욱, 김은영 역. 2001.『CIA 북한보고서: Kim Il-song's
   North Korea』, 한송.

7) 유용원. 2020.『유용원의 밀리터리 시크릿: 북한군, 주변 4강, 한미관계, 한국군, 방위
   산업 관련 핫이슈 리포트』, 플래닛미디어.

8) 이용준. 2019. 『대한민국의 위험한 선택』, 기파랑.

9) 헨리 키신저. 1979. 『회고록 백악관 시절』, 문화방송·경향신문.

10) 그레이엄 엘리슨 저. 정혜윤 역. 2017. 『예정된 전쟁』, 세종서적.

11) 남성욱. 2021. "노동신문을 통해 본 북한의 보건안보 대응태세 ─ COVID─19 보도를 중심으로 ─", 『통일전략』 21권 1호, 한국통일전략학회.

12) 아부키 스스무 저. 손승회 역. 2017. 『문화대혁명』, 영남대학교 출판부.

13) 에드거 스노 저. 홍수원 역. 2013. 『대륙의 붉은 별』, 두레.

14) Jung H. Pak. 2020. *Becoming Kim Jong Un: A Former CIA Officer's Insights into North Korea's Enigmatic Young Dictator*, Ballantine Books.

15) Kongdan Oh and Ralph Hassig. 2021. *North Korea in a Nutshell: A Contemporary Overview*, Rowman & Littlefield Publishers.

16) Eric Brewer, Sue Mi Terry, March 2021. "It Is Time for a Realistic Bargain With North Korea." *Foreign Affairs*, US Diplomatic Association.

17) FAO, July 21, 2021. "North Korea Food Situation"

제3장

1) 존 볼턴 저. 박산호 역. 2020. 『그 일이 일어난 방(The Room Where It Happened)』, 시사저널사.

2) 전 웅. 2015. 『현대국가정보학』, 박영사.

3) 미치시타 나루시게 저. 이원경 역. 2014, 『북한의 벼랑끝 외교사』, 한울아카데미.

4) 남성욱. 2016. 『현대 북한의 식량난과 협동농장 개혁』, 한울아카데미.

5) 남성욱, 채수란. 2021. "노동신문을 통해 본 북한의 보건안보 대응태세─COVID─19 보도를 중심으로" 『통일전략』 21권 1호, 한국통일전략학회.

6) Marcus Noland. 2000. *Avoiding The Apocalypse; the Future of the Two Koreas*, Institute for International Economics.

7) 신효숙. 2003. 『소련 군정기 북한의 교육』, 교육과학사.

8) 장명봉. 2015. 『북한법령집』, 북한법연구회.

9) 조정아. 2021. 『지식경제시대 북한의 대학과 고등교육』, 통일연구원.

10) 북한연구학회. 2006.『북한의 교육과 과학기술』, 경인문화사.

11) 정근식. 2017.『북한의 대학 역사, 현실, 전망』, 진인진.

12) 알렉산드르 솔제니친 저. 김학수 역. 2020.『수용소군도』, 열린책들.

13) 임종금, 최환석. 2018.『세계의 술 3000』, 피플파워.

14) 크리스토퍼 힐 저. 이미숙 역. 2015.『미국 외교의 최전선: Outpost Life on the Front Lines of American Diplomacy: A Memoir, 크리스토퍼 힐 회고록』, 메디치 미디어.

15) Helen－Louise Hunter 저. 남성욱 역. 2001.『CIA 북한보고서: Kim Il－song's North Korea』, 한송.

제4장

1) 헬렌－루이즈 헌터 저. 남성욱, 김은영 역. 2001.『CIA 북한보고서: Kim Il－song's North Korea』, 한송.

2) 남성욱. 2015.『현대 북한의 식량난과 협동농장 개혁』, 한울아카데미.

3) 황장엽. 2006.『나는 역사의 진리를 보았다』, 시대정신.

4) 알렉산더 판초프, 스티븐 레빈 저. 심규호 역, 2017.『마오쩌둥 평전: 현대 중국의 마지막 절대 권력자』, 민음사.

5) 중국통촌통계연감(中國農村統計年鑒), 1983, 1984, 1985년판. 중국 농업 집단화의 마지막 단계는 고급합작사의 인민공사체제로의 전환이다. 1958년 8월 17일부터 8월 30일까지 열린 중앙정치국 북대하 회의는 농촌에 인민공사 건립문제를 토론했고 결의가하달된 후, 전국에서 인민공사화 운동이 고조되었다. 전국에서 합작사를 인민공사로 개조하는 작업이 활발하게 진행되어 인민공사에 참가한 농호가 전체 농호에서 차지하는 비중은 99% 이상이었다.

6) FAO. WFP. May 2019. "DEMOCRATIC PEOPLE'S REPUBLIC OF KOREA (DPRK) FAO/WFP JOINT RAPID FOOD SECURITY ASSESSMENT", http:/webzine. sonosa.or.kr/data/pdf/190507_DPRK_FAO_WFP_RAPID_FOOD_SECURITY_ ASSESSMENT.pdf

7) 한국식량안보재단. 2015년.『선진국의 조건: 식량자급 보고서』, 도서출판 식안연.

8) 이호철 외. 2016.『통일과 식량안보』, 도서출판 식안연.

9) 수키 김. 2015. 『평양의 영어 선생님: Without You, There Is No Us: Undercover Among the Sons of North Korea's Elite』, 디오네.

10) 후지모토 겐지 저. 신현호 역. 2003. 『김정일의 요리사』, 월간조선사.

11) 후지모토 겐지 저. 한유희 역. 2010. 『북한의 후계자 왜 김정은인가』, 맥스미디어.

12) 민태은, 황태희 외. 2020. 『미국의 대북 독자제재: 정치적 배경과 법적 기반 분석』, 통일연구원.

13) 에야 오사무(蕙谷 治), 세키가와 나쯔오(關川夏央) 외 저. 김종우 역. 1995. 『김정일의 북한 내일은 있는가』, 청정원.

14) 남성욱. 2021. 『4차 산업혁명시대 북한의 ICT 발전전략과 강성대국』, 한울아카데미.

제5장

1) 북한연구학회 역. 2006. 『북한의 통일외교』, 경인문화사.

2) 박영실. 2012. 『중국인민지원군과 북·중 관계』, 선인문화사.

3) 존 J. 미어샤이머 저. 이춘근 역. 2021. 『미국 외교의 거대한 환상－자유주의적 패권 정책에 대한 공격적 현실주의의 비판』, 김앤김북.

5) Bruce Cumings 저. 남성욱 역. 2004. 『김정일 코드; North Korea Another Country』, 따뜻한 손.

6) 전웅. 2015. 『현대국가정보학』, 박영사.

7) 루스 베네딕트 저. 김윤식, 오인석 역. 1946. 『국화와 칼』, 을유문화사.

8) 황장엽. 2011. 『회고록』, 시대정신.

9) Gordon White. 1993. *Riding the Tiger: if you're riding a tiger, it's hard to get off*, Stanford University Press.

제6장

1) 조재국, 신종국. 2001. 『북한의 보건의료 특징 및 지표 등에 관한 연구』, 한국보건사회연구원.

2) 황상익. 2006. 『북한의 보건의료』, 서울대학교출판부.

3) 이상영. 2009. 『남북한 보건의료 교류 협력의 효율적 수행체계 구축방안 연구』, 한국보건사회연구원.

4) 신일철. 2002. 『북한 정치의 시네마폴리티카』, 이지북.

5) C. E. Merriam. 1964. *Political power*, Collier — Macmillan.

6) 정민섭. 2017. 『최고 존엄』, 늘품플러스.

7) 황성돈, 신도철 외. 2016. 『종합국력: 국가전략기획을 위한 기초자료』, 다산출판사.

8) Andrew Scobell, John M. Sanford, Daniel A. Pinkston, et al. 2020, *The True Military Power of North Korea Kindle Edition*, Musaicum Books.

9) 배정호. 2018. 『사이공 패망과 내부의 적: 베트남 전쟁과 통일전선전술』, 비봉출판사.

10) T. R. 페렌바크. 2019. 『이런 전쟁: This kind of War』, 플래닛미디어.

11) 이종화, 신관호. 2019. 『거시경제학』, 박영사.

12) 정종욱. 2019. 『외교 비록: 1차 북핵 위기와 황장엽 망명』, 기파랑.

13) 그레이엄 앨리슨 저. 정혜윤 역. 2018. 『예정된 전쟁: 미국과 중국의 패권 경쟁, 그리고 한반도의 운명』, 세종서적.

14) 조 바이든 저. 양진성 역. 2020. 『지켜야 할 약속: 나의 삶, 신념, 정치』, 김영사.

15) 조 바이든 저. 김영정 역. 2020. 『약속해 주세요. 아버지』, 미래지식.

16) 기미야 다다시 저. 손석의 역. 2013. 『일본의 한반도 외교: 탈식민지화, 냉전체제, 경제협력』, 제이앤씨.

17) 김찬훈. 2016. 『북일외교의 교섭패턴과 역사』, 한림대학교출판부.

18) 남시욱. 2020. 『한미동맹의 탄생비화』, 청미디어.

19) 허욱, 테런스 로릭 저. 이대희 역. 2019. 『한미동맹의 진화: The Evolution of the South Korea — United States Alliance』, 에코리브르.

색인

저자 약력

남성욱

미국 미주리주립대학교(University of Missouri–Columbia)에서 응용경제학 박사학위를 받고 2002년부터 고려대학교 통일외교학부 교수로 재직 중이며 2024년부터 서울장학재단 이사장직을 맡고 있으며 2025년 숙명여대 석좌교수로 임명되었다.

주요 이력으로는 고려대학교 통일융합연구원장(2022~2024), 고려대학교 행정전문대학원장(2016~2021), 고려대학교 아세아문제연구소 북한 연구센터장(2014~2019), 통일부 통일미래기획위원회 정치군사분과 위원장(2022~현재), 통일부 산하 사단법인 남북경제연구원 원장(2004~현재), 국방부 정책자문위원(2014~현재), 국가교육위원회 전문위원(2023~현재), 서울특별시 평화통일기반조성위원회 위원장(2021~현재), 보다나은미래를위한 반기문재단 이사(2019~현재), 경기도교육청 남북교육교류협력위원회 위원(2022~현재), 민주평화통일자문회의 사무처장(2012~2013, 차관급), 국가안보전략연구원 원장(2008~2012, 차관급), 통일부 남북관계발전위원회 위원(2017~2018), 통일부 정책자문위원(2003~2007, 2017~2019), 법무부 법무연수원 통일관계 자문교수(2014~2017), 농림부 정책자문위원(2004~2007), 기상청 남북관계 자문위원(2007~현재), 개성공단관리위원회 자문위원(2005~2007), 서울특별시 정책자문위원(2003~2011), 경기도 남북관계 자문위원(2006~2015), 한국관광공사 남북관계 자문위원(2005~2018), 대통령 직속 국가브랜드위원회 자문위원(2012~2014), NSC 정책자문위원(2003~2005), 중소기업중앙회 통일경제위원회 공동위원장(2014~2018), 남북경제연합회 부회장(2002~2007), LH공사 남북관계 자문위원(2003~2007), KBS 북한문제 객원해설위원(2005~2023), CBS 북한문제 객원해설위원(2005~2011), 조선일보 한반도워치 오피니언 필자(2021~현재), 한국일보 오피니언 필자(2022~현재), 문화일보 오피니언 필자(2002~현재), 서울경제 오피니언 필자(2017~현재), 월간중앙 평양리포트 필자(2018~현재), 아모레퍼시픽 장학재단 감사(2004~현재), 한국북방학회 고문(2007~현재), 한국북방학회 회장(2004~2006), 북한연구학회 부회장(2007~2012), 한국학술진흥재단 남북위원회 자문위원(2005~2013), 북한경제 전문가 100인 포럼 이사(2004~2007), 동북아경제학회 총무이사(2005~2006), 통일농수산포럼 연구이사(2002~2007), 북한농업연구회 이사(2002~2007), 북한경제포럼 연구이사(2002~2005),

북한연구학회 총무이사(2002~2004)를 역임했다.

주요 연구실적으로는 저서로『한미동맹: 자유·민주·번영의 가치동맹을 위하여』(공저, 2025),『통일미래학 개론』(공저, 2024),『한반도 그린데탕트와 남북한 협력 방안』(공저, 2024),『북한의 국내외 북한 통계 진단과 품질 개선 방안』(공저, 2024),『김정은 시대 북한의 표준·규격화(KPS) 정책과 남북한 통합방안』(공저, 2024),『북한 보건의료 연구와 교류 협력: 북한 학술지를 통한 보건의료 연구와 창의적 교류 협력』(공저, 2023),『김정은의 핵과 경제』(2022),『4차 산업혁명 시대 북한의 ICT 발전과 강성대국』(2021), *Mysterious Pyoungyang: Cosmetics, Beauty Culture and North Korea*(공저, 2020), *North Korean Nuclear Weapon and Reunification of Korean Peninsula*(2019), *South Korea's 70 years for Diplomacy, National Defense and Unification of Korean Peninsula*(공저, 2018),『북한 여성과 코스메틱』(공저, 2017),『현대 북한의 식량난과 협동농장 개혁(개정판)』(2016),『한국의 외교 안보와 통일 70년: 1945~2015』(공저, 2015),『개방과 폐쇄의 딜레마, 북한의 이중적 경제: 북한의 경제』(공저, 2012),『한반도 상생 프로 젝트: 비핵·개방 3000 구상』(공저, 2009),『7·1 경제관리개선 조치 이후 북한경제와 사회: 계획에서 시장으로』(공저, 2007),『북한 급변 사태와 우리의 대응』(2007, 공저), *Contemporary Food Shortage of North Korea and Reform of Collective Farm*(2006),『현대 북한경제론: 이론과 실제에 관한 연구』(공저, 2005),『북한의 체제 전망과 남북경협』(공저, 2003),『북한경제의 특성과 경제운용 방식』(공저, 2002),『김일성의 북한: CIA 북한보고서』(공역, 2001) 등이 있으며 다수의 논문을 발표하였다.

김정은의 핵과 정치

초판발행	2025년 2월 25일
지은이	남성욱
펴낸이	안종만·안상준
편 집	박세연
기획/마케팅	김한유
표지디자인	이은지
제 작	고철민·김원표
펴낸곳	(주)**박영시**
	서울특별시 금천구 가산디지털2로 53, 210호(가산동, 한라시그마밸리)
	등록 1959.3.11. 제300-1959-1호(倫)
전 화	02)733-6771
f a x	02)736-4818
e-mail	pys@pybook.co.kr
homepage	www.pybook.co.kr
ISBN	979-11-303-1972-8 93340

정 가   33,000원